Carl-Auer

Systemische Horizonte – Theorie der Praxis

Herausgeber: Bernhard Pörksen

»Irritation ist kostbar.«
Niklas Luhmann

Die wilden Jahre des Konstruktivismus und der Systemtheorie sind vorbei. Inzwischen ist das konstruktivistische und systemische Denken auf dem Weg zum etablierten Paradigma und zur *normal science*. Die Provokationen von einst sind die Gewissheiten von heute. Und lange schon hat die Phase der praktischen Nutzbarmachung begonnen, der strategischen Anwendung in der Organisationsberatung und im Management, in der Therapie und in der Politik, in der Pädagogik und der Didaktik. Kurzum: Es droht das epistemologische Biedermeier. Eine Außenseiterphilosophie wird zur Mode – mit allen kognitiven Folgekosten, die eine Popularisierung und praxistaugliche Umarbeitung unvermeidlich mit sich bringt.

In dieser Situation ambivalenter Erfolge kommt der Reihe *Systemische Horizonte – Theorie der Praxis* eine doppelte Aufgabe zu: Sie soll die Theoriearbeit voran treiben – und die Welt der Praxis durch ein gleichermaßen strenges und wildes Denken herausfordern. Hier wird der Wechsel der Perspektiven und Beobachtungsweisen als ein Denkstil vorgeschlagen, der Kreativität begünstigt.

Es gilt, die eigene Intelligenz an den Schnittstellen und in den Zwischenwelten zu erproben: zwischen Wissenschaft und Anwendung, zwischen Geistes- und Naturwissenschaft, zwischen Philosophie und Neurobiologie. Ausgangspunkt der experimentellen Erkundungen und essayistischen Streifzüge, der kanonischen Texte und leichthändig formulierten Dialoge ist die Einsicht: Theorie braucht man dann, wenn sie überflüssig geworden zu sein scheint – als Anlass zum Neu- und Andersdenken, als Horizonterweiterung und inspirierende Irritation, die dabei hilft, eigene Gewissheiten und letzte Wahrheiten, große und kleine Ideologien solange zu drehen und zu wenden, bis sie unscharfe Ränder bekommen – und man mehr sieht als zuvor.

Bernhard Pörksen, Professor für Medienwissenschaft
an der Universität Tübingen

Werner Vogd

Welten ohne Grund

Buddhismus, Sinn und Konstruktion

2014

Umschlaggestaltung: Uwe Göbel
Satz: Drißner-Design u. DTP, Meßstetten
Printed in Germany
Druck und Bindung: Freiburger Graphische Betriebe, www.fgb.de

Erste Auflage, 2014
ISBN 978-3-8497-0036-2

Bibliografische Information der Deutschen Nationalbibliothek:
Die Deutsche Nationalbibliothek verzeichnet diese Publikation
in der Deutschen Nationalbibliografie; detaillierte bibliografische
Daten sind im Internet über http://dnb.d-nb.de abrufbar.

Informationen zu unserem gesamten Programm, unseren Autoren
und zum Verlag finden Sie unter: www.carl-auer.de.

Wenn Sie Interesse an unseren monatlichen Nachrichten aus der Vangerowstraße haben,
können Sie unter http://www.carl-auer.de/newsletter den Newsletter abonnieren.

Carl-Auer Verlag GmbH
Vangerowstraße 14
69115 Heidelberg
Tel. 0 62 21-64 38 0
Fax 0 62 21-64 38 22
info@carl-auer.de

In Liebe zu meinem Vater

Inhalt

Danksagung

Ein Buch entsteht nicht alleine. Hier insbesondere der Dank an Ina Rösing, die mich bei der Erarbeitung des Projekts unterstützt hat, an Juliane Slotta, die das Manuskript mit ihrem guten Sprachgefühl gegengelesen hat, und an den Carl-Auer Verlag, der die Veröffentlichung ermöglicht und durch sein Lektorat begleitet hat. Zudem möchte ich an dieser Stelle meine tiefe Dankbarkeit gegenüber S. N. Goenka, seinen Assistenzlehrern und der Vipassana-Vereinigung e. V. in Deutschland ausdrücken.

Werner Vogd

Vorwort

Die Lösung des Problems des Lebens merkt man am Verschwinden dieses Problems. (Ist nicht dies der Grund, warum Menschen, denen der Sinn des Lebens nach langen Zweifeln klar wurde, warum diese dann nicht sagen konnten, worin dieser Sinn bestand?)

Ludwig Wittgenstein[1]

Zumindest liefert die Reise des Buddhismus in den Westen einige Ressourcen, die wir benötigen, um unsere eigenen kulturellen und wissenschaftlichen Prämissen bis an den Punkt weiterzuverfolgen, wo wir keine Grundlagen mehr brauchen und begehren und uns so der Aufgabe widmen können, Welten ohne Grund zu bauen und darin heimisch zu sein.

Francisco Varela, Evan Thompson, Eleanor Rosch[2]

Die Beziehungsgeflechte moderner, zeitgenössischer Verhältnisse sind komplex und verwirrend. Unsere Kultur ist in eine *Vielheit* rechtlicher, ökonomischer, religiöser, familiärer und moralischer Verhältnisse aufgefächert, die nicht mehr in einer Kosmovision zur Einheit gebracht werden können. Nur noch Fundamentalisten sprechen von *der* Wahrheit im Singular und allein schon der Blick auf die Praxis dogmatischer Menschen zeigt, dass auch sie zutiefst in den Agonien menschlicher Dramen verstrickt und keineswegs dem göttlichen Frieden nahe sind. Der Befehl *Glaube!* überzeugt schon längst nicht mehr.

Der moderne Mensch möchte heute selber denken, seine eigenen Erfahrungen machen und selbst herausfinden, was gut oder schlecht ist. Dabei steht er zunächst vor der Aufgabe, auf den Klaviaturen und mit den Registern zu spielen, die mit dem modernen Leben verbunden sind, ohne sich dabei allzu sehr mit den hiermit verbundenen Spielen zu identifizieren. Er hat die Komplexität zu leben, welche unsere heutige Gesellschaft auszeichnet, ohne jedoch in dieser Gesellschaft, die in ihren Anforderungen nur noch paradox und widersprüchlich erlebt werden kann, gefangen zu sein.

Was heißt aber unter diesen Voraussetzungen noch Glück? Vielen gelingt es sicherlich, irgendwie zu funktionieren, doch gerade bei Menschen, die nach gesellschaftlichen Maßstäben einiges erreicht haben, taucht oftmals ein Gefühl von Leere und Entfremdung auf. Dass wir – gerade auch in Zeiten, in denen es uns gut zu gehen scheint – unter einer gewissen Sinnleere leiden (Heidegger würde hier von

Seinsvergessenheit und Seinsverlassenheit sprechen), ist kaum mehr von der Hand zu weisen.

Auf den Sinnmärkten – sei es in der Form von Ratgeberliteratur, Psychotherapie oder Esoterik – findet sich eine Fülle von Sinnangeboten. Doch eins sollte klar sein: Die Sinnfrage ist unter den heutigen Voraussetzungen vergiftet, denn sie ist eingewoben in die Kultur, welche die Spaltung erst erzeugt hat. Gerade in ihrem zentralen Bewährungsmythos verkörpert sie ein Ziel, das umso weniger erreicht werden kann, je mehr es angestrebt wird. Die Rede ist hier von der Suche nach dem Ich als dem vermeintlichen Zentrum unserer therapeutischen und spirituellen Ansprüche.

Der Versuch, sich selbst zu finden, muss jedoch in die Irre führen, weil in uns letztlich nichts anderes zu finden ist als jene Projektionen, welche den Befund verschleiern, dass es das Selbst als isolierten Wesenskern nicht gibt.

All dies ist nicht nur ein abstraktes, philosophisches Problem, sondern es wird gefühlt und erlitten. Die Spannungen und Dissonanzen in unseren Orientierungen, die Entfremdung von unserem Seinsgrund, sind Teil unserer leiblichen Erfahrung.

Hiermit einhergehend taucht erneut die Frage nach dem Sinn unseres Lebens auf. Der Bedeutungshof des Wortes *Sinn* zeigt allerdings schon an, dass es hier immer auch (und später wird sich zeigen: vor allem) um sinnliche Erfahrungen geht, um *empfundenes* Sein. Es geht um ein gefühltes Leben, das in seiner Expressivität und Reflexivität das hervorbringt, was es in seiner Praxis lebt – und zwar innerhalb des dynamischen Beziehungsgefüges, dessen es sich verdankt.

Vor diesem Hintergrund erscheint es an der Zeit, sich die Voraussetzungen unseres Erkennens und Erlebens genauer anzuschauen. Gäbe es hierzu geeignetere Dialogpartner als den Buddhismus mit der Lehre der bedingten Entstehung, als den neurobiologischen Konstruktivismus und als die allgemeine Theorie der Sinnsysteme, welche aus der soziologischen Systemtheorie hervorgegangen ist? Denn: Wo sonst werden so radikal und wider allen Common Sense unsere eigenen Erkenntnisgrundlagen infrage gestellt?

Ein Dialog erzeugt neue Perspektiven, welche dann auf die Beteiligten rückwirken können. Die alten buddhistischen Lehren können unter dem Blickwinkel der wissenschaftlichen Untersuchung unserer eigenen Erkenntnisvoraussetzungen in einem neuen Glanz erscheinen. Sie beginnen sich einerseits von jenen hochgeistigen scholastischen Sphären abzulösen, wie sie in vielen indologischen Instituten anzutreffen sind. Andererseits können sie jetzt auch nicht mehr in einem naiven Praxisverständnis aufgehen, das sich auf die Aufforderung *Meditiere!* beschränkt. Vielmehr werden die Subtilität und auch die Kraft der buddhistischen Lehren erst deutlich, wenn man sich ihnen mit einer Denkweise nähert, die in unseren eigenen kulturell verankerten Konzepten gegründet ist.

Die moderne Kultur – ob sie es mag oder nicht – ist eine naturwissenschaftlich formatierte. Gerade deswegen ist der neurobiologische Konstruktivismus so anschlussfähig, da er einerseits in Begriffen wie Gehirn, Kognition, Psyche, Selbst, Materieflüsse etc. gründet, andererseits aber die gewohnte Begriffsverwendung transzendiert. Neurowissenschaften zu betreiben, um aufzeigen, dass das *Ich* nicht im Gehirn sitzt, sondern eine übergreifende Reflexionsperspektive darstellt, ist alles andere als trivial – und da dieser Befund so stark von unseren kulturellen Selbstgewissheiten abweicht, lohnt sich der Blick auf eine alte Lehre, die schon immer etwas mit diesem Befund anfangen konnte.

Umgekehrt kann der Buddhismus durch die Auseinandersetzung mit den modernen wissenschaftlichen Konzepten seine eigenen unhinterfragten kulturellen Voraussetzungen beleuchten. Vor allem lässt sich nun begreifen lernen, dass seine Lehren vor allem auf Kommunikation gegründet sind. Die buddhistischen Weisheiten erscheinen damit noch unmittelbarer und die auch hier anzutreffenden Versuche, einen Sinn hinter dem Sinn oder eine Spiritualität hinter der Spiritualität zu finden, erscheinen jetzt deutlicher als Derivat einer Verklärung der Lehren des Siddhartha Gautama, des Buddhas, zu einem magischen oder religiösen Glaubenssystem.

In diesem Sinne kann der Dialog für alle Partner ein Nachhausekommen bedeuten. Wir lernen, in einer Welt ohne Grund heimisch zu werden, und beginnen, unser Leben als Praxis zu begreifen oder – indem das vorläufige Moment betont wird – als Übung.[3] Diese Übung ist jedoch nicht irgendeine Übung, sondern es ist *die* Übung, denn es geht um die Kunst des Lebens, um die Kultivierung der Fähigkeit, auf einer tiefen Ebene glücklich zu sein. All dies ist unentrinnbar damit verbunden, das *Geschenk des Todes*[4] annehmen zu können.

All dies ist gemeint, wenn Praktizierende der buddhistischen Lehren sagen: Mögen alle Wesen glücklich sein!

Einstimmung

Nach der Begegnung mit dem Absurden ist alles erschüttert. Diese Vorstellung ›ich bin‹, meine Art zu handeln, als hätte alles einen Sinn (selbst wenn ich gelegentlich sage, dass nichts Sinn habe), all das wird durch die Absurdität eines möglichen Todes auf eine schwindelerregende Weise Lügen gestraft.

Albert Camus[5]

Um 600 vor Christi Geburt hatte sich die Gesellschaft im Norden Indiens längst zu einer Hochkultur entwickelt. Der Handel blühte. Große Städte entstanden. Kultur, Philosophie und Religion gediehen unter diesen fruchtbaren Bedingungen. Den Menschen erschien der vedische Opferkult überholt und sie suchten nach anderen Wegen, ihr Leben und ihre Welt zu erklären. Viele Menschen zogen in die Hauslosigkeit, um die Wahrheit über die Natur des eigenen Geistes zu erforschen. Das Wandermönchswesen entwickelte sich zu einer kraftvollen Bewegung. In der Suche nach spirituellen Antworten entstand eine Vielzahl von religiösen und philosophischen Systemen. Materialistische, religiöse und mystische Systeme entwickelten sich parallel nebeneinander. So gab es zum Beispiel die *Lokāyata*, in Pāli[6] wörtlich »die der wahrnehmbaren Welt Zugewandten«, die als Materialisten alle Vorstellungen an eine jenseitige Welt spöttisch ablehnten. Als Erneuerungsbewegung entstand die, auf innere Selbstverwirklichung ausgerichtete *Upanishadenlehre*. Die Anhänger dieser Geheimlehre versuchten Zugang zu Atman, der Urseele, zu finden, in der alle individuellen Seelen eins seien. Daneben entwickelte sich die Praxis des Asketentums. Mittels strengster Disziplin und Selbstkasteiung versuchten die Anhänger dieser Lehre, ihre physische Bedingtheit zu überwinden.

Auf der fruchtbaren Basis dieses philosophischen und religiösen Pluralismus entwickelte sich die Lehre von *Siddhartha Gautama*, dem *Buddha*.[7] Er integrierte die schöpferischen Ansätze verschiedener Richtungen zu einem neuen Erkenntnissystem, in dem anstelle der Suche nach der Seele der Prozess des Werdens im Vordergrund steht. Alle Erscheinungen unseres Erlebens entstehen hier aus einem immerwährenden Fluss der Gestaltungen. In diesem Fluss gibt es nichts Festes, keine Seele, keine absolute Wahrheit. Die buddhistische Lehre ist ein Prozesssystem, sie ist die »alte Philosophie der Selbstorganisation«, um mit Jantsch zu sprechen.[8] Sie zeigt auf, wie Geist und Bewusstsein im aktiven Prozess des Werdens zu dem erschaffen werden, was sie sind, und wie sich der Geist in einer heilsamen Weise selbst gestalten kann. Die buddhistische Lehre, insbesondere das frühbuddhistische System des *Theravāda*-Buddhismus[9], offenbart sich dabei als ein selbstreferenzielles Erkenntnissystem. Der Erkennende erschafft sich in seinem Erkennen selbst die Bedingungen seines Erkennens. Im Gegensatz zu den meisten Erkenntnissystemen der abendländischen Tradition, in denen immer die Suche nach etwas Festem, sei es eine unsterbliche Seele, eine universelle Naturkonstante oder eine absolute Wahrheit, im Vordergrund stand, wird hier die Wirklichkeit zu etwas Dynamischem, das sich im Prozess beständigen Entstehens und Vergehens geistiger und körperlicher Flüsse organisiert. Wirklichkeit, Erkennen und Geist werden in einem schöpferischen Prozess kontinuierlicher Verkörperung *(embodiment)* und Veränderung entfaltet.

Die Erforschung der Selbstorganisation dynamischer Systeme in den 60er und 70er Jahren führte zu einigen neueren wissenschaftlichen Paradigmen, die der buddhistischen Prozesslehre in vieler Hinsicht ähneln. Mit dem *neurobiologischen Konstruktivismus* entstand durch Humberto Maturana und Francisco Varela eine vollständige biologische Theorie des Erkennens unter dem Paradigma der Selbstorganisation.[10] Kognition, Geist, Wahrheit und Bewusstsein sind hier nicht mehr als etwas Absolutes oder etwas Dinghaftes anzusehen, sondern emergieren im Prozess eines beständigen Flusses von Materie und Energie.

Auch hier ist Kognition als ein verkörperter *(embodied)* Prozess zu verstehen, der darauf beruht, dass Organismen durch ihr Handeln und Wahrnehmen mit ihrer Umwelt verschränkt sind. Jeder individuelle Organismus bringt in seinem Erkennen aktiv seine eigene Wirklichkeit hervor. Es gibt so viele Wirklichkeiten, wie es verschiedene Organismen gibt.[11] Die Praxis eines Organismus bestimmt, was der Organismus erkennt. Das Erkennen prägt die Kognition, sie wird in die neuronale und körperliche Struktur des Lebewesens eingeschrieben. Die kognitive Struktur wiederum bestimmt das Handeln. Ein selbstreferenzieller Zirkel von Erkennen und Handeln gestaltet die Wirklichkeit im Sinne einer Selffulfilling Prophecy.

Von dem neurobiologischen Konstruktivismus lässt sich leicht der Bogen zu einem *sozialen Konstruktivismus* spannen. Mit dem *Thomas-*

Theorem gilt: »Wenn die Menschen Situationen als wirklich definieren, sind sie in ihren Konsequenzen wirklich.«[12] Menschen leben hiernach in selbst gesponnenen Bedeutungsgeweben, die wir uns aneignen, indem wir in eine Kultur hineinwachsen, deren Gesetzlichkeiten uns – vermittelt durch die Institution der Sprache – real erscheinen. Wie schon im neurobiologischen Konstruktivismus erscheint Wirklichkeit konstruiert. Es verschiebt sich jedoch der Schwerpunkt der Betrachtung: Man kann seine Welt nicht alleine konstruieren, sondern braucht hierzu den anderen und vor allem eine Gemeinschaft, welche die Kultur und Sprache trägt, mit der sich Wirklichkeiten bauen lassen.[13] Mithilfe der soziologischen Systemtheorie lässt sich dann aufzeigen, wie individuelles Bewusstsein – ja überhaupt erst Individualität – in *gemeinsamer Koproduktion* von den körperlich formatierten psychischen Prozessen und den kommunikativ gestalteten sozialen Systemen entsteht, ohne dass einzelne Schritte in trivialer Weise aufeinander zurückgeführt werden können.

Mit diesem Hintergrund gelangen wir zu Peter Fuchs' *Allgemeiner Theorie der Sinnsysteme*[14], die als anspruchsvolle Prozesstheorie beschreibt, wie sich Körper, Psyche und Kommunikation miteinander verschränken und einander wechselseitig Bedingungen für ihr Gelingen und Misslingen zur Verfügung stellen.[15]

Die *buddhistische Lehre*, der *neurobiologische Konstruktivismus* und die *Allgemeine Theorie der Sinnsysteme* sind selbstreferenzielle Erkenntnissysteme. Der Prozess des Erkennens erschafft in seinem Erkennen selbst sein Erkennen. Viele der hier angesprochenen Gedanken werden unter dem Begriff *radikaler Konstruktivismus* rezipiert. Dieses Label erscheint jedoch gerade im Kontext dieser Arbeit nicht glücklich, da die mitgeführte Unterscheidung zwischen Konstruktion und Realismus dem solipsistischen Missverständnis Nahrung gibt, dass man es selbst sei, der seine Wirklichkeit erschaffe. Genau dieses Selbst – oder *innere Seelenwesen* – muss aber hochgradig fragwürdig erscheinen, wenn man sich intensiver mit dem buddhistischen Denken, aber auch mit der Allgemeinen Theorie der Sinnsysteme beschäftigt. Das Selbst erscheint in diesem Zusammenhang nicht mehr als eine Entität oder ein Zentrum des Handelns, sondern bestenfalls als ein *System*. Systeme sind aber, wie Peter Fuchs zeigt, weder Objekt noch Subjekt. Sie erscheinen als informationsgeleitete Prozesse, die Differenzen generieren, dabei jedoch keineswegs jemanden *darstellen*, der irgendeine Autorschaft übernehmen könnte.[16]

Zudem ergeben sich aus den Erkenntnistheorien der buddhistischen Lehre, des neurobiologischen Konstruktivismus und der Allgemeinen Theorie der Sinnsysteme zwei Schlussfolgerungen, mit denen sich die Theorien radikal von den meisten anderen philosophischen oder religiösen Anschauungen unterscheiden:

1. In beiden Denksystemen gibt es weder eine ausformulierbare absolute Wahrheit noch eine explizite Sinngebung in unseren Erfahrungen. Jeder Versuch, eine absolut gültige Sinngebung zu bestimmen, wird von diesen Systemen als Illusion zurückgewiesen: Maturana und Varela sprechen von der *Zwecklosigkeit* aller biologischen Formen[17] und die buddhistische Lehre betont immer wieder die *Essenz-* und *Substanzlosigkeit* all unseres sinnlichen Erlebens. An der grundlegenden Disposition, biologische Formen als *zweckfreie Systeme* zu betrachten, ändert sich auch dann nichts, wenn die Evolution etwa im Sinne von Dawkins durch eine Evolutionstheorie geistiger Informationseinheiten (der *Meme*) erweitert würde.[18] Im Sinne eines strukturalistischen Erklärungsansatzes wäre die Evolution biologischer Formen durch eine nichtteleologische Zeichentheorie etwa im Sinne der saussureschen Semiotik zu ergänzen, in der dann, wie Glanville rekapituliert, »Signifikanten und Signifikate Formen (oder genauer Protoformen) ohne jeden Inhalt darstellen« würden.[19] Hier wird davon ausgegangen, dass Worte und Zeichen nicht deshalb entwickelt wurden, um etwas zu erreichen oder eine bestimmte Bedeutung zu realisieren. Sie entstehen und entwickeln sich vielmehr ziellos, sozusagen indem Geplapper an Geplapper anschließt.

Inhalt, Sinn und Bedeutung kommen erst dann zustande, »wenn der Beobachter die beiden zusammenbringt; und dieser Inhalt ist arbiträr (das heißt, es gibt keinen Grund zu glauben, der Inhalt könne unabhängig vom Beobachter verstanden werden)«.[20]

Das Spiel der Evolution hat keinen Sinn, es sei denn, ein Beobachter sieht ihn. Auf operativer Ebene ergibt Sinn jedoch keinen Sinn, sondern ist leer an Bedeutung. Hier geschieht einfach nur das, was geschieht.

2. In der Bodenlosigkeit als der nichtrationalen Basis unseres Seins zeigt sich eine unerwartete Tiefendimension: Jenseits äußerer Vorschriften und Regeln offenbart sich im menschlichen Sein eine implizite Ordnung. In der Biologie der Menschwerdung offenbart sich im menschlichen Sein eine implizite Ordnung, die darauf beruht, dass wir Menschen in unserem Fühlen und Erleben miteinander kommunika-

tiv verbunden sind. Maturana geht so weit, hierfür den Begriff *Liebe* als biologische *conditio humana* einzuführen. In der buddhistischen Lehre verwirklicht sich in *mettā*, der mitfühlenden Liebe, die spirituelle Dimension des menschlichen Seins.

Für den Leser, der mit konstruktivistischem oder buddhistischem Denken nur am Rande vertraut ist, sind die eben genannten Folgerungen zunächst unverständlich, wenn nicht gar befremdlich. Um sie in ihrer Tiefe zu begreifen, ist es notwendig, die erkenntnistheoretischen Konzeptionen dieser beiden Denk- und Erkenntnisschulen, insbesondere die Bestimmung von Sinn und damit auch von (Selbst-) Bewusstsein, als sich selbst erzeugende dynamische Prozesse verstehen zu lernen. Hierzu soll mit diesem Buch in einer vergleichenden Zusammenschau ein Beitrag geleistet werden. Die Vision liegt dabei darin, im *Vergleich* der Beschreibungen eine gemeinsame *Tiefenstruktur in der Dynamik von Prozessen* aufzuzeigen, die landläufig als geistig bezeichnet werden kann.[21]

Diese Studie stellt nicht den ersten Versuch dar, einen Dialog zwischen dem Buddhismus und einer modernen, durch kybernetisches Denken inspirierten wissenschaftlichen Perspektive zu gestalten. Schon in den 80er Jahren begann eine interdisziplinäre Gruppe von Wissenschaftlern um Eleanor Rosch, Evan Thomson und Francisco J. Varela auszuloten, inwieweit sich Parallelen zum Buddhismus zeigen in Hinblick auf Erkenntnistheorie und Ethik des neurobiologischen Konstruktivismus sowie auf die Konzeption der verkörperten Erkenntnis.[22]

Aus der Begegnung des neurobiologischen Konstruktivismus mit der buddhistischen Erkenntnispraxis hat sich unter dem Stichwort *Neurophenomenology* ein äußerst fruchtbarer Forschungszusammenhang entwickelt, der die Erste-Person-Perspektive[23] innerhalb neurowissenschaftlicher Studien ernst zu nehmen lernte. In der Neurophänomenologie gelingt es, kontrollierte Selbstbeobachtungen von Bewusstseinsprozessen mit den raumzeitlichen Mustern neuronaler Dynamiken produktiv in Beziehung zu setzen.[24] Husserls Phänomenologie kann auf diese Weise auch als eine Prozessphilosophie verstanden werden, entsprechend der Bewusstsein und Sinn nicht mehr als Essenz oder Entität angesehen zu werden brauchen, sondern vielmehr als ein Prozess mit einer komplexen Zeitstruktur gesehen werden können, in der sich im intentionalen Akt im Hier und Jetzt die Konstruktion von Zukunft *(Protention)* und der Aufbau einer Vergangenheit *(Retention)* rekursiv miteinander verschachteln.[25]

Eine Besonderheit der vorliegenden Studie besteht darin, den Dialog über die kognitionswissenschaftliche Perspektive hinausgehend in den Bereich der Kommunikation, also der Koproduktion von Bewusstsein und Gesellschaft auszuweiten. Dies erlaubt es, buddhistisches Denken in einer zunächst ungewohnten Perspektive zu betrachten: nämlich als eine soziale Tatsache.

Wie über Buddhismus sprechen?

Nach einer 2500 Jahre andauernden Entwicklung und Differenzierung in vielfältige Schulen und Lehrsysteme ist es sicherlich schwer möglich, von *dem* Buddhismus zu sprechen. Die Lehrsysteme der unterschiedlichen Schulen unterscheiden sich im Detail erheblich.[26] Ohne andere Quellen abwerten zu wollen, möchte ich mich in dieser Arbeit im Wesentlichen auf die Quellen des *Theravāda*-Buddhismus beschränken. Die Lehrreden des *Pāli-Kanons*[27] *der Thervadins* stellen gut erschlossene und die am vollständigsten in einer indischen Sprache niedergeschriebenen Quellen einer Gruppe des ursprünglichen Buddhismus dar. Sie wurden allerdings erst gut vierhundert Jahre nach Buddhas Tod niederschrieben und zuvor in mündlicher Form tradiert. Unabhängig von der kaum mehr zu beantworteten Frage, ob die hier dokumentierten Lehrreden, und wenn ja, welche Teile, überhaupt als authentisches Buddhawort angesehen werden können, so bezeugen sie doch jene Sinnformen, aufgrund derer sich heutzutage überhaupt erst buddhistisches Denken identifizieren lässt. Dass im Sinne der Hagiografie[28] eine Verklärung der Person Buddhas stattgefunden haben mag und Überlieferungen immer auch eine kulturelle Praxis darstellen, in der die Bedeutungsschwerpunkte von Texten neu ausgerichtet werden, soll damit nicht abgestritten werden, sondern ist vielmehr als Ausdruck einer lebendigen Tradition hinzunehmen. Eine solche Lehrtradition kann letztlich nur Relevanz beanspruchen, wenn sie zugleich Elemente und Aspekte aus der Überlieferung aufgreift, sie dabei aber immer auch – und sei es nur durch subtile Verschiebungen der Gewichtung – an veränderte kulturelle Lagerungen anpasst. Dies ist an und für sich nichts Ungewöhnliches, sondern stellt im Hinblick auf geschichtliche Quellen den Regelfall dar und betrifft beispielsweise auch die antike Philosophie Griechenlands, die nur aufgrund der vorhandenen Texte rekonstruiert werden kann, was selbstverständlich bezüglich Textexegese und -interpretation Raum für Kontroversen offen lässt.

Allerdings ist an dieser Stelle darauf hinzuweisen, dass die Kernlehren des *Theravāda*-Systems – wie die vier edlen Wahrheiten, die Lehre vom Nicht-Selbst *(anattā)* und die Lehre von den Aggregaten des Geistes *(khanda)* – von den meisten anderen buddhistischen Schulen ebenfalls gelehrt werden, ebenso der soteriologische Anspruch, mittels der buddhistischen Lehren menschliches Leiden überwinden zu können *(Pāli: nibbāna; Sanskrit: nirvāṇa)*.[29] Darüber hinaus beziehen sich die großen Erneuerungen des Buddhismus, der *Mahāyāna* und der *Vajrayāna*, in ihrer Symbolik auf die wichtigen Schlüsselbegriffe der frühbuddhistischen Lehren.[30]

Für die gewählten Quellen spricht zudem die ursprüngliche Nüchternheit und Klarheit der *Pāli*-Texte. Die stellenweise schönen, aber sehr verschlungenen *Mahāyāna*-Texte sind für einen Außenstehenden oft nur schwer zu deuten und zu vermitteln. Ebenso sind die Bilder und Symbolwelten des tibetischen Buddhismus schon im Hinblick auf ihre kulturelle Herkunft fremd und erschließen sich nicht ohne Weiteres dem Blick eines textorientierten Vergleichs. Nicht zuletzt erlaubt die Referenz auf frühere, kanonisierte Texte eine Betrachtung, die nicht vorschnell in die Selbstbeschreibungen, Dogmen und Selbstidentifikationen der derzeit prominenten Schulen verfällt. Sie ermöglicht es stattdessen, die Strukturen und Besonderheiten (aber auch die Interpretationswürdigkeiten) buddhistischen Denkens etwas systematischer herauszuarbeiten, als wenn man vor allem der Interpretation einer konkreten Lehrpersönlichkeit folgen würde.

Neben der Frage nach der Tradition stellt sich das Problem der Auswahl von Übersetzungen und Kommentaren. Der Begriff Buddhismus wird in unterschiedlichen Bedeutungszusammenhängen verwendet. Er bezeichnet einerseits eine Praxis der Selbsterkenntnis, andererseits ein philosophisches und religiöses System. Als solches ist er für die Religionswissenschaften von Interesse. Eine große Anzahl von Indologen und Buddhologen beschäftigte sich mit Fragen der Textanalyse und der historischen Rekonstruktion der überlieferten Quellen. Ihre Übersetzungen und Kommentierungen der Texte unterscheiden sich in Detailfragen von den späteren Übersetzungen durch praktizierende Buddhisten. Während zum Beispiel die Rezeption der ersten europäischen Buddhologen den Buddhismus als antiklerikales, aufklärerisches System mit oftmals nihilistischen Zügen verstand, sieht der praktizierende Buddhist in ihm weder eine philosophische Anschauung noch ein religiöses System, sondern vor allem eine Praxisanleitung zur Erforschung und Reinigung des eigenen Geistes.[31]

Im Sinne einer breiten Anschlussfähigkeit werde ich bei der Auswahl der Übersetzungen aus dem *Pāli*-Kanon versuchen, weitgehend auf die Arbeiten der beiden deutschen Mönche *Nyanatiloka* und *Nyanaponika* zurückzugreifen. Nyanatiloka, geb. Anton Gueth, erhielt als einer der ersten Europäer die Ordination zum Mönch in Birma. Später gründete er in Ceylon einen buddhistischen Orden für europäische Mönche. 1937 ordinierte dort der Deutsche Feniger zum Mönch und erhielt den Namen Nyanaponika. Ihre ausgezeichneten Übersetzungsarbeiten sind allgemein – auch in scholastischen Zusammenhängen – anerkannt. Daneben sind beide zugleich geschätzte Lehrer der buddhistischen Erkenntnispraxis.

In den Kommentaren zur Lehre werde ich ebenfalls überwiegend Autoren zu Wort kommen lassen, die sowohl im akademischen Diskurs als auch in buddhistischer Praxis zu Hause sind. Neben den beiden eben genannten Mönchen ist als deutschsprachiger Vertreter *Lama Anagarika Govinda* ein ausgezeichneter Kenner der frühbuddhistischen Lehre. Um den Vergleich mit der buddhistischen Literatur zu erleichtern, werde ich die Schlüsselbegriffe der buddhistischen Lehre immer auch in ihrer *Pāli*-Bezeichnung angeben.

Buddhismus im Westen

Mittlerweile gibt es einen recht umfangreichen Corpus an Literatur zum Import und zur Rezeption des Buddhismus im Westen.[32] Allgemein wird dabei zwischen dem ethnischen Buddhismus von Migranten aus buddhistischen Ländern sowie Adepten und Konvertiten westlicher Herkunft *(westlicher Buddhismus)* differenziert, die sich in Hinblick auf die buddhistischen Gemeinschaften wie auch in den Formen der Praxis recht stark unterscheiden.[33]

Diese Differenzierung ist jedoch nicht synonym zu sehen mit der Unterscheidung zwischen dem traditionellen, eher auf der Befolgung von Riten und einer strengen Trennung von Laien und Mönchen beruhenden Buddhismus und einem modernen, die meditative Praxis stark pointierenden und hierin auch an Laien gerichteten Buddhismus. Letzterer entwickelte sich gegen Ende des 19. Jahrhunderts vor allem in asiatischen Ländern wie Sri Lanka, Birma (heute: Myanmar) und Japan als eine buddhistische Modernisierungsbewegung. Diese war sowohl gegen die christlichen Kolonialherren als auch gegen die eigenen feudalen Traditionen gerichtet. Sie zielte auf ein gebildetes und nationalbewusstes asiatisches Laienpublikum, das an globale wissenschaftliche und spirituelle Weltdiskurse Anschluss suchte.[34]

Wesentliche Impulse der westlichen Rezeption schließen an diese Emanzipationsbewegungen an, weshalb sich mit Martin Baumann affirmierend eine an die Diskurse der Weltgesellschaft anschließende Bewegung eines globalen und recht stark an Meditation orientierten Buddhismus identifizieren lässt.[35] Robert H. Sharf weist darauf hin, dass der erfahrungsorientierte moderne Buddhismus gewissermaßen eine spirituelle Neuerfindung (oder Wiederentdeckung, insofern man teilt, dass die ursprünglichen buddhistischen Lehren vor allem auf *Praxis* zielen) darstellt, die nur bedingt an die in den letzten Jahrhunderten gelebten buddhistischen Traditionen der asiatischen Länder anknüpft.[36] In den traditionellen Lebensweisen der Mönche rückte die meditative Praxis und damit auch das Anstreben von Erleuchtung oftmals stark in den Hintergrund.[37]

Insgesamt macht es also wenig Sinn, generell und in einem ahistorischen Sinne von *dem* Buddhismus zu sprechen. Dafür spricht auch der Umstand, dass sich die drei hauptsächlich im Westen verbreiteten Traditionen (Zen, tibetischer Buddhismus und *Theravāda*-Buddhismus) und deren unterschiedliche Gruppen und Schulungswege in ihren Lehren und rituellen Formen, in der Bedeutung und Stellung des Lehrers sowie in den meditativen Praxen nochmals erheblich voneinander unterscheiden.[38] Übergreifend zeichnet sich der westliche Buddhismus jedoch dadurch aus, dass er überwiegend eine *Laienbewegung* darstellt. Buddhistische Praxen sind hier in weltliche Lebensformen eingebettet zu denken und Adepten sind eher an Meditation und buddhistischer Philosophie interessiert, denn an den liturgischen und den durchaus vorhandenen abergläubischen Elementen buddhistischer Traditionen. Darüber hinaus werden einige Kernelemente der Weltanschauung schulenübergreifend geteilt, z. B. dass die Anhaftung an sinnliche Erfahrungen als die Ursache von Leiden zu sehen und die Erscheinungswelt als unbeständig zu erachten ist und darüber hinaus die Grenzerfahrung der Erleuchtung anzustreben ist.[39]

Wenngleich die frühen Begegnungen des Westens mit dem buddhistischen Denken stark von protestantischen Denkweisen[40] und der späteren erfahrungsorientierten Rezeption – insbesondere durch die Gegenkulturen der 1960er Jahre – geprägt waren, zeigt sich heute deutlich, dass der westliche Buddhismus nicht einfach als eine Variante westlicher Kultur, etwa im Sinne der individualistischen New-Age-Spiritualität einer »unsichtbaren Religion«, verstanden werden kann.[41]

Vielmehr treffen wir heutzutage auf eine Institutionalisierung der Schulungswege mit einer starken Orientierung an kanonischen Schriften und an durch die Traditionslinie autorisierten Lehrerpersönlichkeiten. Das Laisser-faire der Anfangszeit erscheint überwunden. Auch im Westen werden heute in Hinblick auf die ethische Lebensführung strengere Maßstäbe an die Vertreter buddhistischer Lehren gestellt.[42] Zudem treffen wir mittlerweile auf eine größere Gruppe ernsthafter Adepten, die sich in der Regel einem Schulungsweg bzw. einer Tradition verpflichtet fühlen und diesem bzw. dieser treu bleiben. Daraus resultierend ist in den westlichen Ländern eine größere Anzahl von Anhängern anzutreffen, die einem Schulungsweg mehr als 25 Jahre aktiv verbunden sind.[43]

All dies lässt es interessant erscheinen, in erkenntnistheoretischer Hinsicht den Dialog zwischen Buddhismus und westlichen konstruktivistischen Denkansätzen zu suchen.

Alle Kreter lügen, sagt -

Erkenne dich Selbst – westliche Perspektiven

Der Baum der Erkenntnis: Der Apfel ist vergiftet

Was aber den Baum der Erkenntnis von Gut und Böse betrifft,
davon sollst du nicht essen, denn an dem Tag, an dem du davon isst,
wirst du sterblich sein.

Mose 2.17

Die Problematik der Selbsterkenntnis besteht in der mit normalen logischen und philosophischen Mitteln nicht lösbaren Herausforderung, den Status des Beobachters zu klären. Daraus folgt die Frage, wie die in unserer alltäglichen Erfahrung zweigliedrig erscheinende *Subjekt-Objekt-Relation* zu bestimmen ist. Sobald wir jedoch diese Frage stellen, gelangen wir in einen zirkulären Prozess: Indem der Erkennende sich selber erkennt, wird das Subjekt der Erkenntnis zum Objekt der Erkenntnis, das Objekt der Erkenntnis ist wiederum das Subjekt selbst. Immer wenn sich ein Vorgang in einem kreisförmigen Prozess auf sich selbst bezieht, sprechen wir von *Selbstreferenz* oder *Zirkularität*. Zirkuläre Prozesse weisen hinsichtlich der Analyse ihrer logischen Kausalität einen Doppelcharakter auf: Sie bergen die Gefahr logischer Widersprüche. Unter geeigneten Bedingungen ermöglichen zirkuläre Systeme allerdings auch die Entwicklung stabiler Lösungen.[44]

Selbstreferenzielle Aussagen, also Sätze, die sich in der einen oder anderen Form auf sich selbst beziehen, können logische Paradoxien hervorrufen. Das bekannteste Paradoxon dieser Form ist die Aussage des *Epidemes:* »Alle Kreter lügen, sagt Epidemes der Kreter.«

Die logische Analyse dieses Satzes ergibt: Wenn der Satz richtig ist, dann ist er falsch. Wenn er falsch ist, dann ist er richtig. Das Paradoxon entsteht, da die höhere logische Ebene der Satzform zirkulär mit der tieferen Ebene des Satzinhaltes verbunden wird.[45] In der klassischen Logik werden Aussagen dieser Form als Zirkelschlüsse abgelehnt, da Zirkelschlüsse die lineare Kausalität aushöhlen. Im rekursiven System, in der Selbstreferenz, wird die Wirkung einer Ursache ihre eigene Ursache.

Die Erforschung von *Selbstorganisationsvorgängen* und die *Theorie kybernetischer Systeme* konnten demgegenüber zeigen, dass rekursive Systeme stabile Lösungen ausbilden können. Diese Lösungen zeigen sich in der *Selbstorganisationsdynamik* des entsprechenden Systems, die sich dann nicht mehr in Form linearer Kausalitätsbeziehungen beschreiben lässt. Dennoch lassen sich diese Systeme untersuchen, da sie ein durch ihre Struktur determiniertes Eigenverhalten zeigen. Die anschließenden beiden Kapitel werden sich ausführlicher mit der (zunächst noch recht formalen) Beschreibung dieser Systeme beschäftigen.

Im Versuch, unser Erkennen zu erkennen, haben wir es mit einem selbstreferenziellen Prozess zu tun. Daher begegnen wir auch hier der Problematik zirkulärer Prozesse. Die Versuche der traditionellen Erkenntnistheorien, die Rolle des Beobachters zu klären, führen *nolens volens* zum Paradoxon der *Subjekt-Objekt-Problematik*: Jeder Versuch des Subjekts, sich selber zum Objekt zu machen, muss scheitern, da das Objekt nun eben dieses Subjekt ist. Übrig bleibt letztendlich nur der Versuch des Subjekts, sich selber zu beweisen. Dazu müsste es aber aus sich selbst heraustreten können, eben einen objektiven Standpunkt einnehmen. Unsere Situation gleicht jemandem, der sich am eigenen Schopf aus dem Sumpf ziehen will. Hierzu Ernst von Glasersfeld:

> »Das Paradox besteht einfach darin, daß, wenn ich glaube, daß ich mir im Inneren ein Bild von der Welt mache und daß das Bild bewertet wird, je nachdem, wie genau es mit der Welt, die draußen liegt, übereinstimmt, dann kann ich die Bewertung nie ausführen. Denn was immer ich als Bewertung versuche, muß denselben Weg gehen, den das Bild gegangen ist, dieselbe Wahrnehmung, dieselbe Begriffswelt, dieselben Beziehungen, andere habe ich ja nicht. Und so kommt es zu einer Situation, die meiner Ansicht nach der irische Philosoph Berkeley am deutlichsten ausgedrückt hat, wenn er sagt, wir können immer nur Ideen mit Ideen vergleichen.«[46]

Selbstreferenzielle Erkenntnissysteme wie der neurobiologische *Konstruktivismus* und der *Buddhismus* erkennen die rekursive Natur des Erkenntnisprozesses an und verlagern deshalb ihre epistemologische Fragestellung. Um mit Heinz von Foerster zu sprechen: »Wollen wir nun das Problem einer Theorie des Erkennens lösen, also eine Epistemologie erzeugen, dann muss sie von solcher Art sein, daß sie sich selbst erklärt, oder in Hilberts Sprache, daß sie eine Eigentheorie ist.«[47]

Eine Eigentheorie des Erkennens muss allerdings erklären können, wie Erkennen aus sich selbst heraus entsteht und schließlich Selbsterkenntnis ermöglicht.[48] Die Frage heißt nun nicht mehr: *Was* ist der Beobachter?, sondern: *Wie* entsteht der Beobachter? Das Subjekt des Erlebens und das Objekt, der Gegenstand der Erkenntnis, können jetzt allerdings nicht mehr als etwas Festes bzw. Absolutes angesehen werden, sondern sie sind gegenseitig durch den Prozess des Entstehens einer Wirklichkeit *bedingt* und deshalb nicht mehr voneinander getrennt zu sehen. Eine vollständige Eigentheorie des Erkennens hat die Aufgabe, im Einklang mit unserer empirischen Erfahrung zu zeigen, wie der Prozess des Erkennens einer Wirklichkeit eine Wirklichkeit *erschafft*, in der Selbsterkenntnis möglich ist.

Lösungsversuche des Subjekt-Objekt-Problems

Ein zentrales Problem abendländischer Philosophie besteht in der Frage, wie die zweigliedrig erscheinende Beziehung zwischen erkennendem Subjekt und dem zu erkennenden Objekt zu bestimmen ist. Schauen wir uns die relevanten Lösungsversuche des *Subjekt-Objekt-Problems* kurz im Vergleich an:

Materieller Objektivismus

Die *objektive* Welt existiert hier unabhängig vom Subjekt. Die Welt erscheint im Prinzip als eine riesige Maschine, ähnlich einem Uhrwerk. Ein wahrnehmendes *Ich* ist allenfalls Beobachter, findet jedoch im eigentlichen Sinne keinen Platz in dieser Welt. Der materielle Determinismus ist die Grundannahme der sogenannten objektiven Wissenschaften: Alle Prozesse sind hier durch die objektiven Naturgesetze bestimmt.[49] Psychische Vorgänge, Gefühle und Verhalten werden als durch die Struktur unseres Gehirns determiniert gesehen. Unser Bewusstsein stellt damit bestenfalls ein Anhängsel einer an sich schon perfekten Maschine dar. Infolgedessen erscheint Marvin Minski[50] – als Vertreter einer Vielzahl ähnlich denkender Kognitionsforscher – das Bewusstsein als ein mehr oder weniger überflüssiges Phänomen, welches durch die physischen Vorgänge des Gehirns determiniert wird. Viele Hirn- und Kognitionswissenschaftler ignorieren das Phänomen des Bewusstseins in ihren Untersuchungen. Einige jedoch, wie etwa der zur Neurophysiologie konvertierte Nobelpreisträger Francis Crick, machen sich auf die Suche nach den *Bewusstseinsneuronen*, um der Natur des Bewusstseins von der objektiven Seite her auf die Spur zu kommen,[51] bislang jedoch ohne Erfolg.

Einiges spricht dafür, dass solche Bemühungen prinzipiell erfolglos bleiben müssen, denn die Klärung des Problems des Bewusstseins verschließt sich allein schon deshalb, weil der logische Denkapparat, mit dem man das Problem zu lösen versucht, in die Art und Weise, wie die Frage gestellt wird, selbst eingewoben ist. Dieses Denken operiert nämlich innerhalb einer *zweiwertigen Logik*, entsprechend der etwas entweder eindeutig ist oder *nicht* ist. Als Primat gilt hier das *Gesetz vom ausgeschlossenen Dritten* sowie die hieraus abgeleitete *klassische Identitätslogik* und entsprechende *Ontologie*.[52] Dabei muss davon ausgegangen werden, dass ein Gegenstand mit sich selbst identisch ist (A=A), dass etwas Bestimmtes also entweder *ist* oder eindeutig *nicht ist*. Ein Drittes ist hier nicht gegeben. Die Aussage »A kann auch ≠A sein« (in unserem Fall »das Subjekt ist das Objekt«) erscheint aus dieser Perspektive widersprüchlich und ist entsprechend als unsinnig zurückzuweisen. Auf Basis der klassischen Logik lassen sich die Beobachtungsverhältnisse unserer Welt nur in einer Weise begreifen, welche die Subjekt-Objekt-Dichotomie reifiziert, vergegenständlicht, ohne sie jedoch als Form auflösen oder transzendieren zu können. Die Identitätslogik führt unweigerlich zu einem Wissenschaftsverständnis der kausalen Erklärungen, entsprechend dem das Sein die Reflexion determiniert. Insofern die Wirklichkeit richtig erkannt ist, fügt die Reflexion dem Sein nichts hinzu. Der Beobachter erscheint hier nur als *Spiegel* der Realität.[53] Im strengen Sinne muss auch das Subjekt als Kausalfaktor verschwinden, denn es kann und darf der objektiven Wirklichkeit nichts hinzufügen. *Tertium non datur*.[54] Wir begegnen hier dem merkwürdigen, unserer Lebenserfahrung widersprechenden Befund, dass, sobald man kognitive Prozesse objektivistisch zu beschreiben versucht, außerhalb des physikalischen und chemischen Universums nichts zu finden ist, was einer kausalen naturwissenschaftlichen Erklärung etwas hinzufügen könnte. Die elektrischen Aktivitäten der Nervenzellen, die beim Sprechen verursachten Schallwellen und die sensorische Reizung der Sinneszellen durch den Schall bilden ein vollständiges, kausal und logisch geschlossenes Universum der Erklärung. Bewusstsein könnte hier, um es nochmals zu betonen, bestenfalls als eine Spiegelung von Sein im Sinne eines kausal nutzlosen Epiphänomens in Erscheinung treten. Nina Ort zieht den Schluss folgendermaßen:

> »Entweder wird Subjektivität als Thema ermöglicht – dann jedoch um den Preis der Subjektivität, nämlich als Objektivität –, oder Subjektivität bleibt aus dem Bereich der Objektivität vollkommen ausgeschlossen. Wie auch immer, thematisiert werden kann demnach nur ein völlig

objektives, subjektfreies Universum des ›Seins‹. Insofern ergibt sich aus diesem Erkenntnismodell eine einwertige Ontologie.«[55]

Die Möglichkeit, dass entweder Bewusstsein oder Subjektivität einen zusätzlichen Unterschied macht, also der objektiv beschriebenen Welt etwas Drittes hinzufügt, ist innerhalb der zweiwertigen Logik nicht denkbar.[56] »*Unser fühlendes, wahrnehmendes und denkendes Ich tritt in unserem naturwissenschaftlichen Weltbild nirgends auf*«, so Erwin Schrödinger.[57]

Eine Struktur, die objektiven Gesetzmäßigkeiten folgt – vielleicht mit ein wenig Zufall gepaart –, braucht uns als Erlebende für die Befolgung ihrer Gesetze ebenso wenig, wie ein Computer ein Bewusstsein für seine Berechnungen benötigt. Ethik, Verantwortung, Zukunftsoffenheit, Reflexivität und Freiheit kommen in der Position des materiellen Determinismus nicht vor, da sie durch die Notwendigkeit der objektiven Gesetze ersetzt werden.

Subjektiver Idealismus

In dieser erkenntnistheoretischen Position erzeugt das Subjekt die Gegenstände (Objekte) seines Erkennens. Der *Solipsismus* ist die extremste subjektivistische Position, in der nur das *Ich* allein existiert. Die komplette Außenwelt, einschließlich fremder *Ichs* als Träger von Bewusstsein, erscheint hier lediglich als *meine* Vorstellung und damit gewissermaßen als Traum meines Bewusstseins. Der *Subjektive Idealismus* spielt auch in seinen weniger extremen Formen in der westlichen Philosophie keine Rolle. In der wissenschaftskritischen Gegenkultur zeitgenössischer Esoterik findet er jedoch durchaus einige Vertreter. So gehen etwa *Detlefsen* und *Dahlke* in ihren Bestsellern[58] davon aus, dass das *Subjekt* die Außenwelt erschaffe. Unser Geist bestimme, wann und wo Krankheiten, Unfälle, glückliche und unglückliche Lebensumstände auftreten. Die physischen Abläufe seien nur Manifestation der inneren Geisteshaltung. Der Geist bzw. die Seele forme den Körper, sei jedoch letztendlich unabhängig von ihm und überlebe auch den körperlichen Tod.

Auch die Position des *Subjektiven Idealismus* bringt erhebliche erkenntnistheoretische Probleme mit sich. Sie beschreibt *mich* zwar als den *Erlebenden* meiner Welt, sie ermöglicht jedoch nicht, die Bedingtheit meines Erlebens durch die Erscheinungswelt zu erklären. Ein subjektiver Idealist könnte zwar versuchen, die Wirkung der Erscheinungswelt auf sich zu leugnen und sich seine gewünschte

Welt zu erträumen, früher oder später muss er jedoch aus diesem Traum erwachen und sich der Widerständigkeit einer bedingten Realität stellen, die nicht durch seinen Willen beeinflusst werden kann. Dementsprechend haben esoterische Positionen, welche dem Solipsismus nahestehen, chronisch mit dem Problem zu kämpfen, dass ihre Kausalannahmen zwar geglaubt werden können, dann aber in der Regel nicht mit der Einlösung der gemachten Versprechungen und Vorhersagen einhergehen (man denke hier etwa an die enttäuschte Hoffnung auf Heilung schwerer Erkrankung).

Dualismus

Eine Alternative zu dem hier aufgeworfenen erkenntnistheoretischen Dilemma scheint der *Dualismus* zu sein. Materie und Geist *(naturphilosophischer Dualismus)* bzw. Leib und Seele *(anthropologischer Dualismus)* erscheinen hier als zwei getrennte Prinzipien. Der Dualismus von Geist und Materie, wenngleich von verschiedenster Seite als überwunden erklärt, hatte mit dem Wissenschaftstheoretiker Karl Popper und dem Hirnforscher und Nobelpreisträger John Eccles zwei namhafte Vertreter gefunden. Ihre *dualistische Hypothese* folgt in etwa folgender Argumentation:[59]

Die subjektive Erfahrung des Bewusstseins, inklusive der Erfahrung von Entscheidungsfreiheit und freiem Willen, gehört einer anderen Ebene an als die physischen Prozesse. Das physische Gehirn kann jedoch dem *selbstbewussten Geist* aufgrund seiner Struktur eine Heimat bieten. Der selbstbewusste Geist kann dann seinerseits über bestimmte Areale der Großhirnrinde auf das Gehirn einwirken und beeinflusst damit die Entwicklung der menschlichen Kultur. Ein in diesem Sinne verstandenes Seelenwesen würde eine vom Körper unabhängige Instanz darstellen und könnte deshalb möglicherweise den Tod der empirischen Person überdauern.

Die Begründungen für die dualistische These zeigen stellenweise ein hohes Niveau. So haben etwa Eccles und Beck Berechnungen vorgelegt, die unter Einbeziehung quantenmechanischer Effekte aufzeigen, mit welchen Stellen des Großhirns der selbstbewusste Geist wechselwirken könne, ohne den Energieerhaltungssatz der Physik zu verletzen.[60] Wir begegnen hier dem *Dualismus* von *Descartes* in moderner Variante.

Auf den ersten Blick scheint das Subjekt-Objekt-Problem auf diesem Wege gelöst. Wir begegnen mit dem selbstbewussten Geist dem aus unserer intimen Erfahrung vertrauten *Erlebenden* und treffen zugleich auf die materiellen Vorgänge einer mit naturwissenschaftlichen Mitteln beschreibbaren Erscheinungswelt. Möglicherweise ließe sich über quantenmechanische Berechnungen sogar eine Schnittstelle des Geistes mit dem physischen Gehirn bestimmen.[61] Aber, wie bereits Wittgenstein zu bedenken gab: Die Annahme einer unabhängigen Seele leistet gar nicht das, was man mit ihr erreichen wollte.[62]

Mit der Postulierung eines unabhängigen selbstbewussten Geistes kommen nämlich zum Geheimnis des subjektiven Erlebens der Welt eine Reihe weiterer, prinzipiell unlösbarer Fragen auf, etwa der Art: Wodurch ist der selbstbewusste Geist bedingt? Ist dieser Geist sterblich oder unsterblich? Wie verläuft der Prozess der Interaktion zwischen Geist und Materie?

Selbstreferenzielle Erkenntnistheorien

Selbstreferenzielle Erkenntnistheorien erklären unser Erkennen als einen aktiven Prozess der Inszenierung einer Wirklichkeit. Während innerhalb der traditionellen Erkenntnistheorien die Erkenntnis als die Widerspiegelung einer Welt, die außerhalb des kognitiven Prozesses und *unabhängig* von ihm existiert, verstanden wird, verschwindet hier die Vorstellung einer objektiven Wirklichkeit: Erkennen wird zu einer Handlung, zum aktiven Prozess des Treffens einer Unterscheidung, die etwas setzt, um auf diese Weise etwas Bestimmtes anstelle von etwas anderem Möglichen geschehen zu lassen. Erkenntnis erscheint damit als verkörpertes Handeln. Maturana und Varela formulieren dies aus einer neurobiologischen Perspektive folgendermaßen:

> »Unser Ausgangspunkt für die Erzeugung einer wissenschaftlich validierbaren Erklärung [des Erkennens] ist das Verständnis vom Erkennen als wirksame Handlung, das heißt als eine Handlung, die es einem Lebewesen in einem bestimmten Milieu erlaubt, seine Existenz darin fortzusetzen, indem es dort seine Welt hervorbringt. Nicht mehr und nicht weniger.«[63]

Erkenntnis erscheint hiermit als aktiver Prozess der Erschaffung einer Welt eines Organismus, der innerhalb seiner Lebensprozesse Welt eben so und nicht anders hervorbringt. Das Erscheinen der *äußeren* Welt entsteht als Produkt dieses ganzheitlich zu verstehenden Erkenntnisprozesses. Hiermit kommen wir zum zentralen epistemologischen Paradigma des neurobiologischen Konstruktivismus, das entsprechend lautet:

»Jedes Tun ist Erkennen, und jedes Erkennen ist Tun«[64]

Hier stellt sich (zunächst) nicht mehr die Frage nach dem Wahrheitsgehalt von Erfahrungen, da jede Erkenntnis als verkörperte Handlung per se real ist (sie wird gelebt). Die eigentlich interessante Frage heißt stattdessen: »Welche Erkenntnis erschafft welche Erscheinungswelt?« Im neurobiologischen Konstruktivismus sind wir Teil eines fortschreitenden Selbstorganisationsvorgangs: Die Erscheinungswelt erschafft unser Subjekt. Das handelnde Subjekt erschafft die Erscheinungswelt. *Subjekt* und *Objekt* sind untrennbar zu einer *Einheit* verbunden, bedingen und erschaffen sich in einem zirkulären Prozess des Werdens. Es gibt hier keine Wahrheit oder absolute Wirklichkeit mehr im Sinne von stabilen *Subjekten* oder *Objekten* der Erfahrung, sondern nur noch den einen dynamischen Prozess der Entfaltung einer Wirklichkeit.

Solche Prozesse sind nicht mehr mit den Mitteln einer zweiwertigen Logik beschreibbar. Die sie konstituierenden Lagerungen stellen sich nämlich nicht mehr nur so dar, dass ein Beobachter Objekte erkennt, die entweder *sind* oder *nicht sind*. Vielmehr »postuliert« der »konstruktivistische Ansatz«, so Esposito, »dass das, was man durch logische Operationen negieren kann, seinerseits konstruiert ist«. Die »Operation der Negation setzt eine grundsätzlichere Operation bereits voraus: nämlich die Zäsur, die dazu führt, dass ein Objekt als unterschieden von anderem bezeichnet wird.«[65]

Hiermit gelangen wir zu einer mehrwertigen, *polykontexturalen Logik*, wie sie insbesondere Gotthard Günther vorgeschlagen hat. Die grundlegende Überlegung ist dabei, dass in der klassischen zweiwertigen Logik mit der Operation der Negation ein Schritt angelegt ist, der über die Zweiwertigkeit selbst hinausreicht.[66] Das, was *ist* oder *nicht ist*, erscheint damit seinerseits abhängig vom Beobachtungsprozess, der die Negation als konkrete Operation vollzieht. Dementsprechend können unterschiedliche Beobachter standortabhängig zu unterschiedlichen Schlüssen über die Existenz oder Nichtexistenz eines Sachverhalts kommen. Günther weist darauf hin, dass die Operation der Negation die Zweiwertigkeit *nolens volens* allein schon dadurch transzendiert, dass sie diese als Umtauschrelation der Werte *sein* oder *nicht sein* überhaupt erst konstituiert, wenngleich innerhalb der Axiomatik die hiermit verbundene Reflexionsbeziehung selbst nicht bestimmt wird. Die Unterscheidung von *sein* und *nicht sein*, *wahr* und *falsch* setzt also einen logischen Raum voraus, aus dem heraus solche Unterscheidungen erst Sinn ergeben. Beispielsweise setzt die Frage, ob eine Blume rot ist oder nicht, einen logischen Raum voraus, in dem es um die Unterscheidung dieser spezifischen Farbe geht. Aus einem anderen logischen Raum heraus könnte es etwa um die Frage gehen, ob die Rose dornig ist oder nicht oder ob sie etwa verwelkt ist oder nicht. Eine zweiwertige Seinslogik lässt zwar Antworten auf Fragen zu, ermöglicht jedoch nicht den Blick auf die Prozesse, welche die Entstehung der mit den Fragen verbundenen Unterscheidungen konditioniert. Die mit der Beobachtungsoperation getroffene Unterscheidung liegt also im blinden Fleck der Beobachtung. Der Beobachter kann nicht wahrnehmen, wie und auf welche Weise er selbst in die Produktion von Welt verwickelt ist.

Die Negation bildet für Günther den Ausgangspunkt für den Aufbau einer *mehrwertigen* Logik. Sie erscheint in dem Sinne als die Einheit, welche zunächst ein zweiwertiges Beobachtungsverhältnis – von Günther als *Kontextur* bezeichnet – aufspannt, dem entsprechend ein Beobachter aus seiner Perspektive logisch eindeutig erkennen kann, ob ein Objekt bzw. eine Eigenschaft *ist* oder *nicht ist*. Eine Blume ist hier entweder rot oder nicht rot. Diese Elementarkonstellation kann durch weitere Beobachterpositionen erweitert werden. Eine Blume wäre dann beispielsweise *sowohl* rot *als auch* dornig. Schließlich können diese Kontexturen in *transjunktionalen* Operationen zueinander in Beziehung gesetzt werden. Gemeint sind hiermit logische Operationen, in denen unterschiedliche Elementarkonstellationen zueinander in Beziehung gesetzt werden. Jetzt mag es beispielsweise bei der Betrachtung der Blume *weder* um Röte *noch* um Dornigkeit gehen, *sondern* um die Frage, ob sie verwelkt ist.

Beobachter, die somit nicht mehr als Entitäten, sondern als relationale Prozesse gefasst werden, relationieren und konfigurieren andere Beobachtungen. All dies findet in einer polyzentrischen Welt statt, wo verschiedenste Beobachtungsprozesse gleichzeitig auftreten und aufeinander Bezug nehmen und sich wechselseitig konditionieren können (aber nicht müssen).[67] Wir begegnen hier einem System ineinander verschachtelter Beobachtungsprozesse, die jeweils lokal einer zweiwertigen Logik folgen (etwas wird *eindeutig* beobachtet bzw. *wahr*genommen), die aber von einer anderen Perspektive aus *negiert* oder *relativiert* werden kann. Hierdurch entstehen unter Umständen komplexe logische Verhältnisse, in denen nicht mehr nur die logische Operation *entweder oder* erlaubt ist, sondern auch die verbindende Beziehung *sowohl als auch* sowie die transzendierende Transjunktion *weder noch*, mit der die Unterscheidung, welche die Ausgangsbeobachtung leitet, grundsätzlich zurückgewiesen wird. Die transjunktionale Operation ist in diesem Sinne der Hinweis auf die Relativität der jeweiligen Beobachterposition. Sie ermöglicht das Umschalten zwischen verschiedenen, einander auch widersprechenden Beobachtungsverhältnissen. Aus dieser Perspektive kann dann folglich gedacht werden, dass etwas nicht mit sich identisch ist, also (je nach logischem Standort) sowohl existiert wie auch nicht existiert.

Daraus resultierend wird ein neuer Umgang mit der Subjekt-Objekt-Problematik ermöglicht, denn mit den logischen Mitteln einer polykontexturalen Beschreibung sind Konzepte denkbar, in denen das Subjekt sowohl in einer objektivistischen Weltbeschreibung aufgeht als auch *nicht* mit dieser identisch zu sehen ist, Willensfreiheit zugleich ein Faktum wie auch eine Illusion darstellt, ein Selbst zugleich existiert wie auch nicht existiert, ein Mensch zugleich als autonom wie auch als fremdbestimmt zu sehen ist.[68]

Selbstreferenzielle Erkenntnistheorien münden also in polyzentrische Reflexionsverhältnisse, in denen Beobachtungen auf andere Beobachtungen verweisen und in denen ein Beobachter entsprechend seine Relativität, Standortabhängigkeit und Bedingtheit in den Erkenntnisprozess mit einzubeziehen lernt. In einer polykontexturalen Welt erscheinen Systeme in einer heterarchischen Beziehung zueinander.[69] Das Gesamtsystem besteht aus *Einzelsystemen*, die jeweils für sich sowohl *autonom* als auch *heteronom*, sowohl als Funktion ihrer selbst als auch als Funktion ihrer Umwelt zu beschreiben sind. Jedes Einzelsystem kann die von einem anderen System vorgelegte Kontextur und die hiermit implizierten logischen Alternativen zurückweisen bzw. negieren (Rejektion)[70]: In mehrwertigen Logiken gibt es im Gegensatz zur zweiwertigen Logik mehr als nur eine Möglichkeit der Negation.[71]

Mithilfe der polykontexturalen Logik können heterarchisch verteilte Selbstorganisationsprozesse paradoxiefrei, das heißt ohne logische Widersprüche, beschrieben werden. »Was Operator an einem Ort, ist Operand an einem anderen Ort, und umgekehrt. Damit wird die Zirkularität der Selbstbezüglichkeit von Operator und Operand nach der Figur des Chiasmus über vier Orte verteilt. Die Zirkularität löst sich auf in einen chiastischen Mechanismus von Ordnungs- und Umtauschrelationen, in dem die zwei fundamentalen Zirkularitäten zwischen Operator und Operand im Spiel sind, ohne dabei die fundamentale Hierarchie zwischen Operator und Operand zu verletzen. [...] Umtausch- und Ordnungsrelationen, Hierarchie und Heterarchie der Operativität und Relationalität, fundieren sich gegenseitig.«[72] Für das Gesamtsystem lässt sich hiermit keine letzte Begründung mehr ausmachen: »Was Grund und was Begründetes ist, wird geregelt durch den Standort der Begründung. Der Wechsel des Standortes regelt den Umtausch von Grund und Begründetem. Jeder Ort der Begründung ist in diesem Fundierungsspiel Grund und Begründetes zugleich. Orte sind untereinander weder gleich noch verschieden; sie sind in ihrer Vielheit voneinander geschieden. Die Ortschaft der Orte ist bar jeglicher Bestimmbarkeit.«[73]

Wir begegnen hier einem komplexen logischen Beziehungsgeflecht, in dem letztlich alles mit allem verbunden ist. Dies ist aber nicht im Widerspruch zu dem Befund zu sehen, dass lokale Identitäten und Beobachter auftreten.

Den Beobachter erklären

Eine Wissenschaft unter einer konstruktivistischen Erkenntnistheorie steht damit vor der Herausforderung, dass sie keinen absoluten Wahrheitsbegriff mehr beanspruchen kann, sondern dass die Frage nach Wahrheit jetzt selbst in den Beobachtungsprozess hineinzuverlagern ist. Wahrheit erscheint damit selbst als zweiwertige Kontextur, nämlich als eine kommunikativ hergestellte Sinnoperation des sozialen Bereichs, in der Wissen mit den Werten *wahr* oder *falsch* ausgezeichnet wird. Die Möglichkeit einer absoluten, endgültigen Wahrheit ist damit für den Bereich der Sprache bzw. des Sinnverstehens ausgeschlossen, da eine einmal postulierte Wahrheit von einer anderen Perspektive aus beobachtet werden kann und sich dann möglicherweise als falsch bzw. zumindest als relative Wahrheit erweisen kann.

Der neurobiologische Konstruktivismus hat sich darüber hinaus dem Problem der Zirkularität seiner Begründungsverhältnisse zu stellen, das mit der Einbeziehung des Beobachters virulent wird. Die Versuche der traditionellen Erkenntnistheorien, die Rolle des Beobachters zu klären, führten zum Paradoxon der Subjekt-Objekt-Problematik.

Wenngleich sich die hier vorgestellte Position als Wissenschaft begreift, kann wissenschaftliche Theoriearbeit unter einer konstruktivistischen Epistemologie nicht mehr auf einer allgemeingültigen »Logic of Scientific Discovery« (Karl R. Popper) begründet werden. Spätestens mit den grundlagentheoretischen Arbeiten des Mathematikers Gödel wurde zudem deutlich, dass der Versuch eines formallogischen Systems, sich selbst zu beweisen, grundsätzlich zu Widersprüchen führen muss.[74] Da aber nun die Wissenschaft offensichtlich auch ohne den Nachweis einer logischen Konsistenz empirisch erfolgreich ist, muss sich damit die Frage ihrer Begründung umkehren: Wie schafft es Wissenschaft, ihre Gegenstände und Wahrheiten – sowie Antworten auf die Frage nach ihren eigenen Erkenntnismöglichkeiten – zu generieren, auch wenn diese nicht mehr transzendental und logisch begründbar sind? Die Antwort auf diese Frage offenbart sich durch die Instruktion »Beobachte den Beobachter« bzw. für das System der Wissenschaft gilt dann, dass »sich aufgrund der Beobachtung von Beobachtungen Systeme bilden«.[75] Als wesentliche Neuerung gegenüber den klassischen Erkenntnistheorien werden damit zirkuläre Begründungsverhältnisse zugelassen.

Im Sinne einer »naturalized epistemology«[76] wird erlaubt, dass sich Annahmen über die Erkenntnisvoraussetzungen durch die empirische Forschung beeinflussen lassen. Die Prinzipien und Voraussetzungen der Forschung lassen sich wiederum durch die soziale Praxis der Forschung konditionieren. Wir kommen hiermit also zu einer Eigentheorie des Erkennens, die zu erklären hat, wie Erkennen aus sich selbst heraus entsteht und schließlich Selbsterkenntnis ermöglicht. Folglich haben wir es mit einer Erkenntnistheorie zu tun, in der die traditionelle Subjekt-Objekt-Unterscheidung in den Hintergrund rückt und stattdessen der Prozess der Entstehung von Kognition und Erkenntnis in den Vordergrund tritt.

Eine vollständige Eigentheorie des Erkennens hat die Aufgabe, im Einklang mit unserer empirischen Erfahrung zu zeigen, wie der Prozess des Erkennens einer Wirklichkeit eine Wirklichkeit erschafft, in der Selbsterkenntnis möglich ist.

Voraussetzungen einer wissenschaftlichen Erklärung

Wie bereits erwähnt, werden damit Wissenschaft und die hiermit verbunden Ansprüche einer wissenschaftlichen Erklärung zwar nicht suspendiert, sie ist aber nun im Sinne des konstruktivistischen Paradigmas als eine spezifische, recht spezielle Form der Praxis des Hervorbringens von Erkenntnis zu verstehen.

Die vier Voraussetzungen für ein wissenschaftliches Erklärungssystem sind mit Maturana und Varela:

»1. Beschreibung von dem (den) zu erklärenden Phänomen(en) in einer für die Gemeinschaft der Beobachter annehmbaren Weise.
2. Aufstellung eines Systems von Konzepten, das fähig ist, das zu erklärende Phänomen in einer für die Gemeinschaft der Beobachter annehmbaren Weise zu erzeugen (explikative Hypothese).
3. Ausgehend von (2.) Ableitung von anderen in dieser Aufstellung nicht explizit berücksichtigten Phänomenen sowie Beschreibung der Beobachtungsbedingungen in der Gemeinschaft der Beobachter.
4. Beobachtung dieser aus (2.) abgeleiteten Phänomene.«[77]

Die Besonderheit einer wissenschaftlichen Erklärung aus dieser Perspektive besteht darin, dass sie gleichsam eine *Gebrauchsanweisung* für die Erzeugung des zu erklärenden Phänomens liefert. Somit ist die wissenschaftliche Erklärung weniger eine *Erklärung* als solche, denn eine Handlungsanweisung. Sie beschreibt, welche Handlungen ausgeführt werden müssen, um das beschriebene Phänomen zu erzeugen. Ob die epistemologischen Grundannahmen *(Axiome)* stimmen oder nicht, tangiert den Wissenschaftler solange nicht, wie die Handlungsrezepte erfolgreich sind.[78] Das, was in wissenschaftlicher Praxis geschieht, erscheint dabei jedoch nicht beliebig, sondern ist im oben genannten Sinne durch ein jeweils am Erkenntnisgegenstand wieder neu auszutarierendes Verhältnis von Methodologie und Theorie – hier verstanden im Sinne einer durch den Forschungsprozess konditionierten Anschauung und Theoriebildung – bestimmt.[79] Anders als der Glaube oder das religiöse Dogma bleibt Wissenschaft damit nicht nur irritierbar, sondern legitimiert sich als Beobachtungsposition gerade dadurch, kritische und unerwartete Hypothesen und die hieraus abgeleiteten Beobachtungsmöglichkeiten voranzutreiben.

Wissenschaftliche Erklärung des Beobachters

Eine wissenschaftliche Erklärung des Beobachters hat die Aufgabe, Konzepte zu entwickeln, die dazu geeignet sind, *den Beobachter hervorzubringen*. Der (wissenschaftliche) Beobachter wiederum hat operationale Konzepte zu entwickeln, die geeignet sind, das Phänomen des *Beobachters* zu erzeugen.

Zunächst muss der Beobachter in einer annehmbaren Weise beschrieben werden. Anschließend ist ein Erklärungssystem zu entwickeln, welches eben diesen Beobachter hervorbringen kann. Dieses System hat sich im Einklang mit allen unseren empirischen Erfahrungen zu befinden. Hier wird deutlich, dass ausschließlich selbstreferenzielle Erkenntnissysteme geeignet sind, eine empirische Theorie des Beobachters zu liefern. Weder die Lösung des Objektivismus, den Beobachter einfach zu ignorieren, noch das metaphysische Seelen- oder Bewusstseinswesen des Dualismus stellen eine wissenschaftliche Erklärung des Beobachters dar, da sie letztendlich keine Handlungsanweisung angeben können, *wie* der Beobachter erzeugt wird. In den Apfel der Erkenntnis zu beißen, ohne darauf zu achten, wie gebissen wird, führt also in die Irre.

Die Maxime der hier vorgestellten Position lautet demgegenüber wie bereits gesagt: *Beobachte den Beobachter,* das heißt, untersuche, wie ein Prozess etwas hervorbringt, das dann als Beobachter erscheint.

Lassen wir deshalb den vergifteten Apfel der Selbsterkenntnis fallen und folgen stattdessen den Spuren von Prozessen, die sich selber hervorbringen. Schieben wir die vorangegangenen Überlegungen zur Subjekt-Objekt-Problematik vorerst beiseite und beschäftigen uns zunächst mit selbstbezüglichen Prozessen in Technik, Chemie und Biologie.

Sich selbst steuernde Maschinen – Selbstreferenz und Unbestimmtheit

In jeder White Box warten zwei Black Boxes.
Ranulph Glanville[80]

Die um 1948 von Norbert Wiener begründete Kybernetik ist die erste Wissenschaft, die sich systematisch mit der Beschreibung von selbstreferenziellen Systemen beschäftigt hat. Aus diesem Grunde spielt sie für das Verständnis der folgenden Ausführungen eine besondere Rolle.

Die Kybernetik entwickelt (mathematische) Modelle, um das Verhalten dynamischer Systeme, die auf Umwelteinflüsse reagieren, beschreiben zu können. Von den kybernetischen Vordenkern vorbereitet und in den berühmten Macy-Konferenzen in einen gemeinsamen Kontext gebracht, konnte damit – zunächst abseits des akademischen Mainstreams von Psychologie, Biologie und Medizin – ein neuer Diskurszusammenhang entstehen, der schließlich in eine Formalwissenschaft rekursiver Systeme mündete.[81]

Kybernetische Systeme werden hier als theoretische oder wirkliche Ganzheiten mit folgenden Eigenschaften angenommen:

- Die einzelnen Bestandteile des Systems stehen in einer funktionalen Beziehung zueinander.

- Das System kann auf Einwirkungen von außen reagieren.
- Das System verfügt über mindestens einen (rückgekoppelten) Regelkreis.

Außerdem zeichnen sich kybernetische Systeme dadurch aus, dass sie unabhängig von Schwankungen in den Umweltbedingungen einen inneren Gleichgewichtszustand halten können (z. B. eine konstante interne Temperatur des Systems). Sie gewinnen hiermit eine gewisse *Autonomie* gegenüber der Außenwelt.

Ein Beispiel eines einfachen kybernetischen Systems, an dem sich die Grundidee der Kybernetik recht gut verdeutlichen lässt, ist der Heizungsthermostat: Ein *Regelkreislauf* ermöglicht, dass die Temperatur des Systems unabhängig von der Außenwelt auf einem konstanten Wert gehalten wird. Der Temperaturfühler erkennt gegebenenfalls die Abweichung von der Soll-Temperatur. Die Information, dass es *zu kalt* bzw. *zu warm* ist, verändert über den Schaltkreis den Zustand des Heizkesselschalters, dieser öffnet oder schließt das Heizaggregat. Das System ist rekursiv geschlossen und lässt sich deshalb nicht in einer linearen Kausalitätskette beschreiben, da die Wirkung sonst zur Ursache würde: *Wenn Heizung an, dann warm, dann Schalter aus, dann Heizung aus, dann kalt, dann Schalter an, dann Heizung an, dann warm etc.*

Die mathematische Analyse dieses Systems liefert dahingegen in der Regel eine stabile Lösung: Das System oszilliert periodisch um einen Schwellenwert. Formal lässt sich das System auf zwei Einheiten reduzieren: das *Sensorium* (Wahrnehmung, Erkennen des Systemzustandes) und das *Motorium* (Handeln, Veränderung des Systemzustandes).

Das *Sensorium* nimmt einen *Unterschied* wahr (z. B. einen Temperaturunterschied) und leitet diesen als *Information* an den aktiven Teil des Systems, das *Motorium,* weiter. Hier kann die *Information* eine Zustandsveränderung im System hervorrufen. Wichtig ist an dieser Stelle das Verständnis der Natur von Information. Eine Veränderung in einer sensorischen Oberfläche bewirkt eine Veränderung innerhalb der Struktur des Systems. Diese beiden Unterschiede sind jedoch nicht identisch. Beispielsweise gehört der Unterschied zwischen an und aus in der Schalterstellung des Reglers *qualitativ* einer anderen Ebene an als der ihn auslösende Temperaturunterschied. Die Schalterstellung *an sich* enthält keine Temperatur.

Mit Referenz auf Gregory Bateson gelangen wir hier zu einem Informationsbegriff, der aufzeigt, dass Information etwas nicht materiell Fassbares darstellt. Informationen lassen sich nicht in einen Behälter füllen. Man kann sie ebenso wenig anfassen oder anschauen. Dennoch bewirken Informationen etwas. Das Wesen von Information besteht gerade darin, dass ihr Inhalt unabhängig sein kann vom Medium. Selbst das *Nichts* kann im entsprechenden Kontext eine Information enthalten. Kein Stromfluss, also *Nichts* innerhalb der Speicherstelle eines Mikroprozessors bedeutet als digitale Information zwar 0, kann aber im entsprechenden Kontext eines Programms jede nur erdenkliche Wirkung auslösen. *Information ist deshalb nicht materiell,* sondern sie zeigt sich in den *Beziehungen* der Prozessdynamik eines kybernetischen Systems. Sie besitzt keine Substanz und ist folglich auch nicht in einem isolierten Teil des Systems zu lokalisieren. Entsprechend definierte Bateson »Information« holistisch als einen »Unterschied, der einen Unterschied macht«.[82]

Kybernetische Systeme zeichnen sich dadurch aus, dass sie Unterschiede generieren und so prozessieren, dass sie als Information weitere Unterschiede bewirken. Um es formal zu beschreiben: ein Unterschied x bewirkt über den Transformationsprozess $F(x)$ den Unterschied y. $F(x)$ liefert die Transformationsregel, nach der die Information zu bilden ist. Die einfachsten Systeme dieser Art sind Heinz von Foersters *triviale Maschinen*: »Eine triviale Maschine ist durch eine eindeutige Beziehung zwischen Input (Stimulus, Ursache etc.) und ihrem Output gekennzeichnet. Die ›Maschine‹ besteht in dieser unveränderten Beziehung und bildet folglich ein deterministisches System, denn wir selbst haben ja diese Beziehung ein für allemal festgelegt«, und »da außerdem ein einmal für einen bestimmten Input beobachteter Output bei gleichem Input auch später wieder gleich auftreten wird, ist dieses System auch ein vorhersagbares System.«[83]

Systeme bzw. Maschinen dieser Art sind *deterministisch* und *berechenbar*. Die gleiche Ursache führt immer zur gleichen Wirkung.

Nichttriviale Maschinen und kybernetisches Gedächtnis

Kommen wir nun zu einer anderen Art von Systemen, zu den *nichttrivialen Maschinen*. Diese sind durch ihre Struktur determiniert und gehorchen somit deterministischen Gesetzen. Das Verhalten nichttrivialer Maschinen ist jedoch nicht mehr vorhersagbar, weil es durch die jeweilige *individuelle Geschichte* ihrer Interaktionen mit der Umwelt bestimmt ist. Da ein äußerer Beobachter nicht alle vorangegangenen

Interaktionen kennen kann,[84] ist das Verhalten eines solchen Systems unberechenbar.

Nichttriviale Maschinen zeichnen sich dadurch aus, dass sie neben der Transformation *F* noch einen internen Zustand *Z* erzeugen. Die Transformation *F* (*x*,*z*) bestimmt das von außen sichtbare Verhalten *y* des Systems. Die Zustandsfunktion *Z* (*x*,*z*) stellt den inneren Zustand des Systems her, welcher von den vorausgegangenen Interaktionen der Maschine abhängig ist. Außerdem erzeugt die Funktion *Z* (*x*,*z*) die Variable *z'*, die sowohl das zukünftige Verhalten des Systems als auch den eigenen Zustand *z* beeinflusst; *z* wiederum wirkt auf *F* (*x*,*z*) und beeinflusst damit das Verhalten *y* des Systems.

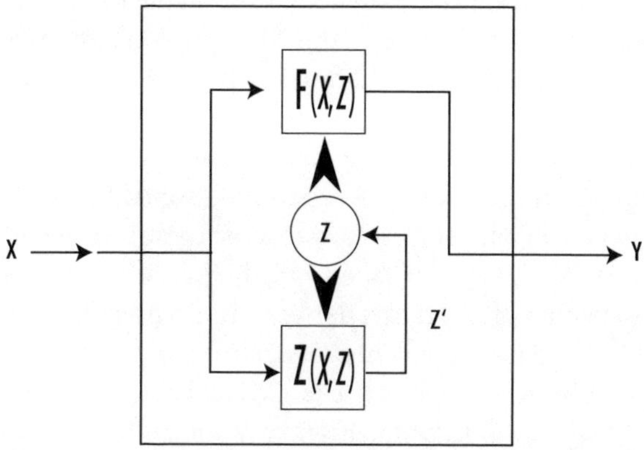

Abb. 1: Nichttriviale Maschine

Deshalb ist es, wie gesagt, für einen Beobachter, der die internen Abläufe in der nichttrivialen Maschine nicht kennen kann, äußerst schwierig, die Funktionsweise dieser Maschine zu ergründen. Sie erscheint ihm eigenwillig, da sie entsprechend der sich ändernden internen Relationen laufend unterschiedliche Reaktionsmuster zeigt. Ohne genaue Kenntnis ihrer Operationsweise und ihres momentanen Zustandes wird es dem Beobachter nicht möglich sein, das zukünftige Verhalten dieser Maschine vorauszusagen.

Kybernetisches Gedächtnis

Da die internen Zustände nichttrivialer Maschinen von ihrer jeweiligen Geschichte, also von ihren vergangenen Inputs abhängen, liegt es nahe, sie als die Minimalbausteine eines kybernetischen Gedächtnisses aufzufassen. Hieraus lässt sich ein einfaches Modell für die

Erzeugung konditionierter Reflexe entwickeln: Zwei Neuronen *A* und *B* sind mit einem muskelaktivierenden Motoneuron verbunden. Zusätzlich sind *A* und *B* mit einem Zwischenneuron *Z* verbunden, welches eine auf sich selbst rücklaufende Nervenfaser besitzt, über die es aktiviert werden kann. Sobald *Z* einmal aktiviert ist, reicht aufgrund der Selbstaktivierung eine minimale Erregung von *A* oder *B* aus, um wiederum das Motoneuron anzuregen. Die Elementareinheit des *bedingten Reflexes* ist damit installiert.

Gekoppelte elementar bedingte Reflexe lassen sich nun zu einem komplexeren kybernetischen Gedächtnis verbinden, das auf sich selbst aktivierenden, durch Erfahrungen modulierten inneren Zuständen beruht. Vergangene Interaktionen beeinflussen die internen Relationen, diese wiederum verändern das Input-Output-Verhalten des Systems. Gehen wir auf einige Eigenschaften solcher Gedächtnisse ein.

1. Kybernetische Gedächtnisse *repräsentieren* keine Information.

Da Informationen keine Dinge sind, sondern *Unterschiede, die Unterschiede auslösen*, gibt es *nichts*, was irgendwo gespeichert oder repräsentiert wird. Dieser Aspekt spielt für die Argumentation des neurobiologischen Konstruktivismus eine wesentliche Rolle, denn es folgt hieraus, dass ein solches Gedächtnis nicht in der Lage ist, die Umwelt abzubilden. *Kybernetische Gedächtnisse repräsentieren keine Erlebnisse, sondern mit jeder Interaktion verändert sich ihre interne strukturelle Dynamik und damit ihre Funktionsweise.*

Es findet in diesen Systemen also kein Speichern von Informationen statt, wie wir es von üblichen Speichermedien (Fotos, Festplatten, Memory Sticks oder Magnetbändern) gewohnt sind. Die Gedächtnisleistung beruht vielmehr auf der geschichtsabhängigen Änderung der Input-Output-Funktion, also auf einer veränderten *relationalen Dynamik* des Systems. Wider den Common Sense beruht sie also gerade nicht auf der Aufnahme und Ablage von dinghaften Informationen. Der neurobiologische Konstruktivismus überträgt diese Perspektive letztlich auf alle kognitiven Leistungen des Gehirns. Informationen können deshalb nicht mehr als *etwas* angesehen werden, das im Nervensystem liegt. Sie lassen sich vielmehr nur noch relational, das heißt im Sinne einer holistischen Netzwerkdynamik fassen, welche durch die jeweilige Geschichte der Beziehungen von System und Umwelt konditioniert wird.

»Das Nervensystem ›empfängt‹ keine ›Information‹. Es bringt vielmehr eine Welt hervor, indem es bestimmt, welche Konfigurationen des Milieus Reize darstellen. Die populäre Metapher vom Gehirn als Computer ist schlichtweg falsch.«[85]

2. Das Verhalten dieser Systeme ist für einen äußeren Beobachter nicht vorhersagbar.

Da kybernetische Gedächtnisse *nichttriviale Maschinen* darstellen, sind sie, wie bereits gesagt, in ihrem Verhalten nicht vorhersagbar. Dieser Aspekt wird im weiteren Verlauf eine wichtige Rolle spielen: Ein äußerer Beobachter ist prinzipiell nicht mehr in der Lage, Vorhersagen über das Verhalten eines komplexen Systems zu machen, selbst wenn er dieses als strukturdeterminiert betrachtet. Dass man ein kybernetisches System als strukturdeterminiert betrachten kann und muss, ändert nichts an dem Umstand, dass sich sein Verhalten nicht anhand der inneren Zustände des Systems voraussagen lässt. Es erscheint in seinem Verhalten gewissermaßen *autonom*.

Dies heißt jedoch nicht, dass komplexe Systeme in ihren Interaktionen keine stabilen Formen oder Beziehungsmuster ausbilden können. Vielmehr sind Lösungen – auch *Eigenlösungen* genannt – möglich, in denen sich Verhaltensweisen bzw. Input-Output-Relationen gekoppelter nichttrivialer Systeme wechselseitig bestätigten und so zu übergreifenden Organisationsformen führen.[86] Es geschieht *Selbstorganisation*.

Autopoiesis – die Unterscheidung von Selbst und Nicht-Selbst organisieren

Das fließende, zähflüssige, instabile, chaotische Wetter bietet also den Philosophen stärkere und feinere Modelle als die alte Architektonik, die auf Solides, Festes, Schweres, Armes und Dummes baute. Zuweilen genügt ein Erdstoß, um sie zum Einsturz zu bringen. Aber welchen Sinn hätte es, vom Einsturz der Meteorologie zu sprechen, da sie doch Erdbeben, Wirbelstürme und Flutwellen umfasst und voraussetzt? Welcher gigantische Bäcker schlägt, rührt, knetet ihren Teig?

Michel Serres[87]

Wenn wir versuchen, die Kybernetik auf die Prozesse des Lebens zu übertragen, begegnen wir folgendem Problem: Die Kybernetik kann das Verhalten komplexer Systeme erklären, jedoch nicht die Entstehung dieser Systeme selber. Selbst wenn es uns gelänge, einen Roboter zu konstruieren, der sich mithilfe ausgetüftelter Regelkreisläufe selbst reparieren und versorgen kann, so läge der Ursprung dieser Maschine jedoch immer noch außerhalb der Maschine. Ein intelligenter Schöpfer hätte die Maschine *geplant* und gebaut.

Für Lebewesen stellt sich der Sachverhalt jedoch anders dar. In der Geschichte ihrer biologischen Evolution haben sie sich im evolutionären Prozess des Lebens gewissermaßen selber hervorgebracht. Maturana charakterisiert deshalb Lebewesen mit dem Begriff *Autopoiesis* (griech. *autos* = selbst; *poiein* = machen).[88] Die Autopoiesis, die Fähigkeit von Formen und Systemen, sich als *rekursive Organisation* selbst zu erzeugen, tritt damit als das eigentliche Kriterium des Lebendigen in Erscheinung.

Innerhalb der Selbstorganisation des Lebendigen stellen Lebewesen also zugleich Schöpfer und Geschöpfe dar, denn der Ursprung des Lebens liegt nicht mehr außerhalb des Lebens. Die Beziehung von Schöpfer und Geschöpf wandelt sich damit von der horizontalen zur vertikalen Ebene und die Schöpfung einer Wirklichkeit wird zu einem *immanenten* Vorgang, der keine Impulse oder Kraft aus einer wie auch immer gelagerten transzendenten Wirklichkeit benötigt. Die Unterscheidung von Immanenz und Transzendenz wird damit gleichsam überflüssig, da sich das Leben immanent selbst transzendiert, indem es immer neue Formen hervorbringt.

Lebewesen generieren innerhalb der stofflichen und energetischen Flüsse der Welt all jene Strukturen und Grenzen, welche sie als Teil der Welt (sie sind stofflich und energetisch nicht verschieden von diesen Flüssen) und zugleich auch abgegrenzt von der Welt erscheinen lassen.[89] Ihre Prozesse referieren auf die Schöpfung und Aufrechterhaltung einer Identität, wobei diese Identität unter den Bedingungen einer Flussstruktur nicht mehr als *dinglich*, sondern nur noch als eine *prozessual* sich selbst stabilisierende *Form* zu begreifen ist.

> »Der lebende Körper hat das Merkmal, sich als körperliche Einheit zu bündeln und zu erhalten«, formuliert Andreas Weber mit Referenz auf Helmuth Plessner. Die »Grenze der lebenden Einheit« ist nicht als Ort, sondern als »Ereignis« zu verstehen. Die »Grenze selbst, da sie den Lebensvollzug von der ruhenden Umgebung abgrenzt, ist eine Leistung dieses Vollzuges, da sie ihn ›in seiner Begrenzung *vollzieht* und dieser Übergang selbst ist‹. [...] Es handelt sich also nicht um eine materielle Grenze, sondern um eine Grenze der Selbstidentität. [...] Durch seine Selbstbegrenzung erscheint ein ›Lebewesen gegen seine Umgebung gestellt‹.[90]

Die Unterscheidung von Selbst und Nicht-Selbst beginnt sich zu organisieren.

Dissipative Strukturen – die Selbstorganisation chemischer Systeme

Innerhalb der Naturwissenschaften war die Erklärung der Entstehung des Lebens lange Zeit ein Problem, denn nach dem zweiten Hauptsatz der Thermodynamik strebt jedes System nach einem Zustand der maximalen Unordnung, der *maximalen Entropie*. Da aber die Strukturen von Lebewesen in höchstem Maße differenziert sind und der Aufbau ihrer Organe keineswegs als unordentlich betrachtet werden kann, schien das Auftreten lebendiger Formen aus physikalischer und chemischer Sicht lange Zeit mysteriös. Es verwunderte deshalb nicht, dass selbst viele naturwissenschaftlich informierte Denker weiterhin dem alten Dualismus von Geist und Materie geneigt waren, dem entsprechend Leben nur dann entstehen kann, wenn der toten Materie Geist eingehaucht wird.[91]

Demgegenüber konnte mit der Theorie der *dissipativen Strukturen*,[92] wie sie in den 60er und 70er Jahren unter maßgeblichem Einfluss des Nobelpreisträgers Ilya Prigogine entwickelt wurde, zum ersten Mal ein *monistisches* Erklärungsmodell für die Entstehung des Lebens vorgelegt werden. Physische und chemische Aggregate offenbarten sich demnach unter bestimmten Bedingungen selbst als dynamisches und schöpferisches System, das zur Selbstorganisation fähig ist. Insbesondere zwei Prozesse tragen hierzu bei:

- *Ordnung durch Fluktuation:* Aus zufälligen Fluktuationen innerhalb eines chaotischen Flusses von Energie und Materie entstehen *spontan* Strukturen.
- *Rekursive Stabilisierung:* Diese Strukturen stabilisieren sich durch die Rückkoppelungsmechanismen *Autokatalyse* und *wechselseitige Katalyse*.

Schon in recht einfachen chemischen Systemen kann Selbstorganisation im Sinne des spontanen Aufbaus von Prozessstrukturen in Raum und Zeit auftreten, insofern die folgenden drei Bedingungen erfüllt sind: Bestimmte Produkte chemischer Reaktionen müssen ihre eigene Produktion fördern *(Autokatalyse)*. Die Entstehung von mindestens zwei Produkten muss kreuzweise miteinander gekoppelt sein *(wechselseitige Katalyse)* und als letzte Bedingung hat sich das System *fern* vom chemischen Gleichgewicht zu befinden, sodass ein ständiger Fluss von Energie und Materie aufrechterhalten werden kann.

1) $A \rightarrow X$
2) $X + Y \rightarrow 3X$
3) $B + X \rightarrow Y + D$
4) $X \rightarrow E$

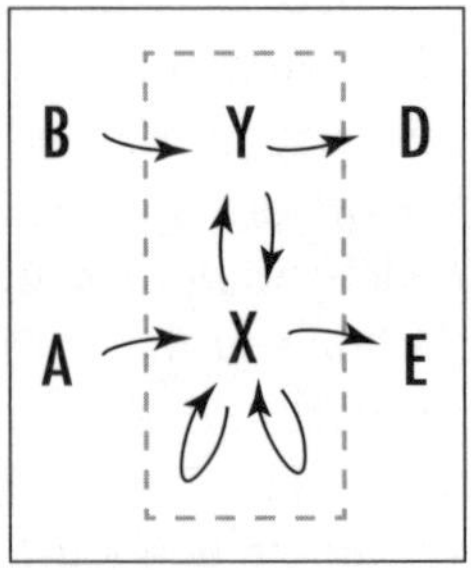

Abb. 2: Reaktionsschema des Brüsselators

Autokatalyse und *wechselseitige Katalyse* sind rekursive Prozesse. In der Autokatalyse unterstützt ein Stoff *A* seine eigene Entstehung. Dieser Prozess beinhaltet also eine positiv verstärkende Rückkoppelungsschleife: Es entsteht umso mehr neues *A*, je mehr von *A* schon vorhanden ist. In der wechselseitigen Katalyse kommt mit der Koppelung zweier Prozesse eine Beziehungskomponente ins Spiel. Zwei Stoffe, *A* und *B*, fördern gegenseitig ihre Entstehung. Ein Minimalmodell für Reaktionen dieser Art stellt der nach seinem Entstehungsort benannte *Brüsselator* dar. Er besitzt vier Reaktionsschritte.[93] *A* und *B* sind die Ausgangsstoffe, *D* und *E* sind die Endprodukte der Reaktion. Die Zwischenprodukte *X* und *Y* sind in ihrer Entstehung kreuzweise miteinander gekoppelt. *X* fördert in einem autokatalytischen Prozess seine eigene Entstehung. Solange sich diese Reaktion fern vom chemischen Gleichgewicht befindet, also der Fluss der Ausgangsstoffe zu den Produkten noch möglich ist, bilden sich spontan dynamische Strukturen in Raum und Zeit aus.

Mit der Theorie der *dissipativen Strukturen* lässt sich erklären, wie spontan und fern vom thermodynamischen Gleichgewicht systemische Zusammenhänge und Strukturen entstehen können, die an Formen des Lebendigen erinnern.[94]

Abb. 3: Entstehung spontaner Strukturen in chemischen Systemen aufgrund verzahnter autokatalytischer Prozesse; hier die Belousov-Zhabotinsky-Reaktion[95]

Autopoiesis – die Selbstorganisation in der biologischen Welt

Während Autokatalyse und wechselseitige Katalyse in der Welt der Chemie noch recht selten anzutreffen sind, hat die moderne Biologie gezeigt, dass katalytische Prozesse in lebenden Systemen praktisch überall vorkommen. Auf allen Ebenen lassen sich hier Rückkoppelungsschleifen und nichtlineare Mechanismen entdecken: Enzyme werden durch ihre Produkte gehemmt oder aktiviert. Genprodukte beeinflussen ihre eigene Synthese. Metaboliten stimulieren die Genexpression oder -inhibition für Enzyme, die ihren Abbau katalysieren.

Einen wichtigen Schritt in der Autopoiesis des Lebendigen stellt die Entwicklung der *Zelle* dar. Die Zelle bildet eine vom Medium strukturell abgegrenzte Entität. Das Besondere an dieser Einheit ist, dass die Membran der Zelle als Rand des Organismus selbst Teil des Stoffwechsels ebendieser Zelle ist. Die Zellmembranen regeln aktiv die Austauschprozesse des Stoffwechsels. Der Stoffwechsel erzeugt die Membranen. Um mit Maturana und Varela zu sprechen:

> »Das eigentümliche dieser zellulären Dynamik im Vergleich zu irgendeiner anderen Menge von molekularen Transformationen in natürlichen Prozessen ist, daß der Zellstoffwechsel Bestandteile erzeugt, welche allesamt in das Netz von Transformationen, das sie erzeugt, integriert werden. Manche dieser Bestandteile bilden dabei einen Rand, eine Begrenzung für dieses Netz von Transformationen, die dieses Entstehen im Raum möglich macht, eine *Membran*. [...] Gäbe es diese

räumliche Architektur nicht, würde sich der zelluläre Stoffwechsel in eine molekulare Brühe auflösen, die überall diffundieren und keine getrennten Einheiten wie die Zelle konstituieren würde.«[96]

Auch hier gilt: Das Produkt generiert den Prozess. Der Prozess erzeugt das Produkt. »Das Sein und Tun einer autopoietischen Einheit sind untrennbar, und dies bildet ihre spezifische Art der Organisation.«[97]

Autopoietische Einheiten – keine Objekte im klassischen Sinn

Als Flussstrukturen zeigen *autopoietische Einheiten* einige Besonderheiten. Sie sind nicht mehr im klassischen Sinne als selbstidentische Objekte anzusehen, denn sie können nur durch einen andauernden Fluss aus Materie und Energie aufrechterhalten werden. Versiegt der Fluss, so verschwindet die Struktur. Die Identität einer autopoietischen Einheit besteht also in der Aufrechterhaltung der Autopoiesis und nicht im Erhalt einer konstanten Struktur. Streng genommen sind dabei das Medium und die Form des autopoietischen Systems funktional nicht voneinander zu trennen, denn autopoietische Einheiten sind durch die Struktur ihrer Organisation bestimmt, die das Medium einschließt. Ohne das Medium trocknet die Struktur buchstäblich aus. Wird der tragende Energie- und Materie-Fluss unterbrochen, so löst sich die autopoietische Einheit auf. Das Lebewesen stirbt. *Die Funktion ihrer Struktur ist die Organisation des Flusses. Die Struktur ist Ausdruck der Organisation eben dieses Flusses.*

Das Verhalten autopoietischer Systeme ist durch ihre momentane Struktur bestimmt. In diesem Sinne bezeichnet Lebewesen folgerichtig als »autopoietische Maschinen«.[98] Autopoietische Einheiten entwickeln sich ständig, denn Fluktuationen im System und in dessen Umwelt geben kontinuierlich Anlass für die Reorganisation des Systems:

> »Jede Struktur kann durch Fluktuationen, die eine kritische Größe überschreiten, über eine Schwelle in ein neues Regime getrieben werden. Dies entspricht einer qualitativen Änderung in der dynamischen Existenz des Systems. Der Übergang zu einem neuen dynamischen Regime erneuert die Fähigkeit zur Entropieproduktion – ein Vorgang, den man mit Leben im weitesten Sinne des Wortes in Verbindung bringen kann: Leben bricht sich immer wieder Bahn.«[99]

Autopoietische Einheiten passen sich an veränderte Bedingungen an. Schwankungen in den Umweltbedingungen bewirken die Evolution zu neuen Systemstrukturen. Durch die Veränderung wird die Struktur und damit die Funktionsweise des Systems eine andere. Wie bereits gesagt, zeigt sich die Kontinuität einer Lebensform nicht in ihrer strukturellen Form (diese kann sich im Prozess ihrer Selbstorganisation radikal ändern), sondern im fortbestehenden Prozess der rekursiven Organisation.[100]

Die autopoietische Einheit existiert in einer Umwelt, die ihr Medium zur Selbstorganisation darstellt. Sie kann sich deshalb nur in Anpassung an das Medium entwickeln. Ihre Prozesse stellen jedoch eine Fluktuation innerhalb des Mediums dar, welche das Medium verändert. Die autopoietische Einheit kann wiederum auf die Fluktuationen des Mediums mit weiterem evolutionären Feedback reagieren. Medium und Organismen treiben sich sozusagen gegenseitig an, sich aneinander in struktureller Kongruenz miteinander zu entwickeln:

> »Lebende Organismen existieren stets in einem Medium, in dem sie interagieren. Weil sich aber das Leben lebender Organismen aufgrund ihrer eigenen internen Dynamik als eine Folge ständiger struktureller Veränderungen und darüber hinaus in struktureller Koppelung an ihr Medium vollzieht, können sie ihre Organisation nur dann erhalten, wenn ihre Struktur und die Struktur des Mediums kongruent sind, und wenn die strukturelle Kongruenz des Mediums erhalten bleibt.«[101]

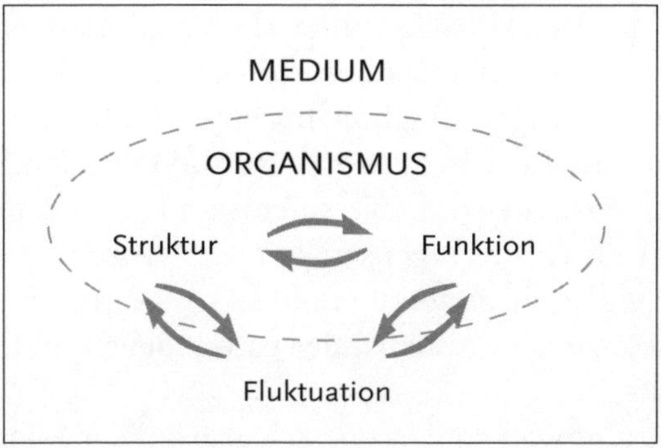

Abb. 4: Funktionale Einheit von Organismus und Medium

Auch deshalb ist der Organismus von seinem Medium funktionell nicht zu trennen. Nur in der für einen Beobachter erscheinenden Struktur *wirkt* er als eine getrennte Einheit. Seine Identität als Lebewesen wird jedoch nicht durch die beobachtbare Struktur, sondern durch die Aufrechterhaltung der rekursiven Interaktion mit dem Medium bestimmt. Die Beziehung der beiden ist damit letztlich als eine funktionale Einheit zu sehen. Medium und Form stellen gleichsam eine sich rekursiv immerfort stabilisierende *Fluktuation* dar.[102] Lebensformen nähren sich gewissermaßen von dem durch das Medium zur Verfügung gestellten Gemisch aus Ordnung und Unordnung. Sie dürfen also nicht mit Monaden verwechselt werden, die ein wie auch immer geartetes Ding an sich darstellen. Lebensformen reproduzieren sich vielmehr in Koproduktion mit einer Welt, die Unordnung und andere Systeme enthält, als informationsgeleitete Reflexionsverhältnisse.[103]

Die Zukunft autopoietischer Systeme ist grundsätzlich offen, denn die Entwicklung dynamischer Systeme geht mit Symmetriebrüchen einher: Aus zufälligen Fluktuationen entstehen Strukturen, die sich selbst stabilisieren. Dabei stehen dem System (oder besser: der System-Umwelt-Fluktuation) in der Regel verschiedene Entwicklungsalternativen offen. Ist jedoch erst einmal eine Richtung gewählt worden, so bestimmt dieser Weg über die rekursive Stabilisierung der Struktur irreversibel die weiteren evolutionär möglichen Entwicklungsschritte. Selbst ein einfaches Modell wie der zuvor vorgestellte *Brüsselator* zeigt in seiner Entwicklung Verzweigungspunkte – *Bifurkationen* –, an denen sich seine zukünftige Entwicklung entscheiden kann.

Dabei bilden sich zunächst unterschiedliche *Ordnungsparameter*, die gleichzeitig nebeneinander bestehen können. Minimale Schwankungen in den Anfangsbedingungen können zur Stabilisierung einer Ordnung führen, die anschließend zum übergreifenden *Attraktor* des gesamten Systems wird. Die so entstandene Ordnung ist nicht mehr (allein) durch die Eigenschaften der einzelnen Bestandteile des Systems erklärbar, sondern ergibt sich als eine kollektive, holistische Eigenschaft aller miteinander verbundenen System-Umwelt-Arrangements.

Solche Ordnungen entwickeln sich also auf der Basis einer Kette von *Symmetriebrüchen*, die zu einer bestimmten Pfadabhängigkeit führen. Die hiermit erscheinenden Ordnungen entstehen, weil sie eine bestimmte *Geschichte* haben, die eine jeweils spezifische Regelhaftigkeit generiert, und nicht, weil die beteiligten physikalischen Bestandteile auf der Mikroebene zu dieser Ordnung führen müssen.

Autopoietische Einheiten existieren im Wechselspiel von Freiheit und Notwendigkeit. An den Verzweigungspunkten, den Instabilitäten, können minimale Schwankungen die Entscheidung der Systemevolution beeinflussen. Subtile Einflüsse – etwa die Reflexionen eines Beobachtungsprozesses – können deshalb ihrerseits auf die Entwicklung und Ausprägung von Systemarrangements einwirken.

Entscheidend für das Verständnis der hier entwickelten Denkfigur ist die kybernetische Einsicht, dass Lebewesen nicht nur in einer Umwelt *sind*, sondern eine Umwelt *haben*. Auch Pflanzen – man denke hier beispielsweise an Sonnenblumen, die ihre Blüte dem Sonnenverlauf anpassen – verhalten sich *zu* ihrer Umwelt. Dies setzt jedoch voraus, dass sie als Lebewesen über einen internen Prozess verfügen, der zumindest ein rudimentäres Modell der Umwelt erzeugt, an dem sich dann ein Regelprozess anschließen kann, sodass das Lebewesen »Kraft seiner internen Organisation« in der Lage ist, »diese Umwelt qua Umwelt in sich abzubilden«.[104]

Während ein Stein zu seiner Umwelt in einem Verhältnis steht, in dem seine Orts- und seine Geschwindigkeitsbestimmung unter klassischen Bedingungen determiniert sind, verhält sich die Sachlage bei Lebewesen grundlegend anders. Ihr Verhältnis zur Umwelt ist auch durch ihre *interne* Organisation der *Informationsverarbeitung* bestimmt.[105] Selbst in einer deterministischen Beschreibung müssen sie deshalb als *nichttriviale Maschinen* behandelt werden, deren Verhalten nicht vorhersagbar ist.

Reformulieren wir den zuvor beschriebenen Sachverhalt abschließend in der abstrakten Sprache der modernen Systemtheorie. Entsprechend dieser ist ein *System [S]* als *Funktion [f]* seiner selbst *und* seiner *Umwelt [U]* anzusehen ($S = f(S, U)$). Das System erscheint nun weder durch sich selbst noch durch Umwelteinflüsse determiniert. Am ehesten könnte man sagen, dass es unter dem Einfluss von Umwelt sich selbst und damit auch seine Bezugnahme auf Umwelt verändert. Je nach Beobachtungsperspektive erscheint das System jetzt sowohl getrennt als auch nicht getrennt von der Umwelt, in Hinblick auf sein Verhalten sowohl autonom wie auch fremdbestimmt. Solchermaßen charakterisierte Systeme sind im Sinne der *zweiwertigen* Logik nicht zu beschreiben, denn für sie gilt weder die *identitätserhaltende* Beziehung $S = S$ noch eine eindeutige Kausalbeziehung im Sinne von $S = f(U)$, entsprechend der die Systemzustände durch die Umwelt vollständig determiniert werden.

Erst eine *polykontexturale* Beschreibung hilft aus dem Dilemma der klassischen zweiwertigen Logik, demnach ein System entweder nur *tautologisch* (mit sich identisch) oder *paradox* (mit sich nicht identisch) beschrieben werden kann. Das System gewinnt durch die polykontexturale Beschreibung einen zusätzlichen Freiheitsgrad zwischen Struktur- und Umweltdeterminierung, denn mit der Verbundkontextur $(S–U)_{\text{reflexiv}}$ kommt mit dem *Beobachter* eine reflexive Instanz ins Spiel, die im Sinne der batesonschen *Information* einen Unterschied macht und entsprechend das System als *autonom* charakterisiert, als ein Aggregat, das der Umwelt mit *Eigenaktivität* gegenübertritt und hierdurch eine Verschiebung einleitet, die von einem determinierten Sein wegführt und zu einem *zukunftsoffenen Werden* hinleitet.[106]

Systeme lassen sich also aus dieser Perspektive nur dann sinnvoll beschreiben, wenn man ihnen eine *subjektive* Komponente zugesteht. An dieser Stelle ist jedoch zu klären, auf welcher Ebene diese Einsicht formuliert wird. Hier ist nicht die Rede von einem inneren Seelenwesen, mit dem eine biologische Maschine ausgestattet zu sehen ist. Gemeint ist vielmehr ein *Beobachtungsprozess* als eine seiner Natur nach systemübergreifende Dynamik, die – wie auch immer realisiert – eine Reflexionsinstanz ausbildet, die – nach welchen Kriterien auch immer – unterscheiden kann und infolgedessen als Information in der System-Umwelt-Interaktion selber wieder wirksam wird.

Lebende Systeme generieren in dem Sinne *Bedeutung*, als mit ihnen unterschieden und beobachtet wird. Hiermit einhergehend entstehen Beobachtungs- bzw. Reflexionsverhältnisse, für die der *Beobachter* und das *Beobachtete* selbst (und die entsprechende Unterscheidung) bedeutsam werden können, sodass auch dies als *In*formation im Weltprozess wirksam werden kann.

Wie bereits gesagt, ist bei all dem zu beachten, dass Systeme (und damit auch der Beobachter) keine *Dinge* darstellen, denn sie sind weder dem Medium noch der innerhalb der Selbstorganisation erscheinenden Struktur zuzurechnen. Vom Blickwinkel des Systems aus betrachtet sind sie Funktionen ihrer selbst *und* ihrer Umwelt. Sie stellen gewissermaßen ein *Reflexionsverhältnis* dar, das die *Einheit ihrer Differenz* organisiert, indem immer neue Relationen in den Fluss ihrer Organisation eingeschrieben werden.

Selbstorganisation darf aus dieser Perspektive gerade nicht so verstanden werden, dass da ein unabhängiges Selbst existiere. Der Begriff der Selbstorganisation charakterisiert vielmehr nur jenen Prozess, innerhalb dessen die Unterscheidung von Selbst und Nicht-Selbst als Grenze produziert, organisiert und reproduziert wird.

Embodiment – das (Er-)Finden der Wirklichkeit

To understand what I am saying, you have to believe that dance is something other than technique. We forget where the movements come from. They are born from life. When you create a new work, the point of departure must be contemporary life – not existing forms of dance.

Pina Bausch[107]

Der neurobiologische Konstruktivismus ist eine Erkenntnistheorie unter dem Paradigma der Selbstorganisation. Im Erkennen erzeugt der Organismus seine eigene Welt und seine eigene Identität, wobei das Erkennen nicht mehr grundsätzlich von den Lebensvollzügen eines Organismus zu unterscheiden ist. Gegenüber den traditionellen erkenntnistheoretischen Positionen, in denen Erkenntnis als ein eindimensionaler Prozess angesehen wird – ein äußeres Objekt wird von einem Subjekt erkannt –, bietet diese Position eine Reihe von Vorteilen.

Zunächst erlaubt sie, das Dilemma der *Subjekt-Objekt-Problematik* zu umgehen, denn wir können uns jetzt auf eine operationale Beschreibung des Erkennens zurückziehen: Sobald ein Organismus mit seiner Umwelt interagiert, *erkennt* er. Die Art und Weise, *wie* ein Organismus sein Leben aufrechterhält, *ist* seine spezifische Art des Erkennens. Erkenntnis bedeutet somit nicht mehr, dass ein Ding oder ein Objekt erkannt wird, sondern Erkenntnis reproduziert sich nun ausschließlich als die autopoietische Organisation einer Lebens*form*, also als eine bestimmte Weise, Welt zu unterscheiden und zu beobachten, um hierdurch eine bestimmte Konstellation von Selbst und Nicht-Selbst als Identität hervorzubringen.

Der Streit um absolute Wahrheiten löst sich pragmatisch auf in die verschiedenen relativen Wahrheiten von verschiedenen Organismen: *Jeder Organismus, der lebt, erkennt und ist damit wahr.* Es gibt so viele Wahrheiten, wie es Lebensformen gibt, da jeder Organismus seine individuelle Erkenntnis verwirklicht.[108]

Nicht zuletzt erscheint Erkenntnis in diesem Zusammenhang synonym mit dem Prozess des Lebens selber. Erkenntnisprozesse sind notwendiger Teil der Selbstorganisation des Lebendigen. Das Ergebnis der Erkenntnis zeigt sich in der autonomen Organisation des Organismus, das heißt in seiner phylogenetischen und ontogenetischen Anpassung an den Fluss des Lebens.

Der neurobiologische Konstruktivismus ermöglicht die Entwicklung einer Theorie des Erkennens, mit deren Hilfe Wahrnehmung und Kognition eines Organismus, einschließlich der Phänomene Sprache und Selbstbewusstsein, aus seiner biologischen Organisation heraus erklärt werden können.[109] In der Autopoiesis des Lebendigen erschafft sich das Erkennen selber. Erkennen und Handeln bilden eine Einheit und ein Organismus nimmt entsprechend keine Objekte wahr, sondern er *konstruiert* durch seine Operationen gewissermaßen eine Wirklichkeit, wobei die Art der Konstruktion aus der Interaktionsgeschichte von Organismus und Medium resultiert, mit der sich beide Seiten als *Einheit einer Differenz* hervorbringen.

Mit der Auffassung, dass unser Erleben, einschließlich der Unterscheidungen zwischen Subjekt und Objekt sowie Zukunft und Vergangenheit, durch den Erkenntnisprozess konstruiert wird, unterscheidet sich der neurobiologische Konstruktivismus fundamental von dem im Alltagsdenken üblichen Standpunkt des *naiven Realismus.* Dem entsprechend wird davon ausgegangen, dass die Sinnesorgane, wenngleich mit einigen Fehlern behaftet, eine objektive Welt erkennen und auf der Hirnrinde abbilden, dass Wahrnehmung und Erkenntnis also als eine mehr oder weniger gut gelungene *Repräsentation* einer objektiven Wirklichkeit zu verstehen sind.

Was bedeutet dies nun für *unser* Erkennen? Schließlich stellen wir selbst biologische Formen dar, die auf den vorangehend geschilderten Prozessen beruhen. Schauen wir diesbezüglich zunächst auf einige Aspekte der Wahrnehmungspsychologie und -physiologie.

Gestaltwahrnehmung

Was passiert, wenn wir etwas *wahrnehmen?* Aus der *Gestaltpsychologie* wissen wir, dass die Gestaltwahrnehmung einen aktiven Prozess darstellt *(Figur-Grund-Prozess)* und dass der Erkennende nicht *nicht* wahrnehmen kann *(Prägnanzgesetz).*

Wahrnehmung und Kognition haben die Aufgabe, aus der riesigen Datenflut der Sinnessysteme brauchbare und nützliche Informationen zu erzeugen. Bedeutungsvolle Nachrichten sollten sich von den unwichtigen Dingen abheben. In der Gestaltpsychologie sprechen wir von den Begriffen *Figur* und *Grund.* Die Figur, das Bedeutsame, hebt sich in der Gestaltwahrnehmung vom Grund, dem Bedeutungslosen, aber damit die Bedeutung Heraushebenden, ab. Am Beispiel von mehrdeutigen Bildern, wie den hier abgebildeten *Boring-Frauen,* wird deutlich, dass es sich bei der Gestaltwahrnehmung um einen Prozess handelt, der von der Kognition aktiv mitgestaltet wird. In diesem Bild können zwei verschiedene Motive erkannt werden. Wenn eine Person gelernt hat, beide Gestalten zu erkennen, pendelt die Wahrnehmung zwischen den beiden Interpretationsmöglichkeiten hin und her, kann diese jedoch nicht gleichzeitig sehen:

Abb. 5: Boring-Frauen

»Auf die Frage ›Wie alt ist die abgebildete Frau?‹ kann man je nach Betrachter sehr unterschiedliche Antworten bekommen. Die Schätzwerte variieren intraindividuell zwischen 15 und 95 Jahren. Es handelt sich nämlich um ein doppeldeutiges Bild. Dabei stellt sich die Frage, welche Faktoren die Wahrnehmung der alten und welche die Wahrnehmung der jungen begünstigen. Durch kleine Abänderungen kann man das doppeldeutige Bild in die eine oder andere Richtung eindeutig gestalten. Werden Probanden zunächst mit einem derart retuschierten Bild konfrontiert, so nehmen sie im doppeldeutigen Bild verständlicherweise die Gestalt wahr, die auch das Eindeutige zeigt.«[110]

Die Gestalterkennung ist abhängig von der Geschichte des erkennenden Organismus. Prägung durch vergangene Erfahrung verändert die Wahrnehmungsfilter. Wahrnehmung von Gestalt verläuft nicht eindimensional vom Sinnessystem zum Repräsentationssystem, sondern wird gleichsam von oben durch das bedeutungssuchende Gehirn beeinflusst, wie Ernst Pöppel beschreibt: »In der modernen Wahrnehmungsforschung hat dieser Mechanismus der Interpretation von Reizgegebenheiten den Namen ›Top-down‹ erhalten – im Gegensatz zu ›Bottom-up‹. Top-down heißt [..., dass] von unserem Kopf oder besser vom Gehirn nach unten, also zu den Sinnesorganen hin, bestimmt wird, was wahrgenommen werden soll.«[111]

Über die Figur-Grund-Beziehung hinausgehend gilt der auf den ersten Blick banale, dann jedoch beim näheren Nachdenken bemerkenswerte Befund, dass im Erleben immer *etwas* erlebt wird:

> »Die zahlreichen Gesetze über Wahrnehmung, die von den Gestaltpsychologen formuliert wurden, lassen sich zu einem Gesetz zusammenfassen, nämlich dem Prägnanzgesetz. Das soll besagen: Was immer in unser wahrnehmendes Bewußtsein gelangt, erscheint in einer ›prägnanten‹ Gestalt. Wenn eine Reizsituation nicht eindeutig ist, dann wird sie aufgrund unserer Hypothesen so gestaltet oder umgestaltet, daß der ins Bewußtsein gelangende Inhalt klar und deutlich ist. Mit anderen Worten heißt das, daß es für den Erkennenden nie ein Chaos gibt, daß immer etwas gegeben ist, denn das Bedürfnis nach Prägnanz ordnet das möglicherweise vorhandene Chaos im Sinne einer subjektiven Ordnung. In Hinblick auf das Jetzt bedeutet das: Was immer gegenwärtig ist, wird zwar nur für eine kurze Dauer sein, dafür aber in prägnanter, klarer und deutlicher Form.«[112]

Entsprechend dem Prägnanzgesetz sind wir nicht in der Lage, *nicht* zu erkennen. Heinz von Foerster hat dies in vielen seiner Vorträge immer wieder am Beispiel des *blinden Flecks* erläutert. Dieser benennt die Stelle des menschlichen Sehfeldes, wo der Sehnerv in die Netzhaut des Auges eintritt. Dort sind wir blind. Mit Hilfe von vorher ausgeteilten Abbildungskarten ermöglicht von Foerster zunächst jedem Teilnehmer seiner Demonstration die Erfahrung des blinden Flecks und erläutert dann das tiefer liegende Rätsel des Erkennens: »Das Faszinierende [... ist, dass] das weit tiefere Rätsel, nämlich wieso wir trotz dieses physiologischen blinden Flecks unser Gesichtsfeld fleckenlos und geschlossen wahrnehmen, in einen ›kognitiven blinden Fleck‹ verschoben wird. Wir stellen also nicht mehr die fundamentale Frage: ›Wie kommt es, daß wir nicht sehen, daß wir nicht sehen?‹«[113]

Die Wahrnehmung des blinden Flecks verdeutlicht also einerseits das Prägnanzgesetz, verweist aber darüber hinaus auf die geheimnisvolle Frage des Erkennens des Erkennens. Wir begegnen hier dem Problem, dass Erkenntnisvorgänge sich den Bedingungen ihres eigenen Operierens nicht gewahr sein können, also in Hinblick auf ihre eigenen Konstruktionsleistungen *blind* und *unwissend* agieren.

Selbstorganisation der visuellen Verarbeitung

Die visuelle Verarbeitung ist beim Säugetier ein recht komplexer Vorgang. Sie erstreckt sich von den physiologischen Prozessen auf der Netzhaut bis hin zu den hoch differenzierten Abstraktionsvorgängen in der Sehrinde an der Rückseite der beiden Hirnhemisphären. Ihre grundlegende Funktionsweise ist in den 60er Jahren durch die Arbeiten der beiden Nobelpreisträger David Hubel und Thorsten Wiesel weitgehend aufgeklärt worden.[114]

Dabei hat sich gezeigt, dass die aktive Verarbeitung des visuellen Erlebens schon in der Netzhaut stattfindet. Mehrere Photorezeptoren wirken auf eine Ganglienzelle ein und bilden mit ihr zusammen ein rezeptives Feld. Die rezeptiven Felder sind so verschaltet, dass Kontraste in der Wahrnehmung verstärkt werden. Die Ganglienzellen leiten die kontrastierten Signale aus den rezeptiven Feldern über das *Chiasma opticum* und das *Corpus genialatum* in die Sehrinde. Der Vorgang der visuellen Abstraktion wird dann auf drei Ebenen fortgeführt:

Die *Einfachzellen* abstrahieren aus mehreren rezeptiven Feldern einfache Merkmale. Das abstrahierte Merkmal ist für jede Zelle spezifisch. Manche Zellen reagieren z. B. auf Richtungsorientierung (z. B. horizontale Streifen oder vertikale Streifen). Sie feuern nur dann Nervenimpulse, wenn mehrere vorgeschaltete rezeptive Felder aktiv sind, die sich auf einer Linie befinden. Andere Zellen reagieren auf Bewegung, das heißt, sie feuern, wenn die vorgeschalteten rezeptiven Felder ihre Aktivität verändern.

Die nächste Abstraktionsstufe stellen die *Komplexzellen* dar. Diese Zellen besitzen keine festgelegten rezeptiven Felder, sondern verarbeiten Informationen aus relativ großen Flächenteilen der Retina. Sie reagieren nicht auf Belichtung des ganzen Areals, sondern nur auf spezifische Erscheinungen. Beispielsweise werden manche Komplexzellen durch sich bewegende Lichtgrenzen aktiv, andere durch spezifisch orientierte Lichtstreifen.

Die dritte und letzte Ebene stellen die *Hyperkomplexzellen* dar. Diese Zellen reagieren hochspezifisch auf Merkmale wie beispielsweise auf Umrisse und bewegte Zeiger.

Die visuelle Verarbeitung findet also in zunehmender Abstraktion von Merkmalen statt. Beginnend an der Netzhaut werden aus der Datenflut der optischen Eindrücke zunehmend Informationen kontrastiert, zusammengefasst und selektiert. Gestaltmerkmale werden hervorgehoben. Die Verarbeitung verläuft über die Neuronen des visuellen Kortex.

Die Fähigkeit zur Merkmalsabstraktion ist keineswegs von Geburt an vorhanden, sondern entwickelt sich erst durch die *Interaktion* mit der Umwelt. Untersuchungen über die Entwicklung des visuellen Systems beim Säuger haben gezeigt, dass die Fähigkeit zur visuellen Abstraktion auf einem aktiven Lernvorgang beruht, der mit der rekursiven Interaktion von Nervenzellen einhergeht. Dieser Lernvorgang wird durch die Phasenkohärenz der oszillatorischen Antworten von Nervennetzen vermittelt. Die visuelle Wahrnehmung entfaltet sich also erst in der aktiven Auseinandersetzung mit der Umwelt, wie Wolf Singer beschreibt:

> »Wie wir heute wissen, entwickeln die meisten Sehrinden-Neuronen ihre charakteristischen Eigenschaften nur unter dem Eindruck visueller Erfahrung. Bei jungen Katzen unterscheiden sich unmittelbar nach dem Öffnen der Augen in der zweiten Lebenswoche, also zu Beginn der kritischen Phase, die Neuronen in ihren funktionellen Eigenschaften deutlich von denen erfahrener erwachsener Tiere. Sie sprechen auf Lichtreize oft nur schwach an, und ihre Antworten lassen sich bei wiederholter Reizung nur schlecht reproduzieren. Ihre rezeptiven Felder erscheinen unscharf und oft deutlich vergrößert. Vor allem fehlt den meisten Neuronen die für die ausgereifte Sehrinde so charakteristische Orientierungs- und Richtungsselektivität.«[115]

Säugetiere entwickeln in ihrer ersten Lebensphase die Fähigkeit, Muster und Gestalten zu erkennen. Bei der Katze dauert dieser Lernprozess etwa drei Monate. Beim Menschen kann sich die Entwicklung des Sehsystems bis ins Vorschulalter hinziehen. Mittlerweile zeigt eine Reihe von Untersuchungen, dass der Reizentzug in dieser prägenden Phase die Ausdifferenzierung des visuellen Systems irreversibel behindern kann. In einem Experiment wurden Katzen beispielsweise nach der Geburt in einer Umwelt aufgezogen, in der alle Gegenstände Querstreifung aufwiesen. Im Erwachsenenalter waren die Tiere nicht in der Lage, Längsstreifung zu erkennen.[116] Noch drastischer sind die Ergebnisse bei vollständigem Reizentzug:

> »Wenn die Tiere in normaler Umgebung aufwachsen, entwickeln sämtliche Sehrinden-Neuronen innerhalb weniger Wochen ihre typischen funktionellen Eigenschaften. Werden die Tiere jedoch im Dunkeln und somit ohne visuelle Erfahrung aufgezogen, reifen keine normalen rezeptiven Felder aus. Zudem nimmt der vorhandene Pro-

> zentsatz orientierungsselektiver Neuronen ab, und bei fortdauerndem Reizentzug verschlechtert sich die Erregbarkeit der Sehrindenzellen allgemein. Nach einigen Monaten reagieren nur noch 30–40 Prozent auf Licht.«[117]

Interessant ist nun die Frage nach dem Mechanismus der Entwicklung. Prinzipiell sind zwei Modelle denkbar. In der ersten Variante wären alle Entwicklungsschritte genetisch vorbestimmt. Die Ausdifferenzierung des Nervensystems bliebe dann jedoch bei Reizentzug auf einer unreifen Stufe stehen. Entsprechend dem zweiten Erklärungsmodell reicht die genetische Information allein nicht aus, um die Wahrnehmungsfähigkeit zu entwickeln. Vielmehr ist hier auch die Interaktion mit der Umwelt für die funktionale Ausgestaltung und Entwicklung der Sinneswahrnehmung notwendig.

Die meisten der neueren Untersuchungen stützen die zweite Hypothese. Es zeigt sich dabei zunehmend, dass die Entwicklung und Differenzierung des neuronalen Netzes beim Säugetier wesentlich durch die Aktivitätsmuster eben dieses Netzes beeinflusst werden. In der Embryonalentwicklung werden in der Regel weit mehr neuronale Verbindungen angelegt, als im ausgereiften System übrig bleiben. Viele Nervenverbindungen werden im Laufe der Entwicklung wieder abgekoppelt. Diese Eliminationsprozesse werden von der elektrischen Aktivität der Nervenzellen beeinflusst. Damit wird die elektrische Funktion der Neuronen zum strukturierenden Faktor des neuronalen Netzes. Je aktiver eine neuronale Bahn ist, desto höher ist die Wahrscheinlichkeit ihrer Stabilisierung.

Im Sehsystem des Menschen und anderer Säugetiere ereignen sich solche Eliminationsprozesse auch noch nach der Geburt, also während einer Entwicklungsphase, in der die elektrischen Aktivitäten der Nervenzellen bereits durch Signale aus der Umwelt modifiziert werden. Auf diese Weise können sensorische Signale als strukturierender Faktor in den Entwicklungsprozess eingehen und die Auswahl neuronaler Verbindungen mitbestimmen.[118] Die *Funktionen* und *Operationen* des Nervennetzes als Informationsträger prägen also die *Struktur* eben dieses Netzes.

Wir begegnen hier wieder der für autopoietische Prozesse typischen rekursiven Einheit von Struktur und Funktion. *Die Funktion prägt die Struktur. Die Struktur bestimmt die Funktion.* Beschäftigen wir uns im Folgenden ein wenig ausführlicher mit den zugrunde liegenden neuronalen Mechanismen.

Codierung des Erkennens

In der Differenzierung des visuellen Systems werden Nervenbahnen gefestigt, wenn das sensorische Neuron – die Nervenzelle, die mit der Sinneszelle verbunden ist – und seine postsynaptische (nachgeschaltete) Zelle gleichzeitig aktiv sind:

> »Wenn man diese Regel nun auf Verschaltungen anwendet, bei denen mehrere sensorische Neuronen auf eine gemeinsame nachgeschaltete Zelle einwirken, zeigt sich, daß der aktivitätsabhängige Selektionsprozeß einen assoziativen Effekt hat. Er festigt selektiv jene neuronalen Verbindungen, deren Aktivitätsmuster stark miteinander korreliert und zugleich geeignet sind, das nachgeschaltete neuronale Element zu erregen.
>
> Sind die Muster jedoch nicht korreliert, dann treten die sensorischen Neuronen in Wettstreit miteinander. Dabei werden voraussichtlich jene gewinnen und – auf Kosten der anderen – ihren Kontakt zur gemeinsamen Zielzelle festigen, die am häufigsten zeitgleich mit ihr aktiv sind.«[119]

In der formalen Beschreibung selbstreferenzieller Systeme stellt sich dieser Vorgang folgendermaßen dar: Zunächst befindet sich das Nervennetz in einem undifferenzierten chaotischen Zustand *(Chaos)*. Vereinzelnd feuern Neuronen. Nun, durch die Aktivität der Sinneszellen bedingt, wird eine größere Anzahl von Nervenzellen aktiviert, die unregelmäßig durcheinanderfeuern *(Fluktuation)*. Vereinzelt entstehen spontane *Muster*. Falls diese strukturell mit den Aktivitätsmustern der sensorischen Neuronen übereinstimmen, werden die neuronalen Bahnen rekursiv gefestigt *(rekursive Stabilisierung)*. Nun kann ein ähnliches sensorisches Muster diese gefestigten Bahnen leicht aktivieren. Die Wahrnehmung ist gelernt.

Die Sinneswahrnehmung strukturiert die Entwicklung des Nervensystems, indem das neuronale Netz lernt, seine Strukturen in Kongruenz mit den Mustern der sensorischen Wahrnehmung aufzubauen. Der molekulare Mechanismus, der zu diesem Lernvorgang führt, ist weitgehend aufgeklärt.[120] Es ist derselbe Prozess, der für die Lernvorgänge im Langzeitgedächtnis verantwortlich ist. Sowohl die Entwicklung des visuellen Systems als auch das Langzeitgedächtnis werden also durch die synchrone Aktivität miteinander verschalteter Nervenzellen geprägt. Hierbei werden keine Repräsentationen der Außenwelt gespeichert. Vielmehr gilt das Prinzip des kybernetischen Gedächtnisses, nach dem neuronale Netze ihre internen Relationen in Kongruenz mit den Mustern der sensorischen Oberflächen verändern.[121]

Angeregt durch die rekursiven Aktivitäten seiner Neuronen fängt das neuronale Netz im Prozess des Erkennens zu schwingen an und entwickelt dabei ein spezifisches oszillatorisches Muster. Da nun unterschiedliche neuronale Netze über weitreichende synaptische Verbindungen gekoppelt sind, überlagern sich ihre oszillatorischen Antworten und können unter bestimmten Bedingungen in Phase schwingen:

> »Die oszillierenden Antworten räumlich verteilter Merkmale beginnen in Phase zu schwingen, wenn im Bereich ihrer rezeptiven Felder Konturen angeboten werden, die sich mit gleicher Geschwindigkeit in die gleiche Richtung bewegen. Besonders ausgeprägt ist diese Synchronisation zwischen Neuronengruppen, wenn diese von zusammenhängenden Neuronen aktiviert werden. Dieses bedeutet, daß sich Neuronengruppen, die sich an der Codierung einer durch die Kohärenz bestimmter Merkmale definierten Figur beteiligen, durch die Phasenkohärenz ihrer oszillatorischen Antworten auszeichnen. Das Ensemble von Neuronen wäre demnach nicht durch die *verstärkten* Antworten der einzelnen Mitglieder, sondern durch die *Phasenkohärenz* ihrer oszillatorischen Antworten definiert.«[122]

Erkennen zeigt sich in der Kohärenz der Antworten. Die Gestalt tritt hervor, wenn mehrere Neuronengruppen synchron im gleichen Rhythmus schwingen. Ein Muster wird bedeutsam, wenn die asynchronen Einzelaktivitäten unterschiedlicher neuronaler Ensembles zu einem synchronen Muster verschmelzen. Ein und dieselbe Wahrnehmung, wie beispielsweise die Zeichnung der *Boring-Frauen*, kann in unterschiedliche Muster integriert werden, die entsprechend verschiedene Bedeutungen implizieren. Ein Muster erscheint dabei umso stabiler, je mehr neuronale Gruppen aus unterschiedlichen Hirngruppen aufgrund ähnlicher Schwingungseigenschaften in Resonanz mit dem betreffenden Schwingungsmuster treten. Die Wahrnehmung eines sensorischen Musters erscheint umso realer, je mehr es mit den durch die Sozialisation erworbenen Schwingungseigenschaften des Gehirns in Resonanz treten kann. Da das neuronale Netz nur solche Muster erzeugen kann, die seiner strukturellen Organisation entsprechen, kann das Gehirn immer nur seine eigenen Zustände erleben. Es ist in seinem Erkennen prinzipiell blind für Wirklichkeiten, die nicht seinen Mustern entsprechen.

Einheit von Erkennen und Handeln – operationale Geschlossenheit des Nervensystems

Im vorangehenden Abschnitt ist die neurophysiologische Entwicklung der visuellen Wahrnehmung als ein Lernvorgang dargestellt worden, der sich in zwei Stufen unterteilen lässt. Zunächst findet ein mehr oder weniger zufälliger Prozess der Prägung statt: Aus Fluktuationen entsteht ein Muster, das in kohärenter Phase mit den sensorischen Daten schwingt. In der zweiten Stufe bildet ein schon vorhandenes Muster die Ausgangsbasis für die Bestätigung seiner eigenen Realität. Dieser Prozess erscheint als ein verkörperter, der das aktive, sich in der Welt Bewegende mit einschließt, denn mit jeder Bewegung eines Organismus verändert sich die Stellung seiner Augen und Ohren und die Spannung seiner Empfindungsrezeptoren im Körper. Umgekehrt bedingt das Erkennen eines Organismus seine motorischen Bewegungen[123] oder: Das »Motorium liefert die Interpretation des Sensoriums, und das Sensorium liefert die Interpretation des Motoriums«.[124]

Dies zeigen etwa Experimente an jungen Katzen auf, wie sie von Richard Held und Alen Hein in den 1960er Jahren durchgeführt wurden.[125] Einer ihrer Versuche sah folgendermaßen aus: Zwei junge Katzen wurden im Dunkeln aufgezogen und nur zu einem spezifischen experimentellen Arrangement in helle Räume gebracht. Dieses bestand darin, dass die eine Katze auf einem Wagen fixiert wurde, der von der anderen gezogen wurde. Es zeigte sich, dass die aktive Katze eine funktionierende visuelle Verarbeitung herausbildete, während das nur passiv wahrnehmende Tier nicht die Kompetenz entwickelte, adäquat auf visuelle Reize zu reagieren.

Aus diesen und anderen Untersuchungen gewann im neurobiologischen Konstruktivismus die Idee der *Verkörperung* mehr und mehr Gestalt. Erkennen, die Wahrnehmung einer Welt, erscheint hier untrennbar mit dem Handeln und Tun eines Organismus – seinem spezifischen In-der-Welt-Sein – verbunden.

> »Sobald wir die Schwelle des Sensoriums oder des Motoriums überschreiten, gehen von den entsprechenden Organen auf das Nervensystem Wirkungen aus, die nicht wie in einer Einbahnstraße eindeutig gerichtet sind. Wenn wir beispielsweise die an der Netzhaut entstehende Nervenerregung in das Rindengebiet (des Hinterhauptslappens) verfolgen würden, könnten wir feststellen, daß auf jede von der Netzhaut in diesen Bereich des Kortex eintretende Faser hundert andere Fasern aus dem gesamten Gehirn in diesen Bereich einmünden [...] In dieser Sicht des Nervensystems beobachten wir ein bestimmtes Verhalten

dann, wenn durch die Herstellung der Geschlossenheit dieser Gesamtstruktur von wechselseitigen Zusammenhängen eine gewisse Kohärenz erreicht wird. Man könnte diese Kohärenz untersuchen, indem man den Prozeß in seine Bestandteile auflöst. Wir könnten etwa mit dem Sehen beginnen, das seinen Ursprung im Auge hat, und dann all die Bahnen verfolgen, die vom Auge in den Kortex führen und dann vom Kortex in den Thalamus und zum Vorderhirn und so weiter. Schließlich würden wir einen vollständigen Kreis beschrieben haben, und wir könnten in der Tat endlos in diesem Kreis herumfahren. Das Verhalten bezieht sich, wie im Beispiel des *fractals*, wie der mythische Vorfahr dieses unendlich rekurrierenden Prozesses immer wieder kreisförmig auf sich selbst.«[126]

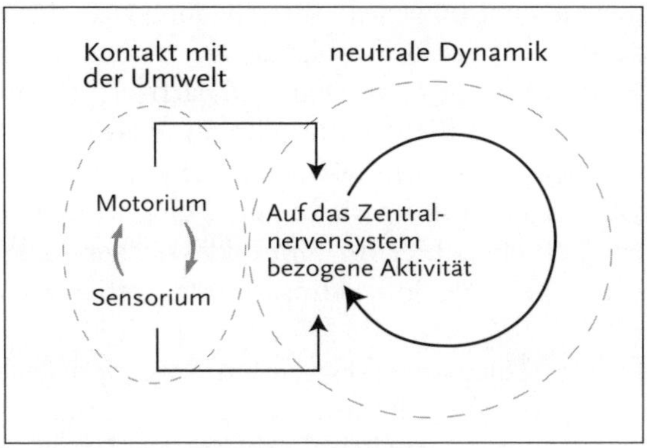

Abb. 5: Kreisförmiger Prozess des Erkennens

Innerhalb des Nervensystems beziehen sich neuronale Relationen auf neuronale Relationen, welche dann das In-der-Welt-Sein beeinflussen, das wiederum die neuronalen Relationen beeinflusst. »Mit anderen Worten, das Nervensystem erzeugt ausschließlich interne Korrelationen zwischen den Aktivitäten seiner Bestandteile; die Interaktionen des Organismus finden in einem Phänomenbereich statt, der sich mit dem Zustandsbereich des Nervensystems nicht überschneidet; sie selektieren lediglich die Strukturveränderung des Nervensystems.«[127]

Innerhalb des Aktivitätsbereichs des Nervensystems kann deshalb nicht zwischen innen und außen unterschieden werden. Das Nervensystem kann keine Umwelt bzw. deren Repräsentation erkennen. Es lebt ausschließlich seine eigenen Relationen.

Neuronale Netze – und dies ist das zugleich Faszinierende wie auch Verstörende – lernen, komplexe Muster zu erkennen, ohne dass ein abstraktes Schema der diesen Mustern zugrunde liegenden Regeln entwickelt oder angewendet werden muss. Weder setzt dieses Lernen ein Wissen um bestimmte Regeln voraus, noch kann nach dem Lernprozess aus dem neuronalen Netz ein logisch formalisierbares Regelwerk abstrahiert werden. Die Informationsverarbeitung ist vielmehr allein in der Selbstorganisation der neuronalen und motorischen Netzwerke *verkörpert*. Die sich aufgrund gekoppelter Aktivitäten selbst stabilisierenden Aktivitätsmuster sind von außen undurchschaubar und ließen sich selbst dann, wenn einem Wissenschaftler die Rekonstruktion der neuronalen Bindungsmuster gelänge, nicht mehr in eine propositionale Form bringen. Zudem erscheint Kognition in diesem Kontext als ein über viele verschiedene Orte des neuronalen Netzwerks verteilter Prozess. Sie folgt also nicht mehr der Grammatik einer Satzstruktur mit logisch versteh- und nachvollziehbaren Symboloperationen. Die »begriffliche Unterscheidung zwischen Syntax und Semantik läßt sich nicht mehr aufrechterhalten, und wegen der fehlenden Konstituentenstruktur wird es endgültig unmöglich, den Begriff der Repräsentation hier im Sinne klassischer philosophischer Modelle noch als geistiges Einzelding zu interpretieren«, so Thomas Metzinger.[128]

Die auf diese Weise charakterisierten Kognitionsleistungen stehen im Einklang mit dem Befund der Gestaltpsychologie, entsprechend dem immer nur *Ganzheiten* erkannt werden können: Bilder können zwischen verschiedenen Deutungen kippen, aber man kann nicht *nichts* sehen – das Erkennen sieht seinen blinden Fleck nicht. Sinn- und Sinnesdeutungen rasten sprunghaft in eine Lösung ein und selbst unter brüchigem oder lückenhaftem Dateninput kann üblicherweise trotzdem *etwas* erkannt werden. Auch der »menschliche Geist« erscheint nun als ein »holistisches Medium, mit einer flexiblen Gesamtdynamik, in dem sich auf ›flüssige‹ Weise eine permanente und eher bildhafte Entwicklung repräsentationaler Inhalte vollzieht, die in hohem Maße kontextsensitiv ist«[129].

Die hier vorgestellte Perspektive steht insofern recht gut mit unserem phänomenologischen Erleben im Einklang, als sie »ein sehr genaues Verständnis dafür entwickelt, was es heißt, daß wir Wesen sind, die äußerst erfolgreich in Metaphern und Analogien denken können, Wesen, die nicht nur perzeptuelle, sondern auch situative und soziale Muster blitzschnell erkennen und vervollständigen können, Wesen, deren Wissen über die Welt direkt in ihrer eigenen physischen Struktur (der Konnektivitätsmatrix ihres Gehirns) verkörpert ist«. Darüber hinaus ermöglicht uns dies zu verstehen, »warum der Mensch ein Wesen ist, das auch unter starken epistemischen Begrenzungen (zum Beispiel bei ›verrauschtem Input‹) noch erfolgreich operieren kann«[130].

Auch unser Sprechen und Verstehen bedeutet aus dieser Perspektive etwas anderes, als Satzteile nach den Gesetzen der Aussagenlogik miteinander zu verknüpfen. Da sich entsprechend der *konnektivistischen Perspektive* keine eindeutige Zuordnung oder Unterscheidung zwischen Wahrnehmung, Transformationsregel und Erkenntnis mehr treffen lässt, ergibt sich hier auch ein Bruch mit Chomskys Theorie der generativen Grammatik. Insbesondere George Lakoff[131] hat in kritischer Distanz zu dieser Auffassung eine kognitive Linguistik entwickelt, die entsprechend dem konnektivistischen Paradigma auf *Emergenz* anstatt auf symbolische Repräsentation setzt. Sprache erscheint demnach als ein System von Metaphern, das unbewusst und primär auf Basis von Assoziationen arbeitet. Innerhalb einer entwickelten Sprache lassen sich auf semantischer Ebene sehr wohl benennbare Kausal- und Hierarchiebeziehungen benennen. Doch die zum Ausdruck kommenden logischen Begriffe sind auf einer vorlogischen Ebene in einen Assoziationskontext eingewoben zu sehen, denn »außerhalb der Sprache gibt es keine benannten Klassen und keine Subjekt-Prädikat-Relationen«. Daher müssen »Homologien in allen präverbalen Bereichen der beherrschende Modus sein, um einen Zusammenhang von Ideen zu vermitteln«.[132]

Das, was bislang als vernünftiges, weil begründetes Verhalten angesehen wird, unterliegt also einer tieferen, vorsprachlichen, auf assoziativen Verkettungen beruhenden *Rationalität,* insofern man hier überhaupt noch von Rationalität sprechen kann. Denn streng genommen würde dies mit Metzinger bedeuten, dass es »niemals so etwas wie propositionale Einstellungen gegeben habe«.[133]

In-der-Sprache-Sein kann aus dieser Perspektive nicht mehr heißen, dass Akteure im Medium Sprache wechselseitig Informationen austauschen. Vielmehr erscheint Sprechen in genau dem Sinne als eine Koproduktion von sozialen und kognitiven Prozessen, da zwischen verschiedenen Organismen eine Verhaltenskoppelung stattfindet, die darauf beruht, dass symbolische Signifikationen körperliche Reaktionen auslösen. Als gefühlte Praxis ist sprachliches Verhalten im wörtlichen Sinne als inkorporiert zu betrachten. Es wird damit als ebenso körperliche wie auch soziale Praxis verständlich, die sich eben durch diese Form der Praxis selbst hervorbringt.

Abschließend ist in diesem Zusammenhang noch etwas ausführlicher auf das Verhältnis von Gehirn und Körper einzugehen. Nicht zuletzt durch die Arbeiten zur *neurobiology of decision making* im Umfeld der Arbeitsgruppe um Antonio Damasio wurde deutlich, dass das Gehirn in seiner Entscheidungsfindung darauf angewiesen ist, potenzielle Handlungsvarianten in den Körper zu projizieren, um dann über das Feedback aus dem *muskulären System* in einer konkreten Option einrasten zu können.[134] Die Koppelung von Hirn- und Weltdynamik ist somit in hohem Maße durch das *Empfindungsfeld* des Körpers vermittelt. Kognition ist also auch aus dieser Perspektive immer als ein den ganzen Körper einbeziehender Vorgang zu verstehen – eine Unterbrechung der Feedbackschleifen zum Körper würde Weltverlust und Entscheidungsunfähigkeit mit sich bringen. Unser Denken und Handeln ist verkörpertes und gefühltes Erkennen.

Die Psyche – kohärente Wirklichkeiten als Selffulfilling Prophecy

Ich scheine also um dieses wenige doch weiser zu sein als er, dass ich, was ich nicht weiß, auch nicht glaube zu wissen. Hierauf ging ich dann zu einem anderen von den für noch weiser als jener Geltenden, und es dünkte mich eben dasselbe, und ich wurde dadurch ihm selbst sowohl als vielen anderen verhaßt. Nach diesem nun ging ich schon nach der Reihe, bemerkend freilich und bedauernd und auch in Furcht darüber, dass ich mich verhasst machte; doch aber dünkte es mich notwendig, des Gottes Sache über alles andere zu setzen; und so mußte ich denn gehen, immer dem Orakel nachdenkend, was es wohl meine, zu allen, welche dafür galten, etwas zu wissen.

Platon, Apologie des Sokrates[135]

Was bedeuten nun die vorangehenden Einsichten für unser Verständnis psychologischer Prozesse? Die Antwort ist einfach, jedoch verstörend: Unsere erlebte Wirklichkeit ist ein Konstrukt, aber wir bemerken dies in der Regel nicht, da Welt normalerweise unsere Konstruktionen duldet. Solange wir überleben, befindet sich unsere Sicht der Welt in Resonanz mit der *Wirklichkeit*, wobei die Metapher der Resonanz impliziert, dass es verschiedene Wege gibt, sich in die Welt einzuschwingen – so, wie eben auch unterschiedliche Töne und Obertöne in einem gespielten Akkord in Resonanz treten. Genau dies meint auch Ernst von Glasersfeld, wenn er davon spricht, dass unsere Sicht der Wirklichkeit mit der Wirklichkeit *zusammenpasst*, jedoch nicht mit ihr *übereinstimmt.*[136] Was mit der Unterscheidung von *passen* und *übereinstimmen* gemeint ist, lässt sich gut an einem kognitionspsychologischen Experiment von Alex Bavela verdeutlichen:

> »Der Versuchsperson [wird] eine lange Reihe von Zahlenpaaren vorgelesen (zum Beispiel ›31 und 80‹). Nach Nennung jedes Zahlenpaars hat die Versuchsperson anzugeben, ob diese beiden Zahlen ›zusammenpassen‹ oder nicht. Auf die nie ausbleibende, verblüffte Frage, in welchem Sinne denn diese Zahlen ›passen‹ sollten, antwortet der Versuchsleiter nur, daß die Aufgabe eben im Entdecken der Regeln dieses Zusammenpassens liegt. Damit wird der Eindruck erweckt, es handelt sich um eines der üblichen ›Versuch- und Irrtum‹-Experimente. Die Versuchsperson beginnt also zunächst mit wahllos gegebenen ›passt‹- oder ›paßt nicht‹-Antworten und erhält vom Versuchsleiter natürlich fast ausschließlich ›falsch‹ als Bewertung dieser Antworten. Langsam aber bessert sich die Leistung der Versuchsperson, und die Richtigerklärungen ihrer Antworten nehmen zu. Es kommt so zu einer Ausbildung einer Hypothese, die sich zwar im weiteren Verlaufe als nicht vollkommen richtig erweist, aber doch immer verläßlicher erweist. Was die Versuchsperson – wie erwähnt – nicht weiß, ist, daß zwischen ihren Antworten und den Reaktionen des Versuchsleiters keinerlei unmittelbare Beziehung besteht. Der Versuchsleiter gibt die Richtig-Erklärungen vielmehr aufgrund der ansteigenden Hälfte einer Gaußschen Kurve, das heißt, zuerst sehr selten und dann mit immer größerer Häufigkeit. Dies erschafft in der Versuchsperson eine Auffassung von der ›Wirklichkeit‹ der den Zahlenpaaren zugrundeliegenden Ordnung, die so hartnäckig sein kann, daß an ihr auch festgehalten wird, wenn der Versuchsleiter ihr schließlich erklärt, daß seine Reaktionen nichtkontingent waren. Gelegentlich nimmt die Versuchsperson sogar an, eine Regelmäßigkeit entdeckt zu haben, die dem Versuchsleiter entgangen ist.«[137]

Der Glaube an eine wirkliche Kausalitätsbeziehung erweist sich hier als Täuschung. Diese wird jedoch von der Versuchsperson nicht erkannt, da sich der vorgetäuschte Zusammenhang mit der Deutung des Erlebens im Einklang befindet. Paul Watzlawick geht so weit, den Glauben an das Kausalitätsprinzip generell als Aberglauben zu bezeichnen,[138] denn aus der Perspektive des neurobiologischen Konstruktivismus stellt Kausalität nichts anderes dar als die Erzeugung einer Konsistenz von Wahrnehmung und Handeln auf der Basis von synchronen bzw. parallelisierten Reiz- und Reaktionsmustern.

Da wir aber in unserem alltäglichen Erleben offenbar auf eine in sich konsistente Wirklichkeit treffen – unser Handeln stimmt in der Regel mit der Wahrnehmung und Interpretation dieses Handelns überein –, stellt sich nun die Frage, wie ein Aberglaube mit unserem erfolgreichen Überleben in dieser Welt zusammenpassen kann. Entsprechend der *Theorie selbstreferenzieller Systeme* lautet die Antwort auch hier: Unsere Welterfahrung stellt eine *Eigenlösung* der sich *rekursiv selbst stabilisierenden Interaktionen* von *Organismus und Medium* dar. Erkennen und Handeln verweben sich auch hier zu einer verkörperten Einheit, welche für den Organismus die Wirklichkeit erschafft, die dann durch die etablierten Muster des Erkennens immerfort reproduziert wird.

Mit Watzlawick treffen wir hier auf das Prinzip der *Selffulfilling Prophecy*, welches auf einer »Annahme oder Voraussage« beruht, »die rein aus der Tatsache heraus, daß sie gemacht wurde, das angenommene, erwartete oder vorausgesagte Ereignis zur Wirklichkeit werden läßt und so ihre eigene Richtigkeit bestätigt«.[139] Schauen wir zur Verdeutlichung dieses Prinzips auf Watzlawicks »Geschichte mit dem Hammer«:

> »Ein Mann will ein Bild aufhängen. Den Nagel hat er, nicht aber den Hammer. Der Nachbar hat einen. Also beschließt unser Mann hinüberzugehen und ihn auszuborgen. Doch da kommt ihm ein Zweifel: Was, wenn der Nachbar mir den Hammer nicht leihen will? Gestern schon grüßte er mich nur so flüchtig. Vielleicht war er in Eile. Aber vielleicht war die Eile nur vorgeschützt, und er hat etwas gegen mich. Und was? Ich habe ihm doch nichts angetan; der bildet sich da etwas ein. Wenn jemand von mir ein Werkzeug borgen wollte, ich gäbe es ihm sofort. Und warum er nicht? Wie kann man einem Mitmenschen einen so einfachen Gefallen abschlagen? Leute wie diese Kerle vergiften einem das Leben. Und dann bildet er sich noch ein, ich sei auf ihn angewiesen. Bloß weil er einen Hammer hat. Jetzt reicht's mir wirklich. Und so stürmt er hinüber, läutet, der Nachbar öffnet, doch bevor er ›Guten Tag‹ sagen kann, schreit ihn unser Mann an: ›Behalten Sie sich Ihren Hammer, Sie Rüpel!‹«[140]

Gerade in ihrer Absurdität zeigt diese Geschichte, in welche psychologischen und sozialen Verstrickungen menschliche Akteure manchmal hineingeraten, da sie nicht umhinkommen, ihren Realitätskonstruktionen, die gefühlt und erlebt werden, Glauben zu schenken. In der Regel zeigen sich diese rekursiven Stabilisierungen von Erwartungsprojektionen nicht so offensichtlich wie im oben zitierten Beispiel, sie sind jedoch de facto nicht weniger wirksam. Betrachten wir beispielsweise die Untersuchung von Karl Gläs zur Wirkung astrologischer Prognosen.[141] In seiner Studie legte man mehreren Versuchsteilnehmern ein Horoskop vor. Man gab vor, dass dieses aufgrund des Geburtszeitpunktes erstellt worden wäre. In Wirklichkeit handelte es sich jedoch um ein fingiertes Horoskop, das inhaltlich in keinerlei Weise auf das mit dem Geburtsdatum gegebene Sternzeichen Bezug nahm. Anschließend bat man die Teilnehmer, einen Persönlichkeitstest auszufüllen. Die Teilnehmer kreuzten signifikant häufiger diejenigen Antworten an, welche dem Persönlichkeitsbild entsprachen, das ihnen durch das fingierte Horoskop suggeriert wurde.

Erkennen und Handeln verbinden sich auch hier zu einer *kohärenten Wirklichkeitskonstruktion*, der entsprechend das Erfahrene mit dem produzierten Verhalten in Übereinstimmung gebracht wird.

Das in diesen oder ähnlichen Beispielen verdeutlichte Prinzip der *Selffulfilling Prophecy* darf jedoch nicht in dem Sinne solipsistisch missverstanden werden, dass ein Organismus von sich aus seine eigene Wirklichkeit frei erschaffen oder gestalten könnte. Die sich selbst bestätigenden Konstruktionen können vielmehr nur in *Koproduktion* von dem Organismus und dem Medium, in dem es lebt, stattfinden. Für uns Menschen beinhaltet dieses Medium vor allem die *Kommunikation* mit anderen Menschen.

Mittlerweile hat eine Reihe sozialpsychologischer Untersuchungen gezeigt, dass auch Persönlichkeitseigenschaften, welche traditionell eher dem Kernselbst zugerechnet wurden, hochgradig durch kommunikative Vorgänge formatiert werden. Nicht nur die soziale Stellung, sondern auch Leistung, Selbstwert, Selbstgefühl und die Selbstwirksamkeit zeigen sich in hohem Maße abhängig von den symbolischen Bewertungen durch signifikante Andere. Was man ist und kann, liegt nicht (nur) in einem selber, sondern ergibt sich vor allem aus den kommunikativen Netzwerken, in die man eingebunden ist und über welche die symbolischen Werte aktualisiert werden, die einer *sozialen Identität* Status und Rolle zuweisen. Entscheidend ist hierbei, dass diese Netzwerke auch das individuelle Empfinden in Hinblick auf die hiermit verbundenen Wertigkeiten (mit)bestimmen.

Selbst Wirtschaftswissenschaftler wie der Nobelpreisträger George Akerlof nehmen vor diesem Hintergrund Abschied vom Bild des rationalen Individuums, das entsprechend seiner eigenen Präferenzen und Bedürfnisse sein Leben autonom gestalten und entscheiden kann. Akerlof verweist beispielsweise auf die bemerkenswerte Studie von »Karla Hoff und Priyanka Pandey zum Thema Bedrohung durch

Stereotype und Kasten in Indien. Die Probanden wurden gebeten, Labyrinthrätsel zu lösen, und erhielten für jedes gelöste Rätsel eine beträchtliche Geldsumme. In Indien ist die Kaste am Nachnamen erkennbar. Wenn durch Aufruf per Nachnamen eine Bekanntgabe der Kaste stattfand, lösten die Mitglieder der niederen Kasten 23 Prozent weniger Rätsel. Das schlichte Vorlesen ihrer Nachnamen in der Öffentlichkeit reichte aus, um ihre Leistung zu vermindern, obwohl sie einen beträchtlichen materiellen Erfolgsanreiz hatten«.[142] Selbst die kognitiven Fähigkeiten hängen zum einen davon ab, welcher soziale Status den betroffenen Akteuren kommunikativ zugewiesen bzw. aktualisiert wird, und zum anderen davon, auf welche Weise dies geschieht.

Das (personale) Selbst kann und darf also nicht mehr unabhängig von seiner jeweiligen sozialen Situiertheit gesehen werden. Im Kontext starker Rollenzwänge können normale Bürger zu grausamen Vertretern unmenschlicher Institutionen mutieren, wie entsprechende sozialpsychologische Experimente aufzeigen.[143] Im Extremfall starker sozialer Deprivation kann gar die Kohärenz dessen, was als vertrautes Alltagsselbst erlebt wird, vollkommen zerfallen.[144]

Gehirne können als neuronale Netzwerke nur dann stabile Muster ausbilden, wenn sie in Resonanz mit einer Umwelt stehen, welche diese bestätigt. Die Konzeption der Resonanz bedeutet hier vor allem, dass neuronale Aktivitäten nur in struktureller Koppelung mit anderen Reiz- und Handlungsmustern Stabilität gewinnen. Kognition kann nicht mehr als isolierter Prozess der Informationsverarbeitung gesehen werden. Um die Aktivitäten des Gehirns auf der Ebene der Selbstorganisation neuronaler Aktivitäten zu verstehen, reicht es nicht mehr aus, von einem isolierten Gehirn auszugehen und dabei die körperliche, sinnliche und soziale Situiertheit des Menschen zu ignorieren. Das Gedankenexperiment von einem in einer Nährlösung im Tank aufbewahrten Gehirn (dem *brain in the vat*) wird keine Einsichten in das Wesen des Selbst oder des Ichs geben können. Im Gegenteil: Ein von seinem Körper und den sensomotorischen Input-Output-Schleifen isoliertes Gehirn wäre in seinen Erkenntnisprozessen nicht mehr in der Lage, ein kohärentes Muster auszubilden, da nun all das fehlt, mit dem es in *Resonanz* treten könnte, um die Eigenzustände neuronaler Netzwerke zu stabilisieren.[145] Die sich selbst erfüllende Prophezeiung konstituiert in ihrer rekursiven Einheit von Erkennen und Handeln nicht nur die Wirklichkeit, die sie herbeiruft, sondern auch das Selbst, das diese erlebt.

Soziale Selbstorganisation – Sprechen und die unentrinnbaren Folgen

Ich achte mich selbst nicht
ich kann niemanden achten, der mich achtet.
ich kann nur jemanden achten, der mich nicht achtet.

ich achte jack
weil er mich nicht achtet

ich verachte tom
weil er mich nicht verachtet

nur eine verächtliche person
kann jemanden so verächtlichen wie mich achten

ich kann niemanden lieben den ich verachte
da ich jack liebe
kann ich nicht glauben dass er mich liebt

wie kann er es mir beweisen?

Ronald Laing, Knoten[146]

Wir Menschen sind soziale Tiere, doch üblicherweise ist uns wenig bewusst, wie stark wir unser Verhalten aneinander koppeln. Wir ahmen Körperhaltungen von Menschen nach, die mit uns im Raum sind. Wir folgen den Blickrichtungen der anderen und nehmen Stimmungen wahr und richten uns an diesen aus. All dies lässt sich gut am Phänomen des Lachens illustrieren: Robert Provine zeigt in seinen soziopsychologischen Studien zum menschlichen Humor auf, dass der Erzähler eines Witzes in der Regel bereits mit dem Lachen anfängt, bevor das Publikum lacht und üblicherweise schon *bevor* er zur Pointe des Witzes kommt. Interessanterweise wird auch von Zuhörerseite schon vorzeitig mit dem Lachen gestartet.[147] Provine kommt zu dem Schluss, dass das Lachen selbst ein hinreichender Stimulus ist, um Lachen oder zumindest ein Lächeln zu evozieren. Das Lachen erscheint damit vor allem als eine soziale Aktivität, die emotionale Zustände von Menschen *synchronisiert* und im Sinne einer positiven *affektuellen Resonanz* eine Vergemeinschaftung bewirkt.[148]

Ebenso finden negative Emotionen in einem psychosozialen Raum statt, in dem kognitive, neuronale und soziale Prozesse eng miteinander verzahnt sind. Man denke hier beispielsweise an Machtkämpfe in Gruppen, entsprechend denen der Verlierer die hiermit verbundene soziale Rolle zugleich als beschämend erlebt und empfindet, um hierdurch seine Unterwerfungstendenz auch emotional zu stabilisieren.

Dass er als Folge davon zu einem eher passiven Akteur wird, der den anderen nicht erneut zum Kampf herausfordert, schützt ihn persönlich vor bedrohlicheren Konfliktfolgen und stabilisiert die nun etablierte Ordnung zugleich auf der sozialen Ebene. Die depressive Passivität des einen und die stolze Hochstimmung des anderen verweben sich also zu einer systemischen Dynamik sich wechselseitig bestätigender Beziehungen,[149] in der Dominanz- und Unterwerfungstendenzen über die realen Kräfteverhältnisse der beteiligten Akteure hinausgehend ordnungswirksam werden.[150] Aus dieser Perspektive beruhen also viele Formen der Depression weniger auf einer innerpsychischen als auf einer sozialen Dynamik.[151]

Ein weiterer Bereich, in dem sich der Konnex von Gefühl, Empfindungen, neurophysiologischen Zuständen und sozialer Dynamik recht gut herausstellen lässt, ist der Bereich der *sozialen Exklusion*. Wer aus einer Gruppe ausgegrenzt oder von einem relevanten Menschen abgewiesen wird, erfährt nicht nur in einem metaphorischen Sinne eine Verletzung. Vielmehr werden in seiner Gehirndynamik ähnliche Prozesse aktiviert wie beim physischen Schmerzerleben.[152] Interessant ist hierbei, dass sich soziale Erfahrungen und die sich daraus ergebenden Kognitionen autokatalytisch verstärken, sodass die soziale Deklassierung nun über eine gesteigerte Sensitivität für unangenehme Erfahrungen nochmals pointiert und chronifiziert wird. Denn – so etwa die Befunde von Naomi Eisenberger – die Erfahrung sozialer Ausgrenzung erhöht die Empfindlichkeit für körperliche Schmerzen und *enaktiert* damit eine habituelle Disposition zur Vermeidung weiterer potenziell schmerzhafter Erfahrungen.[153]

Auch in diesen Prozessen zeigen sich wieder jene vertrackten Verhältnisse, nach denen sich ein Mensch als soziales Tier im Sinne einer *Selffulfilling Prophecy* seine Wirklichkeit selbst zu erschaffen scheint. Er selbst kann dabei aber nicht als autonomer Schöpfer dieser Prozesse angesehen werden, da die Struktur, welche diese Wirklichkeit hervorbringt, weit über ihn hinausreicht. Die Interaktionsgeschichte des menschlichen Organismus mit seinem (sozialen) Medium stellt vielmehr eine Koproduktion von Gehirn, Psyche und sozialer Umwelt dar und ist entsprechend nicht einseitig einem Akteur zuzurechnen, wenngleich es einem äußeren Beobachter – oder eben auch der Selbstbeobachtung – zunächst so scheinen mag, als ob der Handelnde sein Schicksal selbst bestimme.

Spiegelungen: sich selbst im anderen sehen

Ein weiteres in unserem Zusammenhang bedeutsames Feld bilden die unter dem Stichwort *Spiegelneuronen* diskutierten Phänomene der neuronalen Resonanz von Verhalten, Kognition und Emotion. Entdeckt wurden diese Prozesse von der Arbeitsgruppe um Giacomo Rizzolatti in Experimenten mit Makaken. Der Ausgangspunkt der Studien lag zunächst in der Beobachtung, dass bereits neugeborene Äffchen bestimmte Verhaltensweisen eines Versuchsleiters – zum Beispiel das Herausstrecken der Zunge – spontan imitieren. Mittels bildgebender Verfahren ließ sich zeigen, dass allein schon die visuelle Wahrnehmung des Verhaltens des einen Akteurs bei einem anderen Akteur in seinem prämotorischen Kortex – also jenem Hirnareal, das für die Koordination von Bewegungsabläufen zuständig ist – eine homologe Aktivität auslösen kann. Mittlerweile sind in einer Vielzahl von Experimenten solche Spiegelungsaktivitäten auch beim Menschen nachgewiesen worden, wobei erkennbar ist, dass hier unterschiedliche Sinnesmodalitäten und emotional-affektive Prozesse in komplexer Weise miteinander verwickelt sind.[154]

Der Befund, dass beim Sehen der Aktivität eines anderen dieselben neuronalen Bahnen aktiviert werden, wie wenn man selbst diese Aktivität ausführen würde, lässt sich mit Christian Keysers und Valeria Gazzola recht gut als neurodynamischer Resonanzprozess verstehen.[155] Als Ausgangspunkt gilt zunächst die eigene verkörperte Erfahrung. Beispielsweise hat man durch die eigene Interaktionsgeschichte bereits gelernt, wie es sich *anfühlt* und wie es in Hinblick auf des anderen Gesicht und Hände *aussieht*, gestreichelt und zärtlich berührt zu werden. Sobald sich eine entsprechende *synästhetische Gestalt* als neuronaler Assoziationskomplex stabilisiert hat, reicht schon ein Bruchstück dieser Erfahrung aus, um denselben Erfahrungseindruck als ganzheitliche Gestalt zu evozieren. Der Anblick einer anderen Person, die gestreichelt wird, kann entsprechend einen hinreichenden Reiz darstellen, um diesen Komplex auf Grundlage der eigenen Erfahrungsbereitschaft selbst zu erleben und zu fühlen.[156] Bestätigt wird die These der synästhetischen, assoziativen Reizergänzung zudem durch die Feststellung, dass bei der erwachsenen Persönlichkeit die Spiegelung emotionaler Zustände auf multimodale Weise erfolgt, dass also sowohl visuelle als auch auditive und olfaktorische Reize entsprechende Perspektivenübernahmen hervorrufen können.[157]

In gewisser Weise ergibt sich auf diesem Weg eine Naturalisierung und damit auch eine Entmystifizierung des Konzepts der Spiegelneuronen. Die beachtenswerte Leistung der Resonanz intentionaler Zustände muss demnach nicht mehr auf einem speziellen Hirnaggregat beruhen, das die Evolution erfunden hat, um sich besser in den anderen hineinversetzen zu können, sondern sie ist grundlegend in die Operationsweise einer Kognition eingelagert zu sehen, die sich nur in einer Einheit von Erkennen und Handeln zur Geltung bringen kann.[158]

Die empirisch vielfältig zu beobachtenden Spiegelprozesse erscheinen vielmehr als die natürliche Folge eines Gehirns, das sich ab einer gewissen Komplexitätsstufe auf natürliche Weise sozial verhalten muss, da es *nolens volens* auch in Resonanz mit Sinneswahrnehmungen tritt, die eine Verschmelzung von Ego-Alter-Perspektiven mit sich bringen. Eine weitere, aus dieser Perspektive nicht allzu unwahrscheinliche Folge wäre die Initiation einer Differenzierung zwischen Ego und Alter, indem nun auch Wahrnehmungsunterschiede genutzt werden können, um zwischen Selbst- und Fremdreferenz zu pendeln.[159]

Von hier aus ist es nur ein kleiner Schritt zu der These, dass die komplexe Konnektivität der neuronalen Zustände von Primatengehirnen den fruchtbaren Boden für jene Resonanzphänomene bereitete, auf dessen Basis unsere Sprache mit der Unterscheidung von *Ich* und *Welt* bzw. *Innen* und *außen* als eigenständiger Assoziationskontext entstehen konnte.[160]

Soziale Systeme als Lösung des Problems der doppelten Kontingenz

Die Koppelung des Verhaltens hinreichend komplexer und lernfähiger sozialer Tiere führt – dies ist in den vorangehenden Ausführungen schon angedeutet worden – zu einer weiteren Ebene der Selbstorganisation, nämlich zur Entstehung sozialer Systeme. Für eine Beschreibung sozialer Systeme muss zunächst eruiert werden, wie das Verhältnis von sozialen Systemen und psychischen bzw. kognitiven Systemen angemessen konzipiert werden kann. Hierbei stellt sich, insbesondere in Referenz auf Niklas Luhmann, die Frage, wie die *psychische Autopoiesis* – die Selbstorganisation individueller kognitiver Systeme – mit der Selbstorganisation sozialer Systeme kompatibel sein kann.[161] Behandeln wir das Problem zunächst in formaler Weise.

Soziale Systeme bilden sich in und aus der Koppelung mehrerer Organismen. Als autopoietische Einheit zeigt das Verhalten eines

Organismus den Doppelcharakter von *Autonomie* und *Umweltorientierung*. Das Verhalten eines sozialen Organismus erscheint *autonom*, da seine Reaktionsweisen durch einen äußeren Beobachter nicht vollständig vorhergesagt werden können. Es erscheint *heteronom* und an der Umwelt orientiert, da es Umweltfluktuation durch Lernen integriert, sich also durch Struktur- und Verhaltensveränderung an seine Umwelt anpasst.

Aufgrund dieser beiden Eigenschaften hat sich eine Erklärung des Sozialen im Sinne von Niklas Luhmann an der folgenden Frage abzuarbeiten: *Wie kann man die komplizierte Struktur undurchsichtiger Systeme beschreiben, die sich an einer Umwelt orientieren, in der Systeme vorkommen, die sich an einer Umwelt orientieren?*

Nehmen wir zum Beispiel zwei Organismen – nennen wir sie System *A* und System *B* –, die sich in einer Umwelt zum ersten Mal begegnen. Da beide Systeme sowohl *autonom* als auch *umweltorientiert* handeln, ergibt sich folgende Ausgangsposition für den Prozess der Entstehung einer übergreifenden Koordination des Verhaltens: die Kopräsenz von *doppelter Unsicherheit* und *doppelter Bedingtheit*. *A* kann *B*s Verhalten nicht vorhersehen und *B* kann *A*s Verhalten nicht vorhersehen. Sowohl *A* als auch *B* können sich immer auch anders verhalten als erwartet. Es herrscht wechselseitige Unsicherheit. Darüber hinaus erwächst aus dieser Situation eine wechselseitige Bedingtheit, denn *A* orientiert sich am Verhalten von *B* und *B* orientiert sich am Verhalten von *A*. *A* gibt dem Verhalten von *B* Bedeutung, indem es in spezifischer Weise auf *B* reagiert. *B* wiederum reagiert auf *A*s Verhaltenskonsequenz mit eigener Bedeutungszuweisung und dem hieran anschließenden Verhalten. *A* und *B* lernen voneinander und selektieren Verhaltensmuster, das heißt *beständige* Verhaltenssequenzen, denen sie in ihren Interaktionen jetzt wechselseitig *Bedeutung* geben. *A* und *B* konditionieren sich wechselseitig.

Es stellt sich nun die Frage, wie unter der Bedingung der doppelten Unsicherheit überhaupt ein konsistentes Verhaltensmuster entstehen kann. Die Lösung dieses Problems liegt für Luhmann in der Systemik der doppelten Kontingenz selber. Da sich beide Systeme an der Umwelt orientieren, also kognitive Systeme sind, zeichnen sich beide Systeme dadurch aus, dass sie nach beständigen Mustern suchen bzw. in ihrer Interaktion diejenigen Muster erschaffen, an denen sie sich orientieren können. So entsteht ein übergreifendes System als Ordnungsparameter, das soziale System:

»Wir müssen uns jetzt der Frage stellen, wieso das Problem der doppelten Kontingenz ›sich selbst löst‹; oder weniger zugespitzt formuliert: wie es dazu kommt, daß das Auftreten des Problems einen Prozeß der Problemlösung in Gang setzt. Entscheidend hierfür ist der selbstreferentielle Zirkel selbst: Ich tue, was Du willst, wenn Du tust, was ich will. Dieser Zirkel ist, in rudimentärer Form, eine neue Einheit, die auf keines der beteiligten Systeme zurückgeführt werden kann. In dieser Einheit hängt die Bestimmung eines jedes Elements von der eines anderen ab, und gerade darin besteht die Einheit. Man kann diesen Grundtatbestand auch als eine sich selbst konditionierende Unbestimmtheit charakterisieren: Ich lasse mich von Dir nicht bestimmen, wenn Du Dich nicht von mir bestimmen läßt. Es handelt sich, wie man sieht, um eine extrem instabile Kernstruktur, die sofort zerfällt, wenn nichts weiter geschieht. Aber diese Ausgangslage genügt, um eine Situation zu bilden, die die Möglichkeit birgt, ein soziales System zu bilden. [...] Dieses soziale System gründet sich mithin auf Instabilität. Es realisiert sich deshalb zwangsläufig als autopoietisches System. Es arbeitet mit einer zirkulär geschlossenen Grundstruktur, die von Moment zu Moment zerfällt, wenn dem nicht entgegenwirkt wird.«[162]

Offenheit in sozialen Systemen: Struktur durch Freiheit

In der rekursiven Koppelung zweier Organismen begegnen wir wieder dem Prinzip *Ordnung durch Fluktuation*. Die Struktur eines sozialen Systems kann nur innerhalb des Flusses der Interaktionen ihrer Komponenten aufrechterhalten werden. Die erstmalige Begegnung zweier autonomer Systeme ist durch Unsicherheit und Unbestimmtheit geprägt *(chaotische Phase)*. Jedes System zeigt nun einerseits sein eigenes Verhalten, beobachtet jedoch andererseits die Aktionen des Gegenübers *(Fluktuationsphase)*. Verhaltensmuster stabilisieren sich *(rekursive Stabilisierung)*, wenn sie konsistent sind mit den (unterschiedlichen) konstruierten Wirklichkeiten der beteiligten Systeme und so die Ausbildung einer übergreifenden sozialen Struktur hervorbringen *(Bildung von stabilen Interaktionsmustern)*.[163]

Die Struktur sozialer Systeme ist somit grundsätzlich dynamisch. Sie kann nur im Fluss der Interaktionen ihrer Komponenten erscheinen. Damit bewegen sich soziale Systeme – wie auch dissipative Strukturen und autopoietische Einheiten – immer an der Schwelle von *Instabilität* und *Stabilität*. Das soziale System stabilisiert sich durch die gegenseitige *Erfüllung* von *Erwartungen*. Wenn die im Rahmen der sozialen Struktur ausgebildeten *Erwartungen* seitens der beteiligten Organismen nicht mehr erfüllt werden, resultiert Instabilität. Dies geschieht immer dann, wenn Teile des Systems aus den wechselseitig bedingten Mustern heraustreten und so das übergreifende System zur Ausbildung einer neuen Erwartungsstruktur herausfordern.

Erst das Wechselspiel von Offenheit und Bedingtheit ermöglicht die Entstehung sozialer Systeme.[164] Für die beteiligten Organismen lässt gerade die Undurchschaubarkeit des Gegenübers die wechselseitige Konditionierung im sozialen Prozess attraktiv erscheinen. Unter dem Gesichtspunkt der Einheit von Erkennen und Handeln ist soziales Verhalten eine Eigenlösung der Aufgabe, Verhalten und Kognition in Einklang zu bringen. In der Regel sind immer mehrere Lösungen der hiermit eröffneten Problemstellung möglich. In Hinblick auf die Erschaffung einer konsistenten Wirklichkeit sind beispielsweise sowohl die Kooperation zweier Organismen als auch der vollständige Kontaktabbruch eine *gelungene* Lösung, welche zu einem übergreifenden stabilisierten Erwartungsmuster führt (so können soziale Beziehungsmuster sowohl auf Vertrauen als auch auf Misstrauen gebaut sein).

Koproduktion

Soziale Systeme entstehen in Koproduktion mit psychischen Systemen. Die Erwartungsmuster der individuellen Akteure, welche sich aus der Interaktion ergeben, erscheinen zugleich als verkörperte Kognitions- und Reaktionsmuster auf der Ebene der jeweils beteiligten Psychen. Umgekehrt kann auf der Ebene der sozialen Systeme in der Interaktion mit individuierten Psychen gerechnet werden, von denen auf der Basis zugerechneter Persönlichkeitseigenschaften bestimmte Verhaltensmuster erwartet werden können. *Individuierung* und *Interaktionsgeschichte* gehen hiermit Hand in Hand. Ein Individuum gewinnt seine Individualität durch die fortschreitende Verkörperung der Geschichte seiner eigenen Interaktionen.[165] Interaktionssysteme wiederum gewinnen ihre Systemik aus dem Wechselspiel sich individuierender Psychen, die ihre Erwartungserwartungen aufeinander beziehen. In den hieraus entstehenden *Interdependenzbeziehungen* können sich dann unterschiedliche, teils sogar sich widersprechende Orientierungen verschiedener Akteure so verzahnen, dass ein übergreifendes Muster entsteht, welches einen solch starken Zwang ausübt, dass sich die beteiligten Einzelakteure in der Regel den hiermit verbundenen Dynamiken kaum mehr entziehen können.

Insbesondere die Arbeitsgruppe um Paul Watzlawick hat eine Vielzahl solcher Schleifen beschrieben, etwa die Probleme einer Paarbeziehung, die darauf beruhen, dass beide Ehepartner den gleichen Sachverhalt im Hinblick auf Zeitverhältnisse und Kausalität jeweils anders interpunktieren und interpretieren. Aus der Verschränkung der beiden Perspektiven entsteht eine *Hyperstruktur*, welche eine bestimmte Form des Konflikts repetierend und gleichsam ritualisierend reproduzieren lässt:

> »Ein oft zu beobachtendes Eheproblem besteht z. B. darin, daß der Mann eine im wesentlichen passiv-zurückgezogene Haltung an den Tag legt, während seine Frau zu übertriebenem Nörgeln neigt. Im gemeinsamen Interview beschreibt der Mann seine Haltung typischerweise als einzig mögliche Verteidigung gegen ihr Nörgeln, während dies für sie eine krasse und absichtliche Entstellung dessen ist, was in ihrer Ehe ›wirklich‹ vorgeht, daß nämlich der einzige Grund für ihre Kritik seine Absonderung von ihr ist. Im wesentlichen erweisen sich ihre Streitereien als monotones Hin und Her der gegenseitigen Vorwürfe und Selbstverteidigungen: ›Ich meide dich, weil du nörgelst‹ und ›Ich nörgle, weil du mich meidest‹. [...] In der gemeinsamen Psychotherapie von Ehepaaren kann man oft nur darüber staunen, welch weitgehende Unstimmigkeiten über viele Einzelheiten gemeinsamer Erlebnisse zwischen den beiden Partnern herrschen können, so daß manchmal der Eindruck entsteht, als lebten sie in zwei verschiedenen Welten.«[166]

Von jedem Blickwinkel aus ist zwar eine konkrete operative Logik auszumachen, diese kann jedoch aus einer anderen Perspektive im Lichte anderer Deutungshorizonte und der hiermit verbundenen Zuweisungen von Kausalität inkonsistent oder gar falsch erscheinen.

Polykontexturale Wirklichkeiten

Die sich hier offenbarenden Systemdynamiken sind nicht mehr mit den Mitteln einer klassischen, zweiwertigen Logik zu begreifen, denn wir begegnen nun *polyzentrischen Lagerungen*, in denen sich mit den beteiligten Systemen verschiedene, zugleich autonome (weil selbstgesteuerte) wie auch heteronome (weil umwelt- bzw. interaktionsabhängige) Komponenten verzahnen.

Diese Verhältnisse lassen sich mit Gotthard Günthers *polykontexturaler Logik* formal beschreiben. Im eben genannten, noch recht einfachen Fall der Interaktion von zwei Psychen ist die zweiwertige Logik zunächst durch nur eine weitere Reflexionsinstanz zu erweitern. Neben der Subjekt-Objekt-Dichotomie der klassischen Identitätslogik entsteht damit ein zweiter Ort der Reflexion. Hiermit ergeben sich *zwei* subjektive Komponenten, was eine Reihe von Konsequenzen mit sich bringt. Mit Günther finden wir nun eine »Es-, Ich-, Du-Struktur« vor. Aus der Positionierung über verteilte Orte folgen unterschiedliche Reflexionsmöglichkeiten. Das Es-Ich-Verhältnis lässt sich weiterhin im Sinne der klassischen Identitätslogik als eine Spiegelung von Sein beschreiben. Entsprechend würde der Beobachter dem Sein nichts hinzufügen, sondern dieses einfach nur erkennen. Beim Ich-Du-Verhältnis stellt sich die Sachlage jedoch anders dar. Das Du erscheint im reziproken Austauschverhältnis als ein anderes Ich, das selbst eine Subjekt-Objekt-Relation – und damit eine eigene klassische Kontextur – ausbildet.[167]

Die Reflexion des Du fügt diesem etwas hinzu, was durch die Spiegelung von Sein im Subjekt nicht gedeckt ist, denn es gibt keine objektiven Kriterien, um zu beurteilen, ob das Du wirklich Subjektivität besitzt oder ob man es nur mit einem hoch entwickelten strukturdeterminierten Automaten zu tun hat.[168] Man kann nicht wirklich wissen, was in einem anderen Menschen vorgeht, kommt aber nicht umhin, dem anderen Motive und Bewusstseinszustände zu unterstellen, um ihn verstehen und mit seinem Handeln *rechnen* zu können.

Man kann Subjektivität nur durch Reflexion zuschreiben, die hiermit unweigerlich selbst in die Beziehung von Ich und Du eintritt. Sie fügt der Welt – gleichsam aus dem *Nichts* – etwas Eigenständiges, etwas Drittes, hinzu. Erst die Reflexion erzeugt Subjektivität, und sobald die Form der Reflexion als Kognition verkörpert ist, können Ich und Du als real empfunden werden, wenngleich eine seinslogische Analyse hier leicht zu dem Schluss kommen kann, dass es sich um ein »naiv-realistisches Selbstmissverständnis« handele.[169] Es ist an dieser Stelle also wichtig zu verstehen, dass die subjektiven Komponenten *Ich* und *Du* nicht ontisch zu verstehen sind – etwa als mit inneren Seelenwesen ausgestattete biologische Maschinen –, sondern dass sie *Reflexionsperspektiven* bezeichnen, die erst durch die Koppelung und Verzahnung unterschiedlicher systemischer Prozesse generiert werden. Sie ergeben sich aus den *komplexen Reflexionsverhältnissen* sozial gekoppelter Organismen, die ihrerseits als Kognitionen verkörpert werden, um auf diese Weise diese Reflexionsverhältnisse zu reproduzieren. All diese Reflexionen finden als *verkörperte* und damit *gefühlte* Kognitionen statt.

Um die Es-, Ich-, Du-Struktur analytisch aufzuschließen, brauchen wir eine dreiwertige Logik, in der mehrere Reflexionsverhältnisse gleichzeitig auftreten und sich wechselseitig konditionieren. Ich-Es und Du-Es bilden jeweils eine zweiwertige Kontextur, die im Sinne der *zweiwertigen* Identitätslogik als Repräsentation der Wirklichkeit erscheint. Ich-Du erscheint demgegenüber als ein Reflexionsverhältnis, das sich durch Deutung und Zurechnung, nicht jedoch als eine repräsentierende Abbildung realisiert. Diese Zurechnung beeinflusst das Interaktionssystem, was dazu führen kann, dass übergreifende Ordnungsparameter entstehen, welche die beteiligten psychischen Systeme gleichsam versklaven. Man denke hier etwa an das vorangegangene, von Watzlawick entnommene Beispiel der Eheprobleme oder an einen Streit, den die Beteiligten eigentlich gar nicht wollen, der jedoch unwillkürlich die Situation beherrscht, weil sich keiner der Beteiligten der entstehenden Dynamik entziehen kann. Unterschiedliche Kontexturen können sich zu einer Metastruktur verbinden, die Günther als *Verbundkontexturen* beschreibt.[170] Als Minimalbedingung für eine solche Verbundkontextur wird die *Verschränkung* dreier Elementarkontexturen genannt, wobei die dritte Kontextur das Verhältnis der anderen beiden Kontexturen zueinander regelt. Eine solche Figur kann im Konzept der doppelten Kontingenz gefunden werden. Während hier zwei psychische Systeme jeweils eine Kontextur darstellen ($\mathit{Kontextur}_{Ich}$ sowie $\mathit{Kontextur}_{Du}$), deren Werte nicht ineinander überführbar sind, regelt die Kommunikation ($\mathit{Kontextur}_{Interaktion}$) das Verhältnis beider Kontexturen zueinander. Wir begegnen somit Reflexionen, die Reflexionen konditionieren, die Reflexionen konditionieren – also einer Selbstorganisation von verkörperten Reflexionsbeziehungen.

Damit einhergehend weist die polykontexturale Beschreibung auf eine weitere Möglichkeit der Relationierung hin, die darauf beruht, dass das Verhältnis von zwei Positionen zueinander reflektiert werden kann. Das Ich kann etwa das Verhältnis von Es-Du vergegenständlichen. Es blickt auf die klassische zweiwertige Kontextur von Objekt und Repräsentation und kann aufgrund der reflexiven Distanz mit der *Rejektion* eine *transklassische* Operation vollziehen, welche die durch die binäre Struktur aufgeworfene Sicht verwirft. Anstelle der Dichotomie von *sein/nicht sein* eröffnen sich logische Räume, in denen beispielsweise *sowohl als auch* oder *weder noch* denkbar sind (*denken* heißt hier als sich vollziehende verkörperte Kognition).

Die durch eine klassische Kontextur aufgespannte Subjekt-Objekt-Dichotomie kann nur feststellen: Da ist etwas Bestimmtes oder etwas Bestimmtes ist nicht. Aus dem Blickwinkel einer weiteren Kontextur, welche dieses Verhältnis reflektiert, ergibt sich jedoch ein ganzes Spektrum an Alternativen: Das, was dort ist, kann unbestimmt bleiben, in anderer Weise bestimmt werden oder als noch nicht bestimmt erscheinen.

Betrachten wir zur Verdeutlichung der hiermit verbundenen Lagerungen ein einfaches, doch in Hinblick auf die hier aufscheinenden Reflexionsverhältnisse schon recht komplexes Beispiel: Ein Mann sagt zu einer Frau: »Ich liebe dich«.

Mit Blick auf die Selektion von Information und Mitteilung – gemeint ist hiermit die Zurechnung des Akteursstatus und von Intentionalität – mag nun zunächst *klassisch* geschaut werden, ob denn die Aussage wirklich so gemeint sein kann, also ob z. B. die Wahrnehmung eines liebevollen Blicks oder einer gegenteiligen Geste die Aussage verifiziert oder falsifiziert.[171] Man könnte aber auch die Alternative Liebe/Nichtliebe verwerfen und vermuten, dass es um ein anderes Thema geht. Beispielsweise darum, das schlechte Gewissen zu vertuschen, mit einer anderen geflirtet zu haben. Außerdem ist es möglich, die Aussage in der Schwebe des Noch-Unbestimmten zu halten, um dann vielleicht durch das eigene Anschlussverhalten dazu beitragen zu können, dass sich Liebe entwickelt. Dass sich zwei Partner ineinander verlieben, kann dann etwa auch auf Missverständnissen beruhen. Schon in diesem kleinen Beispiel finden wir Verweise auf Reflexionsverhältnisse, die sich nicht mehr auf die binäre Struktur von wahr/falsch reduzieren lassen, sondern in denen der Wechsel von einer Kontextur zur anderen möglich wird. Hierdurch entsteht eine zukunftsoffene, nicht mehr vollständig determinierte *Prozessualität*.[172] Die Reflexion eröffnet Horizonte, die Neues, die Ungedachtes, Noch-nicht-Gewesenes – man könnte auch sagen: Freiheit[173] – in die Welt treten lassen.

Die hiermit entstehenden Freiheitsgrade dürfen dabei jedoch gerade nicht einzelnen Individuen zugerechnet werden, sondern stellen gewissermaßen Systemeigenschaften dar, die sich aus der Verschränkung der Reflexionsperspektiven eines komplexen Systemarrangements ergeben. Aus der Perspektive der Psyche gilt dann einfach gesagt: Je mehr man sich den Reflexionsperspektiven der Mitwelt öffnet, desto eher sind Kognitionen möglich, welche die eingeschränkten Pfade der bisherigen Lebensverhältnisse überschreiten lassen. Zugleich gilt aber als Schattenseite: Je mehr Reflexion, desto komplizierter sind die Verstrickungen und Verwicklungen, welche die immer auch gefühlten (und damit erlittenen) Beziehungsdynamiken auszuhalten haben.

Kommunikation und Sprache

Als wichtige Konsequenz aus der *Theorie kybernetischer Systeme* ergibt sich, dass für rekursiv gekoppelte Systeme (und damit auch für uns Menschen) das Bild von Information als etwas Substanziellem, als etwas Übertragbarem nicht gilt. Im Blickwinkel der rekursiven Organisation von sozialen Prozessen ist Kommunikation zunächst nicht mehr und nicht weniger als die Bezeichnung für das *Verhalten der Koordination des Verhaltens* von Organismen innerhalb ihrer sozialen Koppelung.

Kommunikation erscheint dabei als ein selbstreferenzieller Vorgang, in dem Information nichts weiter ist als ein Unterschied, der einen Unterschied auslöst. Erst im Kontext der *doppelten Kontingenz* und der hieran anschließenden wechselseitigen Konditionierung der Mitglieder eines sozialen Systems werden Sequenzen in der Verhaltensabfolge zweier Organismen in dem Sinne bedeutsam, als sich ein stabiler Assoziationskomplex herausbildet. Die spezifische Abfolge von Interaktionen gestaltet *Sinn* im Hinblick auf die Strukturierung des gekoppelten Verhaltens – und zwar als verkörperte Reflexionsbeziehung. Damit erscheinen nun für einen äußeren Beobachter die Interaktionen in einem *semantischen* Zusammenhang, denn: »Immer wenn ein Beobachter die Interaktionen zwischen Zweien oder mehreren Organismen so beschreibt, als würde die Bedeutung, die er den Interaktionen zuschreibt, den Verlauf dieser Interaktionen bestimmen, gibt der Beobachter eine semantische Beschreibung.«[174]

Indem Verhaltensmuster *Bedeutung* erhalten für die Strukturierung des weiteren Verhaltens der Organismen, ist der Grundbaustein für *sprachliches* Verhalten gelegt.[175] Handlungen gewinnen somit Bedeutung als *Zeichen*, die im sozialen Bereich Handlungen organisieren. Sie verkörpern sich dann jedoch wieder vonseiten der Psyche und der neuronalen Systeme als gefühlte Kognitionen. Auch diese Beziehung folgt Maturanas und Varelas Aphorismus »Jedes Tun ist Erkennen, und jedes Erkennen ist Tun«.[176]

Das gesamte Repertoire von *Handlungen zur Koordination von Handlungen* innerhalb der rekursiven sozialen Interaktion bildet den *sprachlichen Bereich* des Organismus. Dabei besteht die Bedeutung der Handlungen nicht im Wissen des Organismus um die Bedeutung der sprachlichen Unterscheidung, sondern in der konditionierten strukturellen Koppelung der Handlungen mehrerer Organismen (auch in diesem Sinne kann hier von *konditionierter Koproduktion* gesprochen werden). Die Zeichen der sprachlichen Unterscheidung sind dabei außerhalb des Kontextes ihrer (sozialen) Einbettung bedeutungslos:

> »Es kann in der Tat zahllose Weisen geben auf die rekursive Interaktionen, die zu einer Verhaltenskoordination führen, zwischen Individuen hergestellt werden (wie z. B. ›Tisch‹, ›table‹, ›mesa‹). Was dabei relevant ist, ist die Koordination der Aktivität, zu der sie führen, und nicht die Form, die sie annehmen. Tatsächlich entstehen sprachliche Bereiche als ein kulturelles Driften in einem sozialen System, dem – wie beim genetischen Driften der Lebewesen – kein Entwurf zugrunde liegt.«[177]

Beim Menschen bildet sich aus dem Prozess der Kommunikation eine weitere Rekursion heraus. Da auch *Handlungen* entwickelt werden können, um die *Handlungen zur Koordination von Handlungen* zu koordinieren, entsteht aus dem sprachlichen Bereich heraus die Sprache als eine eigenständige, gewissermaßen autonome Sphäre des Handelns und Erlebens. In der menschlichen Kommunikation entwickeln sich *Zeichen* (Handlungen zur Unterscheidung), um Zeichen (Handlungen zur Koordination von Verhalten in der rekursiven sozialen Interaktion) zu unterscheiden. Verhalten zur Koordination von Verhalten bezieht sich nun auf *Handlungen zur Koordination von Verhalten.* Elemente des sprachlichen Bereiches werden damit selbst zu *Objekten* der Sprache:

> »Wenn die Sprache entsteht, dann entstehen auch Objekte als sprachliche Unterscheidungen sprachlicher Unterscheidungen, die die Handlung verschleiern, die sie koordinieren. So koordiniert das Wort ›Tisch‹ unsere Handlungen in Hinsicht auf die Handlungen, die wir ausführen, wenn wir mit einem ›Tisch‹ umgehen. Der Begriff ›Tisch‹ verschleiert uns jedoch die Handlungen, die (als Handlungen des Unterscheidens) einen Tisch konstituieren, indem sie ihn hervorbringen.«[178]

Miteinander zu sprechen bedeutet unter dieser Perspektive nicht mehr unbedingt, dass Argumente ausgetauscht werden und dass sich die einzelnen Akteure anschließend autonom überlegen können, was sie tun wollen. Im Gegenteil – in einem sprachlichen Raum zu sein, bedeutet nun vor allem, die hiermit einhergehenden Verhaltenskoordinationen im Körper zu spüren und den wiederum hiermit einhergehenden Reflexionszumutungen ausgeliefert zu sein. Dies entspricht unserem Alltagserleben, wonach man dem Sinn von Worten, die man hört, zwar widersprechen mag, man ihrer Wirkung damit aber nicht entkommen kann, da die durch sie ausgelösten Verhaltenskoppelungen aufgrund der eigenen Interaktionsgeschichte bereits neurophysiologisch verkörpert sind.

All dies steckt etwa in der allzu bekannten Erfahrung, dass Worte verletzen können,[179] dass sie mit leidvollem Zwiespalt einhergehen oder umgekehrt eben auch aktivieren, motivieren und erheben können. Sobald man hinreichend in der Sprache lebt, bekommen selbst vermeintlich sinnlose Worte Kraft, denn die beteiligten Akteure fühlen aufgrund der gelebten Geschichte ihrer Interaktionen auf körperlicher Ebene, dass sie – selbst dann, wenn all dies von außen nur als ein lächerliches Spiel[180] erscheint – existenziell beteiligt sind. Sprachliche Bilder wirken also nicht, wie man zunächst meinen könnte, als abstrakte Als-ob-Fiktion, wie Andreas Weber herausstellt, sondern im Sinne einer konkreten Analogie, welche die »reale Identität« betrifft. Hier hat »ein ›scharfes‹ Geräusch dieselbe Bedeutung wie ein geschliffenes Messer oder ein ›tödliches‹ Wort. Beides zerschneidet das Gelingen des Lebensvollzugs. Für den Körper müssen zwei auf diese Weise analoge Dinge identisch sein. Identität heißt hier: Sie müssen die gleiche organische Wirksamkeit haben, die gleiche existenzielle Bedeutung für den Organismus. Das heißt folglich, dass sie aus dessen Perspektive das Gleiche sind und damit, dass nichtdiskursive (präsentative) Symbole sind, was sie bedeuten. Physisches und Psychisches ist auf dieser Ebene eins: zwei Perspektiven auf die eine autopoietische Fortexistenz des Lebewesens – einmal betrachtet unter dem Aspekt der materiellen Homöostase und einmal unter dem der subjektiven Perspektive.«[181]

Sobald man also vom Baum der Erkenntnis gegessen hat, lässt sich den folgenschweren Konsequenzen des In-der-Sprache-Seins kaum mehr entkommen.

Selbst-bewusst-Sein – Spaltungen und der Versuch, sie zu reparieren

Die Berührung, nach der es uns so unendlich verlangt, es gibt sie nicht. Sie wurde mit uns entleibt. Wir müssten sie erfinden. In Träumen bietet sie sich uns an, entstellt, schrecklich, fratzenhaft. Die Angst im Morgengrauen, nach dem frühen Erwachen. Unkenntlich bleiben wir uns, unnahbar, nach Verkleidung süchtig. Fremde Namen, die

wir uns zulegen. Die Klage in den Hals zurückgestoßen.
Trauer verbietet sich, denn wo sind die Verluste.
Ich bin nicht ich. Du bist nicht du. Wer ist wir?
Christa Wolf[182]

Im *In-der-Sprache-Sein* offenbart sich ein weiterer rekursiver Vorgang. Es entsteht die Möglichkeit zur Selbstreflexion. Indem *sprachliche Unterscheidungen* sprachliche Unterscheidungen über sich selber treffen, kann Bewusstsein *reflexiv* werden. Als sprachfähige Wesen können wir selbstreferenzielle Sätze bilden wie zum Beispiel »Ich denke, also bin ich«. Mit der Konstruktion von sprachlichen Unterscheidungen zwischen Ich und Nicht-Ich, selbst und fremd, innen und außen, Subjekt und Objekt entsteht das *reflexive Ich-Bewusstsein* als ein weiteres Reflexionsverhältnis. Wenngleich wir unser Ich als reflexives Selbstbewusstsein erleben, so gehört es uns doch nicht, denn es erwächst aus den Reflexionsbeziehungen der Koproduktion von Psyche und dem sozialen Bereich. Es entlehnt seinen Inhalt und seine Bestimmung aus den sozialen Prozessen einer Welt, die wir miteinander teilen. Kommunikation und individuelle Selbsterfahrung stellen zwei Seiten einer Medaille dar.[183]

Unsere Sprache, die Art zu denken und zu differenzieren, das komplette Erleben des *In-der-Sprache-Seins* ist uns durch unsere Mitmenschen, unsere Kultur gegeben worden. Es gehört dem Bereich der sozialen Koppelung an, findet jedoch Ausdruck in den verkörperten Reflexionsprozessen, die unser Erleben und Empfinden gestalten. Wolf Singer beschreibt vor diesem Hintergrund die Ich-Erfahrung als Zurechnungskonstrukt, das einerseits seinen Ursprung in der kulturellen Evolution hat, das andererseits aber in Hinblick auf die empfundene Qualität einen für das Alltagserleben unhintergehbaren Wirklichkeitsstatus bekommt.[184]

Gleich dem neuronalen System, das operational geschlossen ist – das Gehirn kann nur sich selber erleben –, ist der sprachliche Bereich eine in sich geschlossene Sphäre. Sprachliche Unterscheidungen können sich nur auf sprachliche Unterscheidungen beziehen. Etwas sagen lässt sich nur darüber, worüber sich etwas sagen lässt (»Wovon man nicht sprechen kann, darüber muss man schweigen«[185]).

Damit erscheint das reflexive Selbstbewusstsein in einer eigentümlichen Dichotomie von Individuellem und Sozialem. Das *Erleben* des Bewusstseins findet innerhalb der kognitiven Rekursion des individuellen psychischen Prozesses statt. Seine Reproduktion geschieht innerhalb der *Struktur* einer konkreten neuronalen Organisation, innerhalb der Kontextur eines konkreten Lebensvollzugs. Zugleich kann sich jedoch das reflexive Selbst-Bewusstsein nur im Kontext der sozialen kommunikativen Prozesse ausbilden und differenzieren.

Individuelles Erleben kann nur im *Fluss* sozialer Prozesse stattfinden, bei uns Menschen also im gemeinsamen *In-der-Sprache-Sein*. Erst im In-der-Sprache-Sein werden wir zu denkenden und selbstbewusst empfindenden Wesen.

Streng genommen geht das Selbstbewusstsein damit keineswegs mit einem bewussteren Sein einher, sondern stellt nur eine bestimmte, sozial konditionierte Art dar, Fühlen mit Begriffen zu verbinden. Sprache – dies ist der entscheidende Punkt – offenbart uns keine Welt, sondern *bildet* Welt, indem sie in der Koproduktion mit dem Sozialen eine bestimmte Weise des Seins formatiert und gestaltet:

> »Sprache wurde niemals von jemandem erfunden, nur um damit eine äußere Welt zu internalisieren. Deshalb kann sie nicht als Mittel verwendet werden, mit dem sich eine solche Welt offenbar machen läßt. Es ist vielmehr so, daß der Akt des Erkennens in der Koordination des Verhaltens, welche die Sprache konstituiert, eine Welt durch das In-der-Sprache-Sein *hervorbringt*. Wir geben unserem Leben in der gegenseitigen sprachlichen Koppelung Gestalt – nicht, weil die Sprache uns erlaubt, uns selbst zu offenbaren, sondern weil wir in der Sprache bestehen, und zwar als dauerndes Werden, das wir zusammen mit anderen hervorbringen. Wir finden uns in dieser ko-ontogenetischen Koppelung weder als ein bereits vorher existierender Bezugspunkt noch in Bezug auf einen Ursprung, sondern als eine fortwährende Transformation im Werden der sprachlichen Welt, die wir zusammen mit anderen menschlichen Wesen erschaffen.«[186]

Innerhalb der kommunikativen Prozesse flaggt das individuelle Selbstbewusstsein aus dem sozialen Bereich als Reflexionsbeziehung aus, die dann weitere Reflexionen formatiert – nicht mehr und nicht weniger. Das soziale System und das psychische System bedingen sich gegenseitig, indem sie sich wechselseitig Reflexionsformen zur Verfügung stellen, die ihrerseits weitere Reflexionsverhältnisse konditionieren. Psychisches und Soziales, dies ist hier nochmals zu betonen, lassen sich dabei jedoch nicht in einer trivialen Weise ineinanderschieben, sondern erscheinen zugleich als voneinander abhängige, wie auch voneinander unabhängige Reflexionsverhältnisse. Sie können nicht im

Sinne einer linearen Kausalität, entsprechend einer reduktionistischen Erklärung oder in Form einer eineindeutigen logischen Operation aufeinander zurückgeführt werden, wenngleich sie beide im Prozess einer gemeinsamen Koproduktion entstanden sind.[187]

Die Psyche beruht in ihrer Komplexität gerade darauf, dass sie es mit komplexen sozialen Verhältnissen zu tun hat, die prinzipiell nicht durchschaut werden können, die aber hinreichend Hinweise und Struktur zur Verfügung stellen, um einigermaßen stabile Kognitionen und Handlungsorientierungen aufbauen zu können. Umgekehrt entstehen komplizierte sprachliche Formen gerade deshalb, weil psychische Systeme trotz ihrer Konditionierbarkeit undurchschaubar bleiben und man infolgedessen mit immer elaborierteren kommunikativen Formen versucht, hier auf Resonanz zu stoßen. Hans-Georg Gadamer drückt dies folgendermaßen aus: »Die Bemühung des Verstehens hat überall statt, wo sich kein unmittelbares Verstehen ergibt, bzw. wo mit der Möglichkeit eines Mißverstehens gerechnet werden muß.«[188]

Oder anders herum gedacht: Die Gesellschaft kann nur deshalb jene psychisch unbegreifliche Komplexität der Weltgesellschaft erzeugen, weil das menschliche Gehirn eben diese Komplexität aushält. Wider die übliche Rede von der biologischen Natur des Menschen besteht die eigentliche Pointe all dieser Prozesse darin, dass der Mensch die nahezu undurchschaubaren Zumutungen der modernen Gesellschaft nicht nur erträgt, sondern zugleich kommunikativ beständig reproduziert, dass also System und Lebenswelt auf der Ebene der *Praxis* keinen Gegensatz bilden.[189] Die Erfahrung von Dualität und Spaltung in vielfältige Kontexturen (als unterscheidbare Zentren gefühlter Referenz) erscheint damit selbst als notwendiger Teil eines Spiels, dessen Geheimnis in der konditionierten Koproduktion liegt, eines Spiels der Entstehung von Identitäten, die im Sinne der Seinslogik keine Essenz an sich haben können, sondern ihre Existenz erst der Auseinandersetzung mit anderen Identitäten verdanken, die dabei jedoch ebenso nur Reflexionsbeziehungen darstellen.[190]

Sobald wir uns auf eine polykontexturale Weltbeschreibung einlassen, bleibt uns nichts anderes übrig, als der Einheit der Differenz mit einer Differenzierung der Beobachterverhältnisse zu begegnen, die sich in der dialogischen Relationierung ihrer Perspektiven zu einer immer höheren Komplexität der Beschreibung hinaufschraubt. Sobald die zweiwertigen Ich-Es-Relationen der vertrauten Monokontexturen zugunsten einer Ich-Es-Du-Relationierung aufgebrochen werden, ergibt sich die Chance, tiefer zu begreifen, was es bedeutet, in einer Welt zu leben, die nur aus der Innenperspektive untersucht werden kann, einer Welt, die sich selbst durch sinnliche und zu empfindende Praxen hervorbringt, Praxen, welche diese Welt dann wieder zu verantworten hat, indem sie ihnen fühlend begegnet.

Ich-Bewusstsein: das Erleben einer konsistenten Welt

Wir erleben einen kontinuierlichen Strom unseres Bewusstseins. Im Fluss unseres Erlebens erscheinen uns (üblicherweise) keine Brüche. Bewusstseinsmoment schließt an Bewusstseinsmoment an und unser Ich scheint dabei im Strom der Zeit mit sich selbst identisch zu bleiben. Hierbei erleben wir unsere Wirklichkeit normalerweise als zuverlässig und beständig sowie kausalen Gesetzen gehorchend.

Aus den vorangegangenen Abschnitten ist deutlich geworden, dass die Rekursion des reflexiven Selbstbewusstseins keineswegs eine objektive Welt widerspiegelt, sondern in den sensomotorischen Kreisläufen ihrer eigenen Erkenntnisdynamik gefangen bleibt. Als selbstreferenzieller Vorgang kann das reflexive Selbstbewusstsein nur im Prozess seiner Koproduktion mit dem Sozialen entstehen. Deshalb gilt für das Ich-Bewusstsein, dass sein Bestehen in der Zeit nicht durch den Erhalt einer Struktur gesichert wird, denn diese verändert sich. Sondern — wie für alle autopoietischen Systeme — ist die Aufrechterhaltung der autopoietischen Rekursion dauerhaft konstitutiv. In Bezug auf die Autopoiesis des Bewusstseins stellt sich damit folgendes Problem: *Wie kann in einem beständigen Fluss der Veränderung und Neuorganisation kognitiver Strukturen eine scheinbar stabile Struktur, das Ich-Selbst, hervortreten?*

Insbesondere zwei Fragen gehen damit einher: Wie kann sich das Ich-Bewusstsein im Fluss unterschiedlichen Erlebens mit sich selber identisch erleben und wie kann es ohne Brüche in der Zeit aufrechterhalten werden? Oder, um es anders herum zu formulieren: Das Aufbrechen der rekursiven Zirkel des Wissens um uns selbst würde uns, wie Bateson treffend feststellt, als die Zerstörung unseres Selbst – letztlich wie ein Tod – erscheinen müssen:

> »In Wahrheit würde ein Bruch in der scheinbaren Kohärenz unseres geistigen logischen Prozesses als eine Art Tod erscheinen. Ich bin dieser tief verwurzelten Vorstellung bei meiner Arbeit mit Schizophrenen immer wieder begegnet, und man kann sagen, daß diese Vorstellung grundlegend ist für die *double-bind*-Theorie, die ich vor etwa 20 Jahren

> zusammen mit meinen Kollegen in Palo Alto entwickelt habe. Ich möchte behaupten, daß die Zeichen des Todes in jedem beliebigen biologischen Kreislauf anwesend sind.«[191]

Ein Bruch in der logischen Kohärenz des Erlebens geht mit tiefer, existenzieller Verunsicherung einher, denn im Verlust von Bedeutung und Kausalität scheint das Ich sich selbst zu verlieren. Gerade weil das Ich-Selbst im kulturellen Prozess mit gefühlter Bedeutsamkeit aufgeladen wird, erscheint das Zerbrechen jener reflexiven Sicherheiten, welche das Ich konstituieren, hochgradig mit Angst besetzt. Es geht praktisch einher mit dem Verlust von allem, was uns etwas bedeutet, denn es ist verbunden mit dem Zerbrechen der sozialen und kommunikativen Einbettung in jene Mitwelt, welche uns von unserer Geburt an so unermesslich wichtig ist, weil sie unsere soziale Existenz ausmacht.

Wir unterlaufen an dieser Stelle bewusst die Unterscheidung zwischen einem primordialen Selbst, welches im vorreflexiven Sinne mit der Empfindung von Körper verbunden ist, und dem sprachlichen Bereich. Andernfalls würden wir unnötigerweise einer dualistischen Perspektive das Wort reden, welche Sprache und körperlich empfundene Praxen kategorial voneinander abtrennen zu müssen glaubt. Sobald man das Sprechen und ebenso das Denken (als »Innen-Sprechen« der Psyche) als körperliche Praxen versteht, entfällt diese Trennung.[192]

Ich-Sagen und Ich-Denken erscheint nun vielmehr als *ein* Phänomen, das ausschließlich innerhalb einer sinnlichen und durch Empfindungsmuster konfigurierten Sphäre stattfindet.

Wenn wir von der Autopoiesis des reflexiven Bewusstseins sprechen, um daraus die autologischen Tendenzen des Ich-Bewusstseins herauszuarbeiten, sprechen wir also weder von einem inneren Seelenwesen noch von einer abstrakten geistigen Entität, sondern meinen im Sinne der vorangehenden Ausführungen verkörperte Reflexionsbeziehungen, die im Netzwerk verschachtelter kommunikativer und psychischer Sinnreferenzen auf sich selber verweisen. Erst aus dieser Perspektive wird verständlich, dass Ich-Sager nach konsistenten Deutungen des Erlebens streben, selbst wenn die hiermit verbundenen Bewegungen und Schlussfolgerungen von außen betrachtet noch so absurd erscheinen. Bateson stellt fest: »Wir Menschen scheinen zu wünschen, daß unsere Logik absolut wäre. Wir scheinen uns nach der Annahme zu richten, daß es sich so verhält und geraten in Panik, wenn wir auf das leiseste Anzeichen treffen, daß es nicht so ist oder sein könnte.«[193]

Logische Kohärenz – Sinn herstellen

Wie kommt aber nun das Bewusstsein zur kohärenten Einheit einer sinnhaften Welt? Schauen wir zunächst auf die Aufgaben, die hierbei zu erfüllen sind: Erkennen, Erleben und Handeln müssen zu einer Figur-Grund-Beziehung zusammenfinden *(Gestaltbildung)*. Innerhalb der Interpretation des reflexiven Bewusstseins hat das Erleben in einem sinnhaften Zusammenhang zu erscheinen *(Erzeugung von Bedeutung)*. Durch die Bildung von Ursache-Wirkung-Beziehungen ist eine Verbindung von vergangenem und gegenwärtigem Erleben herzustellen *(Konstruktion von Kausalität)*.

Das Problem der Gestaltbildung wird in den Neurowissenschaften unter dem Stichwort Bindungsproblem diskutiert. Hierbei handelt es sich um die Frage, wie es dem Gehirn gelingen kann, unterschiedliche Wahrnehmungseinheiten zu einem sinnvollen Ganzen zusammenzusetzen.

Innerhalb der klassischen Erklärungsansätze, die auf repräsentationalistischen Modellen beruhen, stellt beispielsweise die Erklärung der zeitlichen Integration der unterschiedlichen Sinnesmodalitäten eine nahezu unlösbare Aufgabe dar. Das Hören verarbeitet Sinneseindrücke wesentlich schneller als das Sehen. Dennoch erleben wir beim Betrachten eines Sprechers eine zeitlich integrierte Einheit. Die Mundbewegungen und die gehörten Worte fallen nicht wie in einem schlecht synchronisierten Film auseinander.[194]

Aus der Perspektive des neurobiologischen Konstruktivismus zeichnet sich eine Lösung für das Bindungsproblem ab. Den Ausgangspunkt bildet die ursprünglich von Donald Hebb formulierte Einsicht, dass die Verbindungen eines neuronalen Netzwerkes ihre Aktivität wie auch die Sensitivität ihrer Verknüpfungen steigern, sobald sie gemeinsam aktiv sind. Wenn man dem folgend in die Erklärung von Kognition auch die zeitliche und räumliche Codierung dieser Prozesse mit einbezieht, lässt sich Gestalterkennung zugleich als ein lokaler wie auch global über das ganze Gehirn (und den Körper) verteilter Prozess begreifen. Wir treffen hier auf der einen Seite auf unterschiedliche, recht genau lokalisierbare neuronale Ensembles, die ihrerseits in ihrer Arbeit spezifische kognitive Prozesse vollziehen. Auf der anderen Seite können dank der rekursiven Nervenverbindungen die Aktivitätsmuster von zunächst getrennt erscheinenden Prozessen über *Resonanzeffekte* aneinandergekoppelt werden. Dies geschieht über verschiedene, auch weit voneinander entfernte Areale hinweg. Unterschiedliche Aktivitäten können sich entsprechend dieser Modellierung auch über räumliche und funktionale Grenzen hinweg stabilisieren, sofern sie in einem gemeinsamen *Rhythmus* schwingen.

Auf diese Weise wird im Gehirn keine zentrale Integrationsstelle mehr gebraucht, an der – wie in der Idee des Großmutterneurons – diverse Einzelmerkmale (Frau, alt, roter Mantel, bekanntes Haus, bestimmter Geruch, Stimme etc.) an einem bestimmten Ort zusammengeführt werden. Vielmehr finden im Gehirn in unterschiedlichen Arealen parallele Aktivitäten statt, die zu einer übergreifenden Gestalt zusammenfinden können. Hier *oszillieren* zunächst auf lokaler Ebene bistabile Wahrnehmungsmuster um unterschiedliche Lösungen und Muster. In kurzen zeitlichen Abständen werden jeweils unterschiedliche chaotische Attraktoren angelaufen, die jeweils eine spezifische Möglichkeit bieten, aus verrauschten und unvollständigen Informationslagen eine eindeutige Kognition zu erzeugen. Die heterogenen, auf verschiedene Orte im Gehirn verteilten Aktivitäten treten wiederum ihrerseits in Resonanz zueinander, um dann in eine sich wechselseitig stimulierende Lösung einzurasten, das heißt, ein übergreifendes Muster anzulaufen, das umso stabiler erscheint, je mehr Aktivitäten in diesen Vorgang einstimmen können.

Wolf Singer schlägt in diesem Kontext vor, sich Hirndynamik als ein als »distributiv organisiertes, hochdynamisches System vorzustellen, das sich selbst organisiert, anstatt seine Funktionen einer zentralistischen Bewertungs- und Entscheidungsinstanz unterzuordnen; als System, das sich seine Koordinierungsräume gleichsam in der Topologie seiner Verschaltung und in der zeitlichen Struktur seiner Aktivitätsmuster erschließt, das Relationen nicht nur über Konvergenz anatomischer Verbindungen, sondern auch durch zeitliche Koordination von Entladungsmustern auszudrücken weiß, das Inhalte nicht nur explizit in hoch spezialisierten Neuronen, sondern auch implizit in dynamisch organisierten Ensembles repräsentieren kann und das schließlich auf der Basis seines Vorwissens unentwegt Hypothesen über die es umgebende Welt formuliert, also die Initiative hat, anstatt lediglich auf Reize zu reagieren.«[195] Gedächtnis, Projektion und Modifikation von Gedächtnis gehen hier sozusagen Hand in Hand. Blitzschnell entstehen Szenen und Muster aus bereits Erlebtem und Wahrgenommenem, in die dann in fortlaufender Wiederholung dieser Findungsprozesse neue Unterscheidungsmöglichkeiten – und damit veränderte Möglichkeiten der Kognition – eingefügt werden können.[196]

Wir haben es wieder mit dem Prinzip *Ordnung durch Fluktuation* zu tun, das wir bereits am Beispiel der Selbstorganisation von chemischen Systemen kennengelernt haben. Aus zufälligen Fluktuationen innerhalb eines chaotischen Flusses von Energie und Materie entstehen *spontan* Strukturen.

All dies bedeutet, dass auch innerhalb der neuronalen Verarbeitung keine Informationsübertragung im klassischen Sinne stattfindet, denn die Koordination der Hirnprozesse darf nicht mehr so gesehen werden, dass ein Areal seine aufgearbeitete Information zur Weiterverarbeitung an das nächste Rechenzentrum weiterleitet. Stattdessen bildet die Idee der *Resonanz* das entscheidende Konzept zum Verständnis der neuronalen Informationsverarbeitung.

Kognitionen erscheinen aus dieser Perspektive jedoch per se als hochgradig instabile Phänomene. Die einzelnen neuronalen Ensembles oszillieren üblicherweise zwischen verschiedenen Lösungen auf die Frage, wie ein gegebener Input verstanden werden kann. Erst die Resonanz mit anderen neuronalen Ensembles lässt die multi- und bistabilen Prozesse zumindest für eine gewisse Zeitspanne in ein beständigeres Muster einrasten, das durch Resonanz mit anderen Schwingungsmustern temporär stabilisiert wird. So erscheint Kognition auf neuronaler Ebene als ein sich überlagerndes, interferierendes, in Hinblick auf seine einzelnen Schwingungen sich entweder wechselseitig verstärkendes oder auslöschendes Wellenmuster, das in seiner Gesamtheit eine ebenso dynamische wie vielfältige innere Welt projiziert.

Das Faszinierende an den hier vorgestellten Einsichten in die Hirndynamik ist die Möglichkeit, sie mit der *Erste-Person-Perspektive* in Verbindung zu bringen, also mit dem Berichten von der phänomenologischen Erlebnisqualität. In dem Forschungszweig der *Neurophänomenologie* können auf diese Weise Berichte über die Innenperspektive und die abgeleiteten Hirnprozesse als Dritte-Person-Perspektive miteinander systematisch in Beziehung gesetzt werden. Es kann etwa geschaut werden, was passiert, wenn Menschen mehrdeutige Bilder, wie die bereits vorgestellten Boring-Frauen, anschauen. So konnte die Arbeitsgruppe um Varela aufzeigen, dass bei Bildern, in denen im Erleben die Perspektive kippt, jeder Wahrnehmungskonfiguration unterschiedliche, über mehrere Hirnregionen verteilte, sich jedoch selbst stabilisierende Schwingungsmuster entsprechen, wobei der Übergang zwischen den Mustern zeitlich synchron mit dem phänomenologischen Erleben der Versuchspersonen abläuft.[197] Die zeitliche Integration unterschiedlicher Quellen wird von dem Prozess selber übernommen: Sie scheint also mit dem Prozess der Verarbeitung identisch zu sein.[198]

Sobald man Kognition – sowohl in Hinblick auf phänomenologische Qualität als auch auf neuronale Dynamik – als sich selbst stabilisierende Resonanzphänomene begreift, sind Erkennen und Handeln, Körper und Geist, aber auch Innen- und Umwelt in funktionaler Hinsicht nicht mehr voneinander zu unterscheiden.

Da der sprachliche Bereich ebenfalls auf diesen Prozessen beruht, gilt auch für die Wahrnehmung von *Bedeutung, Sinn* und *Kausalität* der Befund, dass kein Erkennen einer Wirklichkeit im Sinne der Repräsentation von Wirkbeziehungen stattfindet. Auch hier geschieht vielmehr der Vollzug des Arrangements von Kohärenz.

Split-Brain – Spaltung des Gehirns

Die Eigenarten dieser Prozesse werden besonders in der Untersuchung von Menschen deutlich, deren Gehirnkohärenz durch die Folgen einer Gehirnoperation beeinträchtigt wurde. Deshalb werden im Folgenden die Ergebnisse der *Split-Brain*-Forschung und deren Konsequenzen für das Verständnis von Kausalität etwas ausführlicher erläutert.[199]

Unser Gehirn ist in zwei Hemisphären aufgeteilt. Die linke Hirnhälfte innerviert und steuert die rechte Körperhälfte. Die rechte Hirnhälfte kontrolliert die linke Körperhälfte. Die über Kreuz angelegte Aufgabenteilung der Hirnhälften betrifft nicht nur die Aktivierung der Skelettmuskulatur, sondern das ganze Sensorium einschließlich der visuellen Wahrnehmung. Die linke Hälfte der Netzhaut eines jeden Auges wird auf die rechte, die rechte Seite des Gesichtsfeldes wird auf die linke Hirnhälfte projiziert. Im *chiasma opticum*, dem Kreuzungsbereich, an dem sich die Nerven der Netzhaut unserer beider Augen treffen, verbinden sich die Nervenfasern von der rechten Seite des rechten Auges mit der rechten Seite des linken Auges und führen gemeinsam in die linke Hirnhälfte. Entsprechend führen die Fasern von den anderen beiden Netzhauthälften zur rechten Hemisphäre.

Diese Eigenart unseres optischen Systems ermöglicht die Entwicklung eines Versuchsaufbaus, der es gestattet, mit nur einer der beiden Hirnhälften zu kommunizieren. Bittet man eine Versuchsperson, einen Punkt zu fixieren, so geht die visuelle Information, die rechts des fixierten Punktes liegt, in die linke Hirnhälfte. Durch eine solche experimentelle Anordnung können wir über Schrift und Symbole mit nur einer Hirnhälfte kommunizieren.

Normalerweise sind beide Hirnteile durch das *corpus callosum*, den Balken, miteinander verbunden. Dieses System von Nervenfasern hat die Aufgabe, jede Hirnhälfte über die Aktivität der jeweils anderen auf dem Laufenden zu halten. Die rechte Hirnhälfte wird also in der Regel über die sinnlichen Vorgänge der linken Seite informiert und umgekehrt.

In den 60er-Jahren wurden Patienten, die unter einer schweren Epilepsie litten, nicht selten einer Hirnoperation unterzogen, in der der Balken zwischen den beiden Hirnhälften durchtrennt wurde. Durch die Zerstörung der verbindenden Nervenfaser waren die Hirnhälften nicht mehr in der Lage, unmittelbar miteinander zu kommunizieren. Entsprechend konnten sich auch die epileptischen Krampfanfälle nicht mehr über das ganze Gehirn ausbreiten.

Dieser Eingriff scheint im Alltagsleben der so genannten *Split-Brain*-Patienten zunächst wenig Konsequenzen mit sich zu bringen. Auf den ersten Blick scheinen sie normal zu reagieren. Üblicherweise regelt die dominante linke Hirnhälfte die Aktivitäten und ist auch für das Körperempfinden verantwortlich. Was geschieht aber, wenn die rechte Hirnhälfte plötzlich beschließt, einen Spaziergang zu machen? Wie reagiert darauf die dissoziierte andere Gehirnhälfte und was denkt sie dabei? Solche Fragen wurden unter Laborbedingungen in der Arbeitsgruppe um den Nobelpreisträger Roger Sperry untersucht.[200]

Für einen Versuchsleiter ist es technisch relativ einfach zu realisieren, nur mit einer Hirnhälfte zu kommunizieren. Üblicherweise projiziert man dazu eine Information – etwa ein Bild oder einen Satz – durch eine optische Apparatur nur auf die rechte bzw. linke Seite der Netzhaut des Auges. Hierdurch spricht man folglich nur eine Hirnhälfte an.

Eine Reihe von *Split-Brain*-Patienten wurde auf diese Weise untersucht. Bei einigen der Versuchsteilnehmer zeigten erstaunlicherweise beide Hirnhälften die Fähigkeit, Schrift und Sprache zu verstehen sowie sich verbal auszudrücken. Ein gut dokumentierter Fall, bei dem Experimente dieser Art durchgeführt wurden, war jener des 15-jährigen Paul: »Der Testleiter begann zum Beispiel eine mündliche Frage mit ›Wer ...?‹ – und die offenen Stellen wurden durch eine Projektion in einem der Gesichtsfelder ergänzt, zum Beispiel durch die geschriebenen Worte ›... bist du‹. Auf die beiden Seiten vorgelegte Frage folgte die gleiche Antwort: ›Paul.‹ Auf die Frage: ›Was für ein Tag ist morgen?‹ kam beide Male die richtige Antwort: ›Sonntag.‹ Auf die Frage an die linke Hirnhälfte: ›Was willst du werden, wenn du groß bist?‹ antwortete Paul: ›Rennfahrer.‹ Und dies ist faszinierend, weil auf die gleiche Frage an die rechte Gehirnhälfte die Antwort kam: ›Designer‹.«[201] Ein ebenso erstaunliches Ergebnis zeigt sich, wenn man die rechte Hirnhälfte zu einer Aktivität veranlasst, von der die linke nichts weiß: »Eine einfache Aufgabe wie ›gehen‹ wird in die stumme rechte Gehirnhälfte geblitzt, und der Patient reagiert darauf typischerweise, indem er seinen Stuhl zurückschiebt und sich aus dem Testbereich entfernt. Wenn man ihn dann fragt, wohin er gehe, so lautet die Antwort meist etwa: ›Ich gehe nach Hause, um mir eine Cola zu holen‹.«[202]

Auffallend ist, dass die linke Hirnhälfte nicht im Sinne dessen antwortet, was sie eigentlich entsprechend der durch die Versuchsanordnung erzeugten Realität hätte empfinden müssen. Sie sagt nicht »Ich weiß es nicht« oder »Ich habe mich irgendwie getrieben gefühlt«, sondern sie *erfindet* und *fühlt* eine Erklärung, eine Handlung, die mit dem erlebten Handeln des eigenen Körpers in Einklang steht. Das Gehirn konstruiert *post hoc* eine Rationalität, die dem vollzogenen Verhalten eine intentionale Handlungsabsicht unterlegt. Paul gibt vor, zweckrational zu handeln, wenngleich der Sachverhalt hier offensichtlich anders liegt, denn nicht das Motiv, seinen Durst befriedigen zu wollen, veranlasst ihn aufzustehen, sondern die ins Hirn geblitzte Anweisung des Versuchsleiters. Maturana und Varela interpretieren diese und ähnliche Befunde folgendermaßen:

> »All diese Experimente sagen uns Grundlegendes über die Weise, auf die der anhaltende Fluß von Reflexionen, den wir Bewußtsein nennen und mit unserer Identität assoziieren, organisiert ist und seine Kohärenz bewahrt. [...] Im sprachlichen Bereich von Paul kann es keine Inkohärenz geben. [...] Das zeigt uns in dramatischer Weise, daß es die Sprache ist, in der ein Selbst, ein Ich, entsteht und zwar als jene soziale Singularität, die durch die operationalen Überschneidungen, in denen das Ich unterschieden wird, im menschlichen Körper entsteht. Daraus ersehen wir, daß in dem Netzwerk der sprachlichen Interaktionen, in dem wir uns bewegen, eine andauernde deskriptive Rekursion aufrechterhalten wird, die wir unser ›Ich‹ nennen. Sie erlaubt uns, unsere sprachlich operationale Kohärenz zu bewahren sowie unsere Anpassung im Reich der Sprache.«[203]

Gegenüber der Common-Sense-Auffassung vom Handeln[204] erscheinen die Zeit- und Kausalverhältnisse in Fällen wie dem eben geschilderten umgekehrt: Nicht der Entwurf geht dem Handeln voraus. Der signifikante Andere, hier in Gestalt des Versuchsleiters, ist nicht nur Anlass von Pauls Verhalten, sondern zugleich auch Ursache einer bestimmten Art von Intentionalität, die in Pauls Antwort zum Tragen kommt. Denn wird Paul nicht erst durch seine Frage dazu provoziert, einen Grund dafür zu konstruieren und zu fühlen, warum er eben so und nicht anders gehandelt hat? Sozial handelnd folgt Pauls rechte Hirnhälfte der Erwartung, dass man der Versuchsanweisung doch Folge leisten sollte. Ebenso sozial handelnd wird die linke Hirnhälfte der an sie gestellten sozialen Erwartung gerecht, dass man für sein Verhalten eine Begründung zu geben habe. Handeln wie Intentionalität liegen hier gewissermaßen außerhalb des Akteurs, bilden sich aus einem überpersonalen Zusammenhang,[205] der in diesem Fall mindestens aus drei Einheiten besteht: der rechten Hirnhälfte, der linken Hirnhälfte und dem Versuchsleiter. Das intentionale Selbst würde aus dieser Perspektive nichts anderes darstellen als ein Sprachspiel. Man attribuiert die Regeln dieses Tanzes auf sich selbst und hat entsprechend einen Grund zu nennen, warum man eben so und nicht anders handelt. Aus der Innenperspektive handelt es sich hier jedoch um eine gefühlte und unhintergehbare Realität.[206]

Ein entsprechend informierter wissenschaftlicher Beobachter würde hier jedoch eine übergreifende Systemdynamik entdecken, aus der heraus Akteursstatus und Kausalitätserleben als Lösung eines übergreifenden Bezugsproblems konstruiert werden, nämlich als Folge der Aufgabe, eine Einheit im Erkennen und Handeln zu finden. In der Konsequenz bilden sich unterschiedliche Kontexturen als Zentren der Reflexion, die in ihren wechselseitigen Reflexionsverhältnissen ein Arrangement bilden, was dann wiederum die einzelnen Kontexturen wie auch deren Verhältnis zueinander konditioniert.

Wir finden dabei gewissermaßen drei Formen von Zeit vor, die jeweils einer unterschiedlichen Logik folgen: zunächst die Weltzeit, wie sie ein Beobachter wahrnimmt, welcher der metrischen Kalibrierung durch Uhren folgt. Hier zeigt sich eine lineare Folge von vorangehenden und anschließenden Ereignissen. Zweitens die phänomenologische Zeit, die nach Varela mit der Neurodynamik von sich in Phasenräumen bewegenden Resonanzmustern korreliert.[207] Hier begegnen wir einer Prozessstruktur von Intentionalität, die durch

Erwartungen und emotionale Tönungen gespeist wird. In der so konstituierten gelebten Zeit können sich andere Kausalitätsverhältnisse und temporale Ordnungen manifestieren als in der Weltzeit. Drittens bewegen wir uns in einer sozialen Zeit, die als deskriptive Rekursion auf Zurechnungsprozessen basiert und in der die kausalen Verhältnisse der Weltzeit umgekehrt sind, da sich der Sinn der Kommunikation erst *post hoc* durch den gewählten *Sinnanschluss* ergibt.

Semantische und neuronale sowie psychische und soziale Dynamik verzahnen sich hier zu einem Arrangement, in dem es ausschließlich auf Kohärenz und innere Stimmigkeit der Lösungen ankommt, nicht jedoch auf die wahren Kausal- und Zeitverhältnisse. Schauen wir hierzu auf ein weiteres Experiment aus Gazzanigas Untersuchungen:

> »Das Experiment stellt an die beiden Hemisphären die Aufgabe, einfache konzeptionelle Probleme zu lösen. Ein sehr klar erkennbares Bild wird in eine der beiden Hemisphären projiziert; im abgebildeten Fall sieht die linke Hemisphäre ein Bild einer Klaue. Gleichzeitig sieht die rechte Hemisphäre ein Bild von einer Szene im Schnee. Vor dem Patienten ist eine Serie von Karten ausgebreitet, mögliche Antworten auf die implizite Frage, welche Abbildung zu welcher anderen in Beziehung steht. Die richtige Antwort für die linke Hemisphäre ist Huhn. Die Antwort für die rechte Hemisphäre ist Schaufel. Nachdem die beiden Bilder in die jeweiligen Hirnhälften geblitzt worden sind, werden die Versuchspersonen gebeten, auf die Antworten zu deuten. Eine typische Reaktion ist die von P. S., der mit der rechten Hand auf das Huhn und mit der linken auf die Schaufel deutete. Nach dieser Antwort fragte ich ihn: ›Paul, warum hast du das getan?‹ Paul blickte auf und sagte, ohne auch nur einen Augenblick zu zögern, von seiner linken Hemisphäre aus: ›Oh, das ist einfach. Die Hühnerklaue gehört zum Huhn, und man braucht eine Schaufel, um den Hühnerstall auszumisten.‹«[208]

Die linke Hirnhälfte muss erklären, warum die linke Hand auf die Schaufel gedeutet hat, obwohl das einzige Bild, was sie sah, eine Klaue war. Die linke Hirnhälfte wusste wegen der fehlenden Verbindung nicht, was die rechte Hemisphäre gesehen hat. Doch der Körper des Patienten tat selbstständig etwas. Warum tat er das? Warum deutete die linke Hand auf die Schaufel? Das kognitive System der linken Hirnhälfte benötigte eine Theorie und lieferte auch sogleich eine. Die linke Hirnhälfte hatte keine Probleme, eine konsistente Antwort zu finden, die ihrer Erfahrung entsprach. Das Kriterium für die Richtigkeit der Interpretation ist ihre *logische Konsistenz* und nicht die objektive Wahrheit. Die Interpretation des Gehirns stimmt, wenn Handeln und

Erkennen des Organismus im Einklang stehen. »Was wir sagen, reflektiert – außer wenn wir lügen – das, was wir leben, und nicht das, was aus dem Blickwinkel eines unabhängigen Beobachters geschieht.«[209]

Zeitliche Kohärenz – die Konstruktion der subjektiven Zeit

Wir erleben uns in der Zeit. Ereignisse kommen und vergehen. Die Autopoiesis des Bewusstseins bleibt jedoch im Fluss der Ereignisse bestehen. Wir erleben unser Bewusstsein über die Zeit hinweg als identisch mit sich selbst. Es stellt sich nun die Frage, wie die zeitliche Kohärenz des Bewusstseins aufrechterhalten werden kann. Beim Versuch einer Antwort hat man mit folgendem Paradoxon umzugehen: Wie kann ein Bewusstsein, welches *in* einem zeitlichen Prozess entsteht, mit sich selber über die Zeit identisch bleiben? Beziehungsweise: Warum machen wir die Erfahrung eines *beständigen* Erlebens im *veränderlichen* Fluss der Erlebnisse? Um diese Fragen beantworten zu können, müssen wir uns zunächst mit dem subjektiven Erleben der Zeit beschäftigen. Dazu wird im Folgenden der Versuch unternommen, phänomenologische mit neurowissenschaftlichen Perspektiven zu verzahnen.

Phänomenologie des Zeitbewusstseins

Grundlegend für die phänomenologische Analyse ist die Erfahrung, dass Bewusstsein immer Bewusstsein *von etwas* ist. Im Bereich der Bewusstseinsphänomene gibt es also weder ein reines Subjekt noch reine Objekte, sondern beide sind durch den Prozess des *Bewusstwerdens (noesis)* miteinander verbunden.[210] Mit Blick auf die involvierten Zeitverhältnisse stellt sich dieser Prozess alles andere als trivial dar. Kaum jemand war sich dessen wohl mehr bewusst als Edmund Husserl, der Begründer der phänomenologischen Methode.[211]

Husserl entdeckte in seinen Analysen zum Zeiterleben jene merkwürdige dreifache Struktur der Gegenwart, die zugleich aus *Retention* (Rückgriff), *Protention* (Vorgriff) und dem eigentlichen *Jetzt* besteht. In seinen Beobachtungen begegnete er dabei der paradox anmutenden Form, dass in der Gegenwart ein Erleben der Vergangenheit stattfindet, das im Erleben gegenwärtig ist. Im ausdehnungslosen Punkt des Jetzt wird die intentionale Bewegung vom gerade Vergangenen zum künftigen Jetzt *gegenwärtig* erlebt, nämlich als präsente Erfahrung eben jener Bewegung von Vergangenheit in Richtung Zukunft. Die Gegenwart selbst erscheint damit gleichsam zeitlich ausgedehnt. Sie birgt also in sich selbst eine innere zeitliche Kontextur. Insbesondere beim Musikhören wird dieses Phänomen überdeutlich, denn eine Melodie verweist zugleich auf die zu erwartenden Töne als auch auf die vergangene, jedoch in der Präsenz der Gegenwart mitschwingende melodisch-rhythmische Linie des Musikstücks.[212] Der husserlsche Begriff der Retention ist hier also keineswegs mit dem Prozess des Erinnerns zu verwechseln. Letzterer ist der Akt einer symbolischen oder sinnlichen Präsentation eines bereits vergangenen Erlebens in der Gegenwart. Die Retention demgegenüber ist die *erlebte* Spur des unmittelbar Vergangenen in der Präsenz des gegenwärtigen Augenblicks.

Das Erleben von Zeit ist somit ein komplexer Vorgang, der sich nicht mit der Vorstellung begreifen lässt, dass ein intentionaler Akt die Zeit ergreift und gleichsam als eidetisches Bild die Differenz von vorher und nachher konstituiert. Hierfür müsste der intentionale Akt selbst als ein zeitloser Moment erscheinen, der dann die Zeit als semantischen oder symbolischen Inhalt haben könnte. So etwas geschieht beispielsweise im Vorgang des Erinnerns, also dann, wenn wir uns in einem bewussten Akt vergegenwärtigen, was beispielsweise vor einer Woche geschehen ist. Die *noesis* würde hier sozusagen Zeit hervorbringen, indem das Gedächtnis die mit einem Zeitindex versehene Erfahrung symbolisch (re)produziert.

Dementgegen kommt Husserl zu dem Schluss, dass das retentionale und protentionale Bewusstsein nicht als synthetisches Ergreifen eines einzelnen zeitlosen intentionalen Aktes verstanden werden könne.[213] Es sei ja nicht so, dass wir bei einer Tonfolge die unterschiedlichen Klänge gleichzeitig hören würden, sondern im Hören selbst sei nochmals eine Zeitstruktur zu finden. Entsprechend verwirft Husserl die Position, dass das Bewusstsein entweder in die Zukunft *(Protention)*, in die Vergangenheit *(Retention)* oder vergleichend auf beide Momente simultan verweist. Retention und Protention scheinen ihm vielmehr gleichzeitig in jeglichen Akt des Jetzt als *inhärente zeitliche Kontextur* eingewoben zu sein. Hierdurch verflüssigt sich das Bild von einem isolierbaren Bewusstseinsakt, über den von Moment zu Moment neuer Sinn, eine neue Welt ergriffen wird. Stattdessen rückt ein Fluss von Wahrnehmungsakten in den Vordergrund, von denen jeder für sich in einem zeitlich ausgedehnten Raum des Jetzt, einem Hof aus Vergangenheit und künftig zu erwartenden Erfahrungsmomenten verortet ist. Wir treffen somit auf ein Bild sich sukzessive voranschreibender Bewusstseinsmomente, in denen eine realisierte Zukunft (zuvor: Protention) in den Mittelpunkt der folgenden Gegenwart rückt, wobei die vergangene Gegenwart gleichzeitig als Retention für eine gewisse Dauer *präsent* ist.

Bei genauerem Hinschauen zeigt sich, dass Protention und Retention miteinander verwickelt sind. Protentionen erscheinen gleichsam als eine Bewegung von Erwartungen, die sich aus Retentionen speisen. Sobald diese erfüllt oder enttäuscht werden, sinken sie als folgende Retention ins Bewusstsein, um hierdurch einen neuen Erwartungshorizont aufzubauen. Im Hinblick auf seine zeitliche Struktur ist der Bewusstseinsakt also komplex aufgebaut, denn Retention und Protention sind rekursiv in beiden Zeitrichtungen miteinander verwoben. Erleben verlängert sich hier als Erwartungshorizont aus dem zuvor vergangenen Bewusstseinseindruck in eine mögliche Zukunft hinein, die dann mit dem nächsten Bewusstseinseindruck gleichsam in sich selbst einfällt, um das Erwartete entweder zu erfüllen oder einen neuen Erwartungshorizont aufzubauen. Hieraus folgt, dass »die Protention und die Re-tention nicht von der In-tention her« zu verstehen sind, »sondern im Gegenteil, dass das protentional-retentionale Feld selbst die Intentionalität strukturell konstituiert. Dieses Feld ist in zwei Richtungen orientiert, in Bezug auf welche es sinnlos ist, zu sagen, sie seien einander entgegengesetzt (oder auch nicht). [...] Protentionalität und Retentionalität [erscheinen nun] durch einander vermittelt.«[214]

Bewusstsein schaut hier also nicht nach außen, sondern kann sich nur reflexiv auf sich selbst wenden,[215] indem es Zeit verbraucht. Es handelt sich also um einen Prozess, der rekursiv in sich selber eingefaltet ist.[216]

Demgemäß zeigen sich streng genommen zwei Zeiten. Die eine – die phänomenologische Zeit – erscheint als das intentionale Erleben, das von *etwas her* zu *irgendwas hin* führt. Darüber hinaus verweist Husserl auf eine zweite Zeitlichkeit: die transzendentale Zeit, welche die Prozesshaftigkeit selbst ermöglicht. Diese liegt gewissermaßen unterhalb des Erlebens, wird sich aber im Erleben ihrer selbst gewahr, da sich nur durch diese Zeit die phänomenale Zeit ihrer selbst gewahr werden kann. Diese zweite Zeit kann synonym mit einer prozessualen Zeit gesehen werden, welche als ein ständiges und irreversibles Voranschreiten von Ereignissen all diesen Prozessen unterliegt – denn ohne diese Zeit könnte es keine Bewegung geben.

Unweigerlich verwickelt sich die Beschreibung an dieser Stelle in die Paradoxie der Zeit, nach der die Gegenwart außerhalb der Zeit zu stehen scheint.[217] Der Gedanke der Paradoxie rührt daher, dass die Selbstbeobachtung des Bewusstseins einerseits eine rein *zeitlose Präsenz* voraussetzt, die jedoch *in* der *zeitlichen Bewegung* stattfindet. Da der Bewusstseinsprozess wiederum selbst im Sinne der husserlschen Analysen in die Zeit eingefaltet ist, kann das Bewusstsein nicht zeitlos agieren. Und doch scheint es genau die Entfaltung dieser paradoxen Beziehung zu sein, welche die Praxis des Bewusstseins angemessen charakterisiert. Husserl liefert damit unter Aufbietung aller ihm zur Verfügung stehenden begrifflichen Mittel eine recht genaue Beschreibung der *empirischen* Erfahrung des Bewusstseins. Auf diesem Wege stößt man unweigerlich auf jene Paradoxie, deren subjektphilosophische Auflösung zu einer transzendentalen Überhöhung des Bewusstseins führt.[218]

Ein alternativer Weg, mit den hier aufgeworfenen Problemen umzugehen, besteht darin, die husserlsche Beschreibung noch stärker operativ, das heißt systemisch mit Blick auf die durch sie charakterisierten Relationen, zu verstehen, nämlich als verkörperte Reflexionsverhältnisse. Diese Sichtweise auf die phänomenologischen Analysen schlägt auch Armin Nassehi vor: »Bei Husserl lässt sich am Beispiel des Bewusstseins in der Tat bereits jene Figur des selbstreferenziellen Systems finden, das nicht in seiner Umwelt operieren kann und seine Selbstreferenz durch permanenten Dauerzerfall von Ereignissen – also: *in der und durch die Zeit* – sichert. Das System existiert demnach ontologisch je nur in seiner operativen Gegenwart und muss sich somit je neu – nichts anderes heißt: autopoietisch – erzeugen.«[219]

Wenn wir Husserl in letzterem Sinne lesen und vor allem seine Methode ernst nehmen, dann brauchen wir intentionale Akte nicht mehr im Sinne des Common Sense als ein durch sprachliche Typisierungen vermitteltes Ergreifen von äußeren Objekten durch ein inneres Subjekt zu verstehen. Stattdessen eröffnet sich die Chance, diese Prozesse in einer anderen Weise zu modellieren. Sie lassen sich als zeitbasierte, sich rekursiv aufeinander beziehende Ereignisfolgen beschreiben. Wir haben es nicht mehr mit einem Bewusstsein zu tun, das in eine objektive Welt hinausschaut und dort entsprechend seiner Volitionen hineingreift, sondern mit komplexen, hoch vermittelten Prozessen, in denen sich Relationen ereignen, die dann andere Relationen formatieren und gestalten. Wir müssen Handeln nicht mehr als Vollzug eines zuvor angefertigten Entwurfs begreifen, sondern können auf einer tieferen Ebene die Prozesshaftigkeit von

Bewusstseins- und Körpervorgängen betrachten, ohne uns dabei von vornherein auf eine Kausalitätsbeziehung festlegen zu müssen, was zuerst zu geschehen habe.

Neurophänomenologie des Zeiterlebens

Die zentrale Idee des Forschungsprogramms der Neurophänomenologie besteht darin, die Erste-Person-Perspektive gewissermaßen noch ernster zu nehmen, als es dem Common Sense entspricht. Vor dem Hintergrund der vorangehenden Ausführungen zu Husserls Theorie erscheint sie deshalb *nicht* mehr als Verweis auf einen Willensakt, entsprechend dem ein Subjekt äußere Objekte ergreift, sondern sie ist als eine Prozessstruktur zu verstehen, die eine charakteristische und beschreibbare innere Dynamik aufweist. Über eine solche Introspektion ergibt sich die Möglichkeit, Berichte zu erstellen, die mit Blick auf ihre Prozessstruktur mit einer simultan zu erhebenden neuronalen Dynamik in Beziehung gesetzt werden können. Beide Prozesse erscheinen als korrespondierende Ausdrücke derselben Praxisform eines sich in der Zeit hervorbringenden kognitiven Vorgangs.

Was weiß man aus neurologischer bzw. neurophänomenologischer Perspektive über das Zeitbewusstsein? Schauen wir zunächst auf die Zeitskalen des Erlebens in Bezug auf die prozessuale Weltzeit, also jene durch Uhren gemessene Zeit. Das Zeitfenster des Jetzt – dies zeigen etwa die Untersuchungen von Pöppel auf[220] – manifestiert sich als der so genannte *Echospeicher*. In diesem wird das Erleben für zwei bis drei Sekunden im Bewusstsein gehalten. Das, was Husserl als Retention und Protention beschreibt, findet genau in diesem Fenster statt. Außerhalb des Drei-Sekunden-Bewusstseins gibt es keine Präsenz der Vergangenheit, nur Erinnerung im Sinne einer symbolischen Repräsentation des Vergangenen. Ein solcher Erinnerungsvorgang ereignet sich zunächst im Kurzzeitgedächtnis, das im Minutenbereich arbeitet. Es kann die Inhalte nur in symbolisch abstrakter Form repräsentieren und nicht im Format der unmittelbaren Sinnesqualitäten. Später geschieht eine noch stärkere Kondensation im Langzeitgedächtnis.

Wenn wir zudem die unterschiedlichen Zeithorizonte der verschiedenen Sinnesformate betrachten, entsteht ein noch differenzierteres Bild. Das Hörorgan arbeitet mit einer Auflösung von einer Millisekunde, das Auge mit einer Auflösung von dreißig bis vierzig Millisekunden. Bis ein schwacher taktiler Reiz ins Bewusstsein dringt, kann es hingegen bis zu achthundert Millisekunden dauern.[221] Auch die Präsenz von Handlungsimpulsen – hierauf weisen Libets bekannte Untersuchungen hin – wird in Form neuronaler Aktivitäten bis zu eine Sekunde vor dem Zeitpunkt gebahnt, an dem der zugehörige Willensakt als Bewusstseinsakt erscheint.[222]

Im Alltagsbewusstsein erleben wir die verschiedenen Sinnes- und Handlungsmodalitäten in der Regel als synchronisierte Einheit von Erkennen und Handeln. Wir erleben normalerweise nicht, dass sich die Lippenbewegungen unseres Gegenübers nicht im Einklang mit den vom Ohr wahrgenommenen Geräuschen befinden. Ebenso haben wir normalerweise nicht das Gefühl, dass unser Körper in eine Richtung gezogen wird, während unser Bewusstsein hilflos zuschaut. Diese Erlebnisformen zeigen sich nur in einigen seltenen psychiatrischen und neurologischen Krankheitsbildern.[223]

Wie sich unter Voraussetzung asynchroner Datenstrukturen die sinnliche Kohärenz unseres Erlebens aufrechterhalten lässt, wurde zuvor bereits unter dem Stichwort Bindungsproblem diskutiert. Die Lösung des Bindungsproblems wurde erst mithilfe der in den vorangehenden Kapiteln vorgestellten systemtheoretischen Modelle möglich, mittels derer sich die Ausbildung kohärenter Gestalten als eine übergreifende raumzeitliche Integration von Schwingungs- und Resonanzvorgängen erklären lässt. Synchronisation und Überlagerungen unterschiedlicher Frequenzmuster spielen die entscheidende Rolle für die Bindung von Merkmalen und Handlungsaktivitäten zu einer sinnhaften Gestalt. Man braucht kein unabhängiges Seelenwesen mehr, das – wie noch John Eccles und Karl Popper angenommen haben – die unterschiedlichen Zeithorizonte verrechnet und zu einem einheitlichen Bild integriert.[224]

So abstrakt diese Beschreibungen zunächst klingen mögen, so hat das dynamizistische Modell den Vorteil, dass es eine einzigartige Nähe zu den phänomenologischen Qualitäten unseres Erlebens zeigt: die »Leiblichkeit«, die »Situiertheit, seine Sensitivität auch für die zeitliche Struktur impliziter Kontexte«, seine Bezogenheit auf andere kognitive Systeme und die semantische Koevolution, seinen flüssigen, transienten und »nie vollständig prognostizierbare[n] Charakter, der häufig durch abrupte ›Phasenübergänge‹ gekennzeichnet ist und fast immer ein aktives, schöpferisches Moment beinhaltet. All dies finden wir bei der Anwendung der nicht-linearen Dynamik auf kognitive Systeme wie von selbst als die natürlichen Eigenschaften derselben wieder.« Nicht Symbole und Regeln, wie im Computermodell des Kognitivismus, sondern »Lernregeln, Aktivierungsvektoren oder Trajektorien durch Gewichtungsräume« sind nun die »begrifflichen Grundbausteine« der Kognition.[225]

Schauen wir aus dieser Perspektive auf unsere Ausgangsfrage, nämlich das Problem, wie sich das Zeitbewusstsein konstituiert. Insbesondere Varela und seine Arbeitsgruppe haben diesbezüglich einige aufschlussreiche Untersuchungen vorgelegt, auf die wir im Folgenden etwas ausführlicher eingehen werden.[226]

Wie auch Pöppel unterscheidet Varela drei Zeitskalen. Die 1–10-Skala spielt im Bereich von 10–100 Millisekunden und referiert auf all jene wahrnehmbaren Ereignisse, die in der Kognition als nichtsimultan erfasst werden können. Sie verweisen auf das zeitliche Auflösungsvermögen von Wahrnehmungsprozessen, also beispielsweise auf die Frequenz, ab der das Flackern einer Lampe als ein konstantes Licht erlebt wird. Die 1-Skala entspricht dem husserlschen Zeitfenster des ausgedehnten Jetzt, also jenem Horizont, unter dem der intentionale Bogen aus Retention und Protention wahrgenommen wird. Die 10-Skala verweist auf die darüber hinausgehenden Zeithorizonte eines deskriptiv-narrativen Zugangs zu Erinnerungsinhalten.[227]

Als *Neurophänomenologe* referiert Varela in seinen Untersuchungen auf zwei verschiedene methodologische Zugänge. Der eine liegt in der husserlschen Beschreibung des Zeiterlebens, also der Frage, wie Retention und Protention in der Koppelung der Urimpressionen der einzelnen Bewusstseinsakte verwickelt sind. Dies könnte durch den Bericht von Versuchspersonen in Daten überführt werden. Ein Proband kann Auskunft darüber geben, wann er eine Gestalt erkennt, wann beispielsweise ein mehrdeutiges oder verrauschtes Bild in eine neue Form der Wahrnehmung kippt. Der andere Zugang, auf den sich Varela bezieht, beruht auf einer systemischen Rekonstruktion der Phasenbeziehungen von unterschiedlichen, räumlich verteilten neuronalen Aktivitäten. Hier könnte man mit hochauflösenden, EEG-verwandten Verfahren die gesuchten Daten errechnen. Dank entsprechender Mathematik, die mittlerweile mit *reentranten*, d. h. rekursiv in sich wieder eintretenden Verhältnissen umzugehen gelernt hat,[228] lässt sich unter Zuhilfenahme leistungsfähiger Computer rekonstruieren, wann und wo im Gehirn Schwingungsmuster in Phasenkohärenz auftreten, also wann und wo sich Aktivitäten miteinander in Resonanz befinden.

Varelas Ansatz besteht darin, dass er beide Beschreibungsebenen miteinander in Beziehung setzt. So korrespondiert etwa auf neurologischer Ebene die Gestalterkennung von Kippbildern mit einem Zustandswechsel der sich rekursiv stabilisierenden Hirnaktivitäten, die von einem Ort im *Phasenraum* zu einem anderen wandern.

Die Bindung unterschiedlicher sensorischer Inputs zu einer Einheit und die Synchronisation unterschiedlicher Zeithorizonte zu einer *Gegenwart* erscheinen – so die empirischen Befunde – synonym mit jeweils einem aktivierten, raumzeitlichen *Frequenzmuster*, welches ständig von einem Schwingungszustand in einen anderen übergeht. Da diese Prozesse also an sich schon *transienter* und *reentranter* Natur sind, erscheinen Retention und Protention aus dieser Perspektive gleichsam in die neuronale Repräsentation als selbstbezügliche Form mit eingewoben. Der intentionale Bogen korreliert folglich mit dem Aufbau eines Phasenraums und dem gleichzeitigen Abklingen eines anderen. Dieser Übergang von einem Muster in ein anderes braucht etwa zwei bis drei Sekunden. In diesem Sinne erscheint die husserlsche Struktur der Intentionalität auch auf neurologischer Prozessebene als inhärenter Bestandteil eines jeden kognitiven Akts. Sie findet ihren Ausdruck auf neurologischer Ebene darin, dass ein charakteristisches Schwingungsmuster nur aus einem anderen charakteristischen Schwingungsmuster hervorgehen kann – und dieser Prozess verbraucht Zeit.[229]

Auf diesem Weg kommen wir schließlich mit Varela zu einer naturalisierten Phänomenologie. Die Beschreibungen der inneren Zeitstruktur des Bewusstseins korrelieren strukturell mit einer Landschaft aus Phasenräumen, die sich in Anpassung an neue Reizkonstellationen immerfort verschieben.[230] Kognition findet aus dieser Perspektive immer verkörpert statt. Die Idee eines unabhängigen Seelenwesens ist damit endgültig haltlos. Auch die Annahme eines isolierbaren Gehirns bietet keinen Spielraum mehr, weil ein von Körper und Umwelt abgetrenntes Hirn, das beispielsweise in einem Tank mit Nährlösungen aufbewahrt wird, von seinen sensomotorischen Kreisen abgeschnitten wäre. Ohne das Feedback der sensomotorischen Kreise würden keine stabilisierenden Resonanzen zustande kommen. Das Hirn könnte infolgedessen keinen intentionalen Bogen als kohärente innere Zeitstruktur mehr ausbilden.[231] Außerdem ergibt es keinen Sinn, die neuronalen Korrelate des Bewusstseins an einem bestimmten Ort im Gehirn lokalisieren zu wollen, denn gerade auf physikalischer Ebene können Bewusstseinsprozesse nicht als lokalisierbare Entität, sondern nur als azentrische dynamische Prozesse gefasst werden.[232]

Durch welche weiteren Eigenschaften lassen sich diese transienten, raumzeitlich organisierten Frequenzmuster charakterisieren?

Eine Besonderheit liegt in der rekursiven Natur ihrer Genese. Innerhalb des Fensters des Jetzt entziehen sich sowohl Zeit als auch Kausalität einer linearen Beschreibung. Hier könnte sozusagen auch das Ende den Anfang modifizieren. Die Rentention erscheint ebenso durch die im Jetzt erfahrenen Zustände gefärbt, wie die Protention durch die Retention geformt wird.[233] Sensomotorische Aktivitäten modulieren diese Prozesse, indem sie bestimmte Transitionen nahelegen. Wahrnehmung heißt vor diesem Hintergrund endgültig nicht mehr, dass eine äußere Wirklichkeit erkannt wird, sondern sie erscheint als ein *Resonanzphänomen*, entsprechend dem Bewegungsmuster, interne Aktivitätsmuster und Sinnesdaten in einem komplexen Zusammenspiel ein neues Muster, eine neue Kohärenz herausbilden.

Auch das Handeln darf hiermit nicht mehr als linearer Prozess verstanden werden, in dem die durch das Bewusstsein vorangestellten Möglichkeiten durch den Willensakt ergriffen werden. Vielmehr ist eine Handlung als verkörperte Kognition zu fassen – etwa indem das Gehirn bestimmte Muster in das neuromuskuläre System projiziert, um dann die Rückmeldung aus dem Körper in die Ausformung von Protentionen und Retentionen einfließen zu lassen. Ohne das Körperfeedback würde das Gehirn zu keiner Entscheidung kommen können. Es könnte nicht mehr zu einem stabilen Muster finden, in das es einrasten könnte.[234]

Mit Varela sind diese Prozesse zudem in eine *emotionale Tönung* eingebettet, welche als präreflexiver Prozess die Entfaltung der Protention und Retention ihrerseits formatiert.[235] Diese affektive Komponente stellt dabei keineswegs nur einen randständigen Faktor in einem prinzipiell auch ohne Affekt tragenden Gebilde dar. Vielmehr ist die emotionale Tönung eine notwendige Voraussetzung, um dem kognitiven Prozess überhaupt eine Richtung geben zu können. Erst der Fluss von Empfindungen und die hieran anschließenden Bewertungen – so auch Pöppel – halten die Kontinuität des Erlebens aufrecht:

> »Jeder Bewußtseinsinhalt hat eine gefühlsmäßige Tönung und Bewertungsfärbung: Es ist gut oder schlecht. Kontinuität im Erleben ist abhängig von der gleichen Bewertung, der gleichbleibenden Interessenlage. Diese gefühlsmäßige Tönung, dieser Regulationsmechanismus, ist im Hintergrund der Hirntätigkeit immer vorhanden. Die Bewertungsarbeit des Gehirns kann in Form von Gefühlen bewußt werden, läuft

aber in der Regel am Rand ab oder außerhalb des Bewußtseins. Diese Bewertungen haben lange Zeitkonstanten.«[236]

Da die phänomenologische Zeit eine Konstruktion des kognitiven Prozesses darstellt, ist es möglich, Gefühle aus Vergangenheit und Zukunft im Hier und Jetzt zu erleben. Wenn wir in der Vergangenheit eine unangenehme Situation erlebt haben, jemand hat uns beispielsweise beleidigt, können wir die Bilder, Geräusche und Empfindungen, die dieser Situation entsprechen, zu einem späteren Zeitpunkt erneut erzeugen und in die hiermit verbundenen Empfindungsmuster eintauchen. Zudem können wir zukünftige Ereignisse antizipieren. Wir können beispielsweise in unserer Fantasie eine bedrohliche Situation kreieren und dieses Bild mit den dazugehörigen Gefühlen von Angst und Erregung bereits im Hier und Jetzt erleben.

Die Imagination der Zeit durch den geistigen Prozess kennt dabei keine wirkliche Unterscheidung zwischen Vergangenheit und Zukunft, da beides sowieso nur im *Raum* der Gegenwart entfaltet werden kann.[237] Vom Standpunkt des neurobiologischen Konstruktivismus aus stellt die zeitliche Integration nichts anderes dar als die Bildung einer inneren Kohärenz im Erleben, die in Hinblick auf die übergreifende zeitliche Dynamik nur zwischen Synchronizität (also Zusammenhang) und Asynchronizität (also kein Zusammenhang) unterscheiden lässt. Das Erleben von Zeit und die Konstruktion der hieran anschließenden Zeitbegriffe Zukunft und Vergangenheit entfalten sich dabei als komplexe kognitive Differenzierungen, die ihrerseits die aktive Auseinandersetzung des Organismus mit der Umwelt voraussetzen. Luc Ciompi formuliert dies folgendermaßen:

»Sowohl Raum wie Zeit sind [...] eine mit der Erfahrung engstens verbundene ›Logik‹. Sie sind gleich allen anderen kognitiven Begriffen zunächst vor allen Dingen ein System konkreter Operationen, bevor sie nach und nach als geistige Begriffe internalisiert, abstrahiert und formalisiert werden.«[238]

Muster zeitlichen Erlebens entwickeln sich erst in der rekursiven Interaktion eines Organismus mit seiner Umwelt.[239] Wenn ein Kind beispielsweise einen fliegenden Ball fangen will, muss es lernen, die Veränderung des Balls in seinem Gesichtsfeld mit der Bewegung seiner Arme und Beine zu koordinieren. Anfangs ist das Kind unbeholfen und greift oftmals daneben, doch mit zunehmender Übung wird das Fangen immer sicherer. Das Kind *entwickelt* nun kognitive Muster der zeitlichen Differenzierung, indem es lernt, in seinem Handeln und Erleben in bestimmter Weise Unterschiede in Beziehung zu setzen. Finden erfolgreiche zeitliche Koordinationen von Erkennen und Handeln statt, werden diese rekursiv stabilisiert. Mit zunehmender Erfahrung entwickeln sich komplexere Handlungsmöglichkeiten.

Die zeitliche Differenzierung und Integration beruht allein auf Reflexionsbeziehungen, in denen Relationen Relationen relationieren. Dieser Prozess kann immer nur im Fenster des *Jetzt* stattfinden, weil, wie bereits gesagt, aufeinanderfolgende Ereignisse nur im kognitiven Muster einer *gegenwärtigen* Gestalt integriert werden können:

> »Mit dieser Auffassung geben wir dem nun erlebten Jetzt eine neue Bedeutung. Das Jetzt, die subjektive Gegenwart, ist gar nichts Eigenständiges, sondern ist ein Attribut des Bewußtseinsinhalts. Jeder Bewußtseinsinhalt ist notwendigerweise immer Jetzt, daher das Jetztgefühl. Aber *jetzt* ist nicht Inhalt des Bewußtseins – es sei denn, wir machen im Nachdenken das Jetzt zu diesem Inhalt. Aber dann ist das Nachdenken über das Jetzt der Bewußtseinsinhalt, und dieser Inhalt ist wiederum *jetzt*. Wir hätten es dann mit zwei ›Jetzten‹ zu tun, die jeweils etwas anderes bedeuten.«[240]

Was wir an *Zeitlichem* erleben, seien es Vergangenheit oder Zukunft, Ängste oder Hoffnungen, erzeugen wir in der Gegenwart.

Bewusstsein und Tod

Der Erfolg der Autopoiesis des Bewusstseins ist das Erleben des Jetzt. Entsprechend dem *Prägnanzgesetz* der Gestaltpsychologie kann das Bewusstsein nur die Gestalt des Jetzt als Positivität erfahren. Das Bewusstsein kann *nicht* seine eigene Nichtexistenz erleben, davon geht auch Luhmann aus:

> »Den eigenen Tod kann man sich als Ende des Lebens vorstellen, nicht aber als Ende des Bewußtseins. [...] Alle Elemente des Bewußtseins sind auf die Reproduktion des Bewußtseins hin angelegt, und dieses Undsoweiter kann ihnen nicht abgesprochen werden, ohne daß sie ihren Charakter als Element des autopoietischen Reproduktionszusammenhangs verlören. In diesem System kann kein zukunftsloses Element, kein Ende der Gesamtserie produziert werden, weil ein solches Element nicht die Funktion eines autopoietischen Elements übernehmen, also nicht Einheit sein, also nicht bestimmbar sein könnte. [...] Der Tod ist kein Ziel. Das Bewußtsein kann nicht an ein Ende gelangen, es hört einfach auf.«[241]

Der erlebte Augenblick befindet sich immer an der Grenzfläche zwischen Leben und Tod. Gleich einer Welle im Meer taucht ein Bewusstseinsmoment des Jetzt aus dem Ozean des Nicht-Bewusstseins auf und verschwindet dort wieder. Erleben kann immer nur im Bereich der Positivität stattfinden. Es präsentiert immer etwas, nicht jedoch die kopräsente Negativität des Todes. Wir können deshalb keine Diskontinuität im Bewusstsein wahrnehmen, weil die Lücke zwischen den Bewusstseinsmomenten *Nichts* ist. Jenseits der kohärenten Konstruktion der kognitiven Prozesse gibt es kein Bewusstsein.

Gleiches gilt dann selbstredend für das Denken, welches – wenn einmal in Koproduktion von Psyche und sozialen Prozessen entstanden – beginnt, zwischen Subjekt und Objekt, zwischen Selbst- und Fremdreferenz zu unterscheiden. Auch das Denken hat immer einen Gegenstand, sei es der Gedanke selbst, auf den es verweist, oder aber eine wie auch immer geartete Referenz auf eine sinnliche Erfahrung. Es hat immer *etwas* zum Inhalt und kann nicht *nichts* zum Inhalt haben. Man könnte jetzt einwenden, dass sich doch auch die Negation des Seins thematisieren lässt, man kann zum Beispiel sagen »dieses Ding gibt es hier nicht«, doch diese semantische Operation funktioniert nur, weil ein Satz formuliert wird, der nun wiederum als ein Gedanke objektiviert werden muss. Man kann nicht denken, ohne *etwas* zu denken. Das absolute *Nichts* ist ein Bereich, der weder sinnlich erlebt werden noch positivsprachlich in sinnvoller Weise gefasst werden kann.

Sowohl das Bewusstsein als auch das Denken erzeugen damit *nolens volens* immer ein Seinsverhältnis im Sinne einer Monokontextur, entsprechend der etwas immer eindeutig ist (das Wahrgenommene oder Gedachte) oder nicht ist. Tertium non datur. Innerhalb einer monokontexturalen Welt muss damit ein absoluter Bruch zwischen Leben und Tod erscheinen.

In einer polykontexturalen Welt ist der Tod jedoch nur ein graduelles Phänomen. Innerhalb der Totalität aller in der Welt bestehenden Reflexionsverhältnisse hören bestimmte Kontexturen auf, während andere fortbestehen oder neue hinzukommen.[242] In diesem Zusammenhang lässt sich dann etwa sagen, dass *etwas* in Hinblick auf bestimmte Reflexionsverhältnisse als *tot* erscheint, während es zugleich in anderen Umwelten weiterhin *lebendig* ist.[243] Dieses Prinzip lässt sich anhand des Beispiels einer Herztransplantation verdeutlichen. Dabei scheint ein Teil des Sterbenden zu überleben, aber dann stellen sich die Fragen: »Ein Teil *von wem* überlebt?« und »*In wem* überlebt der Teil?«. Dieser Umstand betrifft aber im Grunde genommen alle lebendigen Prozesse, sofern man das Leben monistisch immanent erklären möchte, d. h., sofern man nicht auf ein exmanentes Erklärungsprinzip zurückgreifen will (etwa auf ein Seelenwesen, das außerhalb der Lebensprozesse zu verorten ist).

Das Dilemma – oder wenn man so will: die Paradoxie – einer polykontexturalen Welt besteht darin, dass man in ihr nur monokontextural beobachten kann, denn es kann in ihr nur *etwas* beobachtet werden. Damit kann die Verwobenheit der sich selbst konditionierenden Reflexionsverhältnisse nicht als Ganzheit in den Blick genommen werden. Die Beobachtung kann das Bedingungsgeflecht, dessen sie sich verdankt, nicht sehen. Oder wie es George Spencer-Brown ausdrückt: *»Existence is a selective blindness«.*[244]

Diese Perspektive eröffnet mit Emmanuel Lévinas die Option, den Tod nicht als Negation des Bewusstseins zu sehen, sondern als die andere Seite einer Beziehung, die dem Bewusstsein jedoch prinzipiell nicht zugänglich ist, wenngleich sie immer schon vorhanden ist und die konstitutionelle Voraussetzung für das Geheimnis des Bewusstseins darstellt:

> »Das Unbekannte des Todes, der sich nicht von vornherein als Nichts gibt, sondern der korrelativ ist zu einer Erfahrung der Unmöglichkeit des Nichts, bedeutet nicht, daß der Tod eine Region ist, aus der niemand zurückgekommen ist und die folglich in der Tat unbekannt bleibt; das Unbekannte des Todes bedeutet, daß die Beziehung zum Tod sich nicht im Licht vollziehen kann; daß das Subjekt in Beziehung zu dem ist, was nicht von ihm kommt. Wir können auch sagen, daß es in Beziehung mit dem Geheimnis steht.«[245]

Das Geheimnis der Koproduktion

Your Inside is Out and Your Outside is In.
Ranulph Glanville[246]

In den vorangehenden Ausführungen haben wir gewissermaßen eine Geschichte der Evolution von Systemen erzählt. Sie erscheinen dabei als Einheiten, die auf spezifische Weise auf Unterschiede reagieren. Solche Systeme verarbeiten Information in dem Sinne, dass ein Unterschied einen Unterschied auslöst. So kann beispielsweise innerhalb des kybernetischen Regelkreislaufs einer modernen Heizung ein Temperaturunterschied eine Änderung des Systemzustandes hervorrufen, in dessen Folge das Heizaggregat an- oder abgeschaltet wird. In der Belousov-Zhabotinsky-Reaktion (siehe Abb. 3) führen Unterschiede in bestimmten Stoffkonzentrationen innerhalb der autokatalytisch moderierten chemischen Prozesse zu sich räumlich und zeitlich entfaltenden Mustern, die dann ihrerseits in die Prozesse des Stoffumsatzes eingreifen, der diese Muster hervorbringt. In der Autopoiesis von Zellen und Organismen werden somit durch Unterschiede in den Stoffflüssen Prozesse organisiert, welche die Struktur der Zellen und Organismen moderieren und damit wiederum die Organisation der Stoffflüsse. Für einen Stein macht es keinen Unterschied, ob es heiß ist oder regnet, für einen Organismus sehr wohl, und er wird sich in der Regel auf Wetterveränderungen einzustellen wissen.

Lebewesen sind nicht nur in einer Umwelt, sondern sie verhalten sich auch zu dieser Umwelt (sie *haben* also eine Umwelt). Sie zeigen ihr gegenüber Eigenaktivität und erscheinen damit als nichttriviale Maschinen, die durch die Geschichte ihrer vergangenen Interaktionen konditioniert werden und deshalb für einen äußeren Beobachter nicht mehr berechenbar sind. Tritt man einen Stein, so bewegt er sich in der Trajektorie, die der Fußbewegung entspricht. Tritt man demgegenüber einen fremden Hund, so ist seine Reaktion unberechenbar. Zusammengefasst: Das Verhalten lebendiger Systeme erscheint gerichtet und von eigenen, inneren Impulsen gesteuert, sodass ein äußerer Beobachter leicht Intentionen oder gar willentlich veranlasstes Verhalten unterstellen könnte.

Hinreichend komplexe Lebensformen sind zudem in hohem Maße lernfähig, das heißt, dass sie sich in Hinblick auf die Organisation ihres Verhaltens von der Interaktion mit der Umwelt konditionieren lassen, indem sie miteinander kommunizieren. Als weiterer Schritt komplexer Koppelungen und Relationierungen entsteht bei uns Menschen der sprachliche Bereich als jene intime Sphäre unseres Lebens, in der semantische Figuren als zentraler Aspekt unseres Erlebens erscheinen. Worte – und scheinen sie auch noch so abstrakt – sind dabei jedoch nur als verkörperte, das heißt gefühlte und sinnhaft vermittelte Relationen von Bedeutung. Nur in gelebter Interaktion und im kulturellen Kontext ergeben sie Sinn. Die Zeichen 恩爱 lösen beispielsweise meistens bei einem Deutschen keine spezifischen körperlichen Reaktionen aus, sehr wohl jedoch bei einem Chinesen.[247]

Aus den Organismen, die im Reich der Sprache leben, können nun Ich-Sager hervortreten. Hiermit erscheinen sozial und körperlich konditionierte Gefühls- und Bedeutungshorizonte, die mit dem Wort *Ich* assoziiert sind und weiteres Erkennen und Handeln instruieren.

Schon die verwendeten Formulierungen deuten an, dass in diesen Prozessen Psychisches, Neuronales, Körperliches und Soziales unentwirrbar miteinander verbunden sind. Worte und Konzepte wie *ich, du, mein, dein* etc. werden im Körper gefühlt, in neuronalen Aktionsmustern präsentiert und in sozialen Semantiken konfiguriert. Es kann also nur noch analytisch, jedoch nicht mehr operativ auseinandergehalten werden, was als körperlich, psychisch oder sozial zu gelten hat.

Da sich im Gehirn keine zentrale Integrationsstelle ausmachen lässt, die als übergeordnetes Ich oder Selbst identifizierbar ist, stellt sich die Frage, inwieweit *Selbstkonzepte* und deren neuronale Verkörperungen selbst *kulturabhängig* sind. Antworten hierzu geben etwa die Studien von Shihui Han und George Northoff, in denen vergleichend untersucht wurde, wie sich bei Chinesen und Nordamerikanern Selbstkonzepte in bildgebenden Verfahren als neuronale Repräsentation darstellen lassen.[248] Dabei zeigte sich etwa, dass wenn Chinesen sich selbst thematisieren, Regionen im Gehirn aktiviert werden, die auch beim Denken an die eigene Mutter beteiligt sind. Bei Amerikanern ist dies nicht der Fall. Hier wird die Idee des Selbst nicht mit der Mutter verbunden. Ebenso zeigen sich unterschiedliche Muster neuronaler Repräsentation, je nachdem, ob sich die Probanden als Atheisten, Buddhisten oder Christen beschreiben. All dies lässt deutlich werden, dass das, was wir üblicherweise als unser Selbst bezeichnen, ein komplexes, unentwirrbares, kulturelles und körperliches Geflecht darstellt, das in gemeinsamer *Koproduktion* entfaltet wird.

An dieser Stelle erscheint der Begriff Koproduktion zunächst nur als ein Wort, das eher verdeckt als erhellt. Denn es suggeriert, dass die Dinge einfach und verständlich seien, anstatt in seltsamen Schleifen ineinander verwoben.

Lebende Systeme reproduzieren sich durch Welt, sind also prinzipiell nicht verschieden von Welt. Die Moleküle der stofflichen Flüsse, welche wir durch Nahrung aufnehmen und wieder ausscheiden, unterscheiden nicht zwischen innen und außen. Unsere Zellen werden im Stoffwechsel ständig erneuert, ihre Bausteine werden ausgetauscht und entsprechend erscheint die Identität eines Organismus nicht als ein festgelegtes Ding oder eine sonstige Entität. Sie lässt sich nur als ein Fluss fassen, der im Fließen jene Strukturen hervorbringt, die es einem Beobachter erlauben, Unterscheidungen zwischen innen und außen oder Selbst- und Fremdreferenz zu treffen.

Um es noch mal anders zu formulieren: Systeme sind eine Funktion ihrer selbst und ihrer Umwelt (formal: $S = f(S, U)$). Sie sind damit identisch und nicht identisch mit sich selbst, sind zugleich autonom wie heteronom, Teil der Welt wie auch unterschieden von der Welt. Sie sind streng genommen keine Objekte oder Subjekte, sondern jene im Fluss von Operationen vollzogene Grenzziehung, welche erst zwischen innen und außen unterscheiden lässt. Systeme sind gewissermaßen Schnittstellen, die ihren eigenen Betrieb aufrechterhalten. Sie sind eine Welt, die in sich selbst Unterscheidungen einführt, die dann als System/Umwelt-Differenz erscheinen. Dabei sind System und Umwelt auf anderer Ebene als Einheit zu verstehen – nämlich als die eine Welt, die als Einheit nicht zugänglich erscheint, weil letztendlich jede Kognition auf Differenz und Unterscheidung beruht und damit jene systemische Selektivität herstellt, in der es innen und außen gibt. Ohne Unterscheidung ist keine Kognition, kein Erleben, kein Handeln und eben auch keine Information möglich. Information zeichnet immer nur Bestimmtes im Zusammenhang eines bestimmten Kontextes aus, was zur Folge hat, dass anderes unbestimmt bleibt. Folglich muss die Einheit der Differenz, also die Einheit von System und Umwelt[249], verborgen bleiben.

Wie oben erwähnt, kann das Geheimnis der konditionierten Koproduktion mit den Worten von Spencer-Brown als »*Existence is a selective blindness*« umschrieben werden. Es beginnt mit dem Treffen einer Unterscheidung, wobei nicht mehr zu sagen ist, *wer* die Unterscheidung getroffen hat, da im Gewebe der Welt jene isolierbare Entität, die als Akteur identifizierbar wäre, nicht zu finden ist. Im Gehirn lässt sich kein inneres Seelenwesen finden, kein Homunkulus, der als Beobachter den Menschen steuert. Nach allem, was wir bis heute wissen, verlaufen neuronale Prozesse polyzentrisch vernetzt. Der Ort, an dem das Ich sitzt, ist bislang nicht gefunden und alles spricht dafür, dass das Ich überhaupt keinen Ort hat. Vielmehr treffen wir auf allen Ebenen des Lebens auf Prozesse, die Differenzen hervorbringen, an denen sich dann andere Differenzen ausrichten und ausdifferenzieren.[250]

Draw a distinction erscheint als die universelle Anweisung, entsprechend der lebendige Formen jene Kognitionen erzeugen, die für ihre weitere Reproduktion und Ausrichtung instruktiv werden. »Jedes

Tun ist Erkennen, und jedes Erkennen ist Tun«[251] heißt die Maxime all jener sich selbst informierenden Prozesse, in denen ein Unterschied einen Unterschied bewirkt. Hier gelangen wir *nolens volens* zu einem komplexen Informationsbegriff, da ein Unterschied nur in bestimmten Kontexten zur In-Formation führt, das heißt zu einer Bedeutung, die den Ausgangsunterschied transzendiert. Unterschiede sind immer *interpretierte* Unterschiede. Sie setzen also einen Prozess voraus, in dem etwas geschieht, was wiederum etwas anderes geschehen lässt. Nur für einen lebendigen Organismus – also für ein System – hat ein Unterschied Bedeutung, denn nur ein Organismus hat eine Umwelt, die es zu (Re-)Aktionen herausfordert.

Hiermit treffen wir gleichsam auf eine Protoform von *Sinn*. Diese ist in allen lebendigen Prozessen eingelagert zu denken, denn Unterschiede bekommen erst im Kontext von Leben Sinn. Sei es ein Einzeller, etwa ein Pantoffeltierchen, das versucht, durch Bewegung einem Gift zu entkommen,[252] eine Pflanze, die sich an der Sonnenbewegung ausrichtet, oder aber der Mensch, den Worte verletzen können. Überall treffen wir auf ein einfaches Grundprinzip, entsprechend dem Zeichen für einen Organismus insofern bedeutend sind, als sie Unterschiede markieren, an denen die Organismen ihr Verhalten und damit auch ihre Struktur und Lebensprozesse ausrichten.

Solche Prozesse spannen ihre eigene Zeit auf, indem sie eine Ausrichtung im Sinne einer Bewegung erzeugen und somit ein Vorher und Nachher hervorbringen. Die Innen-Außen-Unterscheidung ist hierbei rudimentär angelegt, weil ein Zentrum erscheint, von dem aus agiert wird. Es passiert jetzt etwas. Etwas *zeitigt* sich als eine Verkettung von Hervorbringungen an, die mit dem Hervorbringen eine Richtung implizieren (von hier dorthin), welche mit Bewertungen einhergeht (hin oder weg wollen, positive oder negative Empfindungen).

Zugleich entsteht der *Zeitpfeil* der *Irreversibilität*, denn das, was passiert, generiert eine Pfadabhängigkeit, die determiniert, was im Folgenden passieren kann.

Im Gegensatz zu der physikalischen Zeit eines Blockuniversums, in der Zukunft und Vergangenheit gleichzeitig da sind und alles schon immer gewesen ist, da der Verlauf der Welttrajektorien im Prinzip schon durch die Grundgleichungen bestimmt ist, begegnen wir hier einer Zeit, die einen Unterschied macht, in der also eine Gegenwart erscheint, die Vergangenheit und Zukunft voneinander scheidet und in der (In-)Formation als Einfaltung von Welt in sich selber geschieht.[253] Man könnte auch sagen: Passieren informiert. Passieren lässt passieren und trifft auf anderes Passieren, das dann wiederum anderes passieren lässt. Das Passieren findet also innerhalb einer Pfadabhängigkeit statt, entsprechend der vergangene Ereignisse die gegenwärtigen Möglichkeiten konditionieren.

Auf diese Weise gelangen wir schließlich zu immer komplexeren Formen der konditionierten Koproduktion, die fortwährend die Bedingungen der Möglichkeit weiterer Zeitigung generiert. Auf Ebene der Psyche zeigt sich dies in der Bewegung, die in der Phänomenologie als Intentionalität gefasst wird und die als Gerichtetheit des Bewusstseinsaktes (als Wollen) empfunden wird.

In Bezug auf die Beschreibung von Körpervorgängen begegnen wir hier dem Grundmechanismus einer nichttrivialen Maschine, die aufgrund ihrer Lernerfahrung eine Geschichte bekommt, um hieran anschließend eine Eigenaktivität zu entwickeln, die dann einen Unterschied für andere nichttriviale Maschinen macht.

Das *Zeitigen* – als Erscheinen eines pfadabhängigen Passierens – lässt sich aus dieser Perspektive gleichsam als Protoform von Sinn auffassen. Man könnte zwar einwenden, dass dies bei primitiven biologischen Formen rein mechanisch und ohne Wahlfreiheit bzw. alternative Möglichkeitshorizonte geschehe und man deshalb hier eigentlich noch nicht einmal in rudimentärer Form von Sinn reden könne. Doch aus der oben geschilderten Disposition ließe sich antworten, dass alternative Möglichkeitshorizonte als verkörperte Operationen des sprachlichen Bereichs nichts anderes darstellen, als Operationen, die zeitigen – und eben deshalb nicht mit *wirklichen* Möglichkeiten (was immer das auch heißen mag) verwechselt werden dürfen. »Freiheit und Wille« dürfen nach Peter Fuchs also nicht »als ontologische Vorgegebenheiten« definiert werden, sondern erscheinen »als Gewöhnungseffekte dessen, daß Auskünfte über Motive sozial und unter Zeitdruck erzwungen werden«.[254]

Alle in unserem Alltag vertrauten Sinnformen könnte man als abgeleitete Phänomene verstehen, als weiteres Einschachteln von In-Formationen, die Pfade erzeugen, die weitere Differenzen aufreißen, die dann ihrerseits die Möglichkeit eröffnen, dass die entstandenen Formen interagierend durch In-Formation Weiteres passieren lassen. Jede dieser In-Formationen geht auf physiologischer Ebene mit Körperprozessen und auf psychischer Ebene mit Empfindung einher, denn erst hierdurch wird sie mit wertender und damit gerichteter

Zentriertheit ausgestattet, welche Welt dann von der Innenseite erleben lässt.

Für hinreichend komplexe Arrangements, die auf sozialer Koppelung solcher In-Formationen beruhen, wird darüber hinaus Selbst- und Fremdreferenz thematisierbar und – gleich einem Spiegel im Spiegel – in- und miteinander relationierbar. Aus der gemeinsamen Koproduktion sozialer In-Formation und psychischer In-Formation erscheint für den Beobachter die Möglichkeit zur Selbstreferenz als nun auch *gefühlte* Option, »Ich« zu sagen.[255] Zugleich sind aus einer übergeordneten Perspektive nur Bewegungen auszumachen, ohne dass ein Beweger anzutreffen wäre. Es passiert also nur *etwas*, es passiert jedoch *niemandem*, weil nur das Erleben geschieht, jedoch kein »Erleber« zu finden ist.

Insbesondere Peter Fuchs hat die vorangehenden Gedanken zum Ausgangspunkt genommen, um eine *Allgemeine Theorie der Sinnsysteme* zu entwickeln. Im Folgenden beschäftigen wir uns mit den wichtigsten Konsequenzen einer solchen Theorie.

Zunächst – dies muss hier nochmals gesagt werden – dürfen Systeme nicht mit Dingen verwechselt werden. Sie sind weder Subjekt noch Objekt, sondern stellen ein transklassisches Phänomen dar:

> »Das System als Differenz ist definitionsgemäß kein ›Ding‹, kein Raum, keine Hülle, kein Be-Inhalter. Es ist, wenn man so will, ein transklassisches ›Unjekt‹, über das sich mit herkömmlichen Erkenntnismöglichkeiten kaum reden lässt. Im Duktus der negativen Theologie ist es wie Gott, von dem man nichts aussagen kann, ohne ihn einzuschränken, ohne seine Andersheit zu verkennen. Und hier ist es ein ›Ununterschiedenes‹, das (paradox) nur als Unterschiedenes unterschieden (ideiert) werden kann – hängend an der Konstruktion eines Beobachters, der Unterscheidung und Bezeichnung handhabt, aber selbst (genommen als System) hinter seinen Operationen verschwindet und nur so etwas wie die Spur basaler Selbstreferenz hinterlässt – als irgendwie Situiert-Sein in einer Zusammengehörigkeit, die wiederum nicht ›Ding‹ ist, sondern die Reproduktion von Differenz. [...] Das Problem zeigt sich auch, wenn man nach der Form des Systems fragt. Die beobachtungsleitende Unterscheidung ist System/Umwelt, die bekannte Formel: ~~System~~ = System/Umwelt, wobei das Zeichen Barre als Symbol der Einheit der Differenz fungiert. Anders ausgedrückt. Die Einheit der Unterscheidung ist: Differenz, das in der Unterscheidung Ausgeschlossene ersichtlich: das System als Einheit.«[256]

Die Systemtheorie pointiert die Tatsache der *Koproduktion* und lässt deutlich werden, dass außerhalb von Systemen immer schon mehr ist als einfach nur Unordnung. Hierdurch wird einer autistischen Rezeption des Systembegriffs, die zum Bild selbstgenügsamer Monaden führt, eine klare Absage erteilt. Systeme reproduzieren sich vielmehr als Reflexionsverhältnis in Koproduktion mit einer Welt, die Unordnung *und* andere Systeme enthält. Auf diese Weise kann sich die Erklärung autopoietischer Prozesse auch radikal vom Substanzbegriff lösen, denn wenn Systeme auf Reflexionsbeziehungen basieren (was anders stellen die durch kognitive Vorgänge instruierten Lebensprozesse dar?), dann sind sie weder Subjekt noch Objekt und nehmen streng genommen auch keinen spezifischen, konkret lokalisierbaren Raum ein:

> »Systeme sind nicht Einheiten in einem klassischen Verständnis, nichts was eine Raumstelle besetzen könnte, die irgendwie so umgürtet wäre, daß das System sich abheben ließe wie eine Figur von ihrem Grund. Sie sind nicht ein ›Innen‹, um die ein ›Außen‹ herumgelegt ist. Sie haben keine Grenzen, an denen sich entlanggehen ließe, etwa innen entlang oder außen entlang. [...] System, als Differenz genommen, ist kein Behältnis, kein Hohlraum, kein Gefäß und keine Blase. Systeme sind gerade nicht ›Be-Inhalter‹.«[257]

Die für das Leben entscheidende Differenz erscheint dabei in der *Identität* als autopoietischer Einheit – oder genauer: in der Differenz von Identität und Differenz. Denn die Umwelt hat immer an systemischen Prozessen teil, welche wiederum in der Welt unterschiedliche *Formen* der System/Umwelt-Differenz auftreten lassen. Diese Formen erscheinen als Leben. Schon bei einfachen Lebensformen ist damit bereits eine Protoform von Sinn gegeben, da Unterschiede für sie eine Grenze erzeugen, die eine Differenzierung zwischen Selbst und Umwelt ermöglicht. Somit kann von der Lebensform einiges als positiv (zum Beispiel als Nahrungsmittel) und anderes als negativ (zum Beispiel als Gift) erkannt werden, woraufhin sich der Organismus entsprechend in seiner Eigenaktivität ausrichtet.

Um diesen wichtigen Aspekt nochmals zu betonen: Sobald wir den Bereich der Sprache betreten, wird aus der Protoform *Sinn*, jene uns vertraute Sinnsphäre, in der alles Erleben im (Sinn-)Schema immerfort und ausnahmslos bestätigt und reproduziert wird.[258] In der Sprache, das heißt im Denken und in der Kommunikation beziehen sich folglich sinnhafte Verweise auf sinnhafte Verweise und führen so zu einer sich verstetigenden Systemik, die wir mit Peter Fuchs als *Sinnsystem* bezeichnen können.

Sinnsysteme sind gewissermaßen transzendent, indem sie eine Bewegung initiieren, die immer weiter voranführt, denn Sinn hört nicht auf. Sinnsysteme bringen – gleichsam als Hermeneutiker ihrer selbst – fortwährend Ereignisse hervor, die erst durch ihre eigene Interpretation zu Ereignissen geworden sind. Auf der Basis verkörperter und gefühlter Prozesse schreiben sie sich als bedeutsamen Text in sich ein, der dann erneut zur Interpretation herausfordert und so weitere Texte generieren lässt – gleich einer unendlichen Geschichte. Die Besonderheit solcher Texte – also jeglichen Sinns – liegt gerade darin, dass in ihnen Sinnüberschüsse enthalten sind. Die Texte sind nicht eindeutig, sondern mehrdeutig. Dadurch treiben sie zur weiteren Interpretation der Texte, also zu weiterer Sinnproduktion an. Der Text stellt sozusagen fortwährend selbst diejenigen Elemente her, die anschließend für die Produktion seiner Geschichte genutzt werden.[259]

All dies gilt selbstredend auch für die Innen/Außen-Unterscheidung, denn »Systeme dieses Typs erzeugen den Unterschied, den sie machen (der sie macht), durch ›Ausprägung‹ von *Sinngrenzen*. Ihre Innen/Außen-Unterscheidung ist selbst: in konditioniertem Sinn gearbeitet«.[260]

Konditionierter Sinn bedeutet konditionierte Koproduktion, also die Verschränkung von kommunikativen, psychischen, körperlichen und damit gefühlten Prozessen. Nur deshalb können Worte verletzen oder erheben und nur deshalb relationiert jeder Sinnverweis – und sei er noch so abstrakt – die in dieser Welt gefühlten und wahrgenommenen Prozesse.

Denken – oder *Innen-Sprechen* – als der intimste Ausdruck solcher Vorgänge referiert damit immer zugleich auf jene sozialen Prozesse, denen der gedachte Sinn entlehnt ist, wie auch auf all die psychomotorischen körperlichen Prozesse, die beim Denken unwillkürlich ablaufen.[261] Deswegen sieht man Menschen auch an, wenn sie sich im Zwiespalt befinden, wenn sie Probleme wälzen oder aber erheitert sind. Selbst dann, wenn Gedanken nicht laut ausgedrückt werden, ist das Denken eine expressive Tätigkeit. Die Psyche kann demnach nicht als Innerlichkeit gesehen werden, sondern sie ist vielmehr als eine Äußerlichkeit zu betrachten:

> »Das psychische System, das SELBST einbegriffen, ist nicht eine *Intimität*, sondern randlose *Extimität*, in der durch Sozialisation unter

unendlich vielem anderen auch die Selbstbeschreibung als Intimität verfügbar wird, das Erleben eines Körpers etwa, in dem das Psychische, repräsentiert durch das SELBST, schaltet und waltet, ein Erleben, das ohne Sinngebrauch schwerlich möglich wäre, der etwa die Unterscheidung von Innen/Außen anbietet, obgleich Sinnsysteme keine Räume sind.«[262]

Hiermit einhergehend liegt die Idee nahe, unser Selbst als eigenständigen Systemtyp aufzufassen, der sich dadurch auszeichnet, dass mit ihm sprachlich verfertigte Verkettungen – also sich selbst fortschreibende Texte – durch Erzählbarkeit, durch Narrativität verbunden und integriert werden:

»Wenn, wovon ich ausgehe, das psychische System die soziale Interpretation von Hirnleistungen ist, dann liefern Narrative je historisch konditionierte Muster für die Interpretierbarkeit von Wahrnehmungszusammenhängen als Erlebnisse. A fortiori: Narrative stiften die (erzählbaren) Zusammenhänge etwa in der Weise, in der ein Film zum Film wird durch die Belichtung und die nachgetragene ›Entwicklung‹. [...] Die Idee ist, auf den Punkt gebracht, daß Selbsterzählungen im Blick auf die Disparatheit dessen, womit ein psychisches System im Laufe seiner Existenz konfrontiert wird, die Funktion der Integration ausüben.«[263]

Das Selbst produziert gleichsam eine besondere Form von Text.[264] Es erzählt, dass das Ich bzw. die Person über unterschiedliche Zeiten und soziale Kontexte mit sich selbst *identisch* bleibt. Es spinnt einen Faden zwischen unverbundenen Ereignissen und generiert Kohärenzen zwischen unterschiedlichen Sinnfragmenten. Am Beispiel der Split-Brain-Patienten haben wir gesehen, dass die in solchen Selbstbeschreibungen formulierten Geschichten nicht mit der Wirklichkeit übereinzustimmen brauchen, die ein äußerer, objektiver Beobachter rekonstruieren kann. Vielmehr beruhen diese Erzählungen auf schöpferischen Rekombinationen, in denen die Erlebnisfragmente kreativ zu einer tragenden Geschichte zusammengewoben werden. Sie können gewissermaßen als Selbsttäuschungen erscheinen. Andererseits beruhen sie auf sozialen Erwartungen und Konditionierungen, die genau solche Erzählungen erwartbar wie auch notwendig werden lassen. Vor jemandem das Gesicht zu verlieren oder offensichtlich in einer Weise verrückt zu werden, in der die Kohärenz des Erlebens und der hieran anschließenden Selbsterzählung zerfällt, geht mit leidvollen Gefühlen wie Scham, Depression oder Angst einher. Die »›Eigenheit‹ des SELBST verdankt sich, wenn man so will, einer ›Mischbatterie‹, die somatogene ›Spürbarkeiten‹ oder ›Begleitinnervationen‹ des Sprechens zusammenführt mit der Erfahrung der Differenz von Kommunikation und psychischer Operation«.[265] Im mitmenschlichen Alltag wird man gleichsam genötigt, ein Selbst zu haben und hierzu auch noch Gefühle zu empfinden (wie in Bezug auf alle sprachlich formatierten Konditionierungen).

Als besondere Pointe einer solch hochgetriebenen Koproduktion kommunikativer und psychischer Ausdifferenzierungen kann zudem ein Selbst in Erscheinung treten, das Spannungen wahrnimmt, die darauf beruhen, dass die sozial erwarteten Erzählungen und die von ihm selbst formulierten Eigenrekonstruktionen nicht mehr miteinander im Einklang stehen. Ich-Sager können um das Scheitern ihrer Identität wissen, da *nolens volens* Diskrepanzen zwischen Selbstbild (Eigenwahrnehmung) und sozialer Identität (der Story, die man anderen präsentiert) entstehen. Wenn beide Bereiche in ein Spannungsverhältnis treten, kann daraus eine Reihe komplexer sozialpsychologischer Lagerungen entstehen.

Scham, Schuld, Neid, Eifersucht und Reue beruhen allesamt auf Diskrepanzen zwischen Selbsterzählung und Selbstwahrnehmung, zwischen dem Zwang, sich angemessen darstellen zu müssen, und dem Wissen um die Unstimmigkeit der Erzählung. Gerade im In-soziale-Beziehungen-verwickelt-Sein entstehen unter Umständen jene vertrackten Lagerungen, die Menschen dazu bringen, zu täuschen und (auch sich selbst) etwas anderes vorzuspielen als das, was tatsächlich erlebt wurde. »Das SELBST wird gleichsam angefacht durch die sozial zirkulierende Differenz von Person/Unperson. Etwas anders gesagt: Erlebt werden im Zuge der Sozialisation mehr und mehr die Verschweigemöglichkeiten und Verschweigenotwendigkeiten des Nur-Innen-lautlos-Bewegten.«[266] Erst seine soziale Formatierung bringt den Menschen dazu, sich uneins mit sich selbst zu fühlen.

Unstimmigkeiten in der Selbsterzählung – und einhergehend die Verweise auf die Unperson – mögen zwar geschickt verborgen werden, drängen aber dennoch unweigerlich in die Expression der Lebensform. Auch diese Dynamik ist sozial konditioniert. Deshalb zeigt sich das Dilemma nicht nur in formaler, theoretischer Hinsicht, sondern es erscheint buchstäblich verkörpert im Ausdruck eines gefühlten, doch zugleich blockierten Dranges. Als Kehrseite der Gesellschaft entsteht hiermit neurotisches Verhalten, wie es schon Sigmund Freud in seinem »Unbehagen in der Kultur« herausgearbeitet hat.[267] Das psychische System, der Körper mit seinen leiblich empfundenen Tendenzen und die Kultur können dabei nicht im Sinne eines klar umrissenen psychischen Apparates fein säuberlich in ihre Aggregate und Teile zerlegt werden. Im Gegenteil: Wir treffen hier auf allen Ebenen auf eine Verschränkung mit unscharfen Grenzen.[268] Das Soziale, das Körperliche und das Psychische – die Triebstruktur (das freudsche Es) und die Gesellschaft (als Über-Ich) – sind beim Menschen nicht voneinander zu trennen, denn es gibt keine Empfindungen, Triebe und Handlungsimpulse, die nicht schon längst kulturell formatiert und ausgestaltet sind.

Die Allgemeine Theorie der Sinnsysteme durchkreuzt gewissermaßen die Grenzen zwischen den Disziplinen Biologie, Psychologie und Soziologie. Wir kommen hier zu einer Anthropologie, die auf dem bodenlosen Fundament ineinander verschachtelter Komplexitäten gegründet ist. Wir begegnen dynamischen Verhältnissen, welche die uns vertrauten Differenzierungen zwischen Biologie, Psyche und sozialer Zurechnung einerseits unterlaufen und sie zugleich auch als beobachtbare Aufteilung erneut zur Geltung bringen (wir sehen Körper, hören die Wörter anderer und empfinden unsere Innenwelt).

Sobald wir uns auf eine polykontexturale Weltbeschreibung einlassen, bleibt uns nichts anderes übrig, als der Einheit der Differenz mit einer Differenzierung der Beobachtungsverhältnisse zu begegnen, die sich in der dialogischen Relationierung ihrer Perspektiven zu einer immer höheren Komplexität der Beschreibung hinaufschrauben kann. All dies findet im Medium *Sinn* statt. Es kann nur das beobachtet werden, was unterschieden und im Hinblick auf Bedeutung gefühlt und damit erst sinnhaft wird:

> »Das psychische System, eingeschlossen seine Subsysteme, ist, wenn man so will, in die sinnförmige Phantasmatik des Erlebens, der Wahrnehmung, der Kognition eingeschweißt. Das bedeutet, daß nur das erlebt, wahrgenommen, kognitiv bearbeitet werden kann, was durch Sinngebrauch als Welt aufgezogen wird. Phantasmatisch ist dieser Weltaufzug, weil er nicht durch Wahrnehmung vollzogen wird, die das System selbst macht in direktem Kontakt mit der Realität, sondern durch *sinnkonditionierte Wahrnehmung*, die jede Möglichkeit der Wahrnehmung des Nicht-Sinnförmigen tilgt, wo immer sie sich aufdrängt.«[269]

Sinn zerteilt die Welt, in Bedeutsames und Bedeutungsloses, in Wünschens- und Vermeidenswertes und in Horizonte – sei es als Innen und Außen, als Zukunft und Vergangenheit oder als Ich und Du.

Das »Zweitlose«, die Welt jenseits des Sinns, ist nicht beobachtbar, da Wahrnehmung unentrinnbar durch Sinn verdorben ist. Der paradoxen Aufforderung, sinnfrei zu beobachten, kann deshalb nicht durch Beobachtung nachgekommen werden, sondern nur durch Nicht-Beobachten, als ein nicht willentlich vollziehbarer Ausstieg aus sinnhafter Unterscheidung.[270]

Die Theorie der konditionierten Koproduktion führt uns hiermit zu jenem paradoxen Bild einer Welt zurück, die eine Einheit darstellt, welche jedoch nur als Differenz zu haben ist – eine Differenz, deren Grenze oder Schnittstelle umso mehr verwischt, je genauer man sie zu greifen versucht.

Fassen wir abschließend mit Andreas Weber zusammen: Biologisch gesehen sind die »Dinge der Natur, mit denen ich im metabolischen Austausch stehe, *stofflich* nichts anderes als ich selbst. Sie sind ich, indem der Stoff in einem großen Kontinuum durch alle Stufen des Lebens hindurchfließt. Zugleich aber sind andere Organismen natürliche Systeme *wie* ich und zeigen die gleichen grundsätzlichen Gegebenheiten der *conditio vitae*, die alle Organismen in vielfacher Koevolution miteinander verflicht. Die Ebene, auf der von einem abgegrenzten biologischen Subjekt gesprochen werden kann, läßt sich nicht einmal festlegen: In einem einzigen Körper ist jede Zelle mit autopoietischer Intentionalität ausgestattet, Zelldifferenzierungen und vielfältige Symbionten anderer Arten verhindern eine feste Zuschreibung von Identität. In dieser Betrachtungsweise erscheint die Grenze zwischen den Subjekten durchlässig.« Jedoch manifestiert und verkörpert sich Natur in diesen Prozessen zugleich als »sinnlich greifbare Intentionalität« und damit als »wuchernde Psyche. Sie ist die Form gewordene eigene ›Seele‹, deren Gestalt transparent wird«.[271] Von innen gelebt, also in erkennenden Formen als Leben hervorgebracht, erscheint Welt von Sinn durchwoben und durchdrungen, wenngleich sich keine Grenze ausmachen lässt, welche die Identität oder das Selbst eines Lebewesens objektiv bestimmen lässt. Letztere erscheinen ausschließlich als Vollzug, in dem Relationierungen von Relationierungen erscheinen. Sie stellen weder Objekt noch Subjekt dar, sondern jene systemische Einheit relationierender Relationierungen, in denen das System sowohl als Einheit (es ist nicht geschieden von seiner Umwelt) als auch als Differenz erscheint (es stellt die Operation dar, welche die Grenze zwischen System und Umwelt erzeugt). Das System ist sowohl Weltvollzug als auch jene Differenz, welche Kognition als selektive

Blindheit ausflaggt, indem nur Bestimmtes, Unterschiedenes, Beobachtetes, also bereits sinnhaft Konditioniertes als Phänomen erscheint, nicht jedoch die Welt als Einheit der Differenz.

Die Einheit der Welt, das »Zweitlose«, ist nicht beobachtbar.[272] Die Nähe dieser Denkfiguren zur Mystik und zur Rede buddhistischer Meister ist auch für Peter Fuchs an dieser Stelle unverkennbar, denn hier wird gelehrt, dass »sich nur nichtbeobachten lässt«.[273] In spiritueller Übung mag zwar auf die »immanente Erfahrung der primordialen Differenzlosigkeit, das Erleben der Nichtzweitheit, den Direktkontakt mit dem Zweitlosen« gezielt werden.[274] Doch gerade dabei begegnet man unweigerlich jener Paradoxie, entsprechend der »jeder Versuch, Differenzlosigkeit zu beobachten, im Moment des Versuchs Differenzlosigkeit aufhebt«,[275] kurzum: Die Erleuchtungserfahrung (wenn hier überhaupt von Erfahrung gesprochen werden darf) muss gewissermaßen »bewußtlos sein und kann sich nicht beobachtungs-, also differenzgestützt ereignen«.[276]

Hiermit ist es an der Zeit, sich ausführlicher mit den Lehren des Buddhismus zu beschäftigen.

Kein Selbst – buddhistische Perspektiven

Doch muß man sich fragen, ob die Wachsamkeit des Bewußtseins das Bewußtsein definiert, ob nicht vielmehr das Bewußtsein die Möglichkeit ist, sich von der Wachsamkeit loszureißen; ob der eigentliche Sinn des Bewußtseins nicht darin besteht, eine Wachsamkeit zu sein, die an eine Möglichkeit des Schlafs angelehnt ist, die Situation der unpersönlichen Wachsamkeit zu verlassen. Denn das Bewußtsein partizipiert bereits an der Wachsamkeit. Doch das, was das Bewußtsein charakterisiert, ist die immer beibehaltene Möglichkeit, sich ›dahinter‹ zurückzuziehen, um zu schlafen. Das Bewußtsein ist das Vermögen zu schlafen. Diese Flucht innerhalb der Fülle ist so etwas wie das eigentliche Paradox des Bewußtseins.

Emmanuel Lévinas[277]

Die Erleuchtung […] bezeichnet keine ›Entrückung‹, keinen ungewöhnlichen ›ekstatischen‹ Zustand, in dem man doch sich gefiele. Sie ist vielmehr das Erwachen zum Gewöhnlichen. Man erwacht nicht in ein extraordinäres Dort, sondern in ein uraltes Hier, in eine tiefe Immanenz.

Byung-Chul Han[278]

Nach der buddhistischen Lehre wird unser gegenwärtiges Bewusstsein durch die Qualität des vergangenen Wirkens, durch die *kammischen* Handlungen bestimmt. *Kamma*[279] ist das Wirken, die aktive Tat, sei sie körperlich, in Worten oder auch nur in Gedanken ausgeführt, sowie ihr Resultat. Unser jetziges Bewusstsein, also das, was wir jetzt erkennen, erscheint als die Folge unseres vergangenen Wirkens. In der Konsequenz stellt unser momentanes Bewusstsein den Ursprung unserer zukünftigen Handlungen dar. Deshalb ist auch die buddhistische Lehre als ein selbstreferenzielles Erkenntnissystem anzusehen, denn Erkennen und Handeln bilden hier ebenfalls eine rekursive Einheit, sind im Geisteszustand zu einer wechselseitig bedingten, untrennbaren Einheit verwoben.

Für die Vermittlung der buddhistischen Lehre stellt sich damit folgendes Problem: Wie kann die Einheit von Erkennen und Handeln als prinzipiell unteilbares Erleben und Entfalten von Wirklichkeit analytisch erfasst sowie durch Sprache und in lebendiger Lehrer-Schüler-Interaktion vermittelt und erfahrbar gemacht werden?

Die *Theravāda*-Tradition, die ursprünglichste Schulrichtung des Buddhismus, bietet folgende didaktische Lösung dieses Problems an: Der ganzheitliche Prozess der Geistes- und Wirklichkeitsentfaltung wird in der systematischen Vermittlung der buddhistischen Lehre in die drei Bereiche *sīla, samādhi* und *paññā* aufgeteilt.[280]

1. *Sīla* kann mit ethischem Handeln bzw. Sittlichkeit übersetzt werden. *Sīla* beinhaltet im buddhistischen Lehrsystem Übungsanweisungen, die dem Schüler helfen, auf eine heilsame, dem Weg der Befreiung dienende Art und Weise zu handeln.
2. *Samādhi* wird oft mit Sammlung übersetzt. *Samādhi* bezeichnet einen gerichteten, gesammelten und konzentrierten Zustand der geistigen Aufmerksamkeit. Die buddhistischen Schulen bieten dem Praktizierenden eine Vielzahl von Methoden an, um den Geist zu sammeln.
3. *Paññā* kann mit Einsicht bzw. höchster Erkenntnis übersetzt werden. *Paññā* bedeutet im buddhistischen System die intellektuelle, emotionale und erfahrungsmäßige Durchdringung der Natur des eigenen Selbst.

In den folgenden drei Kapiteln werden die Bereiche entsprechend der üblichen Gliederung des edlen achtfachen Pfades *(ariya-aṭṭhaṅgika-magga)* zunächst gesondert behandelt.

Wir beginnen mit *paññā,* der Dimension der Erkenntnis, da ein zumindest intellektuelles Verständnis der buddhistischen Auffassung von der Natur des Geistes unabdingbar ist, um den Sinn und die Bedeutung der Meditationsübungen und des ethischen Systems der buddhistischen Lehren zu verstehen. Anschließend steht die Praxis der Geisteskultivierung, die Entwicklung von *samādhi* durch meditative Übungen im Vordergrund. Schließlich wird mit *sīla,* dem heilsamen Handeln, der praktische Aspekt der Lehren betont: ethisches Handeln in unserer alltäglichen Welt. Das vierte Kapitel beschreibt die Synthese der drei Aspekte im *edlen achtfachen Pfad,* dem Weg der Befreiung.

Die Natur des Selbst erkennen

In der buddhistischen Praxis wird die Natur des eigenen Geistes erforscht. Gegenstand der Untersuchung ist der individuelle geistige

Prozess. Die Grundlage dieses Forschungsprozesses ist die eigene, in der Innenschau verwirklichte unmittelbare Erfahrung *(bhāvanā-mayā paññā)*. In Worten ausgedrückt und reformuliert wird diese Erkenntnis zu analytischem bzw. intellektuellem Wissen *(cintā-mayā-paññā)*. Die folgende Darstellung kann natürlich nur die intellektuelle Seite des Buddhismus schildern, da die Tiefendimension der darunterliegenden Erkenntnis, die unmittelbar erschaute Weisheit, in der Regel mit einer langjährigen Vorbereitung durch eine intensive Geistesschulung verbunden ist.

Die Vertreter der buddhistischen Scholastik entwickelten eine differenzierte Systematik zur Beschreibung der Entstehung des Bewusstseins, insbesondere in den *Abhidhamma*-Schriften. In der *Patthāna* werden beispielsweise anhand von 24 Arten von Beziehungsmustern alle nur denkbaren geistigen und körperlichen Phänomene des Daseins in ihren wechselseitigen Abhängigkeitsbedingungen beschrieben.

Die folgende Darstellung beschränkt sich demgegenüber auf die frühbuddhistischen Beschreibungen der *fünf Aggregate des Geistes (khanda)* und hiermit einhergehend auf das *Gesetz der bedingten Entstehung (paticca samuppdā)*. In diesen beiden Konzepten wird exemplarisch die buddhistische Relation von Körper und Geist aufgezeigt. Daran anschließend wird die Bedeutung der drei Daseinsmerkmale *Ichlosigkeit, Veränderlichkeit* und *Leidhaftigkeit (anattā, anicca und dukkha)* verständlich, genauso wie der Sinn der *vier edlen Wahrheiten (ariya-sacca)*, die den Kern der buddhistischen Lehren ausmachen.

Um ein besseres Verständnis des zentralen Bezugsproblems der buddhistischen Lehren gewinnen zu können, beschäftigen wir uns zunächst mit dem *Problem des inneren Seelenwesens.*

Ein erkennendes Seelenwesen ist nicht anzutreffen

Jeder, der sich mit der Erforschung der Natur des eigenen geistigen Prozesses beschäftigt, begegnet grundlegenden Fragen: Wer ist der Erlebende? Was ist das Selbst? Wer ist der Träger des individuellen Bewusstseins? Wie stellt sich die Beziehung zwischen dem Bewusstseinsträger und der äußeren Erscheinungswelt dar?

In der vorbuddhistischen Geschichte Indiens gab es eine Reihe von Versuchen, die Relation zwischen Bewusstsein und körperlicher Welt zu erklären. In der *vedischen Tradition* herrschte beispielsweise die Vorstellung von der *Seelenwanderung*. Hier überdauert der Wesenskern der Persönlichkeit – die Seele – den körperlichen Tod und wird in einer neuen Erscheinungsform wiedergeboren. Die *Upanishadenlehre* entwickelte diese Vorstellung weiter zu einem mystischen Monismus, der *Atmanlehre*, in der alle individuellen Seelen letztlich eins sind in der großen Urseele *Atman*.

Allerdings stellt sich vor diesem Hintergrund die Frage, wie das Verhältnis zwischen individueller Seele, Schicksal, Wollen und der Einheit von Atman zu verstehen sei. Unter den brahmanischen Gelehrten zu Buddhas Zeiten begegnete man etwa der Haltung, dass man durch Versenkung und meditative Anstrengung die Einheit schauen und damit Erlösung finden könne. Andererseits fand sich auch die Lehrmeinung, dass es letztlich egal sei, was man tue, da man sowieso nicht beeinflussen könne, wohin das Spiel der Gestaltungen führe. Hiermit würde aber eine moralische Indifferenz einhergehen, denn es würde keinen Unterschied machen, ob man Gutes oder Schlechtes tut, weil das Schicksal in jedem Fall vorherbestimmt wäre. Als weitere Position fand sich die Auffassung, dass man mit den logischen Mitteln des Menschen letztlich keine Aussagen über die Wirklichkeit der Seele und deren moralisch-ethische Verwicklung treffen könne.[281]

Wie wird aber das Problem des inneren Seelenwesens in den Schriften des *Theravāda*-Buddhismus behandelt?

Üblicherweise wird zunächst aufgezeigt, dass sich das Problem durch die Annahme einer unabhängigen Seele nicht lösen lässt.[282] Deutlich wird dies in einem Gespräch des Königs Milinda mit dem berühmten buddhistischen Gelehrten Nagasena:

> »Der König sprach: ›Gibt es wohl, oh Herr, einen Wahrnehmer (vedagu)?‹
>
> ›Was versteht ihr unter diesem Wahrnehmer, oh König?‹
>
> ›Dieses Seelenwesen im Inneren, oh Herr, das mit dem Auge die Formen erblicket, mit dem Ohre die Töne vernimmt, [...], mit dem Geiste die Geistobjekte wahrnimmt. Gerade nämlich wie wir, die wir hier in diesem Palaste sitzen, je nach Belieben durch irgend eines der Fenster blicken können – sei's durchs östliche, westliche, nördliche oder südliche – ebenso, oh Herr, schaut dieses im Inneren befindliche Seelenwesen je nach Belieben durch dieses oder jenes der Sinnentore.‹
>
> Der Ordensältere aber sprach: ›Die fünf Sinnentore will ich dir erklären, oh König. So höre dann und sei recht aufmerksam! Wenn es im Innern ein Seelenwesen gäbe, das durch das Auge die Formen erblickt – gerade wie wir hier durch irgend eines der Fenster die Gegenstände erblicken –,

so müßte dieses Seelenwesen ebenfalls durch Ohr, Nase, Zunge, Körper und Geist die Formen erblicken können. Und es müßte imstande sein, durch jedes einzelne der Sinnentore ebenfalls Töne zu vernehmen, Düfte zu riechen, Säfte zu schmecken, Tastobjekte zu tasten und Geistobjekte wahrzunehmen.‹

›Das kann es freilich nicht, oh Herr.‹

›[...] Gerade wie wir, oh König, die wir hier im Palaste sitzen, wenn wir die Fenster öffnen, bei vollem Tageslicht die Gegenstände da draußen deutlicher erkennen: ebenso auch müßte dieses im Inneren befindliche Seelenwesen, wenn die fünf Sinnentore herausgenommen werden, bei vollem Tageslicht besser die Gegenstände wahrnehmen können.‹

›Das kann es freilich nicht, oh Herr.‹

›Ja, oh König, du verbindest eben nicht das Erstere mit dem Letzteren und das Letztere mit dem Ersteren!‹«[283]

Wir begegnen hier wieder dem Problem der Kognition: Wenn wir annehmen, dass unser Gehirn eine äußere Wirklichkeit in Form von Bildern, Tönen, Gerüchen etc. innerlich abbildet, dann bräuchten wir einen *zusätzlichen* erlebnisfähigen *inneren Beobachter* (im eben geschilderten Zusammenhang beispielsweise die Seele), der diese *wahrnimmt.* Sobald wir uns jedoch auf eine solche Denkfigur einlassen, kommen wir unweigerlich in einen unendlichen Regress, denn das innere Seelenwesen müsste seinerseits wieder einen kognitiven Apparat haben, in dessen Zentrum ein Beobachter säße usw.

Die Lösung, welche der Buddha für das Problem der Seele anbietet, erscheint zugleich einfach wie äußerst subtil: *Das Rätsel der Seele gibt es nicht.* Jenseits der bedingten Entstehung innerhalb eines ganzheitlichen Prozesses des Bewusstwerdens findet sich kein Substrat einer Seelen- oder Persönlichkeitsessenz. Hierzu nochmals Nagasena:

»Die Entstehung des Sehbewußtseins, oh König, ist durch das Sehorgan und die Formen bedingt. Und die gleichzeitig damit entstehenden Erscheinungen, wie Sinneneindruck, Gefühl, Wahrnehmung, Wille, Sammlung, Lebenskraft und Aufmerksamkeit, entstehen in Abhängigkeit davon. Und genau so verhält es sich mit den übrigen Sinnen. Ein erkennendes Seelenwesen aber ist da nicht anzutreffen.«[284]

Das Bewusstsein ist damit ein abhängiges Phänomen mentaler und physischer Vorgänge. Jenseits dieser Prozesse gibt es kein Bewusstsein. Es lässt sich nicht als Entität oder unabhängige Essenz im Sinne eines inneren Seelenwesens begreifen, sondern es erscheint vielmehr als eine Schnittstelle in einer Welt, die sich in ihren Prozessen selber formt und darin eben auch Bewusstseinsmomente ausflaggen lässt.

Die fünf Aggregate des Geistes *(khandha)*

Ein auf den ersten Blick zunächst recht einfaches und von allen buddhistischen Schulungssystemen verwendetes Modell zur Klärung der Relation von Geist und Materie sind die fünf Daseinsgruppen *(khandha)*:

1. *Rūpa-khandha*, die Körperlichkeitsgruppe
2. *Viññāna-khandha*, die Bewusstseinsgruppe
3. *Saññā-khandha*, die Wahrnehmungsgruppe
4. *Vedanā-khandha*, die Gefühlsgruppe
5. *Sankhāra-khandha*, die Gruppe der Geistesformationen

Jede dieser Gruppen erfüllt ihre spezifische Aufgabe in der Ausbildung der geistig-körperlichen Formation *(nāma-rūpa)*. Ein oberflächlicher Beobachter könnte meinen, dass es sich bei der Anhäufung dieser Gruppen um eine Persönlichkeit in ihren körperlichen *(rūpa)* und geistigen Erscheinungen (*nāma* – beinhaltet die vier folgenden *khandas*) handelt. Aus dem Blickwinkel der buddhistischen Lehren hingegen begegnen wir hier einem dynamischen Prozess, in dem aus einem Strom materieller und geistiger Flüsse in einer wechselseitigen Koproduktion immer neue Formationen entstehen.[285]

Rūpa, die erste Gruppe, bildet die Körperlichkeit. Sie repräsentiert die materiellen Erscheinungsformen in ihren vier unterschiedlichen Qualitäten bzw. Elementen *(dhātu)*. *Rūpa* entspricht damit den *physischen* Aspekten unseres Erlebens, also dem Fühlen von Festigkeit, Wärme, Bewegung, Gewicht sowie der Adhäsion von flüssigen und festen Stoffen.

Viññāna, der erste Abschnitt des Geistes, entspricht dem Bewusstsein der Sinne (Seh-, Hör-, Riech-, Schmeck-, Fühl- und Geistbewusstsein). Die buddhistische Lehre fasst auch geistige Objekte, wie zum Beispiel Gedanken und Imaginationen, als Sinnesobjekte auf, denn das Bewusstsein kann Objekte solcher Art zum Gegenstand haben. *Viññāna* erscheint somit gleichsam als ein Gefäß, in dem alles Erleben gleich welcher Art aufscheint. Aus dieser Perspektive unterscheidet sich das Sehbewusstsein eines sichtbaren Objekts von seinem

Wesen her nicht vom Denkbewusstsein, welches einen Gedanken vergegenwärtigen lässt.

Saññā lässt sich am ehesten mit *erkennender Wahrnehmung* übersetzen.[286] Entsprechend früherer Erfahrungen und Konditionierungen wird ein Sinneseindruck erkannt und entsprechend der vergangenen Prägungen interpretiert und bewertet.

Vedanā wurde oft mit Gefühl übersetzt. Vielfach ist jedoch die Bezeichnung *Empfindung* treffender, da hier weniger die emotionalen Komplexe gemeint sind, die bereits kognitive Bewertungen und Reaktionen enthalten. *Vedanā* bezeichnet eher die unbewerteten und noch nicht weiter verarbeiteten Körperempfindungen. Je nach der Qualität des Sinneseindruckes treten im Körper Empfindungen auf. Diese haben die Qualität *angenehm, unangenehm* oder *neutral*. Entsprechend der Ursache der Empfindung kann zudem zwischen durch Seh-, Hör-, Riech-, Schmeck-, Fühl- oder Denkeindrücke bedingten Empfindungen unterschieden werden.

Sankhāra, die letzte Gruppe, kann mit *Formation, Gestaltung* oder *Bildung* übersetzt werden. *Sankhāra* hat eine aktive und eine passive Seite. Der Ersteren entspricht die geistige Reaktion der Willensäußerung *(cetanā)*. Der Geist initiiert *Begehren* nach den angenehmen Empfindungen oder *Abneigung* gegenüber den unangenehmen Empfindungen und entwickelt daran anschließend die Tätigkeit des Gestaltens. Die passive Bedeutungsebene umfasst das Ergebnis dieses Prozesses, das *Gestaltetsein*.[287] In diesem Sinne sind mit *sankhāra* all die verkörperten, zu einer materiellen Struktur verdinglichten Produkte der vergangenen kammischen Handlungen gemeint. Hierunter fallen alle gewordenen Gebilde und Formationen, die Anlass zu weiteren Bewusstseinsprozessen geben.

Damit existieren die fünf Daseinsgruppen also nicht unabhängig voneinander – eine solche Auffassung würde dem buddhistischen Denken grundlegend widersprechen –, sondern sie bedingen sich wechselseitig. Der Meditationslehrer Goenka erklärt: »Infolge eines Kontaktes an der Sinnespforte entsteht Bewusstsein (viññāna), daraufhin gibt das saññā (Wahrnehmung und Erkennen) eine Bewertung der Erfahrung ab, Empfindungen (vedanā) tauchen auf, und eine kammische Reaktion (sankhāra) findet statt.«[288]

Letztendlich bilden die Gruppen die untrennbare Einheit *eines* einzigen geistig-körperlichen Prozesses, wie Nyanatiloka beschreibt:

> »Gefühl, Wahrnehmung und Geistesformationen nämlich bilden genau genommen bloß verschiedene Aspekte oder Gesichtspunkte jener unaufhörlich aufeinanderfolgenden Bewußtseinsmomente, die mit ungeheurer, unmeßbarer Geschwindigkeit alle Augenblicke aufblitzen und dann unmittelbar darauf für immer verschwinden.«[289]

Hier zeigt sich auch, dass Geistiges und Körperliches nicht voneinander zu trennen sind:

> »Unmöglich ist es, Abscheiden, Insdaseintreten, Wachstum und Entwicklung des Bewußtseins anzugeben, unabhängig von Körperlichkeit, Gefühl, Wahrnehmung und Geistesformationen.«[290]

Die zu Beginn des Kapitels aufgeworfene Frage nach dem inneren Seelenwesen bekommt hiermit eine neue Wendung, denn der Beobachter kann und darf nicht mehr als eine auf eine Essenz zurückführbare Entität begriffen werden. Er erscheint jetzt vielmehr als eine sukzessive Kette aneinander anschließender Momente eines fortdauernden Prozesses des Bewusstwerdens. Innerhalb dieses Prozesses gibt es keinen Wesenskern, kein isolierbares Ich-Bewusstsein mehr:

> »Unser sogenanntes individuelles Dasein ist in Wirklichkeit nichts anderes als ein bloßer Prozeß dieser körperlichen und geistigen Phänomene, ein Prozeß, der seit undenkbaren Zeiten schon vor unserer Geburt im Gange war und der auch nach dem Tode sich noch für undenkbar lange Zeitperioden fortsetzen wird. Diese fünf Daseinsgruppen aber bilden weder einzeln noch zusammengenommen irgend eine in sich abgeschlossene wirkliche Ich-Einheit oder Persönlichkeit, und auch außerhalb derselben existiert nichts, was man als eine unabhängig bestehende Ichheit bezeichnen könnte, so daß eben der Glaube an eine im höchsten Sinne wirkliche Ichheit, Persönlichkeit usw. eine bloße Illusion ist.«[291]

Der Prozess des *Bewusstwerdens* stellt sich hiermit als ein kreisförmiger psychosomatischer Prozess dar, in dem das Geistige das Körperliche bedingt und das Körperliche wiederum das Geistige: Das Sinnesbewusstsein *(viññāna)* bewirkt die Empfindungen *(vedanā)* im Körper. Die Empfindungen erzeugen entsprechend der früheren Konditionierungen des Geistes *(saññā)* Reaktionen von Abneigung oder Begehren. Diese Reaktionen führt zu einer entsprechenden Wirkung *(sankhāra)*. Als Resultat dieser Wirkung entsteht ein neues Sinnesbewusstsein. In *sankhāra*, dem Gestalten und dem Gestaltetsein, *verkörpert* sich Geist. Erkenntnis materialisiert sich in physischer Struktur *(rūpa)*.

Der physische Körper und seine Umwelt sind die *Verkörperung* des *kammischen Gestaltens* und gleichzeitig der Träger des zukünftigen geistigen Prozesses. Geist und Körper erscheinen damit zugleich voneinander unterschieden wie auch wechselseitig durcheinander bedingt. Hierzu Buddhaghosa:

»Als Paar sind Geist und Körper beide
sich gegenseitig eine Stütze;
sobald die eine Stütze bricht,
zerbrechen alle zwei zugleich.

Ferner, wenn da bedingt durch eine vom Trommelschlag angeschlagene Trommel ein Ton entsteht, so ist doch die Trommel eines, der Ton ein anderes, und Trommel und Ton sind unvermengt, denn die Trommel ist (an sich) ohne Ton und der Ton ohne Trommel. Genauso, wenn da in Abhängigkeit von der in den physischen Grundlagen, Sinnestoren und Objekten bestehenden Körperlichkeit das Geistige entsteht, so ist doch das Körperliche eines, ein anderes aber das Geistige, und das Geistige und Körperliche sind unvermengt, denn das Geistige ist leer an Körperlichem und das Körperliche leer an Geistigem. Wie also durch die Trommel bedingt der Ton entsteht, so entsteht durch das Körperliche bedingt das Geistige. Darum sagen die alten Meister:

Nicht kommen aus dem Auge die vier Dinge und Bewußtseinseindruck, auch aus der Form nicht, auch aus dem nicht, was da zwischen beiden liegt. Abhängig von Bedingungen entstehen die Gebilde, gleichwie der Ton bedingt ist durch das Anschlagen der Trommel.«[292]

Das Gesetz der bedingten Entstehung *(paṭicca samuppāda)*

Innerhalb der buddhistischen Psychologie ist das Gesetz der *bedingten Entstehung (paṭicca samuppāda)* eine der wichtigsten Lehren. Es schildert das Geflecht der Bedingungen für die Entstehung aller körperlichen und geistigen Erscheinungen. Innerhalb der Kette von Bedingungen lassen sich zwölf Glieder unterscheiden:

»Durch Unwissenheit (1. *avijjā*), ihr Mönche,
bedingt sind die Karmaformationen (2. *sankhāra*),
durch die Karmaformationen das Bewußtsein (3. *viññāna*),
durch das Bewußtsein das Geistige und Körperliche (4. *nāma-rūpa*),
durch das Geistige und Körperliche,
die sechs Grundlagen (5. *āyatana*),[293]
durch die sechs Grundlagen der Bewußtseinseindruck (6. *phassa*),
durch den Bewußtseinseindruck das Gefühl (7. *vedanā*),
durch das Gefühl das Begehren (8. *tanhā*),

durch das Begehren das Anhaften (9. *upādāna*),
durch das Anhaften der Werdeprozeß (10. *bhava*),
durch den Werdeprozeß die Wiedergeburt (11. *jāti*);
durch die Wiedergeburt aber bedingt entstehen Altern und Sterben, Sorge, Klage, Schmerz, Trübsal und Verzweiflung (12. *jarā-marana*).
So, ihr Mönche, kommt es zur Entstehung dieser ganzen Leidensfülle.«[294]

Wir begegnen wieder den fünf Aggregaten des Geistes, die hier aber in einen Prozess verwickelt sind, der Schmerz, Verzweiflung und Elend entstehen lässt. An erster Stelle der Kette steht nämlich jene Unwissenheit, die in Ignoranz gegenüber dem Gesetz der bedingten Entstehung jene Karmaformationen hervorbringt, welche mit Sorge und künftigem Leid einhergehen.

Die bedingte Entstehung verläuft dabei als ein kausaler, zeitlich gerichteter Prozess, der sich in Vergangenheit, Gegenwart und Zukunft untergliedern lässt.

Vergangenes Wirken *(sankhāra)* hat den Körper und die Umwelt gestaltet, die ein Lebewesen jetzt erfährt, wobei es in der Regel nicht weiß *(avijjā)*, dass sein jetziges Leben und Erleben auf den vergangenen Handlungsketten beruht.

Entsprechend der durch vergangene Prozesse gestalteten körperlich-geistigen Formationen werden der gegenwärtige Bewusstseinseindruck *(phassa)* und die damit verbundenen Empfindungen *(vedanā)* ermöglicht. Als Folge der hiermit einhergehenden Gefühle entstehen die Impulse des Begehrens von angenehmen Empfindungen sowie die Aversion gegenüber unangenehmen Zuständen *(tanhā)*. Das Geschehen wird mit Bedeutung aufgeladen und die Anhaftung an erscheinende Muster beginnt *(upādāna)*. Die Realität verfestigt sich *(jāti)* und bringt den Keim für eine leidvolle Zukunft mit sich *(jarā-māranaṃ)*, da alles, was entstanden ist, wieder vergehen und sterben muss. Also ist das Anhaften an die mit den Sinneseindrücken einhergehenden Zustände mit Agonie, Kampf und Leid verbunden.

Die in den unterschiedlichen Kettengliedern benannten Faktoren, welche diesen psychophysiologischen Prozess vorantreiben, laufen gleichzeitig ab und unterstützen sich gegenseitig. Die *bedingte Entstehung* ist deshalb nicht als ein geradliniger Vorgang anzusehen, sondern eher als ein Gewebe von parallel stattfindenden, sich unterstützenden Beziehungen und Bedingungen.

Innerhalb der buddhistischen Scholastik finden sich recht differenzierte Beschreibungen, in denen verschiedene Kombinationen heilsamer und unheilsamer Faktoren aufgeführt sind. So benennt das Abhidhamma 121 Klassen des Bewusstseins, die anhand der Bedingung ihrer jeweiligen Entstehung unterschieden werden. Für das Grundverständnis der buddhistischen Konzeption ist es jedoch nicht notwendig, diesbezüglich ins Detail zu gehen.

An dieser Stelle ist die Aufmerksamkeit vielmehr auf vier Aspekte der bedingten Entstehung zu richten: die Doppelbedeutung des Begriffs *Wiedergeburt*, die Rolle des *Kammaprozesses* und die beiden Wurzelursachen *Begehren* und *Unwissenheit*.

Wiedergeburt *(jāti)* – zwei Bedeutungen

Die Idee der Wiedergeburt *(jāti)* hat innerhalb der buddhistischen Lehren einen wichtigen Stellenwert. Dies wird schon am Gesetz der bedingten Entstehung *(paṭicca samuppāda)* deutlich, wo *jāti* das Bindeglied darstellt, über welches die kammischen Handlungen zu den künftigen, leidbringenden Verkörperungen führen. Wiedergeburt meint dabei jedoch nicht nur die Idee der Wiederverkörperung einer Lebensform nach dem physischen Tod, sondern sie ist in einem umfassenderen Sinne zu verstehen, nämlich als die Neuentstehung eines künftigen Bewusstseinsmomentes. Denn jedes Aufblitzen eines Bewusstseins lässt sich gewissermaßen als das Entstehen einer neuen Lebensform verstehen, wie etwa Buddhaghosa beschreibt:

> »Genau genommen ist die Dauer eines Lebewesens außerordentlich kurz: Sie ist nicht länger als die Dauer eines Gedankens. So wie ein Wagenrad im Rollen wie im Stehen nur in einem Punkt den Boden berührt, in gleicher Weise existiert ein Lebewesen nur für die Dauer eines Gedankens. Sobald dieser Gedanke aufhört, hat auch das Lebewesen aufgehört, so heißt es.
>
> Darum wurde gesagt: Das Lebewesen des vergangenen Bewußtseinsaugenblicks hat gelebt, aber es lebt nicht mehr und wird nicht mehr leben. Das Wesen eines zukünftigen Bewußtseinsaugenblicks wird leben, aber es hat noch nicht gelebt, und es lebt noch nicht. Das Lebewesen des gegenwärtigen Bewußtseinsaugenblicks lebt (wirklich), hat aber nicht gelebt, noch wird es in Zukunft leben.«[295]

Das Modell der bedingten Entstehung beschreibt die körperlichen und geistigen Prozesse als einen diskontinuierlichen Prozess, in dem bewusste Identitäten nur für einen kurzen Moment ausflaggen, um dann wiederum als Baumaterial für den kammischen Wirkprozess ins Unbewusste abzusinken, woraus dann der nächste Bewusstseinsmoment entstehen kann. Die logische Verbindung zwischen den einzelnen Bewusstseinsprozessen entsteht also nicht durch das Sein, sondern durch die Wirkungen, durch die Art und Weise, wie auf Bewusstseinseindrücke und Empfindungen mit Unterscheidungen, Bewertungen und Reaktionen geantwortet wird.

Körper als materialisiertes Wirken *(kamma)*

Auch die körperliche Form erscheint dabei letztendlich als nichts anderes als die Verkörperung von kammisch wirksamen Bewusstseinsimpulsen. Sie stellt also im buchstäblichen Sinne *Reinkarnation* dar, denn jeder Erkenntnisakt trägt dazu bei, den künftigen Körper zu formen. Dazu Govinda:

> »Körper ist ja seinem Wesen nach materialisiertes Karma, sichtbar gewordenes Bewußtsein vergangener Daseinsmomente: Ist doch Karma nichts anderes als das wirkende Prinzip des Bewußtseins, das als Wirkung *(vipāka)* auch in sichtbare Erscheinung tritt. Erscheinungsform ist also wesentlich ›Vergangenheit‹.«[296]

Aus buddhistischer Perspektive ist es dabei nicht notwendig, zwischen innen und außen, Organismus und Umwelt zu unterscheiden, da beide als Gestaltetes Kammaformationen *(sankhāra)* darstellen. Jegliche Gestaltung, unabhängig davon, ob als innen oder als außen erlebt, erscheint als bedingender Faktor für den künftigen Bewusstseinseindruck.

Die Wurzelursache Begehren *(tanhā)*

Das Begehren *(tanhā)* stellt die eigentliche Triebkraft und Motivation innerhalb des Prozesses der bedingten Entstehung dar.[297] Der Geist *greift* entsprechend seiner jeweiligen konditionierten Vorlieben nach neuen Gestaltungen und Werdeprozessen. Auf der kognitiven Ebene beinhaltet das Begehren insbesondere jene Prozesse, welche mit der differenzierenden und bewertenden Unterscheidung von Sinneseindrücken verbunden sind. Aus der Sicht der buddhistischen Psychologie ist gerade die Differenzierung zwischen *bedeutsamer* und *nicht bedeutsamer* Information der Schritt, der das aktive *Ergreifen* einer künftigen Wirklichkeit nach sich zieht. Erst indem einer Wahrnehmung, einem Gedanken oder einer Empfindung eine *Bedeutung* gegeben wird, entsteht ein Handlungsimpuls, der Konsequenzen in Form von Taten oder Dramen, welche als Fantasien auf der geistigen Bühne aufgeführt werden, folgen lässt. Auf subtiler Ebene sind deshalb alle Formen des sinnlichen Erlebens als Resultat eines unterscheidenden, das heißt Bedeutung gebenden *Greifprozesses* anzusehen. Aus dem hiermit verbundenen Anhaften an die Sinnesobjekte (wobei, wie bereits gesagt, auch Gedanken gemeint sind) lassen sich all die gröberen Gestaltungsformen der Begierde ableiten:

> »Auf das Begehren folgt das Suchen, auf das Suchen das Erlangen, auf das Erlangen das Entscheiden, auf das Entscheiden die Willensgier, auf die Willensgier der selbstische Drang, auf den selbstischen Drang die Besitzergreifung, auf die Besitzergreifung der Geiz, auf den Geiz das Überwachen, und beim Überwachen greift man zu Stock und Schwert, es kommt zu Streit, Zank, Hader, Zwist, Verleumdung und Lüge, und viele andere üble, unheilsame Dinge stellen sich ein.«[298]

Innerhalb der bedingten Entstehung ist das dem Begehren vorangehende Glied die Empfindung *(vedanā)*. Empfindungen sind per se Indikatoren für Bedeutung. Unangenehmen Gefühlen wird ausgewichen, da sie mit zu Vermeidendem assoziiert werden. Angenehme Empfindungen werden gesucht, da sie mit Wünschenswertem verbunden werden.

Die buddhistische Psychologie sieht hierin den Schlüssel für die Konditionierung des geistigen Prozesses wie auch für die Möglichkeit zur Überwindung dieser Konditionierungen. Wenn nämlich bestimmten Empfindungen eine andere bzw. keine Bedeutung mehr gegeben wird, können sich die Reaktionsmuster ändern.

Wurzelursache Unwissenheit *(avijjā)*

Jeder Erkenntnisakt gestaltet eine Wirklichkeit, welche Bedingungen für das zukünftige Bewusstsein erzeugt. In diesem Sinne sind Lebewesen gleichsam als die Schöpfer ihrer eigenen Wirklichkeit anzusehen. Da sie jedoch in der Regel in Hinblick auf diese Prozesse blind sind, also nicht wissen, wie sie sich mittels ihrer kognitiven Prozesse selbst konditionieren, wird die Unwissenheit *(avijjā)* neben dem Begehren *(tanhā)* als die zweite Wurzelursache aller Erscheinungen angesehen. Nur Wesen, die zu *Selbstbewusstsein* fähig sind, verfügen über die Möglichkeit, die Ignoranz gegenüber der Entfaltung und Konditionierung der eigenen Daseinsprozesse zu durchdringen.

Die drei Daseinsmerkmale *(tilakkhaṇa)*

Im Buddhismus wird die Befreiung von den eben geschilderten Konditionierungen erst möglich, wenn im Prozess der Selbsterkenntnis die drei grundlegenden *Daseinsmerkmale (tilakkhaṇa)* erkannt werden: die *Unbeständigkeit*, die *Ichlosigkeit* und die *Wahrheit vom Leiden.*

Unbeständigkeit *(anicca)*

Veränderlichkeit ist eines der drei grundlegenden Daseinsmerkmale. All das, was erlebt wird und werden kann, stellt nichts anderes dar als ein flüchtiges Phänomen im *Fluss (sota)* des Daseinsstroms *(bhavangā)*. Im Prozess der bedingten Entstehung taucht es als vergängliche Erscheinung auf. Selbst die Elemente des materiellen Flusses *(dhātu-vavatthāna)* dürfen nach buddhistischer Auffassung nicht als beständige Dinge aufgefasst werden, sondern unterliegen ebenfalls dem Prozess des Entstehens und Vergehens.[299] Gleiches gilt für die nichtkörperlichen Geist- und Götterwesen des indischen Pantheons: Auch sie werden als vergänglich und damit sterblich betrachtet. Selbst *brahmā*, das höchste göttliche Wesen in der indischen Kosmologie, hat in Verbindung mit dem Ende eines Weltzyklus den Tod zu erfahren.

Ichlosigkeit *(anattā)*

Mit dem Verständnis von *anicca* wird das zweite Daseinsmerkmal erkannt: *anattā*, oft übersetzt mit *Ichlosigkeit*. Der Begriff *anattā* wird vielfach missverstanden. Es wird hier nicht die Existenz eines subjektiv erfahrbaren Ich-Bewusstseins geleugnet. Sondern das Ich wird vielmehr als etwas Unbeständiges, dem Fluss von Entstehen und Vergehen Unterworfenes erfahren, als etwas, das bedingt und damit in Abhängigkeit entsteht und folglich keine eigene Essenz bzw. keine unabhängige Seelensubstanz besitzen kann.[300] Das Ich – oder besser das reflexive Selbstbewusstsein – erscheint im Daseinsstrom als momentanes Aufblitzen von Bewusstseinsmomenten, die aus einem komplexen Bedingungsgeflecht heraus entstehen. Im eigentlichen Sinne handelt es sich nicht mehr um ein Bewusst*sein* im Sinne einer ontisch fassbaren Essenz. Was sich stattdessen finden lässt, ist allein ein Bewusst*werden*, das auf Prozessen beruht, die nicht einem Selbst zugerechnet werden können, sondern die von unzähligen Faktoren herrühren, welche letztlich die ganze Weltdynamik in ihrer Evolutionsgeschichte beinhalten müssen. Entsprechend verwendet Govinda in diesem Kontext die Metapher vom *Fluss:*

»Der Strom oder Fluß *(sota)*, mit welchem die (die Kontinuität des Daseins) ausmachende Funktion *bhavanga* verglichen wird, hat mit dieser weiterhin gemein, daß er als Ganzes beharrend erscheint, obwohl dieser Strom, den ich heute sehe, nicht derselbe ist, den ich gestern sah, da ja nicht ein einziger Tropfen des gestrigen Stromes mehr in dem Strom, den ich heute sehe, vorhanden ist. Weiterhin ist der Strom ein anderer an seiner Quelle als in seinem Mittellauf oder an seiner Mündung.

Also besteht weder eine Identität in seiner räumlichen Erscheinung noch in seinem zeitlichen Bestand. Aber trotzdem ist seine Existenz nicht in Frage zu stellen, und zweifelsohne kann man in gewissem Sinne von seinem Bestand reden. Aber dieser ist nicht irgendwie gegenständlich, sondern die Relationen materieller, räumlicher und zeitlicher Art, die unter den wechselnden Komponenten bestehen, sind das Konstante. Ebenso erweckt die Stetigkeit der Relationen im dauernd sich erneuernden Vorgang des Bewußt*werdens* (denn Bewußt*sein* gibt es nur als Begriff, nicht aber in Wirklichkeit, die nur ein dauerndes Bewußt*werden* kennt) den Anschein einer bestehenden Ichheit oder Persönlichkeit.«[301]

Das Verständnis von *anattā*, der Unpersönlichkeit aller geistigen Erscheinungen, ist Voraussetzung, um die Lehre des Buddhas begreifen zu können. Die Aufhebung der Subjekt-Objekt-Trennung und das Paradoxon der Erleuchtung können nur verstanden werden, indem die diesbezügliche Natur des Selbst durchschaut wird. Hierzu Nyanatiloka:

»Wer die Unpersönlichkeit des ganzen Daseins nicht durchschaut und nicht erkennt, daß es in Wirklichkeit nur diesen beständig verzehrenden Prozeß des Entstehens und Vergehens geistiger und körperlicher Daseinsphänomene gibt, aber keine Ich-Wesenheit in oder hinter diesen Daseinserscheinungen, der ist außerstande, die vier edlen Wahrheiten im richtigen Lichte zu erfassen. Er wird glauben, daß es eine Ichheit, eine Persönlichkeit sei, die das Leiden erfahre; eine Persönlichkeit, die gutes oder schlechtes Karma verübe und gemäß ihres Karmas wiedergeboren werde; eine Persönlichkeit, die ins Nirwahn eingehe; eine Persönlichkeit, die auf dem Achtfachen Pfade wandle.«[302]

Da innerhalb der Daseinsformen keine Essenz eines Selbst zu finden ist, spricht die buddhistische Lehre auch von der Leerheit *(suññata)* aller Phänomene. Nur im Kontext des Flusses der bedingten Entstehung blitzen Phänomene als solide und dinghaft wirkende Erscheinungen auf. Davon abgesehen sind sie ihrer Natur nach leer, sie besitzen keine eigene, inhärente Essenz.[303]

Leiden *(dukkha)*

Mit der Erkenntnis von *anattā*, der wahren Natur des Selbst, wird das dritte Daseinsmerkmal verstanden: Leiden *(dukkha)*. Durch Anhaften an etwas, was nicht beständig ist, entsteht *dukkha*. Leiden ist hier in einem sehr umfassenden Sinn zu verstehen: Alles, was uns vom Glücklichsein trennt, bringt Leid mit sich.[304] Mit dem Verständnis der Ursache des Leidens, dem Anhaften an einem illusionären Ich-Konzept und den hiermit verbundenen Wünschen, Aversionen und Konzepten, eröffnet sich der Weg der Befreiung, ausgedrückt in den *vier edlen Wahrheiten*.

Die vier edlen Wahrheiten *(ariya-sacca)*

Die erste der vier edlen Wahrheiten ist die *edle Wahrheit vom Leiden*. Sie stellt das Bindeglied zum Pfad der Befreiung dar, denn mit der individuellen Erfahrung von Leiden entsteht der Wunsch wie auch die Motivation, das Leiden zu überwinden:

> »Was aber, ihr Mönche, ist die edle Wahrheit vom Leiden? Geburt ist Leiden, Altern ist Leiden, Sterben ist Leiden, Sorge, Klage, Schmerz, Trübsal und Verzweiflung sind Leiden, mit Unlieben vereint sein ist Leiden, von Liebem getrennt sein ist Leiden, kurz gesagt, die fünf Anhaftungsgruppen [gemeint sind hier die fünf *khandas*; Anmerkung des Autors] sind Leiden.«[305]

Wenn das Bewusstsein in der reflexiven Handlung des *Selbstbeobachtens* die Natur und die Ursache seines Leidens erkennt, besteht die Möglichkeit, sich von eben diesem Leiden zu befreien. Dies wird mit der zweiten und dritten edlen Wahrheit ausgedrückt:

> »Was aber, ihr Mönche, ist die Edle Wahrheit von der Leidensentstehung? Es ist eben jenes Wiederdaseinserzeugende, von Lust und Gier begleitete, sich hier und da erfreuende Begehren, nämlich sinnliches Begehren *(kāma tanhā)*, das Daseinsbegehren *(bhava tanhā)* und das Selbstvernichtungsbegehren *(vibhava-tanhā)*.
>
> Dies, Mönche, ist die Edle Wahrheit von der Leidensentstehung. Es ist die Wiedergeburt bewirkende, wohlgefällige, mit Leidenschaft verbundene Gier (tanh*ā*), die hier und dort Gefallen findet, nämlich: Die Gier nach Lust, die Gier nach Werden, die Gier nach Vernichtung. [...]
>
> (3) Was aber, ihr Mönche, ist die Edle Wahrheit von der Leidenserlöschung? Eben jenes Begehrens restlose Abwendung und Erlöschung, Verwerfung, Fahrenlassen, Befreiung davon, Nichthaften daran. [...]«

Begehren nach und Anhaften an etwas, was vergänglich ist und keine wirkliche Substanz besitzt, bewirkt Leiden. Die Befreiung von diesem Leiden findet statt, indem die Anhaftung an die illusionären Objekte der Begierde aufgegeben wird, das heißt, indem gelernt wird, diesen Objekten keine Bedeutung mehr zuzuweisen. Die systematische Schulung der Fähigkeit, von den gewohnheitsmäßigen Anhaftungen an die leidbringende Objektwelt abzulassen, wird in der vierten edlen Wahrheit dargelegt:

> »Was aber, ihr Mönche, ist die Edle Wahrheit von dem zur Leidenserlöschung führenden Pfade? Es ist dieser edle achtfache Pfad, nämlich:
>
> 1. Rechte Ansicht,
> 2. Rechter Entschluß,
> 3. Rechte Rede,
> 4. Rechtes Verhalten,
> 5. Rechter Lebensunterhalt,
> 6. Rechte Anstrengung,
> 7. Rechte Achtsamkeit,
> 8. Rechte Sammlung.«[306]

Die Bedeutung der einzelnen Glieder des Pfades innerhalb der buddhistischen Lehrkonzeption wird im letzten Teil dieses Kapitels nochmals ausführlicher dargelegt werden.

Den Geist schulen

Der zweite Bereich innerhalb des buddhistischen Erkenntnisweges ist die Kultivierung des Geistes, die Entwicklung von *samādhi*.

Samādhi, vielfach mit Sammlung übersetzt, bezeichnet einen konzentrierten, auf ein Objekt gerichteten Geisteszustand. Ein gewisser Grad von Sammlung gehört zu allen bewussten Prozessen, denn jede Willenshandlung, das heißt jede gerichtete Handlung verlangt ein gewisses Maß an Konzentration. *Samādhi* bezeichnet deshalb im weitesten Sinne die Qualität des Bewusstseins.[307] Wie zuvor geschildert, darf das Bewusstsein dabei jedoch nicht als etwas Statisches verstanden werden, sondern es beinhaltet immer einen ganzheitlichen, dynamischen Prozess des Bewusstwerdens, der erst aus dem Wechselspiel der fünf Aggregate des Geistes *(khanda)* verständlich wird.

Die Entwicklung von Sammlung ist immer zugleich eine Willensschulung, also eine Übung zur Bündelung der Intensität und Richtung der Aufmerksamkeit. In der buddhistischen Psychologie wird der Wille weitgehend identisch mit dem Wirken *(kamma)* gesehen. Der Wille erscheint also synonym mit der kammischen Aktion als dem Impuls, einen spezifischen Prozess des Werdens ergreifen zu wollen.

> »Den Willen, ihr Mönche, nenne ich Tat (*kamma*, Wirken); denn ist der Wille aufgestiegen, so wirkt man die Tat, sei's in Werken, Worten oder Gedanken.«[308]

Die Entwicklung von *samādhi* spielt in der buddhistischen Praxis eine zentrale Rolle, da nur der geschulte Geist eine Willenswendung in Richtung eines heilsamen und sich von den leidvollen Verstrickungen lösenden Lebenswandels vollziehen kann.

Je nach Intensität und Beständigkeit wird *samādhi* eingeteilt in *momenthafte Konzentration (khanika samādhi)*, *Nachbarschafts-Konzentration (upacāra samādhi)* und *Erlangungs-Konzentration (appanā samādhi)*. Die momenthafte Konzentration benennt eine kurzzeitige Konzentration, die von einem Augenblick zum nächsten immer wieder von Neuem aufgebaut werden muss, da der Geist vom Objekt der Aufmerksamkeit immer wieder abschweift. Die Nachbarschafts-Konzentration *(upacāra samādhi)* bezeichnet eine Sammlung, die sich dem Stadium der Versenkung annähert. Der Geist ist beinahe auf das Objekt der Sammlung fixiert, muss dabei jedoch durch eine leichte, bewusste Willensanstrengung immer wieder fixiert werden.

In der Erlangungs-Konzentration *(appanā samādhi)* ist der Geist dagegen vollkommen und anstrengungslos auf das Objekt der Sammlung gerichtet (Einspitzigkeit) und befindet sich damit in einem Stadium der Versenkung *(jhāna)*. Der Geist ist vollständig von der Übung absorbiert und wird nicht mehr durch Gedanken, Unruhe, Aversion, Müdigkeit oder Zweifel an sich selbst oder durch Bedenken gegenüber der Aufgabenstellung abgelenkt.

Je nach Richtung der Sammlung lässt sich dabei in Referenz auf die vier edlen Wahrheiten zwischen *verkehrter* und *rechter Sammlung* unterscheiden.

In der verkehrten Sammlung *(micchā samādhi)* ist der Geist auf Objekte gerichtet, die eine unheilsame kammische Wirkung mit sich bringen. Dies ist beispielsweise der Fall, wenn die Aufmerksamkeit auf Objekte der Leidenschaft oder des Hasses gerichtet wird. Man mag sich dabei zwar leicht konzentrieren und bei gegebenem Anlass gar vollkommen in den hiermit verbundenen Handlungsmustern adsorbiert sein, doch dies führt nicht zur Überwindung oder Minderung des Leidens, sondern es entstehen im Gegenteil Wirkungen, die neues Leid mit sich bringen.

In der rechten bzw. heilsamen Sammlung *(sammā samādhi)* richtet der Geist seine Achtsamkeit hingegen auf Objekte, die einem heilsamen Lebenswandel förderlich sind. In der buddhistischen Literatur wird unter Sammlung in der Regel immer *rechte Sammlung*[309] verstanden, da das Ziel des buddhistischen Weges in der Reinigung und Harmonisierung der geistigen Prozesse liegt, jedoch nicht darin, weltliche Ziele (welcher Art auch immer) zu fokussieren und zu erreichen, für welche die Entwicklung der Konzentrationsfähigkeit natürlich ebenfalls hilfreich ist.

Methoden zur Kultivierung von Sammlung *(samādhi)*

Um *samādhi* zu fördern, entwickelten die buddhistischen Schulen eine Vielzahl von Meditationsübungen, die geeignet sind, den Geist zu sammeln und die Konzentration zu stärken. Als Nebenprodukt solcher Übungen werden die Gedanken beruhigt. Da die Übung von Konzentration innerhalb des buddhistischen Systems kein Selbstzweck ist, sondern die methodische Voraussetzung für die Erforschung des Geist-Materie-Phänomens – also die Entwicklung von Einsicht in die Natur des Selbst – darstellt, sollte der Gegenstand der Konzentration bestimmte Kriterien erfüllen, um zur richtigen Konzentration *(sammā samādhi)* zu führen. Im Idealfall sollte es ein neutraler Gegenstand sein, der nicht zu Begehren oder Abneigung führt. Des Weiteren sollten keine Imaginationen oder Glaubenskonstrukte verwendet werden, die falsche Vorstellungen über die Natur des Selbst nähren, wie zum Beispiel Affirmationen, Anrufungen oder Gebete. Bestimmte Weisen der Rezitation von Mantren oder Formen des Singsangs führen zwar schnell zur Versenkung in einer angenehmen Trance, doch dies führt von den eigentlichen Zielen der buddhistischen Geistesschulung weg. Diese Art der Praxis wird von vielen Lehrern eher als schädlich denn als nützlich angesehen, da sie tendenziell eher Ignoranz und Nichtwissen fördert.

Geeignet ist stattdessen ein natürliches Objekt aus der unmittelbaren körperlichen Erfahrung. In den meisten *Theravāda-* und *Zen*-Schulen ist die zentrale Methode zur Entwicklung von *samādhi* die Betrachtung der eigenen Atmung *(anāpāna-Meditation)*. Mit der Fokussierung der Achtsamkeit auf den Atem erlernt der Schüler ein tendenziell ablenkungsfreies Beobachten des Flusses der eigenen inneren Erfahrungen. Zudem kann dabei wahrgenommen werden, wie die Atemtätigkeit und auch die Fähigkeit der Konzentration von den Faktoren und Bedingungen abhängig sind, welche die Geistestätigkeit konditionieren. Mit fortschreitender Konzentration kann sich *samādhi* hin zu tieferen Versenkungszuständen *(jhāna)* entwickeln. Einhergehend mit der Erfahrung der Versenkung wird oftmals von als angenehm erlebten Zuständen berichtet, die als Ruhe, Frieden, Licht oder Ähnliches beschrieben werden.

Übung der Atembetrachtung

In der Praxis kann die Atembetrachtung folgendermaßen aussehen:[310] Die Schüler setzen sich in einer Weise hin, die weder so bequem ist, dass man schläfrig wird, noch so anstrengend, dass man sich nicht mehr konzentrieren kann. Dabei fokussieren sie ihre Achtsamkeit auf den Bereich zwischen den Nasenlöchern und der Oberlippe und üben sich darin, die Berührung des Ein- und Ausatmens, den Kontakt der Atemberührung mit der Hautoberfläche an dieser Stelle zu spüren. Alle Wahrnehmungen, die außerhalb dieses Achtsamkeitsbereiches liegen, werden ignoriert. Schweift der Geist ab, zum Beispiel in Gedanken, Bilder, Empfindungen, die außerhalb dieses Feldes liegen, so wird beim Bemerken der Ablenkung die Aufmerksamkeit auf die Übungsaufgabe zurückgeführt. Mit zunehmender Übungserfahrung stabilisiert sich die Achtsamkeit im Bereich der Nasenlöcher und der Geist braucht nur sehr leichte, kleine Willensbewegungen, um die Konzentration zu halten *(upacāra samādhi)*. Bei erfahrenen Schülern können bei der Atembetrachtung Versenkungszustände auftreten, in denen für eine gewisse Zeit anstrengungslos verweilt werden kann *(appanā samādhi)*.

Da die Fähigkeit zur Atembetrachtung schon eine gewisse Stabilität in der Achtsamkeit verlangt, ist sie für Schüler, die sich in großer Verwirrung befinden oder durch starke Emotionen wie Leidenschaft und Hass getrieben sind, nicht geeignet. Für die Beruhigung solcher Geisteszustände bietet das buddhistische Lehrsystem gröbere, weniger subtile Übungen an. Die Visuddhi Magga benennt 40 verschiedene Übungsobjekte für die Entwicklung von *samādhi*, die dem geistigen Zustand des Praktizierenden entsprechend eingesetzt werden können.

Neben Methoden der Visualisierung *(kasinas)* gibt es die Betrachtung von groben körperlichen Vorgängen und Bewegungen. So gibt es beispielsweise spezielle Übungsanweisungen für die Beruhigung von emotionalen Geisteszuständen.[311] Für die Beruhigung von sinnlichem Verlangen wird beispielsweise die Betrachtung von Ekelobjekten[312] empfohlen. Emotionen von Hass und Zorn können durch Kontemplation der sogenannten göttlichen Verweilungszustände *(brahmavihāra)* balanciert werden. Hierbei fokussiert der Praktizierende seine Achtsamkeit auf Gedanken des Mitgefühls und der Güte. Ist der Geisteszustand ruhig und ausgeglichen, kann der Praktizierende wieder subtilere Formen der Betrachtung wählen, um schließlich einen gewissen Grad an Vertiefung zu erreichen.

Stadien der Vertiefung *(jhāna)*

Der Begriff Vertiefung *(jhāna)* bezeichnet in der buddhistischen Psychologie einen durch intensive Konzentration auf ein einziges körperliches oder geistiges Objekt hervorgerufenen Versenkungszustand des Geistes. Die buddhistischen Lehren benennen acht Stadien der Versenkung, in denen die Qualität des Geisteszustandes entsprechend der Erlebnisinhalte klassifiziert wird. So ist beispielsweise im ersten Vertiefungsstadium neben dem Glücksgefühl noch klassifizierende *(vitakka)* und analytische *(vicāra)* Denktätigkeit anzutreffen. Demgegenüber findet im letzten Vertiefungsstadium weder ein Denken noch ein Unterscheiden zwischen Wahrnehmung und Nichtwahrnehmung statt.

In den ersten vier Vertiefungen ist die Aufmerksamkeit zwar von den mit der Außenwelt in Kontakt stehenden Sinnesorganen abgezogen, es bleibt jedoch ein subtiles Erleben der eigenen Körperlichkeit bestehen. Glücks- und Wohlgefühle werden noch als der körperlichen Ebene zugehörig erfahren. Aus diesem Grunde werden Vertiefungen solcher Art der sogenannten *feinkörperlichen Ebene* zugeordnet *(rūpa-jhāna)*. In den darauf folgenden vier Vertiefungen entschwindet jedoch selbst die Wahrnehmung der eigenen Körperlichkeit und es bleibt nur noch die Bewusstheit des (grenzenlosen) Raums übrig. Deshalb werden sie als Vertiefungen im *unkörperlichen Gebiet* bezeichnet *(arūpa-jhāna)*.[313]

Meditative Vertiefungen als bedingtes und vergängliches Phänomen

Da die Erfahrung einer Vertiefung *(jhāna)* durch gezielte Formen meditativer Praxis hervorgerufen wird, ist sie aus buddhistischer

Perspektive als ein *konditioniertes* Phänomen anzusehen. Selbst die höheren Vertiefungen, wie zum Beispiel das *Raumunendlichkeitsgebiet (ākāsāñcāyatana)*, gehören deshalb in den Beschreibungsbereich der *bedingten Entstehung*. Sie sind ein Resultat der Willensschulung innerhalb des körperlichen und geistigen Prozesses *(nāma-rūpa)* und zeigen als Projektionen des Prozesses des Bewusstwerdens das Daseinsmerkmal der Unbeständigkeit *(anicca)*, der Essenzlosigkeit *(anatta)* und entsprechend auch des Leidens *(dukkha)*, weil sie den Schüler dazu veranlassen, diesen Erfahrungen Bedeutung zu geben und daher daran anzuhaften. Die oftmals angenehmen Vertiefungszustände sind somit zeitlich begrenzte Phasen des inneren Erlebens und kein dauerhaftes Stadium, in dem man verharren könnte. Die Bedeutung der Vertiefungszustände und ihre Stellung innerhalb des buddhistischen Lehrsystems werden oft missverstanden. Obwohl sie als hochgradig angenehme Erfahrung beschrieben werden, dürfen sie keinesfalls mit der Befreiung oder dem Ziel bzw. Sinn der Meditationspraxis verwechselt werden. Wie jedes sinnliche Erleben sind diese Zustände dem Entstehen und Vergehen unterworfen. Deshalb werden in der buddhistischen Psychologie selbst die höheren, unkörperlichen Vertiefungen als weltliches Phänomen *(lokiya)* betrachtet.[314]

Sammlung als Mittel zu Einsicht und Selbsterkenntnis (*vipassanā*)

Das Pāli-Wort *vipassanā* lässt sich mit Einsicht oder Selbstbeobachtung übersetzen.[315] In der buddhistischen Praxis bezeichnet *vipassanā* die Einsicht in die Natur des eigenen Geistes.

Die zuvor geschilderte Erfahrung von tiefer Versenkung *(samādhi)* beinhaltet noch *nicht* die Einsicht in die Natur des Selbst. In der Praxis wird dies oft vergessen: Tiefe Versenkungs-, Trance- und Verzückungszustände können die Illusion nähren, dass diese Erfahrungen etwas Substanzielles, Unvergängliches und damit Göttliches im Sinne der Befreiung besäßen.[316] Allerdings widerspricht nichts den buddhistischen Lehren mehr als die Auffassung, dass ein sinnlich erfahrbarer Zustand die Befreiung darstellen könne.

Die Natur des Selbst erkennen

Nichtsdestotrotz ist der gesammelte Geist für die buddhistische Praxis das wichtigste Instrument, um die Natur des eigenen Geistes auf der Ebene der unmittelbaren Erfahrung durchdringen zu können. Dies kann erst geschehen, wenn sich der gesammelte Geist auf die Natur des Erkenntnisvorganges selbst richtet. Nur auf diese Weise kann es dem geistigen Prozess gelingen, sein eigenes Erkennen zu erkennen, wobei sich die Möglichkeit eröffnet, die Illusion des Ich-Selbst zu durchbrechen.

In der Praxis geschieht dies durch die Übung der *vier Grundlagen der Achtsamkeit (satipatthāna):*

1. Die Beobachtung des Körpers *(kāyānupassanā).*
2. Die Beobachtung der Empfindungen, die innerhalb des Körpers entstehen *(vedanānupassanā).*
3. Die Beobachtung des Geisteszustandes *(cittānupassanā),* wie zum Beispiel eine konzentrierte, unkonzentrierte, wache, müde Haltung.
4. Die Beobachtung der Inhalte des Geistes *(dhammānupassanā).* Gemeint sind hier die höheren Formationen des Geistes (zum Beispiel Zweifel, Aversion, Begierde, Schuldgefühle etc.).

Die vier Formen der Achtsamkeit sind im Rahmen einer systematischen und didaktisch aufgebauten Übung als Einsichts-Meditation *(vipassanā-bhāvanā)* bekannt. In konzentrierter und systematischer Form ergründet hier der Praktizierende die Empfindungswelt innerhalb seiner geistig-körperlichen Struktur.[317] Die anderen Formen des geistigen Erlebens (Geisteszustände und Geistesinhalte) können dabei gleichsam als Nebenobjekte mitbeobachtet werden, wobei mit wachsender Übungserfahrung die Natur der geistigen Struktur zunehmend bewusst wird:

1. Die Verbindung zwischen körperlichen und geistigen Phänomenen wird deutlich.
2. Der Zusammenhang zwischen Empfindungen, Unterscheidungen, Reaktionen des Geistes und Gedankengebilden wird erkannt.
3. Die Entstehung und Auflösung der jeweiligen höheren Ordnung von Konditionierungen (beispielsweise von Werten, Glaubenssystemen und Identitätskonzepten) wird sichtbar und erfahren. Die geistig-körperlichen Phänomene werden transparent und verlieren ihre oberflächliche Festigkeit: Gedanken, Emotionen, Empfindungsmuster entstehen und vergehen in diesem Stadium mit großer Geschwindigkeit.

Ziel der Vipassanā-Meditation ist die Transzendenz der bedingten Reaktionsmuster des Geistes. Bei gleichmütiger Betrachtung der psychosomatischen Phänomene lösen sich die alten Reaktionsmuster des Geistes auf. Dies kann jedoch nur geschehen, wenn der Gegenstand der Achtsamkeit *nicht selbst durch die bedingte Entstehung bedingt* ist. Hier kommen wir zum Kern der Erkenntnismethode durch *Selbstbeobachtung*: Der Gegenstand der Betrachtung darf weder eine Imagination oder Suggestion noch ein wie auch immer geartetes intellektuelles Konstrukt oder Glaubenssystem sein. Mit anderen Worten: Er darf kein konstruiertes Objekt sein, welches durch den Erkenntnisprozess selbst entstanden und bedingt ist. Der Gegenstand der Betrachtung muss vielmehr geeignet sein, all die Illusionen, die im Prozess der bedingten Entstehung auftauchen, zu transzendieren.

Das einzige Objekt, was hierfür geeignet ist, ist die Realisierung der *Entstehens- und Vergehensbedingungen* des Bedingten selber. Als Objekt der meditativen Betrachtung kommt damit allein die *Betrachtung des Flusses der Veränderung (anicca)* selbst infrage. Nur auf diese Weise wird der geistige Prozess nicht mehr durch die von ihm selbst generierten Inhalte absorbiert und geleitet, er kann seine Aufmerksamkeit stattdessen auf die Natur seiner Prozesshaftigkeit selber richten. Dies ist ein äußerst subtiler Vorgang, denn hier paart sich Achtsamkeit *(sati)* mit dem komplexen reflexiven Verhältnis der Wissensklarheit *(sampajañña)*. In der *satipatthāna sutta*, der Lehrrede von den Grundlagen der Achtsamkeit, wird erläutert, was hiermit gemeint ist:

> »So weilt er nach innen beim Körper in Betrachtung des Körpers *[kāyānupassanā];* oder er weilt nach außen beim Körper in Betrachtung des Körpers; oder er weilt nach innen und außen beim Körper in Betrachtung des Körpers. Die Dinge in ihrem Entstehen betrachtend, weilt er beim Körper; die Dinge in ihrem Vergehen betrachtend, weilt er beim Körper; die Dinge in ihrem Entstehen und Vergehen betrachtend, weilt er beim Körper. ›Ein Körper ist da‹, so ist seine Achtsamkeit gegenwärtig, eben nur soweit es der Erkenntnis dient, soweit es der Achtsamkeit dient. Unabhängig lebt er, und an nichts in der Welt ist er angehangen. [...]
>
> So weilt er nach innen bei den Gefühlen in Betrachtung der Gefühle *[vedanānupassanā];* oder er weilt nach außen bei den Gefühlen in Betrachtung der Gefühle; oder er weilt nach innen und außen bei den Gefühlen in Betrachtung der Gefühle. Die Dinge in ihrem Entstehen betrachtend, weilt er bei den Gefühlen; die Dinge in ihrem Vergehen betrachtend, weilt er bei den Gefühlen; die Dinge in ihrem Entstehen und Vergehen betrachtend, weilt er bei den Gefühlen. ›Gefühle sind da!‹,

so ist seine Achtsamkeit gegenwärtig, eben nur soweit es der Erkenntnis dient, soweit es der Achtsamkeit dient. Unabhängig lebt er, und an nichts in der Welt ist er angehangen.

So auch, o Mönche, weilt der Mönch bei den Gefühlen in Betrachtung der Gefühle.

[Im gleichen Sinne geht es weiter mit der Betrachtung der Geisteszustände *(cittānupassanā)* und der Geistesinhalte *(dhammānupassanā)*; Anmerkung des Autors]«[318]

Die hier geforderte Beobachtungshaltung ist also nicht mehr das bloße Sich-Versenken in den Objekten der Betrachtung, seien es körperliche Phänomene, Empfindungen oder Gedanken. In jedem Bewusstseinsmoment ist vielmehr immer Wissensklarheit *(sampajañña)*,[319] eine reflexive Distanzierung gegenüber dem Erfahrenen mitzuführen. Hierdurch wird die Qualität der Erfahrung gewissermaßen eingeklammert, denn die Phänomene werden immer zugleich in ihrem Entstehen und Vergehen *(anicca)*, also im Kontext ihrer bedingten Entstehung und ihrer inhärenten Essenzlosigkeit *(anatta)* betrachtet.

Vipassanā bezeichnet damit eine kaum mit Worten oder nur in Form von Paradoxien beschreibbare Haltung. Man ist entrückt und gerade deshalb da, man identifiziert sich nicht, um auf diese Weise umso präsenter zu sein. Man geht gewissermaßen vollkommen konzentriert in dem Leben auf, das man lebt, ohne den erlebten Prozessen eine Bedeutung zu geben, die über die nackten Tatsachen des Lebens, dem sich von Moment zu Moment manifestierenden geistig-materiellen Strom, hinausgeht.

Der Schlüssel hierzu ist die habituelle Verinnerlichung einer veränderten Wahrnehmungsperspektive, welche die Unbeständigkeit anstelle der Substanzhaftigkeit in den Blick nimmt. Nur in *anicca* verschwindet das Anhaften an den konditionierten geistigen Formen, denn die Bedeutung, welche es erst attraktiv erscheinen lässt, nach den Sinneswahrnehmungen zu greifen, beginnt mit der veränderten Perspektive zu verblassen.

Die praktische Erfahrung von *anicca* findet in der vorurteilsfreien Betrachtung von Körper, Empfindungen, Geisteszuständen und Geistesinhalten statt. Wenn der Fluss der Veränderung zum Gegenstand der Betrachtung wird, kann ein Prozess der Selbsttranszendenz stattfinden. Sobald körperliche und geistige Phänomene wissensklar als vergänglich erfahren werden, beginnen sich die alten Konditionierungen aufzulösen. Immer neue Inhalte strömen in das Bewusstsein, deren ebenfalls bedingtes Entstehen erkannt wird, woraufhin sie zerfallen. Es kommen andere Muster und Konditionierungen ins Bewusstsein. Das Rad der Befreiung setzt sich in Gang:

»Alle zusammengesetzten Dinge sind unbeständig.
Wenn man dies mit wahrhaftiger Einsicht erkennt,
dann wird man vom Leiden losgelöst;
dies ist der Pfad der Reinigung.«[320]

Schließlich erreicht der Praktizierende ein Stadium, in dem er die Realität jenseits des Bedingten erfährt:

»Der Mönch in tiefer Einsamkeit,
In seinem Herzen wohl gestillt,
Fühlt übermenschliches Entzücken,
So er die Wahrheit klar erschaut.

Wenn immer er die Daseinsgruppen
Verstehen und Vergeh'n erwägt,
Erfüllt Verzückung ihn und Glück,
So er das Todlose erkennt.«[321]

Die Präsenz der Einsicht in die veränderliche Natur aller sinnlichen Phänomene führt schließlich zu einer Entsagung, die nicht mehr mit Kampf, Zwang oder Leiden verbunden ist, sondern mit tiefer Freude und Befriedigung. Der Geist ist dabei auf die überweltliche Dimension *(lokutarra)* gerichtet und nicht mehr auf den Bereich der Sinnenwelt. Menschen, die im Bewusstsein dieser transzendentalen Dimension leben, werden als *Edle* bzw. *Heilige (ariya)* bezeichnet, da sie die Unpersönlichkeit aller Phänomene erkannt haben. Hierzu Nyanatiloka:

»›Edle‹ nennt man solche Menschen, die sich auf einem der als vier überweltliche Pfade oder Ziele bekannten Entwicklungsstadien befinden [...] Nach dem Abhidhamma ist der überweltliche Pfad eine Bezeichnung für den beim Eintritt in eine der vier Stufen der Heiligkeit aufblitzenden und das Leben für immer umgestaltenden Hellblick in die Veränderlichkeit, das Elend und die Unpersönlichkeit allen Daseins.«[322]

Mit der gleichmütigen Betrachtung der geistigen Aggregate *(khanda)* verlöschen die alten Konditionierungen, die für die stetige Erneuerung leidvoller Erfahrungen verantwortlich sind. Wenn der Geist erkennt, dass es sinnlos ist, nach den illusionären Objekten zu streben, verschwindet die habituelle Neigung, nach diesen Dingen zu greifen. Der Geist kommt zur Ruhe. Das Bewusstsein des Leidens verschwindet.

Der Prozess der bedingten Entstehung findet seine Umkehr, wobei die Auflösung des (Leidens-)Bewusstseins kein Verlust ist, sondern eine Erlösung. Gleich einem Menschen, der aus einer langjährigen Drogenabhängigkeit befreit ist, wird die Befreiung aus der geistigen Abhängigkeit leidvoller Konditionierungen als Gewinn von Lebensqualität und innerer Freiheit erlebt und nicht als Opfer. Govinda erläutert dies folgendermaßen:

> »Dies bedeutet nicht eine Aufhebung der Sinnentätigkeit oder eine Unterdrückung des Sinnenbewußtseins, sondern eine neue Haltung ihnen gegenüber, indem wir die Dinge nicht mehr vom Standpunkt eines ›Ich‹ und der aus ihm entspringenden Verhaftung und Vorurteile betrachten, sondern vom Standpunkt einer allem Bewußtsein und seinen Objekten zugrundeliegenden Einheit oder Ganzheit, die in unserem tiefsten Wesen verankert liegt. Denn nur aus dem Erlebnis oder der Erkenntnis, daß wir nicht nur Teile eines Ganzen sind, sondern daß jedes Individuum das Ganze zur Basis hat und ein bewußter Ausdruck des Ganzen ist, erwachen wir zur Wirklichkeit, zur Erlösung, zur Wiederherstellung der durch Verhaftung an begrenzte Objekte und illusorische Vorstellungen (›Vorurteile‹) verlorengegangenen Harmonie.«[323]

Balance von Sammlung und Einsicht *(samatha-vipassanā)*

Die Kunst buddhistischer Praxis liegt in der Balance von Gleichmut und Achtsamkeit. Gleichmut *(upekkhā)* bezeichnet die vorurteilsfreie Beobachtung des Erlebens, ohne von den Erfahrungen überwältigt zu werden und wird durch die Schulung von *samādhi*, der Sammlung des Geistes, gefördert. Achtsamkeit ist die Sensibilität für die innere Wirklichkeit. Sie wird innerhalb der Vipassanā-Meditation durch die vier Grundlagen der Achtsamkeit *(satipatthāna)* geschult. Gleichmut ohne Achtsamkeit führt nicht zur Einsicht. Ein Mensch, der mit geschlossenen Augen oder in Trance durch die Welt geht, mag zwar gleichmütig sein, jedoch nur zum Preis einer gewissen Ignoranz.

Auf der anderen Seite führen Sensibilität und Öffnung ohne einen ruhigen Geist nicht zur tieferen Wahrheit[324] im Sinne einer heilsamen Umgestaltung der geistigen Struktur. Wenn ein Mensch mit intensiven Erlebnissen konfrontiert wird, den hiermit verbundenen Erfahrungen aber nicht gleichmütig begegnen kann, so führt dies nicht zur Befreiung, sondern eher zur Verfestigung alter Konditionierungen, vielleicht sogar zu neuen, möglicherweise zudem mit Traumatisierungen verbundenen Identifizierungen.

Die buddhistische Praxis zielt darauf, eine Balance zwischen Gleichmut und Achtsamkeit zu finden. Meditative Übungen zur Beruhigung des Geistes machen nur Sinn als Vorstufe zu öffnenden, die Einsicht fördernden Praktiken. Öffnende Meditationen bewirken oft Erschütterungen im Weltbild des Praktizierenden. Selbstbilder und Ich-Konzepte zerfallen. Damit diese Erschütterungen nicht zu verwirrenden Bewusstseinszuständen führen, ist der erlebende Geist wieder durch entsprechende Übungen zu sammeln und zu beruhigen. Ein Fortschreiten innerhalb der buddhistischen Praxis zeigt sich in der Entwicklung des Gleichmutes, der Fähigkeit, den erscheinenden inneren Welten, seien sie der höchste Himmel oder die tiefste Hölle, gelassen begegnen zu können:

> »Wer ist es, der die Flut hier kreuzt? Wer kreuzt hier diesen Ozean? Wer sinkt nicht unter in der Tiefe, die unten ohne Boden, oben ohne Halt?
>
> Wer stets in Tugend fest, wer weise und gesammelt ist, verinnerlicht und achtsam lebt, der kreuzt die Flut, die wahrlich schwer ist zu duchkreuzen.«[325]

Heilsam handeln

Sīla ist neben *paññā* und *samādhi* der dritte Bereich buddhistischer Schulungspraxis. Der Pāli-Begriff *sīla*[326] bezeichnet zum einen das Benehmen und Verhalten einer Persönlichkeit als solches und zum anderen die ethische Qualität eben dieses Verhaltens. Im Bereich des ethischen Handelns beinhaltet *sīla* sowohl die inneren als auch die äußeren Aspekte der Sittlichkeit. Mit Letzterem *(paññatti sīla)* ist ein Moralkodex veräußerlichter und ausformulierter Vorschriften und Sittenregeln gemeint. Ersteres bezeichnet die natürliche Sittlichkeit eines charakterlich guten Menschen *(pakati sīla)*. In ihrem Kern stellen die buddhistischen Lehren ein *tugendethisches* System dar, das auf die Charakterbildung im Sinne einer spontanen, habituell verankerten Güte eines edlen Gemüts zielt.[327] *Sīla* darf hier also nicht als ein rigides System von Moralregeln im Sinne einer Prinzipienethik verstanden werden, denen blind und entgegen der eigenen Willensimpulse zu folgen ist, denn hierdurch würde nur Agonie und weiterer innerer Kampf entstehen.[328]

Sittlichkeit ist in der buddhistischen Lehre eine spontane natürliche Verfassung des Geistes *(cetasika)* und des Willens *(cetanā)*, die nicht aus einem äußeren Zwang, sondern aus der Einsicht in den Segen und Lohn des sittlichen Handelns *(kusala-sīla)* resultiert:

»›Was, oh Ehrwürdiger, ist der Segen und Lohn der karmisch heilsamen Sitten?‹
›Reuelosigkeit, Ananda, ist der Segen und Lohn der karmisch heilsamen Sitten.‹
›Was aber, oh Ehrwürdiger, ist der Segen und Lohn der Reuelosigkeit?‹
›Freude, Ananda.‹
›Was aber, oh Ehrwürdiger, ist der Segen und Lohn der Freude?‹
›Verzückung, Ananda.‹
›Und der Verzückung, oh Ehrwürdiger?‹
›Gestilltheit, Ananda.‹
›Und der Gestilltheit, oh Ehrwürdiger?‹
›Glück, Ananda.‹
›Und des Glücks, oh Ehrwürdiger?‹
›Sammlung, Ananda.‹
›Und der Sammlung, oh Ehrwürdiger?‹
›Wahrheitsgemäßer Erkenntnisblick, Ananda.‹
›Und des wahrheitsgemäßen Erkenntnisblicks, oh Ehrwürdiger?‹
›Abwendung und Loslösung, Ananda.‹
›Und Ablösung und Loslösung, oh Ehrwürdiger?‹
›Der Erkenntnisblick der Erlösung, Ananda.‹«[329]

Sīla erscheint damit innerhalb des buddhistischen Befreiungssystems als ein unverzichtbarer Bestandteil auf dem Weg der Geistesläuterung. In der Einheit von Erkennen und Handeln kann nur der ethisch handelnde Geist zu den tieferen Ebenen der Erkenntnis seiner eigenen Natur vordringen, da entsprechend dem Gesetz der bedingten Entstehung dieser Geist selbst die Voraussetzungen für den zukünftigen Prozess des Bewusstwerdens hervorbringt. Nur der auch in sittlicher Hinsicht geläuterte Geist ist in der Lage, sich in der Sammlung der eigenen Selbsterkenntnis zuzuwenden.

Kammisch wirksame Faktoren des Bewusstseins

Vergegenwärtigen wir uns an dieser Stelle nochmals das Gesetz der bedingten Entstehung: Der Prozess des Werdens *(bhava)* entsteht durch den fortwährenden Durst *(tanhā)* nach den begehrten Sinneseindrücken *(phassa)* und dem daraus resultierenden Anhaften an die begehrten Empfindungsmuster *(upādāna)*. Dieser Prozess gestaltet den körperlich-geistigen *(nāma-rupa)* Fluss, mit dem einhergehend die kammisch gebildeten Formationen *(sankhāra)* als Grundlage *(āyanana)* für den künftigen Sinneseindruck *(phassa)* entstehen. Wir durchschreiten hiermit einen kreisförmigen Prozess:

Das Geistig-Körperliche bringt sich selbst durch das fortwährende Ergreifen eben dieses Prozesses in der kammischen Qualität hervor, welche dem Input entspricht, der in diesen Prozess zuvor eingebracht wurde. Jede Willenshandlung lässt sich damit gleichsam als ein Samen vorstellen, der eine seiner Charakteristik entsprechende Wirklichkeit aufbaut. Dieser Prozess geschieht in der Regel unbewusst, das heißt in Unwissenheit *(avijjā)*, da der geistige Prozess normalerweise nicht weiß, wie er sich selbst aktiviert und vorantreibt.

Entsprechend ihrer ethischen Qualität unterscheidet die buddhistische Psychologie zwischen heilsamen *(kusala)*, unheilsamen *(akusala)* und kammisch neutralen *(avyākata)* Willenshandlungen. Unheilsam sind Handlungen, welche dazu neigen, künftig leidvolle Gestaltungen hervorzubringen. Heilsam sind demgegenüber Handlungen, welche dazu beitragen, unheilsame Kammaformationen aufzulösen und dadurch zu einem tugendhaften Charakter hinzuführen.

Unheilsame Faktoren

Innerhalb des buddhistischen Systems zählen Verblendung *(moha)*, Begierde *(lobha)* und Hass *(dosa)* zu den moralisch entscheidenden Faktoren. Aus diesen Faktoren leiten sich alle anderen negativen Eigenschaften ab. Dazu Govinda:

> »Verblendung hat Schamlosigkeit *(ahirika)*, Skrupellosigkeit *(anotappa)* und Unruhe *(uddhacca)* zur Folge. Ein verblendeter Mensch hat keine Scham, weil er nicht fähig ist, die Unwürdigkeit seines Denkens und Handelns einzusehen, und ist skrupellos, weil er ebensowenig imstande ist, die Folgen seiner Handlung zu übersehen. Die hieraus entstehende, zunächst unterbewußt wirkende Unsicherheit erzeugt Unruhe.
>
> Begierde *(lobha)* trübt den unvoreingenommenen Blick und führt zu irrtümlichen Ansichten *(diṭṭhi)* und Eigendünkel *(māna)*. Unter *māna* wird nicht nur das dünkelhafte Sichversteifen auf falsche Ansichten verstanden, sondern ebenso der Eigendünkel, der gerade dem mit Wissen verbundenen Bewußtsein anhaftet. Haß *(dosa)* hat Neid *(issā)*, Selbstsucht *(macchariya)* und Selbstqual *(kukucca)* zur Gefolgschaft.«[330]

Neutrale Faktoren

Die neutralen Faktoren sind notwendige Bedingung für das Zustandekommen des Prozesses des Bewusstwerdens. Ihr Auftreten hat jedoch keinerlei kammische Auswirkung, da sie zwar die Basis des Gestaltungsprozesses darstellen, nicht aber ihren Inhalt. Die grundlegenden Bedingungen des Bewusstseins, auch *primäre neutrale Faktoren* genannt, sind: Kontakt, Sinneseindruck *(phassa)*, Gefühl, Empfindung *(vedanā)*, Wahrnehmung *(saññā)*, Willensregung *(cetenā)*, Einsgerichtetsein *(ekaggatā)*,[331] Vitalität *(jīvitindrya)* und spontane Aufmerksamkeit *(manasikarā)*.

Als *sekundäre neutrale Faktoren* werden die aus den primären Faktoren abgeleiteten geistigen Prozesse betrachtet, wie zum Beispiel das diskursive Denken, das Entschließen und Entscheiden, der Wunsch zum Handeln sowie Interesse, Begeisterung und Inspiration. Diskursives Denken, Interesse und Vitalität – wie auch die durch Konzentration hervorgerufene Vertiefung – werden weder als gut noch als schlecht bewertet. Erst in Verbindung mit den Wurzelursachen Hass, Gier und Unwissenheit werden die an sich indifferenten geistigen Vorgänge zu einem mächtigen leidbringenden Instrument.

Heilsame Faktoren

Die buddhistische Psychologie benennt unter anderem folgende heilsamen Bewusstseinsfaktoren:[332]

(1) Die Faktoren des heilsam-schönen Bewusstseins. Dies sind die allen heilsamen Handlungen zugrunde liegenden Grundfaktoren, nämlich: klare Bewusstheit *(sati)*, Gierlosigkeit *(alobha)*, Hasslosigkeit *(adosa)*, Ruhe des Bewusstseins *(cittapassadhi)* sowie Selbstachtung *(hāri)*.

(2) Die Faktoren dreifacher Leidenschaftsenthaltung *(viratiyo)*: die rechte Rede, rechtes Handeln, rechte Lebensführung. Diese drei Faktoren bilden den Bereich *sīla* innerhalb des edlen achtfachen Pfades.

(3) Die vier himmlischen Zustände des Verweilens *(brahmavihāra)*: liebevolle Güte *(mettā)*, Mitleid *(karunā)*, Mitfreude *(muditā)* und Gleichmut *(upekkhā)*.

(4) Die Vernunft *(paññindrya)* als das direktive Prinzip unseres Geistes.

Menschliches Verhalten und Handeln, welches aus den hier beschriebenen Geisteshaltungen resultiert, ist aus buddhistischer Perspektive an sich heilsam. Aus einer tugendhaften Haltung entspringend trägt es dazu bei, künftige Bewusstseinsmomente zu einer freud- und friedvolleren Daseinsform zu führen.[333]

Sittliche Disziplin als Praxis der Geistesläuterung

Für den Tugendhaften, Edlen oder gar Heiligen *(ariya)* offenbart sich natürliche Sittlichkeit als Ausdruck einer friedvollen Geisteshaltung. Demjenigen, der den Weg der Geistesläuterung anstrebt, erscheint die Sittlichkeit zunächst jedoch äußerlich. Intellektuell mag er vielleicht den Sinn einer ethischen Lebensführung verstehen, doch innerlich werden er und sein Handeln weiterhin durch seine oftmals negativen Gemütszustände motiviert. Da aber die Konsequenzen des Handelns erneut den Gemütszustand bestimmen, gibt die buddhistische Lehre dem Praktizierenden ein moralisches Regelwerk in die Hand – ein System aus Übungen, um diesem Teufelskreis zu entkommen. Wenn der Schüler lernt, seine Gier und seinen Hass zu zügeln, hat er die Chance, seine emotionalen Verhaftungen aufzulösen und daraufhin friedvolle Geisteszustände zu erfahren:

> »Durch die Ausübung dieser edlen Sinnenzügelung empfindet er in seinem Inneren ein untadeliges Glück. [...] Weltliche Begierde hat er verworfen, begierdelosen Geistes weilt er, von Begierde läutert er seinen Geist. Haß und Übelwollen hat er verworfen, haßlosen Geistes weilt er; von Wohlwollen erfüllt zu allen lebenden Wesen und Geschöpfen, läutert er seinen Geist von Haß und Übelwollen.«[334]

Der *Vinaya Piṭaka*, eine der drei Textsammlungen in der kanonischen Pāli-Literatur, enthält ein umfangreiches System von Regeln und Disziplinanweisungen für Mönche und Nonnen. Für Laien, also für Menschen, die innerhalb ihres weltlichen Lebens die buddhistische Lehre praktizieren wollen, gelten dahingegen die folgenden fünf Übungsregeln *(pañca sīla)*:

1. Kein Lebewesen töten oder verletzen.
2. Nicht Gegebenes nicht nehmen.
3. Keine unheilsamen sexuellen Beziehungen pflegen.
4. Nicht lügen oder unheilsam reden.
5. Nicht durch berauschende Mittel das Bewusstsein trüben.

Diese Anweisungen gelten sowohl für den beruflichen als auch für den familiären und privaten Alltag. Hier kann der Praktizierende üben, sittliche Verstrickungen zu vermeiden, welche mit Unheil und geistiger Verwirrung einhergehen. Gleichzeitig entwickelt er mit *pañca sīla* drei Pfadglieder auf dem *edlen achtfachen Pfad*. Es folgt eine kurze Erläuterung dieser drei Bereiche durch den Vipassanā-Lehrer Goenka:

»Sammā-vaca – rechte Rede, Reinheit auf der verbalen Ebene. Um zu verstehen, was Reinheit auf der verbalen Ebene bedeutet, muß man wissen, was Unreinheit auf der verbalen Ebene ist. Lügen, um andere zu täuschen, barsche Worte sagen, die andere verletzen, Verleumdungen unter die Leute tragen, tratschen und zielloses Geplapper – all dies sind Unreinheiten auf der verbalen Ebene. Wenn man sich von diesen fernhält, dann ist alles andere, was übrig bleibt, rechte Rede.

Sammā-kammanta – rechtes Tun, Reinheit der körperlichen Handlung. Auf dem Weg des Dhamma gibt es nur einen Maßstab zur Beurteilung der Reinheit oder Unreinheit einer Handlung, egal ob sie körperlicher, verbaler oder geistiger Art ist, und das ist die Frage: Hilft sie anderen oder schadet sie ihnen? Töten, stehlen, vergewaltigen, Ehebruch begehen oder sich berauschen, so daß man nicht mehr weiß, was man tut, sind somit alles Handlungen, die anderen schaden und auch einem selbst schaden. Wenn man all diese unreinen körperlichen Handlungen unterläßt, dann ist das, was übrigbleibt, rechtes Tun.

Sammā-ajiva – rechter Lebenserwerb. Jeder muß auf irgendeine Weise sich und denjenigen, die von ihm abhängig sind, einen Lebensunterhalt sichern, aber wenn die Mittel dazu anderen Schaden zufügen, dann ist es kein rechter Lebenserwerb. Es mag sein, daß man durch seine Art des Lebensunterhalts nicht selbst etwas Verwerfliches tut, aber andere dazu anregt – in diesem Fall erarbeitet man sein Einkommen nicht auf rechte Weise. [...]

Wenn die Motivation nur das Ausbeuten anderer ist, praktiziert man selbst in den edelsten Berufen keinen rechten Lebenserwerb. Wenn man dagegen mit der Motivation arbeitet, seine Fertigkeiten und Anstrengungen in den Dienst des allgemeinen Wohls stellen zu wollen und damit seine Pflicht als Teil der Gesellschaft zu erfüllen, wofür man dann als gerechte Entschädigung die Mittel erhält, um sich selbst und seinen Angehörigen ein Auskommen zu sichern, dann ist es fürwahr rechter Lebenserwerb.«[335]

Einer Person, die mit buddhistischer Praxis beginnt, können die Tugendregeln zunächst äußerlich erscheinen. An dieser Stelle ist jedoch nochmals zu betonen, dass sie nicht als ein rigides Moralsystem anzusehen sind. Sie sind vielmehr ein Übungssystem für Menschen, die in ihren negativen Emotionen verstrickt sind und die durch die Tugendregeln die Chance bekommen, aus dem unheilsamen Kreislauf leidbringender Handlungen auszubrechen.

Die buddhistischen Ordensregeln dürfen also nicht mit einem moralischen Regelwerk verwechselt werden, Sie stellen vielmehr ein didaktisches Mittel im Prozess der Geistesschulung dar. Als solches ist die Befolgung der Tugendübungen hilfreich, da der gewohnheitsmäßige Reflex, an den Objekten der Sinnenwelt anzuhaften, unterbrochen wird, woraufhin der Geist Beruhigung erfährt. Außerhalb der Übungspraxis zur Kultivierung des Geistes sind diese Regeln bedeutungslos. Letztendlich stellen sie weder eine höhere Erkenntnis dar, auf die man sich stützen könnte, noch ist die Einhaltung dieser Regeln eine Leistung, aufgrund der man auf andere herabblicken könnte, denn es gilt:

> »›Beschränktes Denken‹ nennen es die Kenner,
> Wenn man vom eigenen Standpunkt anderes geringschätzt.
> Daher nicht auf Gesehenes, Gehörtes, anderswie Erfahrenes,
> Auch nicht auf Regeln und Gelübde soll der Mönch sich stützen.«[336]

Erkennen und Handeln zusammenbringen

In den vorangehenden Kapiteln wurden die drei Bereiche buddhistischer Schulung, Erkenntnis *(paññā)*, Sammlung *(samādhi)* und sittliches Handeln *(sīla)*, gesondert beschrieben, wenngleich bereits die Wechselbeziehungen und Interdependenzen deutlich wurden. Im folgenden Kapitel möchten wir die Vernetzungen innerhalb der buddhistischen Lehren nochmals zusammenfassend herausstellen, denn sie bilden ein ganzheitliches System, in dem kein Element ohne das andere zu denken ist. Erst in der Einheit von Erkennen und Handeln zeigt sich der Weg der Befreiung als eine sukzessive Harmonisierung von Handeln, Erkennen und Geisteszustand. Hiermit lässt sich ahnen, was mit dem zunächst paradox anmutenden Ziel des Pfades der Befreiung gemeint sein könnte – mit der Auflösung der Individualität im »Individuum der Befreiung«.

Der Weg der Befreiung als Harmonie von Handeln, Erkennen und Geisteszustand

Die buddhistische Lehre ist in ihrer Selbstbeschreibung ein Weg der Befreiung. Die Wahrheit des Buddhismus ergibt nur Sinn im Kontext der Praxis einer Schulung des Geistes, welche diese Wahrheit wirklich werden lässt. Das buddhistische System ist damit weniger als Religion oder Philosophie zu bezeichnen, sondern eher als ein praktisch zu beschreitender und durch Erfahrung nachzuvollziehender Fahrplan für die Erforschung und Umgestaltung des menschlichen Geistes. Der Geist – so die Kernaussage der buddhistischen Lehren – gestaltet sich durch sein eigenes Erkennen, und da die kammischen Handlungen den Geist formen, ist dieser Prozess untrennbar mit der ethischen und tugendhaften Basis des Handelns und der hiermit verbundenen Gesinnung verbunden.

Das Ziel der buddhistischen Lehre ist die Wiederherstellung der Harmonie von Bewusstsein und gelebter Welt. Letztlich ist und war das Bewusstsein nie wirklich getrennt von den Lebensprozessen, welche den erlebenden Organismus konstituieren. Aber durch die Verselbstständigung des *reflexiven Ich-Bewusstseins* entsteht der Anschein, die Illusion, dass ein Ich-Selbst existiert, das von den Gegenständen seines Erlebens getrennt ist. Die *Selbstbeschreibung* des Ich-Selbst steht nicht mehr im Einklang mit der Welt, die dieses *Selbst* in seinen Lebensprozessen hervorbringt. Aus dem Wunsch nach einer anderen Welt als einer, die *selbst* erlebt wird, entsteht Leiden. Mit der Aufhebung aller illusionären Wünsche, also der Gier nach etwas anderem als dem, was in der Einheit von Erkennen und Handeln erfahrbar ist, findet Erlösung statt. Der Mensch kommt wieder in Einklang mit sich selbst. Er erfährt sich, wie Govinda beschreibt, wieder im Rhythmus seiner eigenen Welt:

> »Sobald der Mensch die Relativität seiner eigenen Welt und die latenten Fähigkeiten des Bewußtseins erkannt hat – in anderen Worten, wenn er begriffen hat, daß er nicht an diese ihm eigentümliche Welt (die Welt seiner Sinne) gebunden ist, sondern, daß er in genau der Welt lebt, die dem ›Rhythmus‹ seines Geistes entspricht, hat er bereits den ersten Schritt zu seiner Befreiung gemacht. Das höchste Ziel jedoch ist, den Rhythmus unseres ganzen Lebens zu ändern, um ihn in jene höchste Harmonie zu verwandeln, die, wie der Buddha erklärte, durch Abwesenheit von Gier, Haß und Wahn gekennzeichnet wird und die er umschrieb mit dem Wort *nibbāna*.«[337]

Letztendlich drückt sich diese Harmonie darin aus, dass sich der Geist wieder im Einklang mit der Wirklichkeit befindet, die diesen Geist immerfort generiert. Diese Einheit zeigt sich in der empfundenen Harmonie von Erkennen, Handeln und Wollen. Hierzu wieder Govinda:

> »Wir können somit zusammenfassend folgendermaßen formulieren: *Paññā* ist die Harmonie zwischen unserem Geist und den Gesetzen der Wirklichkeit. *Sīla* ist Harmonie zwischen unseren Überzeugungen und unseren Handlungen. *Samādhi* ist die Harmonie zwischen unserem Gefühl, unserem Wissen und unserem Wollen, der Einklang aller unserer schöpferischen Kräfte im Erlebnis einer höheren Wirklichkeit.«[338]

Der edle achtfache Pfad *(magga)*

Nun wird auch verständlich, inwiefern der *edle achtfache Pfad* die konzeptionelle Ausformulierung der Praxis dieser Harmonisierung darstellt, denn hier werden die drei Bereiche *sīla, samādhi* und *paññā* entwickelt und miteinander in Beziehung gesetzt. Schauen wir deshalb nochmals auf die acht Glieder des Pfades:

Erkenntnis – paññā
1. Rechte Erkenntnis *(sammā-ditthi)*
2. Rechte Gesinnung *(sammā-sankappa)*

Ethisches Handeln – sīla
3. Rechte Rede *(sammā-vācā)*
4. Rechtes Handeln *(sammā-kammanta)*
5. Rechter Lebensunterhalt *(sammā-ājjīva)*

Geistesschulung (Sammlung) – samādhi
6. Rechte Anstrengung *(sammā-vāyāma)*
7. Rechte Achtsamkeit *(sammā-sati)*
8. Rechte Sammlung *(sammā-samādhi)*

Alle Glieder des Pfades bedingen sich in ihrer Entfaltung wechselseitig. Zumindest ein momentweises Aufblitzen von Erkenntnis ist notwendig, um die Motivation zu finden, einen Schritt auf dem Weg der Befreiung zu gehen. *Rechte Erkenntnis* stellt somit einen unverzichtbaren Schritt im zyklischen Prozess der Heilung dar:

> »Dem Sonnenaufgange, ihr Mönche, geht als Vorläufer und erstes Anzeichen die aufsteigende Morgenröte voran. Ebenso auch, ihr Mönche, geht den heilsamen Dingen als Vorläufer und erstes Anzeichen die Rechte Erkenntnis voran.
>
> Dem recht Erkennenden entsteht rechte Gesinnung; dem recht Gesinnten entsteht rechte Rede. [Es folgen die anderen Glieder des achtfachen Pfades; Anmerkung des Autors.]«[339]

Von der Einsicht befruchtet, kann sich tugendhaftes Handeln entwickeln. Dieses führt zu einer Haltung des Geistes, welche die Entwicklung der Erkenntnis in einer heilsamen Weise beeinflusst. Während *paññā* (Erkenntnis) die Motivation für den Befreiungsweg bildet, stellt *sīla* (ethisches Handeln) sein Fundament dar. Der Zyklus der Heilung lässt sich deshalb auch in der Drehrichtung von *sīla* nach *paññā* beschreiben: Grundlegende Voraussetzung für den Weg der

Selbsterkenntnis ist hierbei *sīla* als Basis für die Qualität des Geisteszustandes. Der Geist kann nur dann gesammelt und konzentriert sein *(samādhi)*, wenn die persönlichen Lebensverhältnisse einigermaßen im Gleichgewicht sind und der Geist durch Gewissenskonflikte nicht allzu sehr belastet ist *(sīla)*. *Samādhi* beinhaltet Meditationsübungen, die geeignet sind, den Geist zu sammeln und die Konzentration zu fördern, um dann schließlich die Achtsamkeit auf die Natur des eigenen Selbst richten zu können. In *paññā* erkennt der Geist schließlich sein eigenes Erkennen. Der Prozess der Selbstbeobachtung *(vipassanā bhāvanā)* führt zur Einsicht in die Natur der geistigen und körperlichen Struktur. Die Illusion des Ich-Selbst wird durchbrochen, weil die Natur des Erkenntnisvorganges bewusst wird. Aus dieser Erkenntnis heraus wird das Handeln nicht mehr durch egozentrische Verblendung geleitet. Es wird zum ethischen und tugendhaften Handeln. *Sīla* ist damit nicht mehr äußerlich bestimmt, sondern wird ein natürliches Bedürfnis, das aus der Kenntnis der bedingten Natur des eigenen Selbst entspringt. Das Handeln wird, wie Govinda beschreibt, geleitet durch die »Einsicht in die Natur des Daseins und der Dinge und der sich daraus ergebenden Zielsetzung. Denn ›recht‹ *(sammā)* – um bei diesem leider sehr abgebrauchten, aber in der buddhistischen Literatur eingebürgerten Wort zu bleiben – bedeutetet mehr als eine Übereinstimmung mit gewissen vorgefaßten dogmatischen oder moralischen Ideen, sondern das, was über den Gegensatzpaaren eines einseitigen, ichbedingten Standpunktes liegt.

In anderen Worten, ›*sammā*‹ ist das, was vollständig, ganz (weder zwiespältig noch einseitig), völlig und in diesem Sinne das jeder Bewusstseinsstufe Angemessene ist. Die Bedeutung dieses Wortes erweist sich an dem Ausdruck ›Sammā-Sambuddha‹, was einen ›völlig‹ oder ›vollkommen‹ Erleuchteten, nicht aber einen ›recht‹ (oder ›richtig‹) Erleuchteten bedeutet.«[340]

Auflösung der Individualität im Individuum der Befreiung

Im reflexiven Selbst-Bewusstsein gestaltet der geistige Prozess den geistigen Prozess. Der Geist führt gleichsam eine Operation an sich selber aus. Geistige Handlungen bewirken geistige Handlungen. Wenn der Geist erkennt, *wie* er sich im Erkennen formt und selbst gestaltet, beginnt der Weg der Befreiung. Dies *zeigt* sich in den vier Edlen Wahrheiten *(ariya-sacca)*, die abschließend nochmals im Kontext der vorangehenden Ausführungen rekapituliert werden:

1. Sobald sich der menschliche Geist seines Leidens bewusst wird, wird die Wahrheit vom Leiden zur *Edlen Wahrheit vom Leiden (dukkha-sacca)*.
2. In der Erkenntnis, dass der Erlebensprozess sich seine Welt buchstäblich selbst erschafft, wird der Mensch sich der Ursache seines Leidens bewusst. Die *Edle Wahrheit von der Ursache des Leidens* tritt in Erscheinung *(samudaya-sacca)*.
3. Mit der Erkenntnis der Ursache zeigt sich dem Menschen ein Weg, wie er sein Leiden zu überwinden vermag. Die *Edle Wahrheit von der Aufhebung des Leidens* wird damit deutlich *(samudaya-sacca)*.
4. Wenn der Mensch diese Wahrheit lebt und seine Wirklichkeit in heilsamer Form gestaltet, überwindet er sein Leiden. Er lebt und verkörpert nun die *Edle Wahrheit von dem zur Leidensaufhebung führenden Wege (magga-sacca)*.

Ein Lebewesen kann nur dann die Motivation zur Befreiung entwickeln, wenn es fähig ist, sein Leiden und die Ursache eben dieses Leidens schonungslos zu betrachten. Bleibt ein Wesen in Unwissenheit über seinen Ursprung, so wird es weiterhin unbewusst im Strom des Daseins umherirren. Deshalb ist die Selbsterkenntnis im Sinne eines reflexiven Prozesses des Bewusstwerdens unabdingbar für den Weg der Befreiung. Somit gibt gerade das in der Bewusstheit des Leidens aufscheinende reflexive Ich-Bewusstsein den Ausschlag zur Willenswendung in Richtung Befreiung.

An dieser Stelle begegnen wir dem erkenntnistheoretischen Paradoxon des Buddhismus: Nur das selbstbewusste *Individuum* ist in der Lage, die *Illusion* seines Egos zu durchschauen. Erst der Mensch mit seiner Fähigkeit zur reflexiven Selbstbetrachtung kann durch *Selbst*-Erkenntnis lernen, seine Wirklichkeit in Harmonie zu gestalten. In der Durchdringung der illusionären Erscheinung des Egos entsteht die Erfahrung von allumfassender Liebe *(mettā)* und Mitgefühl gegenüber allen fühlenden Wesen *(karunā)*. Hiermit einhergehend wächst das Wissen um die Verantwortung für die eigene Schöpfung.

Im Einklang von Erkennen und Handeln in seiner umfassenden Form, dem Bewusstsein, mit allem verbunden zu sein, wird individuelles Wirken zum vollkommenen ethischen Handeln. Ethik und Wissen bilden damit eine untrennbare Einheit.

Vom Sein zum Werden – westliche und buddhistische Perspektiven im Dialog

Kommen wir nun zur eigentlichen Intention dieses Buches, zum Versuch, den westlichen Blick auf die Natur des Selbst mit den buddhistischen Lehren in Beziehung zu setzen, um einen Dialog zu bahnen. Bereits in den vorangegangenen Ausführungen lassen sich deutliche Parallelen in Hinblick auf das Grundverständnis geistiger Prozesse erkennen.

Im ersten Kapitel mit dem Titel *Die Natur des geistigen Prozesses* gilt es, diese Parallelen zunächst deutlicher herauszuarbeiten. In *Nur Taten und kein Täter* wird das Paradoxon des Beobachters im Vordergrund stehen. Die wohl wichtigste Implikation, die sich aus dem Dialog ergeben könnte, wird in *Nachhausekommen im Sein ohne Sinn* vorgestellt: die Chance, in Welten ohne Grund heimisch zu werden.

Das anschließende Kapitel mit dem Titel *Fühlen und Erinnern* stellt denjenigen Bereich unserer lebendigen Wirklichkeit in den Vordergrund, der in der westlichen Geschichte des Denkens oft vernachlässigt wurde. Es handelt sich um die Tatsache, dass sich unser Leben entlang *gefühlter* Bedeutsamkeit entwickelt und dass jeder, der nach einem glücklichen Leben strebt, nicht umhinkommt, sich diesen Konnex genauer anzuschauen. In den beiden Kapiteln *Todloses* sowie *Relative Wahrheit, absolute Wirklichkeit* steht das verwickelte Verhältnis von Immanenz und Transzendenz im Vordergrund.

Mit dem Kapitel *Kommunikation* wird abschließend eine Perspektive eröffnet, welche die vorangehenden Ausführungen zugleich integriert wie auch erweitert, indem sie nämlich darauf hinweist, dass wir in Gemeinschaften leben, die erst durch Kommunikation das ermöglichen, was wir sind und was wir werden können.

Die Natur des geistigen Prozesses

Die Idee, daß Geometrie selbst, Gestalt selbst, irgendwie direkt an den menschlichen Geist gebunden ist […], daß einige Dinge mittels ihrer Gestalt dem menschlichen Geist gut Form verleihen, während andere es schlecht tun […] die Idee, daß einige Formen tatsächlich ein gestörtes kaltes, mechanisches Selbst beschreiben […], welches nichts mit Menschlichkeit oder Freude am menschlichen Leben zu tun hat [...] während andere einen direkten Zusammenhang mit unseren tiefsten Gefühlen, eine direkte Beziehung zu den menschlichen Ereignissen, einen direkten Ausdruck des menschlichen Selbst haben. [...] Diese Liebe – und das ist der einzig richtige Name dafür – ist in jenen Dingen, die wir heute machen, fast nicht vorhanden. [...] Und dennoch ist es diese Geometrie der Liebe, die vielleicht der wesentliche Aspekt des Designs ist.

Christopher Alexander[341]

In unserem Alltag erscheint uns unsere Ichhaftigkeit keineswegs als eine Kette aufblitzender Bewusstseinsmomente, sondern sie bildet ein scheinbar stabiles Zentrum unseres Erlebens.

Demgegenüber identifiziert die buddhistische Lehre das Selbst als ein relationales Gebilde, das im Fluss des Stromes des Daseins als Artefakt einer virtuellen Projektion erscheint. Ein solches Selbst ist weder gegenständlich fassbar, noch besitzt es eine wie auch immer geartete Substanz. Es tritt allein als situativer und vom Kontext abhängiger Ausdruck sich wandelnder Beziehungen auf, welche den geistig-materiellen Fluss strukturieren.

Auch im neurobiologischen Konstruktivismus hat das Selbst keine inhärente Substanz. »Der Geist ist leer; er ist ein Un-Ding. Er existiert nur in seinen Ideen, und auch diese sind Un-Dinge. Nur die Ideen sind immanent, in ihren Beispielen verkörpert. Und Beispiele sind ebenso Undinge«[342], so Bateson. Das Selbst ist hier gleichermaßen nur aus der Prozesshaftigkeit psycho-kognitiver Vorgänge zu verstehen, aus denen heraus sich Erfahrungsmoment an Erfahrungsmoment anschließt. Geist entsteht somit als ein fließender Prozess, der als momenthaftes (neuronales) Muster emergiert. Das Ich-Selbst stellt als geistiger Vorgang nur eine Vorstellung dar, die sich durch das Ergreifen und Erleben einer Selbstbeschreibung und den hiermit einhergehenden Semantiken, Bildern und Gefühlen bildet. Eine spezifische Formation des Selbst ist damit eine im Augenblick vollzogene Handlung, die jeweils situativ erschaffen und stabilisiert wird. Wenige Augenblicke später können bereits andere Bedingungen herrschen. Die vorherige Figuration des Selbst entschwindet in diesem Fall und eine neue Formation entsteht, in der andere Emotionen und Handlungslogiken in den Vordergrund treten.

Mit solchen postmodernen Beschreibungsverhältnissen erscheinen Personen oder Psychen als Vielheiten, die sich je nach Kontext und Stimmung mit unterschiedlichen Rollen und Selbstbeschreibungen identifizieren können. In modernen Lebensverhältnissen brauchen die einzelnen Aspekte nur lose miteinander gekoppelt zu sein, da in der Gesellschaft zunehmend der soziale Zwang entfällt, im Beruf, mit den Freunden, in der Familie oder innerhalb der Anonymität wirtschaftlicher Warenbeziehungen ein und derselbe sein zu müssen.[343]

Verbindungen zwischen den unterschiedlichen Lebensformen lassen sich mit Hilfe von abstrakteren Narrativen herstellen. Zudem lässt sich die Illusion der Kontinuität des Bewusstseins auch dadurch stabilisieren, dass das Ich-Bewusstsein seine Nicht-Existenz nicht erleben kann. Die Lücke, die Diskontinuität zum vergangenen Bewusstsein, ist nicht erfahrbar, da das vergangene ideelle Konstrukt nicht mehr existiert. Jede Erinnerung an etwas Vergangenes ist keine faktische Erinnerung, sondern stellt eine Neugestaltung dar und ist nichts anderes als die *Idee einer Erinnerung*, die im aktuellen Jetzt durch den psycho-kognitiven Prozess generiert wird.

Die deskriptive Rekursion des Beobachters, welche die Subjekt-Objekt-Dichotomie und hiermit einhergehend das Ich-Bewusstsein ausflaggen lässt, kann nur in der Gegenwart emergieren.

Die Parallelen zur buddhistischen Lehre sind in diesem Kontext offensichtlich: Auch hier treten alle Phänomene nur als flüchtige Erscheinungen aus dem Daseinsstrom hervor. Jede Erscheinung ist unbeständig. Auf jeder noch so subtilen Ebene existiert ein Lebewesen als Ich nur für die Dauer eines Gedankens.

Wenngleich sich Geistiges und Materielles in der buddhistischen Lehre wechselseitig bedingt, so ist doch Geist nicht identisch mit Materie. Geist an sich ist substanzlos, hat aber trotzdem Wirkung, denn als Information gestaltet er den physischen Prozess und führt zur fortwährenden Wiederverkörperung im nächsten Bewusstseinsmoment.

Der neurobiologische Konstruktivismus beschreibt geistige Prozesse homolog als kybernetische Kreisläufe. In diesen zirkulären Systemen sind Erkennen und Handeln, Sensorium und Motorium untrennbar ineinander verschränkt. Zur Verdeutlichung dieser Einsicht hier ein Beispiel von Bateson:

> »Stellen sie sich einen Baum und einen Mann mit einer Axt vor. Wir beobachten, daß die Axt durch die Luft saust und bestimmte Arten von Einschnitten in einer schon existierenden Kerbe an der Seite des Baumes hinterläßt. Wenn wir nun diese Menge von Phänomenen erklären wollen, werden wir es mit Unterschieden an der Schnittseite des Baumes, mit Unterschieden auf der Retina des Mannes, mit Unter-

> schieden in seinen nach außen gehenden nervlichen Mitteilungen, mit Unterschieden im Verhalten seiner Muskeln, mit Unterschieden in der Flugbahn der Axt bis hin zu den Unterschieden zu tun haben, welche die Axt dann an der Seite des Baums hinterläßt. Unsere Erklärung wird (zu bestimmten Zwecken) immer wieder diesen Kreislauf durchlaufen.«[344]

Jeder Versuch, den Geist an einer Stelle dieses Kreislaufes zu lokalisieren, sitzt dem Irrtum auf, einen informationsgeleiteten Prozess und damit ein substanzloses Phänomen verdinglichen zu wollen. Den Hintergrund für diese Feststellung bildet die vielfach im Buch geschilderte Herleitung, dass Informationen Unterschiede sind, die Unterschiede auslösen und damit keine Substanz haben, sondern Relationen darstellen.[345] Mit Bateson liegt die richtige Betrachtungsweise für geistige Systeme darin, alle Bereiche der rekursiven Einheit von Erkennen und Handeln mitzudenken, also »die Grenzlinie so zu ziehen«, dass »man keinen dieser Wege in einer Weise durchschneidet, die die Dinge unerklärbar macht«.[346]

Die erklärende Beschreibung des Geistigen muss demnach alle notwendigen Aspekte des Erlebens miteinbeziehen, unabhängig davon, ob sie dem Bereich der Objektwelt oder dem vermeintlichen Subjekt zugerechnet werden. Aus diesem Grund muss jeder Versuch, ein Zentrum des Ich-Bewusstseins zu lokalisieren, scheitern. Das Ich-Selbst lässt sich – wie alles Geistige – nur als kreisförmiger Prozess sinnvoll beschreiben. Das Ich-Bewusstsein ist dementsprechend nicht im Gehirn zu finden. So stellt auch Maturana fest: »Der Kortex ist *kein* Zentrum des (Ich-)Bewußtseins, noch gibt es überhaupt ein Zentrum für das Ichbewußtsein irgendwo im Nervensystem des Menschen. (Ich-)Bewußtsein ergibt sich aus der Existenz in einem sprachlichen Bereich, aus dem spezifischen Verhalten von Menschen, die *Sprache* besitzen und daher zu Operationen der *Selbstbeschreibung* fähig sind.« Natürlich ereignet sich die menschliche Sprache »unter Mitwirkung seines Nervensystems, sie ist jedoch kein Phänomen, das im Gehirn auftritt«.[347]

Da das *Bewusstsein* kein Ding ist, sondern die *emergente* Eigenschaft *bedingter Prozesse* darstellt, kann es nur im Kontext des gesamten Interaktionsbereiches eines Organismus verstanden werden – für uns Menschen ist hiermit vor allem das In-der-Sprache-Sein gemeint. Entsprechend kann das Ich-Bewusstsein als der individuelle Ausdruck der kommunikativen Handlungen sozialer Organismen gesehen werden.

Reflexive Erkenntnis – Lernen lernen

Die buddhistischen Lehren benennen mit *vipassanā* eine Erkenntnispraxis, durch die der Geist eine Operation an sich selber ausführen kann. Der fokussierte geistige Prozess wendet sich dabei seinen Daseinsbedingungen zu, was zu einer Transformation des geistigen Prozesses führen kann.

Auch der neurobiologische Konstruktivismus eröffnet die Möglichkeit, den geistigen Prozess als einen selbsttranszendenten Lernvorgang zu begreifen. Wenn man die Konditionierung der kognitiven Struktur durch Erfahrungen verallgemeinernd als Lernen bezeichnet, findet die Entfaltung und Reorganisation des kognitiven Prozesses praktisch immer statt.

Bei hinreichend komplexen Organismen wie dem Menschen erfolgt dieses Lernen auf verschiedenen, logisch hierarchisierbaren Ebenen. Auf der untersten Ebene lernt der Geist, *bedingt* zu handeln *(Lernen I)*. Eine Erfahrung wird mit Schmerz oder Lust verbunden, folglich wird sie in Zukunft automatisch vermieden oder angestrebt. Eine andere Möglichkeit ist die Verbindung von zwei Reizmustern, die gleichzeitig aufgetreten sind, zu einem Reaktionskomplex. Verhaltenspsychologen bezeichnen dies als *klassische* und *operante Konditionierung*.

Ab einem gewissen Grade der kognitiven Differenzierung tritt eine höhere, qualitativ neue Ebene des Lernens auf, die Bateson als *Deutero-Lernen (Lernen II)* bezeichnet.[348] Der konditionierte Organismus sucht bedingt durch die Geschichte seiner früheren Lernerfahrungen gezielt Situationen auf, die eine bestimmte Sorte von Erfahrungen *erwarten* lassen. Der Organismus generiert somit *proaktiv* die Kontexte seiner künftigen Lernerfahrungen. *Lernen II* bestimmt gewissermaßen den Charakter eines Organismus. Die mit dieser Ebene verbundenen Muster bestimmen den Zugang des Menschen zu seiner Welt, sein Weltbild und den Habitus, nach dem er sich seine Wirklichkeit erschafft. Sie legen die Wahrnehmungsfilter fest, nach denen er seine Erfahrungen sortiert und sein Handeln ausrichtet.

Sobald sich der Mensch seiner kognitiven Prozesse, das heißt seines Lernens bewusst wird, kann eine weitere Ebene des Lernens erreicht werden, auf welcher der Geist *lernt, das Lernen zu lernen*. Bateson spricht hier von *Lernen III*. Auf dieser Ebene werden also die Voraussetzungen für die Schaffung der Voraussetzungen von Lernerfahrungen geschaffen. All das, was mit *Lernen II* verbunden ist – das heißt Charakter, Persönlichkeit, Glaube und Identität –, wird seinerseits den Bedingungen des Lernens unterworfen und kann damit wieder infrage gestellt werden. Der konditionierte Geist beginnt sich von seinen alten Konditionierungen zu lösen.

Verkörpertes Handeln und bedingte Entstehung

Nach der buddhistischen Lehre erschafft der Kamma-Prozess, also das Wirken in Sprache, Taten und Gedanken, die individuelle Erlebniswelt in ihren äußeren und inneren Formen. Der Zyklus dieser Entwicklung wird durch das Gesetz der bedingten Entstehung *(paṭicca samuppāda)* beschrieben. Im Folgenden versuchen wir, die *bedingte Entstehung* in den Begriffen des neurobiologischen Konstruktivismus zu reformulieren.

Unwissenheit (avijjā) und Kammaformation (sankhāra): Jeder Organismus ist Produkt der *Geschichte* seiner Autopoiesis. Diese Geschichte umschließt sowohl die individuelle Entwicklung (Ontogenese) als auch die Entwicklung seiner Art (Phylogenese) – einschließlich der ökologischen Nische, in welcher sich der Organismus reproduziert. Die aktuale Gegenwart eines Organismus ist die Verkörperung einer Kette vergangenen Wirkens. Mit einer unzählbaren Anzahl aufeinanderfolgender Symmetriebrüche beinhaltet diese Kette letztendlich die gesamte Geschichte des Lebens. In der Regel sind sich die Lebensprozesse ihrer selbst nicht bewusst. Die Schöpfung des Lebens geschieht spontan und ohne Absicht, oder um es mit von Glasersfeld zu formulieren: »Grundlegend ist da die These, daß wir die Welt, die wir erleben, unwillkürlich aufbauen, weil wir nicht darauf achten – und dann freilich nicht wissen –, wie wir es tun.«[349]

Bewusstsein (viññāna), Körper und Geist (nāma-rūpa), Sinnesgrundlagen (āyatana), Bewusstseinseindruck (phassa), Werdeprozeß (bhava): Das Bewusstsein emergiert aus den kognitiven Prozessen des Nervensystems, in denen Sensorium und Motorium eine untrennbare Einheit bilden. Die Sinneswahrnehmung gestaltet den psychischen Prozess, indem sie sich körperlich in die neuronale Verarbeitung einschreibt. Die verkörperten Prozesse bilden die Sinnesgrundlage des anschließenden Bewusstwerdens.

Gefühl (vedanā), Begehren (tanhā), Anhaften (upādāna): Gefühle und Empfindungen bestimmen die Motivation zum Handeln. Ein Gefühl wird im Körper empfunden und kann sich anschließend zu einem komplexen, mit Bedeutungen einhergehenden Gefühlseindruck verdichten. Aus der Perspektive sozialer Systeme stellen Gefühle zu

Ansprüchen komprimierte Erwartungen dar, welche die Beziehungen zu den Mitmenschen koordinieren. Im In-der-Sprache-Sein wird das Sprechen zu jenem Medium, mit dem Erwartungen sowohl abgetastet als auch formuliert werden. Worte können verletzen (aber auch erheben). Menschen sind existenziell von Zuspruch und Kommunikation abhängig – und all dies findet immer auch im Medium des Fühlens statt.

Je mehr die Individualisierung – und damit die Differenzierung des reflexiven Ich-Bewusstseins im sozialen Prozess – voranschreitet, desto eher sind die hiermit entstehenden Individuen durch die Enttäuschung ihrer in Gefühle verdichteten Ansprüche bedroht. Je komplexer und differenzierter also die Erwartungen eines Individuums an seine Umwelt sind, desto weniger ist ihre Erfüllung garantier- und einlösbar. Der Versuch, Scheitern und Leiden zu vermeiden, wird hiermit zum Desiderat der Moderne.

Wiedergeburt (jāti), Altern und Sterben (jarā-marana): Die Verkörperung von Erkennen und Handeln führt zur Entstehung weiterer Bewusstseinsprozesse. Das neue Bewusstsein genießt die Früchte des vergangenen Wirkens, ist dabei jedoch dem Prozess des Vergehens und Entschwindens unterworfen. Je mehr das Ich-Bewusstsein in Koproduktion mit den sozialen Prozessen elaboriert und entsprechend emotional verdichtet wird (es fühlt und erlebt sich als hochgradig individuell), desto mehr erscheint seine Vergänglichkeit als Bedrohung. Der Tod als die letztendliche Negation des Anspruchs »*ich bin*« wird zum Problem. Auch Luhmann beschreibt den parallelen Zuwachs von Individualität und empfundener Bedrohung durch den Tod:

> »Die Theorie der bewußtseinsbasierten Autopoiesis [...] postuliert ein eigentümliches Umkehrverhältnis zwischen Individualisierung und Todessemantik: Je individueller ein psychisches System sich begreift und die eigene Autopoiesis reflektiert, desto weniger kann es sich ein Weiterleben nach dem Tode vorstellen und desto unvorstellbarer wird in eins damit der letzte Moment des Todes. [...] Härter kann die Differenz von sozialem System und psychischem System kaum zur Geltung gebracht werden.«[350]

Jeder Versuch den Geist zu einem Ding, zu etwas Substanziellem zu machen, verkennt die wirkliche Dynamik des Geistigen und erzwingt als logische Antithese den Tod. Der lebendige Geist erlebt sich ständig neu im Raum zwischen Entstehen und Vergehen. In diesem Zwischenraum gibt es keinen Tod, sondern nur den nie enden wollenden Fluss geistiger und materieller Prozesse. Erst mit dem (gefühlten)

Anspruch auf eine Ich-Essenz – auf ein inneres Seelenwesen, das Bestand hat – erscheint die Vorstellung des Alterns und des Todes als jene brutale Desillusionierung, die nur noch als tiefe Agonie erlebt werden kann.

Eine mögliche Kehrseite der modernen Gesellschaft wird hiermit deutlich: Je individualisierter wir uns durch die gesellschaftlichen Entfaltungsmöglichkeiten und -zwänge erleben, desto stärker sind wir jenen neurotischen Spannungen und Ängsten ausgesetzt, die mit einer Subjektivierung einhergehen. Letztere verdankt sich nach buddhistischer Vorstellung der Illusion, dass unser Ich vom Geflecht seiner bedingten Entstehung abgelöst und verabsolutiert werden könnte.

Gerade dies lässt ahnen, warum der Buddhismus für den Westen so attraktiv erscheint. Er liefert Ressourcen, mithilfe derer man sich den Paradoxien des modernen Selbst stellen könnte.

Nur Taten und kein Täter

Niemand knetet uns wieder aus Erde und Lehm,
niemand bespricht unsern Staub.
Niemand.

Gelobt seist du, Niemand.
Dir zulieb wollen
wir blühn.
Dir
entgegen.

Ein Nichts
waren wir, sind wir, werden
wir bleiben, blühend:
die Nichts-, die
Niemandsrose.

Mit
dem Griffel seelenhell,
dem Staubfaden himmelswüst,
der Krone rot
vom Purpurwort, das wir sangen
über, o über
dem Dorn.

Paul Celan, Die Niemandsrose[351]

Der Mensch als eine »empirisch transzendentale Dublette«[352] lebt in einer eigentümlichen Dichotomie. Auf der einen Seite erscheint er als Subjekt, das ausgestattet mit einem freien Willen seine Wirklichkeit erschaffen kann. Auf der anderen Seite zeigt sich der Mensch als eine strukturdeterminierte Einheit, die entsprechend den sozialen Konditionierungen ihrer psycho-physiologischen Prozesse agiert. Aus letzterer Perspektive stellt unsere Psyche nichts anderes dar, als eine »soziale Interpretation von Hirnleistungen«, wie Peter Fuchs herausgearbeitet hat. Erst die kulturell und historisch konditionierten Narrative generieren »die (erzählbaren) Zusammenhänge, etwa in der Weise, in der ein Film zum Film wird durch die Belichtung und die nachgetragene ›Entwicklung‹«.[353]

An dieser Stelle begegnen wir der Schwierigkeit, Prozesse und Dynamiken in den Begriffen einer Sprache beschreiben zu müssen, die nicht anders kann, als zu substantivieren, und die gezwungen ist, ihre Worte in eine Grammatik einzukleiden, die mit Subjekten und Objekten arbeitet. Worte wie »Psyche«, »Wahrnehmung« oder »Wille« bezeichnen aber keine Dinge oder Subjekte, sondern können letztlich nur Systemiken benennen, die auf Verkettungen von Relationen verweisen.

Insbesondere am Beispiel der *Wahrnehmung* wird deutlich, was geschieht, wenn man von den Prozessen absieht, die mit diesem Begriff impliziert sind, denn damit drängt sich unweigerlich die Idee auf, dass da *jemand* ist, der wahrnimmt. Dieser Schluss ist aber weder aus der Perspektive des neurobiologischen Konstruktivismus noch durch die Allgemeine Theorie der Sinnsysteme gedeckt. Vielmehr ist jegliches Wahrnehmen als ein Relationieren zu begreifen, weil erst über einen komplexen Prozess Wiederkennbarkeit erschaffen wird. Wahrnehmen setzt voraus, dass Reize in Beziehung zu bereits vorhandenen Strukturen gesetzt werden. Gewissermaßen kann nur erkannt werden, was bereits bekannt ist, um dann im Wiedererkennen erneut Strukturen aufzubauen, die weiteres Wahrnehmen ermöglichen. Wahrnehmung findet also immer in der Zeit statt. Sie referiert auf Vergangenes und impliziert Zukünftiges[354] und ist dabei »immer schon ›zeitliche Synthesis‹ auf der Basis eines unausweichlich körperlichen Engagements«.[355]

Sich selbst zitierende Praxen

Bei uns Menschen als sozialen Tieren entsteht aus dem körperlichen Miteinander der sprachliche Bereich als *Verhalten der Koordinati-*

on unseres Verhaltens. Nur weil Worte aus der *gefühlten,* sinnlichen Lebenspraxis entstammen, haben sie eine Bedeutung. Sobald sie aber eine Bedeutung haben, gewinnen sie ein Eigenleben, denn sie ziehen nun in die »Organisation der Wahrnehmung [...] eine weitere Differenz ein«. Damit wird es möglich, »Negations- und Analysemöglichkeiten zu installieren und sich« dadurch aus der ursprünglichen »Präsenz der Wahrnehmung zu lösen und Rekursionen aufzubauen, die Vergangenheit und Zukunft für das System verfügbar halten. Das System differenziert, wenn man so will, die Funktion der ›*connaissance*‹ aus.«[356] Es entsteht die uns Menschen so vertraute Form des Bewusstseins als jenes Erleben des Erlebens, das sich zugleich mit sich identifizieren wie auch von sich distanzieren kann.

Als Artefakt von »Zitationsmöglichkeiten«, die im sozialen Miteinander »durch Zeichengebrauch offeriert werden«, entsteht der *Beobachter,*[357] denn mit der Wahrnehmung von Sinnesreizen erscheinen zugleich Erinnerungen an Zeichen, die in sozialen Prozessen erlebt und gefühlt werden, die dann zu anderen, ebenso sinnlich erlebten Zeichen in Beziehung treten.

Erst auf diese Weise können jene denkwürdigen Spaltungen entstehen, entsprechend denen zu einem Gefühl etwas gefühlt werden und ein Handlungsimpuls mit einem anderen, konträr gelagerten Handlungsimpuls einhergehen kann. Die Einheit von Erkennen und Handeln beginnt sich mit der Zunahme sozialer Konditionierungen in eine Vielfalt von Impulsen und Reaktionsweisen aufzufächern, die aufeinander referieren, sich stärken oder sich behindern können und die dann – je nachdem, wie attribuiert wird – als Ambivalenz, Entscheidungsfreiheit oder neurotischer Zwang erlebt werden können.

Als Nebenprodukt dieser komplexen Prozesse entsteht, wie bereits gesagt, der Beobachter als ein »Zitat, das Zitate zitiert«.[358]

Spaltungen

Auch das Ich-Bewusstsein erscheint damit als Zurechnungskonstrukt, das, wie der Neurowissenschaftler Wolf Singer vermutet, irgendwann in der frühen Kindheit entsteht.[359] Immer wenn etwa Eltern vehement versuchen, einem kleinen Kinde, das seinen natürlichen Handlungsimpulsen folgt, klarzumachen, dass es sich doch beherrschen solle (wenngleich es dies natürlich nicht kann), entsteht jene gefühlte Spaltung – sei es verbunden mit dem Gefühl von Autonomie oder Zwang –, die als erlebte Perspektive den Beobachter ausflaggen lässt.[360]

Das, was hier als Innerlichkeit erlebt wird, beruht jedoch auf der Einschreibung des sozialen Beziehungs- und Bedingungsgeflechts in den Körper. Denn ohne Kommunikation könnte jene Spannung, die zu Unterscheidungen herausfordert, die dann zu weiteren Unterscheidungen und Differenzierungen Anlass geben, gar nicht erst entstehen. Im Beobachter werden diese Differenzen als Form reflexiv, das heißt, sie markieren ein Wissen, das seinerseits benannt und beobachtet werden und damit auch den Beobachter benennen kann. Man kann den Beobachter damit gleichsam »als eine imaginäre Ballung, als zitierbare Zusammenfassung auffassen, die auf Zurechnungsstrategien beruht«[361] – nicht mehr und nicht weniger.

Der Beobachter ist letztlich also nichts anderes als die momentane Erzeugung einer deskriptiven Rekursion, die – wie jeder Wahrnehmungsprozess – immer auch gefühlt wird und damit phänomenologische Evidenz bekommt, wenngleich in diesem Evidenzerleben das Bedingungsgeflecht, welches diese Erfahrung generiert, im Bereich des blinden Flecks, also im Unbewussten bleibt.

Weder etwas noch nichts

Psyche und Beobachter sind weder Subjekt noch Objekt, weder *etwas* noch *nichts*. Sie sind »Unjekte«, »betriebene Differenzen«, die auf »konditionierte Koproduktion« zurückzuführen sind. Sie sind »differenziell erzeugte und in Gang gehaltene Sinngehege, die ihre Identität nicht stellengebunden haben, wie das, was man klassisch ›Ding‹ genannt hat.« Dies heißt aber nicht, dass »die Psyche nichts ist«, denn ansonsten würden wir wieder in die Denkweise der klassischen Ontologie zurückfallen, die nur zwischen *sein* und *nicht-sein* unterscheiden kann. Man würde »dann nicht viel mehr tun als statt einer Seinsbehauptung eine Nichtseinsbehauptung aufzustellen«. Für die Psyche gilt aber: Sie »*ist* weder noch *ist sie nicht*. Eine Annahme, die ihr Sein (oder ihr Nichtsein) postuliert, führt nicht (mehr) zu sinnvoll verwertbaren Informationen.«[362]

Bloß Leiden gibt es, doch kein Leidender ist da

Erst unter dem Blickwinkel der vorangegangenen Ausführungen können in westlichen Denkformen aufgewachsene Menschen die Kernaussage des Buddhismus in ihrer Tiefendimension erahnen – die Lehre vom Nicht-Ich *(anattā)*. Dass es den Beobachter *nicht* gibt, ist auch hier nicht als Negation der mit Beobachtungen einhergehenden

Sinnesqualitäten zu verstehen, sondern die Aussage meint schlichtweg, dass der Beobachter in Bezug auf ontische Seinsbestimmungen nicht existiert. Es gibt weder ein Bewusstsein im Sinne einer Seelenessenz noch einen substanziellen Kern in den sogenannten Objekten der Erkenntnis. Was jedoch nicht negiert werden kann, ist der Prozess des Werdens. Der tiefere Sinn der vier edlen Wahrheiten erschließt sich mit Blick auf das Gesagte also erst aus einer transklassischen, logischen Perspektive, entsprechend der es Leiden gibt, doch niemanden, der es erleidet:

> »Bloß Leiden gibt es, doch kein Leidender ist da.
> Bloß Taten gibt es, doch kein Täter findet sich.
> Erlösung gibt es, doch nicht den erlösten Mann.
> Den Pfad gibt es, doch keinen Wand'rer sieht man da.«[363]

Was bleibt, ist der Fluss des Daseinsstromes *(bhavanga)*. In diesem erscheinen die Elemente des Körperlichen und Geistigen in Abhängigkeit vom Gesetz der bedingten Entstehung. Selbst diese Elemente besitzen keine inhärente Essenz oder Wesenheit, sondern existieren nur dadurch, dass sie sich wechselseitig hervorbringen. Gedanken an ein Ich-Selbst oder eine Beobachter-Existenz sind lediglich Erscheinungen, die aus dem Fluss der Gestaltungen emergieren, wie Govinda schildert:

> »Und wenn wir sahen, wie die scheinbar einfachsten Bewußtseinsvorgänge sich als ein höchst kompliziertes Zusammenwirken unzähliger Elemente, Kräfte und Gegenkräfte erweisen, die nicht als der Ausdruck einer Ich-Entität oder eines unveränderlichen Ich-Substrates betrachtet werden können, sondern im Gegenteil die Ich-Idee als das Produkt gewisser Funktionen enthüllen, dann wurde hiermit ein weiteres Fundament des Buddhismus freigelegt: die anattā-Idee.«[364]

Die erkenntnistheoretischen Parallelen zum neurobiologischen Konstruktivismus und der Allgemeinen Theorie der Sinnsysteme sind deutlich: Sinnesobjekte und Kognition bilden aus buddhistischer Perspektive ebenfalls im Prozess des Bewusstwerdens eine untrennbare Einheit. Die sogenannte physische Objektwelt und das subjektive Bewusstsein sind deshalb Ausdruck der einheitlichen Bewegung *eines* Erkenntnisvorganges:

> »Somit kann selbst da, wo der Buddhist von Materiellem oder Körperlichem spricht (rūpadhamma), dies nicht im Sinne eines essentiellen Gegensatzes zum Psychischen aufgefaßt werden – und das umso

weniger, als seinem Weltbild der Substanzbegriff fremd ist, sondern eher im Sinne einer inneren und äußeren Erscheinungsform desselben Vorganges, der für ihn nur soweit von Interesse ist, als er ins Gebiet unmittelbarer Erfahrung fällt und das lebendige Individuum, die Vorgänge des Bewußtseins trifft.«[365]

Auch in den buddhistischen Lehren ist die Welt der äußeren Erscheinungsformen nicht vom geistigen Prozess zu trennen. Erkennen bewirkt Erkennen. Die Erscheinungswelt formt als kammisches Wirken die Erscheinungswelt, einschließlich des Erlebens eines Ich-Selbst. Mit Letzterem geht aber auch das Auftreten der Subjekt-Objekt-Dichotomie einher, mit welcher der *ganzheitliche* Prozess der Entfaltung einer Wirklichkeit im Prozess des gedanklich-sprachlichen Abstrahierens *fragmentiert* wird. Infolge der unterscheidenden Zersplitterung erscheinen außen und innen als verschiedene Perspektiven eines in der Tiefe verbundenen Vorgangs:

»Die Unterscheidung ›Subjekt-Objekt‹ ist natürlich nur von außen gesehen berechtigt. Man kann in Wirklichkeit das Bewußtsein nicht von seinem Inhalt trennen, sondern es gibt nur zeitlich und inhaltlich verschiedene Bewußtseinsmomente, deren jeder in sich eine untrennbare Einheit darstellt. Nur der sprachlichen und gedanklichen Vereinfachung halber abstrahieren wir aus den unaufhörlichen Prozessen des Bewußt-*werdens* ein Bewußt-*sein* und sind dadurch genötigt, nachdem wir einen Begriff für das Einheitliche in diesen Prozessen geschaffen haben, ihm einen entsprechenden Komplementaritätsbegriff entgegenzusetzen, der das Wechselnde in ihnen bezeichnet: der Vorstellungsinhalt oder das *Objekt* des Bewußtseins.«[366]

Da im eigentlichen Sinne weder eine Seelenessenz noch ein wirkliches Subjekt einer Handlung existiert, treffen kammische Handlungen *niemanden* und werden auch von *niemandem* begangen, wie es in der Visuddhi-Magga des Buddhaghosa heißt:

»Nicht findet man der Taten Täter,
Kein Wesen, das die Wirkung trifft,
Nur leere Dinge zieh'n vorüber:
Wer so erkennt, hat rechten Blick.

Genauso auch die Karmawirkung
Im Karma nicht zu finden ist,
Auch außerhalb des Karmas nicht,
Und Karma in der Wirkung nicht.

> Leer von der Wirkung ist das Karma,
> Im Karma nicht die Wirkung haust;
> Durch jenes Karma doch bedingt
> Die Wirkung zum Entstehen kommt.
>
> Da gibt es weder Gott noch Brahma,
> Der dieses Daseinsrad erschuf:
> Nur leere Dinge zieh'n vorüber.
> Durch viele Ursachen bedingt.«[367]

Auf dem Weg der Befreiung gibt es keinen Befreiten. Ebenso ist da *niemand*, der das *nibbāna* erlangen könnte, denn im

> »höchsten Sinne hat man alle vier Wahrheiten (vom Leiden, seiner Entstehung, seiner Erlöschung und dem dorthin führenden Pfad) als leer zu betrachten, und zwar weil es da keinen (das Leiden) Fühlenden gibt, keinen (die Leidensentstehung bewirkenden) Täter, keinen (in die Leidenserlöschung oder das Nirwahn eingehenden) Erlösten und keinen auf dem Pfade Wandelnden.«[368]

Gefangen im Sein – Befreiung im Werden

Aus der Sicht jener zweiwertigen Seinslogik, die das abendländische Denken prägt, mutet der soteriologische Bezugspunkt *nibbāna* absurd an. Wie kann ein Pfad *niemanden* irgendwohin führen? Da in diesem logischen Referenzsystem nur innerhalb der beiden Werte »etwas *ist*/ etwas ist *nicht*« gedacht werden kann, lässt sich die buddhistische Lehre hier lediglich in zwei Weisen interpretieren: Entsprechend der einen würde man die *anattā*-Lehre so verstehen, dass man sein Ich auflösen oder zerstören solle, um in den Zustand der Befreiung einzugehen. Diese Missinterpretation könnte im Extremfall einen Menschen dazu verleiten, seine Persönlichkeit zerstören zu wollen bzw. sich blindlings einem Guru anzuschließen, der dann diese Aufgabe für ihn übernehmen möge. Die zweite Position nährt demgegenüber den Wahn, etwas Besonderes zu sein, da man als eine isolierbare Ich-Identität (als Subjekt) auf dem Pfad der Befreiung wandele und entsprechend einiges an spirituellen Erfahrungen vorzuweisen habe. Beide Standpunkte sind grundlegend falsch, wie auch Nyanatiloka herausstellt:

> »Nicht oft und eindrücklich genug kann darauf hingewiesen werden, daß zu einem wirklichen, auch nur theoretischen Verständnis dieses Zieles der gründliche Einblick in die Wahrheit von der Unpersönlichkeit oder anattā die unumgängliche Voraussetzung ist, ohne die man sonst, je nach der geistigen Veranlagung, das Nirwahn notwendigerweise als

> Vernichtung einer Persönlichkeit missversteht oder als einen ewigen Daseinszustand, in den das Ich eingeht.«[369]

Die buddhistischen Schriften lehren genau genommen weder den Kampf gegen das noch die Befreiung vom Ich-Selbst. Sie streben vielmehr eine epistemische Haltung an, welche die hiermit verbundene Dichotomie als Irrtum erkennt.

Die einzige Ursache hinter den Erscheinungen bildet demnach die Kette der bedingten Entstehung. Die Schöpfung erschafft die Bedingungen ihrer eigenen Schöpfung. Aus der Unwissenheit über den Gestaltungsprozess entsteht das Leiden. Der schöpferische Prozess der Gestaltung (und Befreiung) liegt damit transklassisch jenseits des objektiven und subjektiven Pols der Beschreibung:

> »Ist etwa das Leiden selbst verursacht, oder ist es von einem anderen verursacht? Ist das Leiden sowohl von einem anderen als auch von einem selbst verursacht? Oder ist das Leiden nicht selbst bewirkt und auch nicht von einem anderen bewirkt, sondern durch Zufall entstanden? Gibt es überhaupt kein Leiden?
>
> ›Nicht so sollst du sprechen, Kassapa.‹ […] Behauptet man, ›der nämliche ist es, der die Handlung ausführt und der die Folgen empfindet‹, so gibt es einen, der von Anbeginn da ist, und man kommt damit auf ein ewig Dauerndes hinaus.
>
> Sagt man, ›Das Leiden ist von einem anderen verursacht‹, so kommt man damit auf völlige Vernichtung hinaus. Diese beiden Extreme vermeidend, verkündet Kassapa in der Mitte der *Tathāgata* die wahre Lehre: ›aus Unwissenheit als Ursache entstehen die Gestaltungen; aus den Gestaltungen als Ursache entsteht das Bewußtsein […]‹.«[370]

Unwissenheit wird in Bezug auf die Natur des Selbst durchdrungen. Dies geschieht, indem der rekursive Vorgang des Erkennens, der für die Emergenz des *ideellen Vakuums*[371] des Ich-Selbst verantwortlich ist, auf sich selber verweist. Wenn die Bedingungen der eigenen Existenz erkannt werden, verschwinden die beiden Pole der Beobachterillusion. In der Polarität von Opfer (Ich werde von der Welt bestimmt) und Täter (Ich bestimme die Welt) offenbart sich eine Mitte. Der Meditierende wird zur Meditation. Der Erlebende wird zum Erleben:

> »Im Gesehenen wird nur das Gesehene sein;
> Im Gehörten wird nur das Gehörte sein;
> Im Gerochenen, Geschmeckten, Berührten wird nur das
> Gerochene, Geschmeckte, Berührte sein;
> im Erkannten wird nur das Erkannte sein.«[372]

Der buddhistische Befreiungsweg offenbart sich damit als die Einsicht in die Nicht-Ichheit mit den Mitteln der Ich-Illusion. Das reflexive Bewusstsein ist das Instrument, mit dem die Natur seiner selbst erkannt werden kann. Das als Individualität erscheinende Bewusstsein wird damit zum Schlüssel der Befreiung. Govinda schreibt diesbezüglich:

> »In dem Maße aber, in dem der Wille sich seiner selbst bewußt wird, wird er frei – zumindest relativ frei und subjektiv als frei empfunden. Mit dem Erlebnis der *subjektiven Willensfreiheit* geht Hand in Hand das Bewußtsein der Unabhängigkeit, Einzigkeit, Getrenntheit, und dieses steigert sich zur psychischen Beziehungslosigkeit: Die Oberfläche trennt sich von der Tiefe, die Individualisierung schreitet fort zur Intellektualisierung. Es ist ein merkwürdiges Paradoxon, daß Differenziertheit sich als Individualisiertheit darstellt. Aber ein Individuum besteht ja erst als solches dadurch, daß es sich von anderen unterscheidet. Indem aber diese Unterscheidung für das Wesentliche genommen und infolge mangelnder Erkenntnis zur Idee absoluter Ichheit erhoben wird, entsteht jene Disharmonie, die sich, dem Maße ihres Fortschreitens entsprechend, als mehr oder weniger starkes *Leidensbewußtsein* äußert. Unter dem Einfluß des Leidens wird der Wille zum Erlösungswillen. Erlösungswillen wird aber zur Willenswendung.«[373]

Die mit dem Selbstbewusstsein empfundene subjektive Willensfreiheit nährt zunächst das Artefakt der Ich-Illusion, welches entsteht, wenn der Gedanke an die Willenswendung selbst zum Gegenstand des Bewusstwerdens wird. Mit der Erfahrung von Leiden und der Einsicht, dass das Leiden vor allem ein Leiden am Ich-Selbst ist, wird der Gedanke an Befreiung zum Objekt des Begehrens. Das geistige Streben bekommt also eine neue Richtung. Das Rad der Befreiung *(dhamma-cakka)* fängt an, sich zu drehen. Die Bedeutung des Erlebens beginnt sich mit zunehmender Verkörperung der buddhistischen Lehren langsam zu wandeln.

Nachhausekommen im Sein ohne Sinn

Ohne Anlaß beginnt sie auf einmal zu lachen, erst leise, dann laut und aus vollem Hals. Kleist wird angesteckt. Sie müssen sich aneinander halten, um vor Lachen nicht umzusinken. Näher sind sie sich nie als in dieser Minute. Wenn die Menschen gewisse Exemplare ihrer eigenen Gattung aus Bosheit oder aus Unverstand, aus Gleichgültigkeit oder aus Angst vernichten müssen, dann fällt uns, bestimmt vernichtet zu werden, eine unglaubliche Fähigkeit zu. Die Freiheit, die Menschen zu lieben und uns selbst nicht zu hassen.

Begreifen, daß wir ein Entwurf sind – vielleicht, um verworfen, vielleicht um wiederaufgegriffen zu werden. Das zu belachen ist menschenwürdig. Gezeichnet zeichnend. Auf ein Werk verwiesen, das offen bleibt, offen wie eine Wunde.

Christa Wolf[374]

Für das westliche Denken, das sehr stark durch das Christentum sowie durch die Ethik und Ontologie der griechischen Philosophie geprägt wurde, ist es nicht leicht, nachzuvollziehen, worin die Besonderheit des buddhistischen Heilsansatzes liegt. Die soteriologische Bedeutung von Lehrsätzen wie »im Gesehenen wird nur das Gesehene sein« oder »im Erkannten wird nur das Erkannte sein« erschließt sich nicht intuitiv.[375] Sie scheinen entweder als sinnlose Tautologie oder als Aufforderung, das Denken sein zu lassen, um sorg- und achtlos die Zeit im Hier und Jetzt verbringen zu können. In beiden Varianten wird jedoch die eigentliche Bedeutung der Sätze verkannt, denn diese wird erst dann zugänglich, wenn die Frage von Sinn und Bedeutung im Kontext des Gesetzes der bedingten Entstehung verstanden wird. Erst auf diesem Wege gelangen wir zur Achillesferse des Buddhismus, nämlich zur Haltung, den »Sinn des Lebens« darin zu sehen, »zu einer Weltsicht zu gelangen, in der die Frage nach dem Sinn verschwindet«.[376]

Schauen wir nun, ob sich aus der Perspektive des neurobiologischen Konstruktivismus Hinweise ergeben, was damit gemeint sein könnte.

Zweckfreiheit der Autopoiesis

Moleküle und Zellen tun nie etwas, *um* etwas zu erreichen. In physikalischen und biologischen Strukturen wie auch im Feld der durch diese Strukturen bedingten Prozesse existieren keine Zwecke. Leben organisiert sich aus sich selbst heraus, ohne auf eine Absicht oder einen Sinn hin ausgerichtet zu sein. Ziele, Absichten und Sinn existieren und entstehen ausschließlich im Bereich der Beschreibung. Sie gehören zur Welt des Beobachters, nicht zur Sphäre der Phänomene.

Üblicherweise neigen zwar auch Biologen dazu, in Hinblick auf evolutionäre Prozesse eine *teleologische* Sprache zu verwenden, um den Nutzen der von ihnen beschriebenen Eigenschaften zu unterstreichen: Diese seien etwa in das übergeordnete Ziel, zu überleben und Nachkommen zu hinterlassen, eingebettet. Anthropomorphe Termini, wie beispielsweise die Idee der egoistischen Gene,[377] suggerieren, dass es auch in der biologischen Sphäre ein verborgenes Subjekt oder Zentrum des Handelns gibt, das gleich einer unsichtbaren Hand verstehbare Strategien hervorbringt.

Im strengen Sinne steht eine biologische Entwicklungshypothese, die nicht in einer nichtteleologischen Weise formuliert werden kann, nicht im Einklang mit dem Darwinschen Evolutionsschema. Denn Darwins Theorieposition stellt die Beziehung von Zufall und Notwendigkeit radikal vom Kopf auf die Füße: Unwillkürliche Praxen – und kein Plan! – treiben hier das evolutionäre Geschehen an. Vilém Flusser formuliert dies folgendermaßen aus: »Es ist nicht so, daß der Zufall Folge noch unbekannter Ursachen ist, sondern umgekehrt so, daß Phänomene, bei denen die Ursachen erkenntlich sind, eigentlich nichts anderes sind als Zufälle, die zufällig kausal erklärt werden können. Anders gesagt: Die Natur ist nicht eine Verkettung von Ursache und Folgen, innerhalb welcher wir komplexe Kontexte noch nicht durchblicken können. Sondern die Natur ist ein chaotischer Kontext von Zufällen, worin sich zufällig unter anderem auch Kausalketten bilden können.«[378]

Indem Darwins Theorie zwischen Variation und Selektion unterscheidet, hebt sie »die Entstehung der Wesensformen und Substanzen aus dem Akzidenziellen. Sie löst die Ordnung der Dinge von jeder Bindung an einen Ursprung, an einen formgebenden Anfang ab. Sie kehrt das begriffliche Gerüst der Weltbeschreibung einfach um.«[379] Die Evolution löst das Problem des Wahrscheinlichen im Unwahrscheinlichen dadurch, dass die Prozesse Variation, Selektion und Restabilisierung desynchronisiert werden. »Nicht die Notwendigkeit treibt uns zum Zufall, sondern der Zufall neigt dazu, notwendig zu werden.«[380] Wie insbesondere Maturana und Varela herausgearbeitet haben, stellen damit Ziele, Zwecke, Endpunkte, Programme, Funktionen etc. immer nur semantische Beschreibungen eines Beobachters dar. Sie erklären niemals den Bereich biologischer Phänomene, weil deren Prozessorganisation als absolut *zweckfrei* angesehen werden muss. Selbst der entschärfte Begriff der Teleonomie erscheint deshalb unangemessen für eine Beschreibung biologischer Prozesse:

> »Die Organisation einer Maschine, sei diese autopoietisch oder allopoietisch, legt lediglich Relationen zwischen Bestandteilen und Regeln für deren Interaktion und Transformationen fest, und zwar so, daß die Bedingungen der unterschiedlichen Maschinenzustände angegeben werden, die als notwendiges Ergebnis auftreten, wenn Bedingungen der angegebenen Art tatsächlich verwirklicht werden. ›Zwecke‹ und

›Funktionen‹ *haben keinerlei Erklärungswert* im Bereich der Phänomene, da sie nicht als kausale Elemente an der Neuformulierung irgendeines Phänomens mitwirken. [...] Wenn daher lebende Systeme physikalische autopoietische Maschinen sind, wird die Teleonomie zu einem Konstrukt der Beschreibung, das nicht die Merkmale ihrer Organisation aufdeckt, sondern die Konsistenz ihres Operierens innerhalb des Bereiches der Beschreibung zeigt. Lebende Systeme sind als physikalische autopoietische Maschinen zweckfreie Systeme.«[381]

Programm- und Zweckbegriffe sind also *Post-hoc*-Rekonstruktionen des Beobachters, sie stellen jedoch keine angemessene Erklärung komplexer Lebensformen dar. Damit kann Evolution nicht einmal mehr als Prozess der Anpassung an Zielvorgaben im Sinne der besten Anpassung gesehen werden, denn die Konstanz der Umwelt in Raum und Zeit kann nicht mehr vorausgesetzt werden. Luhmann führt den Gedanken fort: »Wenn man das Prinzip der natürlichen Selektion aufgibt und die Evolution auf Co-Evolution strukturell gekoppelter, autopoietischer Systeme umstellt, dann müssen diese Systeme selbst für ihre Stabilität sorgen, um weiterhin an Evolution teilnehmen zu können.«[382] Evolution wendet sich rekursiv auf sich selbst und diese Systemdisposition erzeugt unberechenbare Komplexität und Unbestimmtheit. Die Evolution hat keine Präferenz gegenüber dem Überleben oder dem Aussterben einer Art. Es geschieht hier einfach, was geschieht. Pointiert ausgedrückt: »Die Evolution geht – ziemlich langsam – nirgendwohin«.[383]

Was ändert sich aber mit dem Auftreten von Sprache? Fassen wir nochmals zusammen: Der neurobiologische Konstruktivismus fasst die Zeichen, aus denen sich der sprachliche Bereich konstituiert, als soziale Konditionierungen von Hirnereignissen auf. Zeichen als verkörperte soziale Beziehungen beziehen sich auf andere Zeichen, die allerdings außerhalb des Spiels sozialer Lebewesen weder gesehen noch verstanden werden können. Zeichen haben damit keine Bedeutung und keinen Inhalt, die über ihre Verwendung hinausweisen. Im Sinne eines strukturalistischen Erklärungsansatzes lässt sich die Konzeption der biologischen Evolution deshalb durch eine nichtteleologische Zeichentheorie ergänzen, wie etwa die saussuresche Semiotik. In dieser würden, wie Ranulph Glanville rekapituliert, »Signifikanten und Signifikate Formen (oder genauer Protoformen) ohne jeden Inhalt darstellen«. Der Inhalt kommt erst dann zustande, »wenn der Beobachter die beiden [Signifikanten und Signifikate; Anmerkung des

Autors] zusammenbringt; und dieser Inhalt ist arbiträr (das heißt, es gibt keinen Grund zu glauben, der Inhalt könne unabhängig vom Beobachter verstanden werden)«.[384] Das Spiel der Evolution folgt keinem Sinn, es sei denn, er wird in die Welt hineinbeobachtet.

In menschlichen Beobachtungsprozessen geschieht im Gebrauch von Sprache also nichts anderes, als dass ständig neue rekursive Zirkel von Sinn erzeugt werden. Ereignisse werden im Erleben zu *Kontingenz* und *Bedeutung* verdichtet. Innerhalb dieser Praxen entstehen auch Sprachspiele (die allerdings in Hinblick auf die mit ihnen verbundenen Gefühle nicht als Spiel wahrgenommen werden können), in denen eine Art von Fragen auftaucht, deren Antworten einen höheren oder tieferen Sinn implizieren.

Wenn der *Beobachter* in den modernen Wissenschaften seinen eigenen phänomenologischen Bereich untersucht, zeigt sich *ihm* also mit dem zuvor Gesagten eine bedrohliche Diskrepanz. In der *Beschreibung* des phänomenologischen Bereiches durch den *Beobachter* offenbaren sich *Sinn-* und *Zwecklosigkeit* des Lebens. Dies steht dem Beobachtungsprozess entgegen, der als *die* Sinn konstruierende Funktion per se Deutungen seines Erlebens sucht, die Kausalität und Kontinuität implizieren, und seien diese auch noch so absurd. Dazu Bateson:

> »Es ist, als müsse die dichte Kohärenz des logischen Gehirns, selbst bei Personen, die notorisch eine ganze Menge wirres Zeug denken, immer noch hochheilig sein. Wird gezeigt, daß es gar nicht so kohärent ist, dann stürzen sich die Individuen oder Kulturen wie die Schweine von Gadara in Komplexitäten des Übernatürlichen. Um den Millionen von metaphorischen Toden zu entkommen, die sich in einem Universum von *Zirkeln* der Kausalität abzeichnen, leugnen wir einfach die Realität des gewöhnlichen Sterbens und flüchten in Phantasien von einer Nachwelt und sogar der Reinkarnation.«[385]

Der Beobachter muss sich also an etwas festhalten. Dies kann ein religiöser Glaube sein oder der Glaube an objektive Wahrheiten. Eine interessante Art und Weise, sich an etwas zu klammern, stellt der *Nihilismus* dar. Auch diese Denkform kann, wie Varela, Thompson und Rosch aufzeigen, als eine Bewegung verstanden werden, in der es darum geht, der Wirklichkeit einen Sinn abzugewinnen. Dies geschieht hierbei jedoch in der paradoxen Form, die Erfahrung der Grundlosigkeit allen Seins zum *Gegenstand* der Sinnlosigkeit zu *ver-*

dinglichen. Der Beobachter hält an der habituell verankerten Illusion seines Ich-Selbst fest, indem er die Sinnlosigkeit selbst zum *Objekt* seines Erlebens *macht* und die hiermit verbundenen Haltungen (und Depressionen) kultiviert:

> »Wenn wir also die Bodenlosigkeit entdecken, greifen wir trotzdem weiter nach einer festen Grundlage, da wir den tiefsitzenden Reflex anzuhaften, der die Wurzel des Objektivismus darstellt, nicht überwunden haben. Dieser Reflex ist so stark, daß sich das Fehlen einer festen Grundlage sofort zum objektivistischen Abgrund verdinglicht, woraus der Nihilismus hervorgeht. Im Grunde bildet er also eine subtile, verfeinerte Spielart des Objektivismus: Das bloße Fehlen einer festen Grundlage wird zur objektiven Grundlosigkeit, und diese soll weiterhin als letzter Bezugspunkt dienen.«[386]

Nach Varela liegt das wahre Problem des westlichen Nihilismus darin, dass er halbherzig ist, denn die Sinnlosigkeit macht *vor* dem Beobachter halt. Der Anhaftungsprozess, aus dem heraus die Ich-Illusion entsteht, wird nicht infrage gestellt. Wir bleiben sozusagen auf halbem Wege stehen. Wir erkennen zwar die Sinnlosigkeit unseres Seins, sind jedoch nicht fähig, die Wurzel dieses Phänomens zu begreifen.

Die Problematik der Sinnfrage

Der Mensch als ein sich selbst beobachtendes Wesen – und auf der Erde wohl nur der Mensch – kann Konzepte *über* den Zweck und Sinn des Lebens entwickeln. Das Entstehen von *Sinn*-Konzepten findet dabei also nicht im luftleeren Raum eines unabhängigen Seelenwesens statt. Die sinngebenden Handlungen beruhen vielmehr auf einem sozial konditionierten Differenzierungsvorgang innerhalb eines verkörperten kognitiven Prozesses, der in der Unterscheidung von Bedeutung und Sinn seine eigene Wirklichkeit erzeugt. Dabei kann prinzipiell jede beliebige Ereignisfolge zu Sinn und Bedeutung (und den hieraus aufbauenden Zweck- und Kausalzusammenhängen) verdichtet werden. Ihre Sinnhaftigkeit liegt nicht in ihrem Inhalt, denn dieser kann beliebig sein, sondern in der Intensität des zum Gefühl verdichteten Anspruchs nach Erfüllung der erwarteten Umweltbeziehung. So können für einen Außenstehenden auch noch so absurd erscheinende Sinnsysteme, seien es religiöse Rituale, Astrologie, zwanghaftes Verhalten – was auch immer –, für den Betreffenden handlungsleitende Bedeutung gewinnen.

Die Sinnfrage bzw. Sinnsuche kann immer dann entstehen, wenn die Bedeutung erzeugenden Handlungen beginnen, reflexiv auf sich selbst zu verweisen, das heißt, wenn man beginnt, sein Verhalten zu reflektieren. Als Folge der Reflexivität sprachlicher Zeichen können auch Fragen *über* den *Sinn* erscheinen. Hiermit entsteht eine Paradoxie: In Hinblick auf die Geschichte seiner Genese beruht Sinn darauf, dass eine *Beziehung zur Umwelt* konstituiert wird. Die Sinnfrage unterbricht in unserem Fall aber die Beziehungen, denen sie sich verdankt, und stellt stattdessen die substantivierte Unterscheidung Sinn in den Vordergrund. Da sich die Handlung *Fragen*, also eine nach Sinn suchende Funktion, auf die Unterscheidung *Sinn* zu beziehen beginnt, gelangen wir in einen unendlichen Regress. Dies ist der Ausgangspunkt einer Suche nach dem *Sinn* von Sinn. Außerhalb von Handlungen des *Sinn-Erzeugens* existiert jedoch kein *Sinn*. Es gibt keinen äußeren Sinn, nur immanenten Sinn, und dieser Sinn ist sinnlich, er wird also gefühlt. Daher ist die Frage nach dem Sinn sinnlos. Jenseits seiner operationalen Verwendung in Form einer gefühlten Beziehung muss der Begriff *Sinn* leer bleiben.

Vor diesem Hintergrund kann man die Sinnfrage als eine *epistemologische* Pathologie beschreiben. Sie erscheint als ein Leiden, das aus dem Suchen nach etwas entsteht, was es gar nicht gibt. Die Lösung, die der Konstruktivismus anbietet, ist die Einsicht in dieses Dilemma. Wenn wir erkennen, dass unser kognitiver Prozess im Suchen das Problem erschafft, können wir loslassen und finden unsere Heimat in der Welt, in der wir leben. Auch Watzlawick kommt aus seiner theoretischen Perspektive zu diesem Schluss:

> »Die Frage, ob man das magische Theater der Welt als das Versprechen faszinierender Möglichkeiten erlebt oder als bedrückenden, verwirrenden, labyrinthischen Alptraum, hängt natürlich damit zusammen, wie man an die Frage herangeht. Das Labyrinth drückt den Irrtum aus, daß man durch Suchen die Wirklichkeit finden kann. Es ist umgekehrt: Das Suchen hindert uns am Finden. Sobald wir das wissen, haben wir auch gefunden, was wir suchen: So werden wir auch mit dem Minotaurus fertig, der im Labyrinth auf sein Opfer lauert. Der einzig mögliche Theseus-Sieg über ihn ist die Erleuchtung, von der etwa der Zen-Buddhismus spricht, wenn er sagt: ›Nach Hause kommen und sich ausruhen‹.«[387]

Auf die Sinnfrage gibt es keine explizite Antwort. Die Lösung lässt sich nur immanent finden und sie drückt sich gerade darin aus, dass die

Sinnfrage verschwindet und belanglos wird. Um es mit den Worten Wittgensteins auszudrücken:

> »Die Lösung des Problems des Lebens merkt man am Verschwinden dieses Problems. (Ist nicht dies der Grund, warum Menschen, denen der Sinn des Lebens nach langem Zweifeln klar wurde, warum diese dann nicht sagen konnten, worin dieser Sinn bestand?)«[388]

Die Bodhisattvas haben nichts zu erlangen

Im ideellen Vakuum des Ich-Selbst werden die Gegenstände der Erkenntnis von dem Erkennenden abgespalten, womit eine Diskrepanz zwischen Sein und Erleben einhergeht. Erst aus dieser Trennung heraus entsteht ein Spannungszustand, der zum *Begehren* und *Anhaften* führt und damit den Kreislauf der bedingten Entstehung antreibt. Dadurch, dass Objekten der Wahrnehmung (einschließlich der Gedanken an ein Ich-Selbst) eine Bedeutung gegeben wird, die über ihr So-Sein hinausgeht, entstehen als Folge Illusion und Leid.

Die buddhistische Praxis zielt demgegenüber darauf, die Bedeutung all dieser Objekte zu durchschneiden, sodass »im Gesehenen nur das Gesehene« und im »Erkannten nur das Erkannte« sein wird. Nur wenn dies verstanden wird, erschließt sich die Besonderheit der Befreiungsperspektive des Buddhismus und die hiermit einhergehende Unterscheidung zwischen weltlicher Verwirklichung *(lokiya-sacchikiriyā)* und überweltlicher Verwirklichung *(lokuttara-sacchikiriyā)*.

Erstere bezeichnet das Erreichen von Zielen im Sinne einer Um-zu-Struktur. Man meditiert, *um* konzentrative Vertiefung zu erlangen, bleibt dabei aber strukturell in der Eigenlogik der sinnlichen Welt verfangen, denn der *Sinn* der Übung besteht in der *Erlangung* einer bestimmten Erfahrung. Wie zuvor geschildert, zielt die buddhistische Praxis jedoch gerade nicht darauf, einen wie auch immer gearteten Zustand zu erreichen. Vielmehr gilt es, die Aufmerksamkeit auf die vergängliche *(anicca)*, essenzlose *(anattā)* und wegen ihres illusionären Charakters leidbringende Natur *(dukkha)* aller weltlichen Formen präsent zu halten.

Wenn der Geist die Fruchtlosigkeit all seines Greifens nach den Objekten seiner Wünsche erkennt, verschwindet nach dem eben geschilderten Verständnis sein Begehren. In *anattā* zeigt sich, dass jeglicher Versuch, in unser Erleben einen wie auch immer gearteten Sinn hineinzutragen, unumgänglich seine Antithese im Vergehen finden muss – also letztlich im Tod. Mit *anicca*, der Unbeständigkeit allen Seins, wird die ethische Tiefendimension der buddhistischen Lehre verständlich: Da es kein letztendliches Ziel unseres Handelns geben kann – dieses würde sich zwangsläufig in der absoluten Gewissheit des Todes auflösen müssen –, muss der ethische Gewinn einer jeden Handlung in sich selbst liegen. Jede Handlung muss vollkommen sein, ohne den ideellen Rest einer Erwartung in sich zu bergen. Der Handelnde kann nur in seinem Erleben vollständig aufgehen. Jeder Rest von Begehren nach etwas, das nicht gelebt wird, oder von Abneigung gegen das, was gelebt wird, ist belanglos, weil er niemals eingelöst werden kann. Die Vergangenheit ist für immer vergangen.

Nur innerhalb der Projektionen des Ich-Selbst *(attā)* erscheint der Wunsch, ein anderes Leben gelebt zu haben als das, was tatsächlich gelebt worden ist. Aus dieser Diskrepanz heraus können neurotische Gebilde der Verbitterung, der Enttäuschung und des Missmutes entstehen, aber auch Gefühle wie Schuld und Entfremdung. In der Anhaftung an diese Zustände vergrößert sich die Spaltung zwischen Sein und Erleben. Die Offenheit gegenüber der Mitwelt verschwindet hinter den Ansprüchen auf die Einlösung ideeller Konzepte. Das Handeln wird demnach nur durch die egozentrischen Motive der Fantasiewelt des Egos geleitet. Der Ausweg aus diesem Dilemma liegt aus buddhistischer Sicht in der Überwindung der Illusion des Egos als dem ideellen Störfaktor, welcher den Kontakt mit der Wirklichkeit behindert.

Da hierdurch die artifizielle Trennung zwischen Subjekt und Objekt entfiele, wäre der Einklang zwischen Handeln und Erkennen wieder möglich. Im Leben einer solchen Einheit zeigt sich Ethik implizit. Sie wird gelebt, im Bewusstsein des In-Beziehung-Seins aller Phänomene. Die buddhistische Terminologie benennt in diesem Kontext die *drei göttergleichen Zustände (brahma-vihāra) mettā, muditā, karunā*, welche sich mit liebevoller Güte, Mitfreude und Mitgefühl übersetzen lassen. Hier ist sich der Erkennende der Relativität seiner eigenen Wirklichkeit und seiner Glaubensvorstellungen bewusst. Die Vorstellung eines inhärenten und unabhängigen Seelenwesens löst sich zugunsten der Einsicht in die Beziehungsdynamik des eigenen Bewusstseins auf. Ab diesem Moment erscheinen die meditativen Übungen der Selbsterkenntnis nicht mehr als ein Rückzug aus den Verantwortlichkeiten gegenüber der Welt, sondern sie eröffnen einen neuen Zugang zur mitweltlichen Öffnung.

Überweltliches Wissen zu erlangen heißt aus buddhistischer Perspektive also gerade nicht, dass irgendeine transzendentale Sphäre erreicht wird, wie zum Beispiel ein höherer oder spiritueller Bereich des Seins. Kontraintuitiv zum Common Sense ist mit dem Begriff überweltlich vielmehr die tiefgehende, sich mit der Erleuchtungserfahrung zunehmend habitualisierte Einsicht in den illusionären Charakter der sinnlichen Erscheinungswelt gemeint. Es ist das Wissen um die Vergänglichkeit, die Essenzlosigkeit und entsprechend den mit Leid und Verlust einhergehenden Charakter aller sinnlichen Formen.

Im *Stromeintritt (sotāpanna)*, dem Beginn der tiefgehenden habituellen Realisierung dieses Wissens, verschwinden die drei Fesseln *(saṁyojana)* Persönlichkeitsglaube *(sakkāya-ditthi)*, Zweifelsucht *(vicikicchā)* sowie das Hängen an Regeln und Riten *(sīlabbataparāmāsa)*. Die grundlegende Illusion in Hinblick auf die Natur des geistig-körperlichen Phänomens ist nun vollends durchbrochen und entsprechend wird um die Nutzlosigkeit von Ritualen und Glaubenssätzen gewusst.

Einhergehend mit der Vertiefung der Einsicht entschwinden sukzessive die weiteren Fesseln, im Einzelnen werden benannt: sinnliches Begehren *(kāma-rāga)*, Groll *(vyāpāda)*, Begehren nach Feinkörperlichkeit *(rūpa-rāga)*, Begehren nach dem Unkörperlichen *(arūparāga)*, Dünkel *(māna)*, Aufgeregtheit *(uddhacca)* und Unwissenheit *(avijjā)*.[389]

Sobald der geistige Prozess die Fruchtlosigkeit all seines Greifens nach den Objekten seiner Wünsche erkennt, verschwindet also das Begehren. Oder mit Govinda zunächst von der Seite der Ich-Illusion gedacht:

> »So wird die Sinnenwelt schlechthin als Bereich der sinnlichen Begierde bezeichnet, da ihre Objekte begrenzt, ichbedingt, in ihrer Einzelhaftigkeit dem Subjekt entgegengestellt, mit dem Subjekt unvereinbar sind und somit jenen dualistischen Spannungszustand erzeugen, den man Begehren nennt.«[390]

An sich besteht für diesen Spannungszustand keine Notwendigkeit. Er resultiert ausschließlich aus den habituellen Mustern des Geistes, die Letzteren dazu bringen, an den *illusionären* und *vergänglichen* Objekten der Begierde anzuhaften:

> »Wir müssen uns jedoch darüber im Klaren sein, daß die Spannung im Bereiche der Sinneswahrnehmung nicht ein *notwendiger* Zustand ist,

> sondern nur ein Produkt der Illusion. Wenn der Geist auf überweltliches Wissen gerichtet ist, werden die Sinnesobjekte mit klarem Unterscheidungsvermögen wahrgenommen und geprüft, und statt die Kräfte des Bewußtseins zu hemmen und zu binden, reflektieren sie dieselben und werfen sie auf ihre Quelle zurück, deren Potenz auf diese Weise erhöht und intensiviert wird.«[391]

In *nibbāna* verschwindet der Spannungszustand der Subjekt-Objekt-Diskrepanz. Erkennen wird zu reinem Erkennen. Das Handeln wird nicht mehr von dem Schleier eines ideellen Ich-Selbst getrübt. Der Prozess des Lebens wird gleichsam eins mit sich selbst. All die Fragen und Probleme des Beobachters, sein Streben nach höherem Sinn und illusionären Zielen, entschwinden, da sie sich als sinnlos und leer gezeigt haben. Ebenso versiegen Selbstqual und Schuldgefühle. Übrig bleibt das Glück der reinen Natur des Geistes, wie Rahula formuliert:

> »Wer die Wahrheit, *Nirvana*, erfahren hat, ist das glücklichste Wesen in der Welt. Er ist frei von allen Verwicklungen, Heimsuchungen, Schwierigkeiten und Sorgen, die andere quälen. Sein geistiger Gesundheitszustand ist vollkommen. Die Vergangenheit bereut er nicht. Um die Zukunft sorgt er sich nicht. Er lebt ganz in der Gegenwart. Daher würdigt und genießt er die Dinge in ursprünglicher Reinheit ohne die Projektionen eines Selbst. Froh und glücklich erfreut er sich des reinen Lebens, seiner erhebenden Empfindungen, ist frei von Angst, heiter und friedvoll.«[392]

Uns erscheint das Ziel von *nibbāna*, das Verlöschen allen Begehrens, befremdlich, denn aus der Perspektive der den Beobachter konstituierenden Sinnprozesse ist das Versiegen allen Strebens mit dem Tod gleichzusetzen.

Allerdings ist hierbei zu beachten, dass sich jede theoretische Erörterung des Begriffs *nibbāna* zwangsläufig im Paradoxon der Wunschlosigkeit verfängt, denn wie kann *ich* einen Zustand *anstreben*, in dem es nichts zu *erstreben* gibt? Dieses Paradoxon entspringt einem Missverständnis von *nibbāna*: In unserer Vorstellung haben wir meist konkrete Fantasien vom Zustand der letztendlichen Befreiung. In irgendeiner Form malen wir uns entweder ein individuelles Paradies aus (möglicherweise halten wir tiefe emotionale Erlebnisse für die Befreiung) oder wir setzten *nibbāna* mit der Auslöschung und Vernichtung unserer Persönlichkeit gleich (die Erleuchtung wäre in diesem Fall als eine Art Selbstmord zu sehen), wie auch immer. All diese Vorstellungen sind nicht *nibbāna*, sondern Projektionen der geistigen Struktur. Jede Verdinglichung dieser Projektionen zu einem religiösen oder spirituellen Ziel ist nichts anderes als eine illusionäre Ziel- und Sinnsetzung des vermeintlichen Ich-Selbst, das innerhalb einer zweiwertigen logischen Kontextur operiert, in der jenseits von Sein oder Nichtsein nichts Drittes gegeben ist.

Um *nibbāna* auch nur annähernd verstehen zu können, gilt es die Täuschung des Egos zu durchschneiden, das heißt, den Sinnprozess als das zu begreifen, was er ist: als Projektion von Bedeutung, die Bedeutung erschafft. Dies bedeutet aber auch, dass, wie Chögyam Trungpa so treffend formuliert hat, die spirituelle Suche nach einem höheren Sinn selbst als Falle innerhalb des buddhistischen Erkenntnisweges begriffen werden muss:

> »Es ist wichtig zu erkennen, daß das Hauptziel jeder spirituellen Praxis darin besteht, sich der Bürokratie des Egos zu entziehen. Das heißt, das Verlangen des Ego nach einer höheren, spirituelleren, transzendenteren Version von Wissen, Religion, Tugend, Einsicht, Trost oder was immer dieses besondere Ego auch suchen mag, nicht mehr zu unterstützen.«[393]

Nibbāna gehört nicht in den Bereich des Beobachters. Es ist keine Erfahrung des sinnlichen Bereichs. Deshalb kann *nibbāna* nicht erlangt werden. Der einzige Weg, die Wahrheit von *nibbāna* zu erfahren, besteht darin, die Anhaftung an die Objektwelt, einschließlich der Objekte des Denkens wie Ideen und Konzepte, aufzugeben. Erst dann erscheint uns die Wirklichkeit so, wie sie wirklich ist, in ihrer Nacktheit und man könnte durchaus sagen: in ihrer Banalität, wenn die hierfür notwendigen Reflexionsprozesse nicht so subtil gelagert wären. Lassen wir hier nochmals Chögyam Trungpa sprechen:

> »Wir erkennen, daß die Suche nach Schönheit oder einem philosophischen Lebenssinn uns nur zur Selbstrechtfertigung dient, um sagen zu können, daß die Dinge gar nicht so schlecht sind, wie wir denken! Doch tatsächlich *sind* die Dinge so schlecht, wie wir denken. Form ist Form, Leerheit ist Leerheit, die Dinge sind nichts als das, was sie sind, und wir brauchen nicht zu versuchen, sie unter irgendeinem tiefgründigen Aspekt zu sehen. Schließlich landen wir mit beiden Beinen auf der Erde und wissen nun, wie die Dinge wirklich sind. Dazu müssen wir keine göttliche Eingebung oder mystische Vision mit Erzengeln, Cherubim und lieblicher Sphärenmusik erlebt haben. Die Dinge werden einfach so, wie sie *sind*, ihrem *eigenen* Wesen nach wahrgenommen. Somit ist Shunyta in diesem Falle der völlige Verzicht auf irgendwelche Begriffe oder Filter, selbst auf die Begriffsbildung ›Form ist Leerheit‹

und ›Leerheit ist Form‹. Es geht darum, die Welt auf eine unmittelbare Art und Weise zu sehen, ohne den Wunsch nach einem ›höheren‹ Bewußtsein, nach mehr Bedeutungsschwere oder Tiefgründigkeit zu haben.«[394]

Wenn alle Wünsche, selbst die nach den subtilsten himmlischen Sphären, als illusionäre Projektionen der geistigen Struktur erkannt werden, findet der Geist jenseits von Dünkel und Verblendung zur Ruhe. Erst jetzt lässt sich der Frieden von *nibbāna* genießen:

»›Oh wie so glücklich leben wir, haßlos unter Gehässigen!‹
›Oh wie so glücklich leben wir, gierlos unter den Gierigen!‹
›Oh wie so glücklich leben wir, die wir gar nichts besitzen, nichts!‹
›Von Heiterkeit durchsättigt, wie lichte Götter strahlen wir.‹«[395]

Fühlen und Erinnern

Subjektive Bedeutung ist Gefühl. Leben ist Gefühl.
Eine Zelle ist Gestalt gewordene Empfindung.
Fühlen ist der unmittelbare Eindruck davon,
am Leben zu sein. Es ist die magische Verwandlung,
die aus Materie eine Identität katalysiert. Anstatt also
wie der Barockphilosoph René Descartes mit seinem
berühmten ›Cogito ergo sum‹ die letzte Gewissheit
im rationalen Denken zu sehen, zieht vielmehr das Fühlen
die nicht mehr überschreitbare Grenze zwischen
dem Lebendigen und den Gegenständen.
Andreas Weber[396]

Wir Menschen sind fühlende Wesen. Unsere Existenz ist untrennbar mit jener Leiblichkeit verbunden, entsprechend der unsere Körperlichkeit eine gefühlte, eben eine leibliche darstellt. Erst unser Empfinden gibt uns jene Innerlichkeit und Zentriertheit, von der aus wir gestaltend auf die Welt zugreifen.

Innerhalb der buddhistischen Lehre stellen die Empfindungen in der Kette der bedingten Entstehung *(paṭicca samuppāda)* dasjenige Glied dar, an dem sich der Weg zwischen einer leidvollen oder hellen Zukunft scheidet.[397] Für den Menschen offenbart sich hier eine Weichenstellung. Entweder wird er weiterhin in Unwissenheit auf Empfindungen reagieren und sich somit in den hiermit angelegten leidvollen Verstrickungen verfangen oder er wird lernen, anders mit seinen Empfindungen umzugehen, um auf diese Weise Freiheit gegenüber den alten Konditionierungen seines Geistes zu gewinnen:

> »Abhängig von den sechs Elementen findet die Empfängnis im Embryo statt. Wo aber Empfängnis ist, da gibt es Geistiges und Körperliches. Durch das Geistige und Körperliche aber bedingt sind die sechs Sinnengrundlagen *(saḷāyatana)*, durch die sechs Sinnesgrundlagen ist der Sinneneindruck *(passa)*, durch den Sinneneindruck bedingt ist das Gefühl *(vedanā)*. Mit Hinsicht auf den Fühlenden aber lehre ich, was Leiden ist und was der Pfad ist, der zur Erlöschung des Leidens führt.«[398]

Die edle Wahrheit von der Entstehung des Leidens beschreibt, wie die Verwicklung in leidbringende Lebensverhältnisse geschieht, nämlich durch das *Anhaften* an den Prozess des Werdens, der mit der Reproduktion der leidvollen Wirklichkeit einhergeht. Gemeint ist hiermit letztlich nichts anderes, als auf seine Empfindungsmuster in einer Weise zu reagieren, dass die körperlichen und geistigen Strukturen im Sinne einer *Selffulfilling Prophecy* reproduziert werden. Ein Mensch fühlt sich beispielsweise schlecht und reagiert hierauf mit Wut gegenüber denjenigen, auf welche er die Ursache seines eigenen Leids projiziert. Es kommt zum Streit, der allerdings nicht das Problem löst, sondern die angespannte psycho-emotionale Dynamik noch weiter anheizt. Als Folge entstehen verdichtete Reiz-Reaktions-Muster aus Schuldzuschreibungen und negativen Emotionen, welche die Betroffenen mehr und mehr gefangen nehmen, sodass es immer schwieriger wird, aus dieser Dynamik auszubrechen. Da die hiermit verbundenen Wirklichkeitsprojektionen gefühlt werden, haben sie eine unmittelbare Evidenz, die zu weiterem unheilsamen Handeln antreibt. Hieraus kann leicht eine Suchtdynamik entstehen, die immerfort die hiermit assoziierten Empfindungen reproduzieren lässt.

Mit der edlen Wahrheit von der Auflösung des Leidens wird beschrieben, was geschieht, wenn es gelingt, Empfindungen nur als Empfindungen zu sehen, ohne mit Willensimpulsen darauf zu reagieren. Dann verlöschen die Bedingungen, unter denen die hiermit verbundenen Bewusstseinsprozesse hervorgebracht werden:

> »Durch die restlose Aufhebung und Erlöschung der karmischen Bildekräfte kommt es zum Erlöschen des (Wiedergeburts-) Bewusstseins.«[399]

Sobald man Geburt bzw. Wiedergeburt nicht mehr auf den biologischen Lebenszyklus bezieht, sondern auf den von Moment zu Moment neu aufleuchtenden Bewusstseinsprozess, wird klar, was mit der Befreiung gemeint ist. Der Komplex von Empfindung und Reaktionsmustern verschwindet und damit auch die assoziierten Bewusstseinsmomente. Es braucht nicht mehr gegen die eigenen Gefühle oder Gedanken gekämpft zu werden, weil keine leidvollen Gefühle und Gedanken verbleiben oder gar entstehen. Stattdessen wird Freiheit erlebt. Die Agonie hört auf.

Was hier mit Auflösung gemeint ist, lässt sich mit Elsters Unterscheidung von *aktiver* und *passiver Negation* erklären.[400] In der aktiven Negation wird gegen die eigenen Gefühle und Gedanken gearbeitet. Man versucht beispielsweise, seine Wut zu kontrollieren, seinen Zigarettenkonsum zu beherrschen oder nicht an die Menschen oder Situationen zu denken, welche einen verletzt haben. Die Negation hebt jedoch das Negierte nicht auf, da das Unterdrückte in der Bewegung der Kontrolle weiterhin präsent bleibt. Erst in der passiven Negation verschwinden die Zwangsgedanken und die hiermit einhergehenden Impulse, seinem Begehren nachgehen zu wollen.

Die buddhistische Lehre zielt mehr oder weniger direkt auf Letzteres. Der Schlüssel dazu liegt in der voraussetzungslosen Betrachtung von Empfindungen und Gefühlen[401], denn auf diesem Weg können diejenigen Bedeutungen durchschnitten werden, welche den psychosomatischen Kreislauf der unheilsamen Bewusstseinsprozesse aufrechterhalten und perpetuieren. Auch die Gefühle und Empfindungen, welche Süchte und Zwangsgedanken nähren, verlieren hiermit ihre Kraft:

»Geeinigt und auch klar bewußt
gar achtsam Buddhas Jünger ist:
er weiß, was die Gefühle sind
und wie Gefühl zustande kommt,
auch wie Gefühle untergehn,
den Pfad, der zum Versiegen führt.
Der Mönch, bei dem Gefühl versiegt,
gestillt, erlischt bei ihm der Wahn«.[402]

Die eigentliche Kunst der buddhistischen Übungspraxis besteht darin, Empfindungen als bedeutungslos und ihrer Natur gemäß als leer anzusehen. Sobald man wahrnimmt, dass Empfindungen – egal, ob angenehme, neutrale oder unangenehme – keine Bedeutung haben, die über ihren mit der bedingten Entstehung gegebenen konditionalen Zusammenhang hinausgeht, verschwindet der Reiz, auf sie zu reagieren. Die alten Konditionierungen können sich durch diese Erkenntnis auflösen:

»Ob Wohl es ist, ob Weh es ist,
ob es ist weder Weh noch Wohl,
ob's innen oder außen ist:
was es auch gibt an Fühlbarkeit,

›Nur Leiden ist's‹, erkennt er wohl,
›gar trügerisch, zerbrechend bald.
Berührung nur Berührung folgt‹:
wer so sieht, wird dabei entreizt.«[403]

An dieser Stelle kommt die Frage auf, was eigentlich übrig bleibt, wenn Empfindungs-Reaktionsmuster verblassen. Da man gewöhnlich geneigt ist, das hiermit verbundene Programm mit dem Ich oder Selbst zu identifizieren, könnte der Eindruck entstehen, dass man eine Art Verlust erleiden werde oder noch schlimmer: Mit dem Befreiungsweg werde gleichsam eine Art (Ich-)Tod angestrebt. Vor dem Hintergrund der *anattā*-Lehre handelt es sich hierbei jedoch um ein Missverständnis, weil die Idee eines unabhängigen Ich-Selbst oder Seelenwesens per se als Fiktion bzw. Illusion betrachtet wird.

So wird klar, dass es nicht um die Vernichtung oder die Auflösung eines Ichs geht (dieses gibt es, wie zuvor geschildert, nicht als Essenz), sondern um die Kunst des Lebens, den Lebensprozess in einer solchen Weise zu formatieren, dass Agonie und Leiden zu verschwinden beginnen. Es geht hier allein um die Frage, ob der Lebensprozess dem Kreislauf des Leidens oder dem Kreislauf der Befreiung unterliegt.

In diesem Sinne unterscheiden die buddhistischen Lehren zwischen zweierlei Arten von Glücksempfindungen, nämlich einem weltlichen Glück, das zwar auf angenehmen Empfindungen, aber auch auf der Verkennung dieser Zusammenhänge beruht, und einem überweltlichen Glück, das durch die Loslösung von den Begehren des alltäglichen Lebens bestimmt ist:

»Was ist, ihr Mönche, weltliche Verzückung [sowie im Folgenden: weltliches Wohl, weltlicher Gleichmut; Anmerkung des Autors]? [...] Die durch das Auge ins Bewußtsein tretenden Formen, die durch das Ohr ins Bewußtsein tretenden Töne, die durch die Nase ins Bewußtsein tretenden Düfte, die durch die Zunge ins Bewußtsein tretenden Säfte, die durch den Körper ins Bewußtsein tretenden Gegenstände, die durch den Geist ins Bewußtsein tretenden Dinge, die ersehnten, geliebten, entzückenden, dem Begehren entsprechenden, reizenden. Was nun, ihr Mönche, durch diese 5 Begehrungen bedingt, an Verzückung aufsteigt, das nennt man, ihr Mönche, weltliche Verzückung. [...]

> Was ist, ihr Mönche, überweltliche Verzückung, die noch überweltlicher ist [sowie im Folgenden: überweltliches Wohl, überweltlicher Gleichmut; Anmerkung des Autors]? Was da, ihr Mönche, im triebversiegten Mönch, der sein Herz als von Reiz, Abwehr und Verblendung erlöst betrachtet, an Verzückung aufsteigt, das nennt man, ihr Mönche, überweltliche Verzückung, die noch überweltlicher ist.«[404]

Das Glück, welches dem auf dem Pfad Wandelnden zukommt, ist ein empfundenes und erlebtes Glück. Es stellt gewissermaßen ein *unpersönliches Glück* dar, da es nicht mehr mit den Sinneseindrücken oder Gedanken verbunden ist, die mit der Ich-Identifikation einhergehen. Das Glück beruht vielmehr auf einem reinen Erleben, das nicht mehr durch die Ich-Illusion nährende Bedeutungen aufgeladen ist. Es beruht mit anderen Worten auf einer Offenheit, die das Potenzial der gelebten Situation als Freiheit empfinden lässt.

Diese Prozesse sind – wenngleich auf grundlegender Ebene so natürlich und einfach – dadurch verschleiert, dass man sich in der Regel nicht bewusst ist, was Bedeutungen sind: leere Hülsen, die durch den sozialen Prozess aufgeladen wurden und als verkörperte Konditionierungen ein Eigenleben führen, das mit dem Selbst verwechselt wird. David Bohm beschreibt diese Dynamik folgendermaßen: Prozesse werden »im Körper und in den Emotionen sichtbar, aber die Verbindung zwischen Körper, Emotionen und Denken bleibt verborgen. Es gibt Anzeichen dafür, daß es möglich ist, die Blockade zu entfernen, und dies kann eine sehr natürliche Erfahrung sein.«[405]

Wenn wir die Bedeutung generierenden Programme als Programme erkennen, kann die Identifikation mit diesen Programmen verschwinden. Entsprechend können sich diese dann ändern und zu einem gewandelten Bewusstsein führen: Wenn »wir diese Programme erkennen, werden sie sich ändern«.[406] Jede Veränderung unseres Lebens erscheint damit als eine »Umwandlung der Bedeutung«.[407]

Kamma erscheint aus dieser Perspektive synonym mit der Verbindung von Körper, Empfindungen und dem Bedeutung gebenden Denken. Man könnte diese Formation ebenso gut als Gedächtnis bezeichnen, da auch dieser Begriff auf zwei Seiten verweist: zum einen auf das Gestaltete als Voraussetzung für das Erleben des Künftigen; zum anderen auf das Wahrgenommene und Empfundene, das in Kontinuität zum bereits Erkannten und Erlebten als bedeutungsvoll reproduziert wird.

In den Körper projiziertes Denken

Was lässt sich nun aus der Perspektive des neurobiologischen Konstruktivismus zum Verhältnis von Denken und Empfindung sagen?[408]

Insbesondere Antonio Damasio hat mit seiner Arbeitsgruppe herausgearbeitet, dass Kognition und empfindungsbasierte Bewertungsprozesse eng miteinander verschränkt sind. Den Ausgangspunkt von Damasios Untersuchungen bildet die Begegnung mit einem Patienten, der nach der Operation eines Hirntumors unter Gefühlsarmut leidet und sich nicht mehr in der Lage findet, selbst banale alltägliche Entscheidungen zu treffen. Hieraus entwickelte Damasio ein Forschungsprogramm, das zum Ziel hatte, die Beziehung zwischen Denken, Gefühlen und Entscheidungen ausführlich zu untersuchen.[409] An dieser Stelle ist darauf hinzuweisen, dass er – im Gegensatz zum *Pāli*-Begriff –zwischen Empfindungen und Gefühlen unterscheidet. Gefühle wie Angst, Wut oder Freude lösen zum einen Empfindungen aus (zum Beispiel erhöhte Herzfrequenz oder verkrampfte Verdauungsorgane), zum anderen können auch auf bestimmte Empfindungsmuster bestimmte Gefühlsreaktionen folgen. Beide Bereiche sind weder funktional noch strukturell identisch. Letzterem entspricht ein konstantes Feedback von Körperwahrnehmungen, Ersterem ein global affektiver, durch bestimmte Neurotransmitter modulierter Zustand.[410]

Hieraus entwickelte Damasio mit Blick auf eine Reihe neurophysiologischer Untersuchungen die bestechende Theorie, dass Wahrnehmen, Denken und Planen immer auch eine Projektion von Erlebtem in den Körper beinhalten. Die Empfindungen, die damit einhergehen, wirken über die dazugehörigen neuronalen Zustände als Feedback für das Gehirn.

Der Körper wird sozusagen zum Testfeld potenzieller Handlungen und Aktivitäten. Entsprechend einer solchen, auf Empfindungen basierenden *Neurobiology of decision-making*[411] lassen sich Denken und Vorstellen als kreisförmiger Prozess verstehen, in dem das Vorgestellte und das Gedachte in den Körper projiziert wird, woraufhin dieser entsprechend seinen Konditionierungen – Damasio spricht hier von *somatischen Markern* – mit einem bestimmten Empfindungsmuster antwortet. Diese Rückprojektion mündet, mit Ausnahme der neutralen Gefühle, in eine Bewertung innerhalb der *binären* Kategorien *Aversion* und *Begehren*. Wünschenswerte und zu vermeidende Zustände lassen sich auf diese Weise klar unterscheiden. Hieran koppeln sich wiederum Emotionen an, die ihrerseits über neurochemische Prozesse den

Körperstatus ändern und somit zu einer veränderten Ausgangslage mit veränderten Kognitionen, Handlungsbereitschaften und Bewertungen führen. Kognition, Empfindungen, Gefühl und Körper bilden hier auf operativer Basis eine systemische Einheit.

Vernunft und Rationalität ohne Gefühl und Emotionen zu denken, macht vor diesem Hintergrund keinen Sinn, da mit der Bewertung der Empfindungen ein zentraler Schritt fehlen würde, um kognitiven Aktivitäten überhaupt eine sinnhafte Ausrichtung geben zu können. Ohne diese würden Gedanken nur als frei fluktuierende und ohne durch irgendeine Signifikanz aufgeladene Symboloperationen stattfinden können. Ein solcher Prozess würde sich in Beliebigkeit verlieren und keine innere Kohärenz gewinnen.

Aus all dem ergibt sich die Pointe, dass der Körper aktiv an Lernerfahrungen beteiligt ist, indem er diese durch somatische Marker verinnerlicht und bei entsprechenden Resonanzlagen hervorrufen kann. Nicht nur die plastischen Prozesse innerhalb der neuronalen Netzwerke des Gehirns scheinen dementsprechend durch Lernerfahrungen geformt zu sein, sondern auch der Körper.

Für uns Menschen ist diese Formung vor allem sozialer Natur, denn wir leben miteinander in der Sprache und bekommen daher am Leibe zu spüren, was wir im Sprechen miteinander tun oder ggf. einander antun. Die »menschliche Existenz ist eine kontinuierliche Transzendenz, nicht im Sinne vom Hinausgehen in einen fremden Raum, sondern im Sinne dieser Dynamik, in welcher unsere Körperlichkeit sich in dem Maße wie unsere Beziehungen verändert und umgekehrt«[412], so Maturana. Die Geschichte unserer Beziehungen zu anderen und zu uns selbst erscheint damit buchstäblich in unsere Leiblichkeit eingeschrieben.

Abspaltung und Verdrängung

Hier kann wieder auf die Gedächtnismetapher zurückgegriffen werden: Unser Körper zitiert gleichsam unsere bereits vergangenen Beziehungen, indem er diese fühlend repräsentiert und entsprechende Anschlüsse nahelegt. Da unterschiedliche Beziehungen verschiedene Impulse und Bewertungen nach sich ziehen, entstehen im Leib mitunter Spannungen, wenn die Implikationen unterschiedlicher Beziehungserfahrungen nicht in eine kohärente Form gebracht werden können. Es können also Dissonanzen entstehen, etwa als neurotische Konflikte, wobei üblicherweise das, was einmal als leiblich empfundene Ursache dem Konflikt zugrunde lag, nicht mehr wahrgenommen wird. Hierfür bietet sich mit Peter Fuchs der Terminus des Unbewussten an.

Das Unbewusste ist jedoch nicht im Sinne von Freud als ein Konflikt zwischen Trieb und Über-Ich zu verstehen, sondern das Unbewusste ergibt sich aus der Tatsache, dass die »Autopoiesis« des Bewusstseins in dem Sinne »*extim* verfährt«, als die Elemente, die es geprägt haben, »durch und durch sozial konditioniert sind«. Dies wird aber im Erleben nicht mehr gefühlt. Das Unbewusste »markiert« damit »eine Differenz, die durch Extimität ausgedrückt ist«,[413] nämlich als Leiblichkeit, der die Aktualität des Erlebens im Moment des Erlebens nicht (mehr) zugänglich ist.

Wir gelangen damit zu der Figur des Verdrängten als jener paradox anmutenden Spaltung, entsprechend der die eigene Leiblichkeit nur partiell verfügbar ist, man also gewissermaßen selbst nicht mehr weiß, was man ist und wie man lebt bzw. was man war und wie man gelebt hat. Die neurobiologische Forschung kann mittlerweile aufzeigen, dass Verdrängung als verkörperter Prozess stattfindet, wobei innerhalb der neuronalen Verarbeitung Erinnerungs-, Empfindungs- und Gefühlsinhalte abgespalten werden. Hiermit einhergehend wird einerseits ein unbewusstes Eigenleben geführt, andererseits aber die Lebendigkeit und leibliche Expressivität eingeschränkt.[414]

Auch hier erscheint es als außerordentlich heilsamer und befreiender Prozess, sich der eigenen Leiblichkeit bewusst zu werden und die assoziierten Empfindungsmuster zu spüren, um hierdurch zugleich Zugang zu den Ursprüngen des Selbst-Erlebens als auch befreiende Distanz zu den hiermit einhergehenden automatisierten Reaktionsmustern zu gewinnen. Zuvor erlebte Schmerzen und Ängste verlieren damit ihren Schrecken, die unerfüllten Sehnsüchte verblassen und das Erleben lässt sich wieder unmittelbarer den aktualen Lebensprozessen zuwenden.

Erneut zeigt sich, dass nicht die Tatsache der positiven oder negativen Empfindung an sich zu neurotischen und psychosomatischen Konflikten und Spannungen führt, sondern erst die Prozesse, welche dem Erlebten eine bestimmte Bedeutung geben. Erst wenn Handlungen und die damit assoziierten Kontexte eine anreizende Bedeutsamkeit bekommen, welche die Wahrnehmung von Empfindungsmustern mit Bedeutung durchtränkt, werden sie zu unbewusst antreibenden Stimuli.[415] Sobald es gelingt, Empfindungen in einem anderen, weniger Bedeutung tragenden Kontext zu sehen, verschwinden die mit ihnen verbundenen Zwänge.[416]

Der Konnex von Empfindungen und denjenigen Bedeutung gebenden Prozessen, welche die Empfindungen in mechanische, automatisierte Reaktionsmuster überführen, erscheint auch hier – wie in den buddhistischen Lehren – als das entscheidende Glied, um leidbringende Konditionierungen überwinden zu können.

Dekonstruktion von Wahrnehmung und Bedeutung

In der Begegnung von phänomenologischer Forschung und Kognitionswissenschaften wird zudem darauf hingewiesen, dass Wahrnehmung, Gedanken und Empfindungsmuster durch entsprechende Übungen bis zu einem Punkt dekonstruiert werden können, an dem nur noch reine Präsenz übrig bleibt und kein Objekt der Wahrnehmung mehr zu finden ist.[417]

Ob sich die Erleuchtungserfahrung möglicherweise als eine noch tiefer gehende Zerstörung neuronaler Attraktor-Netzwerke verstehen ließe, ist derzeit noch Spekulation.[418] Bislang gibt es keine schlüssigen und zwingenden Modelle, welche eine solche Erfahrung überzeugend in der Sprache des neurobiologischen Konstruktivismus reformulieren lassen.[419] Möglicherweise handelt es sich hierbei nicht einmal um eine Erfahrung, denn da *nibbāna* nicht in den Bereich sinnlicher Kategorien fällt, kann es nicht beobachtet werden.

Todloses

Indem ich die Andersheit des anderen als Geheimnis setze, das als es selbst durch die Schamhaftigkeit bestimmt ist, setze ich es nicht als Freiheit, die mit der meinigen identisch ist und mit der meinigen in Kampf liegt, setze ich nicht ein anderes Seiendes mir gegenüber, sondern ich setze die Andersheit. Ganz wie beim Tod haben wir es nicht mit dem Seienden zu tun, sondern mit dem Ereignis der Andersheit, mit der Entfremdung.

Emmanuel Lévinas[420]

Eine monokontexturale Welt ist eine tote Welt, und der Tod ist das überall Zugängliche: ein anderer Ausdruck dafür, daß alles Lebendige sterben muß. Das Phänomen des Todes bedeutet vom Standpunkt des Logikers nichts anderes als den Übergang aus der Polykontexturalität in das Monokontexturale. [...] Leben und kontextureller Abbruch im Wirklichen sind nur zwei verschiedene Ausdrücke für denselben Sachverhalt. Was jenseits des Abbruchs liegt, ist schlechterdings unzugänglich. Was hiermit gemeint ist,

> *muß jedem sofort deutlich werden, wenn wir auf eine ganz alltägliche Erfahrung hinweisen. Für jedes erlebende Ich ist die innerste Privatheit der Du-Subjektivität ein ebenso unzulänglicher Raum wie die mythologischen Dimensionen, in denen die himmlischen Heerscharen schweben. In beiden Fällen stehen wir am Rande eines Kontexturabbruches, der in keinem Fall größer oder geringer ist als in dem anderen.*
>
> Gotthard Günther[421]

Es wird berichtet, dass der Buddha in der ersten Rede nach seiner Erleuchtung folgende Worte sprach:

> »Geöffnet sind die Tore der Unsterblichkeit (amatassa);
> Wer Ohren hat zu hören, fass Vertrauen!
> Leihet das Ohr, oh Mönche,
> Die Befreiung vom Tod ist gefunden!«[422]

Die soteriologische Vision der buddhistischen Befreiungslehre besteht in der Überwindung des Todes. Was hiermit gemeint ist, verschließt sich jedoch dem Common Sense, da das Alltagsdenken in der zweiwertigen Logik der Subjekt-Objekt-Dichotomie gefangen bleiben muss. Die buddhistische Befreiung darf also nicht so verstanden werden, dass eine Persönlichkeit im Sinne eines Ich-Selbst die Todlosigkeit erlangen könnte.

Eine Annäherung an den Heilsweg ergibt sich auf einer pragmatischen Ebene, entsprechend der mit der Durchdringung der Illusion vom Ich-Selbst auch die Angst und Beunruhigung vor dem Tod des Ichs entschwindet. Wenn die Gedanken an ein Ich abgelegt werden, kann sich der Frieden des Todlosen gewissermaßen naturwüchsig entwickeln:

> »›Ich bin‹ ist ein eitler Gedanke! ›Ich bin nicht‹ ist ein eitler Gedanke! ›Ich werde sein‹ ist ein eitler Gedanke! ›Ich werde nicht sein‹ ist ein eitler Gedanke! Eitle Gedanken sind eine Krankheit, ein Geschwür, ein Dorn. Aber wenn man alle eitlen Gedanken überwunden hat, dann wird man ein stiller Denker genannt. Und der Denker, der Stillgewordene, entsteht nicht mehr und vergeht nicht mehr, zittert nicht mehr und wünscht nichts mehr.«[423]

In der Entwicklung des Buddhismus zu einem religiösen System sind immer wieder Versuche unternommen worden, die transzendentale Dimension von *nibbāna* zu definieren. Einige Schulen des *Mahāyāna* neigen beispielsweise dazu, den Begriff der Leere im Sinne einer metaphysischen und essenziellen Wahrheit zu betrachten. In den

Schriften des Frühbuddhismus wurde demgegenüber vermieden, die transzendentale Dimension von *nibbāna* in einem positiven Sinne zu definieren. Es lässt sich hiernach nur sagen, was *nibbāna* nicht ist:

> »Es gibt, ihr Mönche, einen Bereich, wo weder Festes noch Flüssiges ist, weder Hitze noch Bewegung, weder diese Welt noch jene Welt, weder Sonne noch Mond. Das, ihr Mönche, nenne ich weder ein Kommen, noch ein Gehen, noch ein Stillstehen, weder ein Geborenwerden, noch ein Sterben. Es ist ohne jede Grundlage, ohne Entwicklung, ohne Stützpunkt: Das eben ist das Ende des Leidens.«[424]

Nibbāna als das Unbedingte steht hier synonym für das *Todlose. Es* erscheint als das Element jenseits des Bedingten *(nibbāna dhātu)*. *Nibbāna* ist das Ungewordene, Unentstandene und Unvergängliche, die reine unermessliche Qualität des Seins jenseits des Entstehens und Vergehens. *Nibbāna* ist nicht mit Worten zu beschreiben, weil mit ihm jegliche Dualität verschwindet. Es kann darüber hinaus keine Antwort auf die Frage geben, woraus *nibbāna* entstanden ist, da Kausalität im Unbedingten keinen Platz hat. Jede denkbare Antwort würde erneut zum unendlichen Regress führen und nach weiteren Gliedern in der Kette des Bedingten fragen lassen (Was hat *nibbāna* erschaffen?, Wer hat dasjenige erschaffen, was *nibbāna* erschaffen hat? usw.). Da jede Erfahrung innerhalb der Sphäre unserer Sinne durch den Prozess der *bedingten Entstehung* hervorgebracht wird, kann das Unbedingte nicht dem Bereich des sinnlichen Erlebens angehören. Jeder Versuch, *nibbāna* innerhalb sinnlicher Kategorien zu fassen, ist deshalb zum Scheitern verurteilt, was allerdings nicht heißt, dass nicht auch innerhalb der buddhistischen Tradition immer wieder versucht wird, hierüber zu sprechen.[425]

Das Transzendentale findet sich nicht im Bereich des Beobachters

Was lässt sich aus den Perspektiven des neurobiologischen Konstruktivismus und der Allgemeinen Theorie der Sinnsysteme über das Todlose sagen?

Neben der Sinnfrage scheint auch das *Problem des Todes* sozusagen ein epistemologisches Missverständnis seitens des Beobachters zu sein, das aus dem Verkennen unseres Erkennens entsteht. Wenn sich der Beobachter im Beobachten als Konzept *Subjekt* hervorbringt und dieses ideelle Vakuum in der rekursiven Interaktion mit einer vermeintlichen Objektwelt ständig bestätigt, geht mit der Vernichtung des Anspruchs *Ich bin* der Tod einher. Im ideellen Drama der geistigen Bühne versucht der Beobachter, den Tod zu vermeiden. Das gelebte Leben als Prozess der Veränderung kann jedoch nur im Raum *zwischen* Entstehen und Vergehen, Geburt und Sterben stattfinden. Das Paradoxon des Lebens besteht gerade darin, in die Veränderung, in den Fluss des Todes zu springen, um den Tod zu überwinden. Eine Form ohne Bewegung wäre statisch und könnte dem selbstbewussten Geist keine Heimat geben, denn Geist kann nur im Werden entstehen.

Der grundlegende epistemologische Irrtum in Hinblick auf die Frage des Todes besteht also darin, den Geist außerhalb des Prozesses seiner Genese anzusiedeln. Dies geschieht im Einsatz des *Beobachters* und im Festhalten an den hiermit einhergehenden gefühlten Konzepten. Durch das Loslassen von diesen Vorstellungen über das Leben oder Sein löst sich der Schrecken des Todes auf und weitere Möglichkeiten der Transzendenz im Spiel des Lebens scheinen auf. Watzlawick formuliert entsprechend:

> »Nicht der Tod ist das Problem, sondern das am Leben-Festhalten-Wollen. Wenn ich sterbend von dem Gefühl durchdrungen bin: ›Ich sterbe – aber es stimmt‹, dann hat der Tod keine Schrecken mehr, dann ist er das Durchschreiten einer der vielversprechenden Türen des magischen Theaters.«[426]

Jede Hoffnung auf Unsterblichkeit der Persönlichkeit bringt als logisch notwendige Antithese immer die Furcht vor dem Tod eben dieser Persönlichkeit hervor. Jede Mystifizierung der Natur des eigenen Selbst birgt in sich die Enttäuschung und Desillusionierung dieses Glaubens. Der grundlegende Irrtum des Beobachters liegt darin, in einer zeitlichen und damit vergänglichen Struktur das Todlose zu suchen. Um mit Wittgenstein zu sprechen:

> »Die zeitliche Unsterblichkeit der Seele des Menschen, das heißt also ihr ewiges Fortleben auch nach dem Tode, ist nicht nur auf keine Weise verbürgt, sondern vor allem leistet diese Annahme gar nicht das, was immer man mit ihr erreichen wollte. Wird denn dadurch ein Rätsel gelöst, daß ich ewig fortlebe? Ist denn dieses ewige Leben dann nicht ebenso rätselhaft wie das gegenwärtige? Die Lösung des Rätsels des Lebens in Raum und Zeit liegt *außerhalb* von Raum und Zeit.«[427]

Die Agonie menschlichen Leidens in Bezug auf die Frage des Todes verlischt, wenn die Spannung zwischen den Erwartungen an die

Zukunft, den Projektionen aus der Vergangenheit und dem im *Jetzt* gelebten Leben verschwindet. Die Erlösung kann gewissermaßen nur in einer Gegenwart stattfinden, für welche die Frage der Zeit bedeutungslos wird:

> »Der Tod ist kein Ereignis des Lebens. Den Tod erlebt man nicht. Wenn man unter Ewigkeit nicht unendliche Zeitdauer, sondern Unzeitlichkeit versteht, dann lebt der ewig, der in der Gegenwart lebt.«[428]

Die Gegenwart birgt darüber hinaus ein weiteres Geheimnis. Zunächst gilt es aber, sich darüber klar zu werden, dass jeder Weltkontakt als ein aktiver, verkörperter und sozial konditionierter Prozess anzusehen ist, in dem vielfältige Beziehungsmuster und Bedeutungen generiert werden können – je nach soziokulturellem Kontext. Man braucht sich an dieser Stelle nur vor Augen zu führen, was bisher in der Kulturgeschichte der Menschheit geglaubt und für wahr gehalten – und damit zugleich als verkörperte Bedeutung gelebt – wurde.

In diesem zugleich semantischen wie auch psychologisch-physiologischen Differenzierungsprozess können in Hinblick auf die Beziehung von Ich und Welt nahezu alle erdenklichen Sinngebungen einschließlich der dazugehörigen Hoffnungen und Ängste konstruiert und – unter modernen Verhältnissen – auch wieder dekonstruiert werden.

Hiermit einhergehend entsteht jene zuvor bereits ausführlich beschriebene Dichotomie zwischen einem Beobachter, der sich in multipler Form als Zweifelnder, Glaubender, Misstrauender, Hoffender oder Fürchtender mitführt, und jenem umfassenderen Seins- und Beziehungsgeflecht, dem sich der Beobachter in all diesen Zuständen verdankt.

In der Überwindung dieser Spaltung zwischen Beobachter und gelebtem Leben entsteht die Möglichkeit einer immanenten Transzendenz. Diese lässt sich immer dann gewahr werden, wenn die Ahnung aufkommt, dass Worte und Konzepte eben nur Worte und Konzepte sind, dass die durch das Denken entworfene Landkarte eben nicht das Gebiet darstellt, dass man also das Sein nicht mit seiner verdinglichten Beschreibung verwechseln sollte.

> »Nicht wie die Welt ist, ist das Mystische, sondern daß sie ist.«

So hat Wittgenstein jenes merkwürdige Geheimnis beschrieben,[429] das so schwer zu erkennen ist, weil es eben so naheliegt:

> »Es ist das Erlebnis, bei dem man die Welt als Wunder sieht. Nun bin ich versucht zu sagen, der richtige sprachliche Ausdruck für das Wunder der Existenz der Welt sei kein *in* der Sprache geäußerter Satz, sondern der richtige Ausdruck sei die Existenz der Sprache selbst. Aber was heißt es dann, sich des Wunders bei manchen Gelegenheiten bewußt zu sein, ein andermal dagegen nicht? Denn indem ich die Artikulierung des Wunderbaren vom Ausdruck *mit Hilfe* der Sprache auf den Ausdruck *mittels der Existenz* der Sprache verlagere, sage ich wieder nichts weiter, als daß wir außerstande sind, das, was wir ausdrücken wollen, zum Ausdruck zu bringen, und daß alles, was wir über das absolut Wunderbare *sagen*, weiterhin Unsinn bleibt.«[430]

Interessanterweise begegnen wir hier der romantischen Seelenvorstellung, entsprechend der die Seele gerade nicht auf die mit dem Ich-Bewusstsein assoziierte Rationalität reduziert werden kann, sondern eine unbewusste Tiefendimension besitzt, in der die biologische und kulturelle Natur des Menschen in leibliche Erfahrung eingebunden ist und in der Erfahrung des Eins-Seins mit sich selbst und mit der Natur empfunden werden kann. Das Sein kommt gerade deshalb zu sich selbst, da es die Vernetzungen spürt, die es konstituieren.

Mit dem Gesagten erschließt sich auch das, was Martin Heidegger als Seinsvergessenheit bezeichnet hat, in einer modernen Begrifflichkeit.[431] Wenn sich unser Dasein über seine kulturell geprägten Interpretationsformen als Ich verdinglicht, entgeht ihm seine eigentliche existenziale Bedingung, nämlich die Prozess- und Beziehungshaftigkeit im Vollzug seines Lebens. Das eigentliche *Selbst-sein-Können* bleibt – wenngleich so nahe – verdeckt. In Anlehnung an Peter Fuchs könnte man sagen, dass die Seele als *Unjekt* gerade dadurch verdunkelt wird, dass sie sich aufgrund der kulturell antrainierten Vernunft, die in der Subjekt-Objekt-Dichotomie gefangen bleibt, beständig als verdinglichtes Selbst reifiziert.

Auch die hiermit verbundene Entfremdung ist als kulturell formatiert zu sehen. Während es in der Romantik noch erlaubt war, vom Gefühl der Einheit zu schwärmen, fehlt der gegenwärtigen Gesellschaft die Sprache eines spirituellen Erlebens, welche eine immanente Transzendenz in angemessenen Worten formulieren lässt. Dieses kulturelle Dilemma drückt sich in der Terminologie Heideggers als *Seinsverlassenheit* aus. Der zunehmend von seinen Lebensvollzügen entfremdete Mensch begreift immer weniger, dass sich das Sein nur spontan aus sich heraus ereignen kann. Gefangen in den neurotischen Gefühlen und Konstrukten einer Gesellschaft des »expressiven

Individualismus«,[432] fällt es ihm deshalb immer schwerer, sein Sein zu fühlen. Die Seele wird flach, wenngleich die Ahnung von und das Bedürfnis nach Tiefe – oder einfach nur Leben – bleibt. Man begibt sich auf die Suche nach dem *Selbst*, doch auch dies führt in die Irre, da sich hier – wie in jedem Unjekt – nur Leere finden lässt.[433] Das Transzendentale findet sich nicht im Beobachter.

Relative Wahrheit, absolute Wirklichkeit

Ein Rabbi diskutiert mit drei Freunden das Problem der menschlichen Seele. Der Erste, ein Agnostiker, beweist unzweideutig, dass Menschen keine Seele haben können, und der Rabbi gibt ihm recht. Der Zweite beweist gleich überzeugend, dass alle rationalen Wesen eine Seele haben; der Rabbi gibt ihm auch recht. Dann erhebt sich der dritte Freund und bemerkt, dass die anderen zwei nicht beide recht haben können. Der Rabbi stimmt zu und antwortet dem dritten Freund etwas traurig, dass er auch recht hat.[434]

Da alle Objekte unseres Erlebens, einschließlich unserer Gedankengebilde, bedingte und damit relative Konstrukte eines kulturell konditionierten Prozesses sind, hat auch jede ausgesprochene Wahrheit relativen Charakter. Es lohnt sich nicht, hierüber zu streiten. Entsprechend heißt es in den buddhistischen Lehren:

> »Wie sollt' ein wahrer Priester sagen: ›Dies ist Wahrheit‹?
> Warum sollt' er streiten: ›Falsch ist dieses‹?
> Für den es weder ›gleich‹ noch ›ungleich‹ gibt,
> Warum sollt' er auf Streitgespräche eingehen?«[435]

Die sich hierin offenbarende Haltung darf jedoch nicht als Kulturrelativismus missverstanden werden, entsprechend dem es keinen Unterschied macht, welche Position man einnimmt. Es wird keine indifferente Haltung gelehrt, etwa in dem Sinne, dass man jedem seine Meinung lassen sollte. Stattdessen ist eine transklassische logische Perspektive impliziert, denn es wird Unterschiedslosigkeit affirmiert. Dies ist keineswegs mit einer unbewussten Dumpfheit zu verwechseln, entsprechend der man Unterschiede einfach nicht wahrnimmt. Vielmehr verkörpert sie hochgradig wache und komplexe Reflexionsverhältnisse, in denen Unterschiede sowohl wahrgenommen als auch in Hinblick auf ihre Bedeutung zugleich negiert werden. Erst hierdurch entstehen jene Freiheitsgrade, dank derer man nicht mehr entsprechend der alten Konditionierungen streiten oder rigide einer bestimmten Position folgen muss. Man kann also mitspielen, ohne im Spiel gefangen zu sein.

Der Schlüssel zu dieser Fähigkeit liegt in *vipassanā*, der intuitiven Einsicht in die Natur des geistigen Prozesses. Diese Kompetenz kann jedoch nur entfaltet werden, indem der Geist geschult wird, die Anhaftung an die illusionären Objekte des Erlebens aufzugeben, also indem er lernt, den Empfindungen, welche den Wahrnehmungen folgen, keine Bedeutung mehr zu geben, die mit einer automatischen, zwanghaften Reaktion einhergehen würde.

Die Aufgabe, im Hier und Jetzt zu sein, erschließt sich hiermit als ein außerordentlich verschachteltes Reflexionsverhältnis, das entgegen einer relativistischen Position gerade nicht zu einem Driften in der Beliebigkeit führt, was nichts anderes heißt, als sich von seinen Vorlieben und Erlebnissen treiben zu lassen. Es bedeutet vielmehr, die Präsenz kontinuierlich auf den Wahrnehmungsvorgang selbst zu richten, um hierdurch den intentionalen Prozess zu unterbrechen, der ansonsten aufgrund der Gedächtnisprägungen automatisch den Bogen von der Vergangenheit zur Zukunft spannt. Erst auf diese Weise wird die Gegenwart als Freiheit empfunden. Erst hier wird jener zunächst paradox anmutende Konnex verständlich, dass *Dinge so zu sehen, wie sie sind*, mit Befreiung und Transzendenz einhergehen kann.

Im *Gesehenen* und *Erkannten* nur das Gesehene und das Erkannte wahrnehmen zu können, beruht auf einer hochgradig subtilen Reflexionshaltung. Im Gesehenen und Erkannten *nur* das Gesehene und Erkannte zu belassen, heißt jede darüber hinausgehende Bedeutung radikal abzuschneiden. Der bedeutungsgebende Prozess wird als unsinnig *erkannt*. Das Durchschneiden von Sinn und Bedeutung wird demgegenüber als sinnvoll *erlebt*, wobei dieses Erleben wiederum buchstäblich als eine verkörperte Praxis anzusehen ist.

All dies lässt ahnen, wie voraussetzungsreich die buddhistischen Lehren sind und welche Zumutung an den Verstand mit der Aufforderung verbunden ist, der Bedeutungslosigkeit Sinn zu geben. Das heißt, in der soteriologischen Zielsetzung *nibbāna* als einen Bereich der Nicht-Erfahrung anzustreben und hiermit einhergehend selbst die Ekstasen, Visionen und psychologischen Dramen, welche während der buddhistischen Übungspraxis erlebt werden können, als unbedeutende Erscheinungen auf dem Pfad wahrzunehmen.

Dhamma, bzw. im Sanskrit *Dharma*, zu lehren, heißt die enge und subtile Verzahnung all dieser reflexiven und immer auch sinnlichen Aspekte der Selbsterkenntnis zu vermitteln. Schon der Begriff *dhamma* drückt diese Vielschichtigkeit aus, denn in Bezug auf die buddhistischen Schriften sind mit *dhamma* sowohl die Lehre, das allgemeine Gesetz des Universums, die Elemente und Daseinserscheinungen als auch die tugendhaften Haltungen gemeint. Ursprünglich bedeutet der Begriff *dhamma* das *Tragende*, wobei je nach Kontext der psychologische Aspekt (die Wahrnehmung und ihre Verarbeitung) oder der logisch rationale Aspekt (etwa als Gesetz der Natur) betont wird.[436]

Dhamma zu praktizieren bedeutet, all diese unterschiedlichen Ebenen zusammenzubringen, sich also auf einer habituellen Ebene im Erleben der Daseinsbedingungen gegenwärtig zu sein:

> »Ob die Buddhas in der Welt erscheinen oder nicht, es bleibt eine Tatsache, eine unumstößliche Daseinsbedingung und ein ewiges Gesetz, daß alle Gestaltungen vergänglich sind, [...] daß alle Gestaltungen dem Leiden unterworfen sind, [...] daß alles, was besteht (alle Dinge, Gegebenheiten oder Wesenheiten), nicht absolut ist. Diese Tatsache entdeckt und meistert ein Buddha, und wenn er sie entdeckt und bemeistert hat, so verkündet, predigt, offenbart, lehrt und erklärt er gründlich, daß alles Bestehende nicht-absolut ist (ohne ein beharrendes ›Ich‹).«[437]

Die buddhistischen Lehren finden ihren Kulminationspunkt in dem Kontrapunkt einer absoluten Wahrheit, die dem Praktizierenden immer nur relativ erscheinen kann. Es ist eine Wahrheit, die sich gewissermaßen vor dem Horizont ihrer eigenen Unerreichbarkeit selbst erarbeitet. Sie offenbart sich ausschließlich an ihren Früchten, denn jenseits des Wohlergehens des Menschen gibt es in der buddhistischen Lehre keine Richtschnur des Handelns. Keine Autorität, worauf auch immer gegründet, kann die individuelle, persönlich verkörperte Erfahrung ersetzen.[438]

Im Sinne einer Tugendethik, welche auf der Einheit von Erkennen und Leben beruht, kann in der buddhistischen Lehre das ethische Zentrum für den Menschen deshalb nur im einzelnen Menschen selber, in seinem eigenen, jeweils individuellen Lebensvollzug liegen:

> »Macht aus euch selbst eine Insel,
> macht euch selbst zu eurer Zuflucht,
> eine andere Zuflucht gibt es nicht.«[439]

Implizite Ordnungen anstelle expliziter Wahrheiten

Was kann aus der Perspektive des neurobiologischen Konstruktivismus zu den oben genannten Reflexionsverhältnissen gesagt werden? Auch hier werden absolute Wahrheitsansprüche, die außerhalb der menschlichen Erfahrungswirklichkeit verortet werden, als Fiktion zurückgewiesen. In Anlehnung an Humberto Maturana kann man es noch stärker formulieren: Jeder Versuch, außerhalb des individuellen Erlebens einen Maßstab für Wirklichkeit oder Wahrheit zu finden, führt zwangsläufig zur Entfremdung von unserer eigenen Natur, da wir hierdurch *verkennen*, dass wir es selbst waren, die diesen Maßstab gesetzt haben:

> »Ich glaube, wir verfallen sehr leicht einer grundlegenden Art der Entfremdung: der Suche nach *der* Wahrheit, nach *dem* Absoluten; der Sehnsucht nach letztmöglicher Stabilität durch Ausschluß allen Wandels; der Sehnsucht nach einer festen und sicheren Welt, in der alle unsere Wünsche befriedigt werden. [...] Wie aber handeln wir?
>
> Wir erfinden stabile konsensuelle Systeme, die wir als absolute Wahrheiten ausgeben, die gegen jede Veränderung geschützt werden müssen. Unter Berufung darauf beschneiden wir die Individualität von Menschen in anderen konsensuellen Bereichen und unterwerfen sie damit in systematischer Weise sozialer Ausbeutung, ja, wir erwarten auch noch, daß sie dies als rechtmäßig akzeptieren.
>
> Dies ist die stärkste Art der Entfremdung: Unsere Blindheit gegenüber der Welt *relativer* Wahrheiten, die wir *selbst erzeugen* und für die daher der Mensch allein den absoluten Bezugspunkt darstellt, und unsere Hingabe an eine Ideologie, die diese Blindheit rechtfertigt.«[440]

Wenn aber keine explizite Wahrheit formuliert werden kann, verbleibt die Frage nach einer impliziten Ordnung. Bateson merkt an, dass eine biologische Epistemologie zwar nichts über die Dinge oder Wahrheiten an sich sagen könne, dass sich aber sehr wohl Aussagen über die Regeln jener Prozesse treffen lassen würden, welche die Lebens- und Weltdynamik prägen:

> »Als Beobachter [lebendiger Systeme] bin ich in einer Position, die der des Mathematikers ähnelt. Auch ich kann nichts über ein einzelnes Ding sagen – ich kann noch nicht einmal aus Erfahrung behaupten, daß ein solches existiert. Ich kann nur etwas über die Relationen zwischen Dingen wissen. [...] Diese Verknüpfungen und Beziehungsmuster, die ich erörtern möchte, sind notwendig regelmäßig und bilden einen Teil

der ewigen Wahrheiten, einschließlich der Regeln zur Verbindung von Diskursgegenständen, zusammen mit der Naturgeschichte dessen, was geschieht, wenn Gegenstände in unangebrachter Weise miteinander verbunden werden.«[441]

Selbst wenn man annähme, dass die Dinge oder Elemente, die wir in unseren Beschreibungen verwenden, keine inhärente substanzielle Entität besitzen, so ließen sich zumindest kommunikatorische Regelmäßigkeiten zwischen diesen Dingen aufzeigen, denn »Regelmäßigkeiten, die wir entdecken – einschließlich der Regelmäßigkeiten und Notwendigkeiten der Kommunikation und Logik – bilden« gleichsam »eine Einheit, in der wir uns häuslich einrichten«.[442] Diese Gesetzmäßigkeiten repräsentieren weder in einer simplen Art gut und böse noch eine Wahrheit, die außerhalb der Lebensprozesse steht. Letztlich symbolisieren sie *»bloß die Tatsache«*, dass *»Sucht und Pathologie die andere Seite der biologischen Anpassung sind«*.[443]

Hinter den relativen Wahrheiten, die Organismen in ihrer jeweiligen Einheit von Erkennen und Handeln verkörpern, zeigt sich ein übergreifendes Existenzial lebendiger Formen, welches darauf beruht, dass genau die Formen, die das Leben hervorgebracht hat, wieder am Leben scheitern müssen. Die im Lebensprozess gefundenen Anpassungen werden unweigerlich wieder in Kontexte eintreten, in denen sie zum Problem werden.

Aus der Perspektive des neurobiologischen Konstruktivismus und der Allgemeinen Theorie der Sinnsysteme ist bislang noch kein soteriologisches System entwickelt worden, das auf die Heilung der oben benannten Agonie zielt. Lediglich unter dem Sammelbegriff *systemische Therapie* sind einige Ansätze zu finden, die an den neurobiologischen Konstruktivismus anschließen.[444]

Gerade deshalb erscheint der Dialog mit den buddhistischen Lehren vielversprechend, denn – um das Zitat aus dem Vorwort zu wiederholen – zumindest »liefert die Reise des Buddhismus in den Westen einige Ressourcen, die wir benötigen, um unsere eigenen kulturellen und wissenschaftlichen Prämissen bis an den Punkt weiterzuverfolgen, wo wir keine Grundlagen mehr brauchen und begehren und uns so der Aufgabe widmen können, Welten ohne Grund zu bauen und darin heimisch zu sein.«[445]

Die Mitwelt – interbeing is peace

Gott ist Liebe. Wer in der Liebe lebt,
der lebt in Gott und Gott lebt in ihm.
1. Johannes 4.5

Die Liebe ist nicht eine Möglichkeit,
sie verdankt sich nicht unserer Initiative,
sie ist ohne Grund,
sie überfällt uns und verwundet uns
und dennoch überlebt in ihr das Ich.
Emmanuel Lévinas[446]

Nicht zuletzt durch die einleuchtende Rhetorik einiger Schlüsseltexte des Mahāyāna-Buddhismus ist auch unter einigen Vertretern des Buddhismus das oberflächliche Bild entstanden, dass die Schriften des Frühbuddhismus einer Art Solipsismus Vorschub leisten und ihre Anhänger dazu ermutigen würden, sich recht selbstbezogen nur ihrer eigenen Erlösung verpflichtet zu fühlen. Der tibetische Buddhismus sei hingegen von vornherein auf das Wohl aller Wesen fokussiert.

Hiermit verwandt ist die ebenfalls zunächst naheliegende Ansicht, dass die frühen buddhistischen Lehren (wie auch der neurobiologische Konstruktivismus) zu einer nihilistischen Haltung führen, da mit ihnen jeglicher Sinn relativiert werde. Diese Interpretation findet zusätzlich Bestätigung durch jene Menschen, die ihre nihilistische Weltanschauung unterfüttern wollen und hierzu Teilaspekte der Lehren, wie zum Beispiel das Konzept der buddhistischen Wahrheit vom Leiden, benutzen, um eine negative Lebenseinstellung zu kultivieren.

Bei beiden Auffassungen handelt es sich jedoch um Missverständnisse, in denen die Subtilität der frühbuddhistischen Schriften verkannt wird. Nichts läuft der buddhistischen Lehre mehr zuwider als die Kälte eines solipsistischen Nihilismus. Da die Schriften von lebendigen Lehrern getragen werden, fließt in ihnen vielmehr der Strom einer starken empathischen mitweltlichen Öffnung. Dem Außenstehenden, der weder eine praktisch noch eine theoretisch fundierte Ahnung davon hat, welche Implikationen mit der Lehre von der Ich-Illusion verbunden sind, verschließt sich diese Dimension. Er hat keine Werkzeuge zur Hand, mit denen er die *anattā*-Lehre anders verstehen könnte, als sie *seinslogisch* zu interpretieren.

Mit der Durchdringung von *anattā*, der Unpersönlichkeit unseres Seins, wird jedoch – wie oben gezeigt – deutlich, dass die Vorstellung von einem Beobachter, der beobachtet, und von den in der Außenwelt liegenden Objekten nur im ideellen Vakuum der Ich-Fantasie existiert. Im rekursiven Prozess des Bewusstseins gibt es kein Innen oder Außen des Erlebens, sondern nur den einheitlichen Vorgang des Bewusstwerdens innerhalb der konditionierten Koproduktion der bedingten Entstehung. Nur im Anhaften am ideellen Ich-Selbst erscheint die Subjekt-Objekt-Dichotomie. Erst über die Identifikation mit diesem ideellen Konstrukt bilden sich all die Diskrepanzen und Spaltungen heraus, die unser Bewusstsein von unserer (Mit-)Welt zu trennen scheinen.

Gleichmut, Liebe und Mitgefühl

Mit dem Fortschreiten innerhalb der buddhistischen Erkenntnispraxis löst sich die Subjekt-Objekt-Spaltung zunehmend zugunsten eines ganzheitlich erlebten Prozesses des Werdens auf. Als Folge davon öffnet sich der Mensch seiner Mitwelt. Eine Beschreibung dieses Vorgangs durch Detlef Kantowsky:

> »Phasen meditativer Zurückgezogenheit sind demnach kein elitärer Weg in die Innerlichkeit; sondern eine intensive Übung zur mitweltlichen Öffnung: Indem die ›selbst‹ gewirkten Schranken zwischen ›Ich‹ und ›Du‹ zersehen werden und das gemeinsame tragende ›Es‹ aufzuscheinen beginnt; indem ›wir‹ nicht mehr ›für uns‹ meinen mit Gewalt festhalten zu müssen, was ›ihr‹ doch ›für euch‹ mindestens genauso nötig habt, können ›sie‹ (alle Wesen!) glücklich sein, wird ›selbst‹ geschütztes und liebevolles Inter-esse möglich.«[447]

Im mitfühlenden In-Beziehung-Sein verschwindet der Gegensatz von Altruismus und Egoismus in dem einen Prozess des Werdens, durch den wir gemeinsam unsere Welt so hervorbringen, wie sie ist. Unter diesem Blickwinkel erscheinen Egoismus und Altruismus als zwei Seiten eines Rades, dessen Wesen in keiner der beiden Seiten liegt, sondern in der Möglichkeit zum Rollen. Es zeigt sich, dass die subtilste und am meisten befriedigende Form des Egoismus darin besteht, eine harmonische Welt zu erschaffen. Die wirksamste Form des Altruismus drückt sich darin aus, selbst harmonisch zu leben.[448]

Die Störfaktoren, welche uns von der Mitwelt trennen, verschwinden zunehmend, wenn die Einsicht in die Beziehungsnatur unseres

Selbst auf der Erfahrungsebene verwirklicht wird. In dem, was die Buddhisten Erleuchtung nennen, ist »die Identität des erkennenden Geistes mit dem erkannten Objekt vollkommen hergestellt«.[449] Das Erleben, das an sich immer schon »die Einheit von Erlebendem und Erlebtem darstellt«, ist damit »zu keinem Kompromiss zwischen Subjekt und Objekt gezwungen«.[450]

Den Egozentrismus überwindend und über der Enge der persönlichen emotionalen Verhaftungen stehend, kann sich der Praktizierende dem Geschehen der Welt öffnen. In Gleichmut *(upekkhā)* gegenüber den erfahrenen Empfindungen und Gefühlen können die göttergleichen Zustände *(brahma-vihāra)* Liebe *(mettā)*, Mitgefühl *(karunā)* und Mitfreude *(muditā)* ihre volle Entfaltung finden. Hierzu Govinda:

> »Erst die Gegenwart der *upekkhā*, jenes vollkommenen seelischen und geistigen Gleichgewichts, gibt *mettā*, *karunā* und *muditā* ihre universelle Basis und befreit diese Eigenschaften von der Enge persönlicher Verhaftung. In *upekkhā* finden Liebe, Mitleid und Mitfreude nicht nur ihre Vollendung, sondern wir können sagen, daß *upekkhā* geradezu die Voraussetzung dieser Qualitäten ist, die der Vollendete, der Sonne gleich, Gerechten wie Ungerechten entgegenbringt.«[451]

Biologie der Liebe

Als Vertreter des neurobiologischen Konstruktivismus hat sich insbesondere Maturana an verschiedener Stelle dafür ausgesprochen, die Emotion *Liebe* als die Grundbedingung menschlicher Entwicklung aufzufassen. Wir befinden uns hier aber gleichzeitig in einem System, in dem der Mensch gewöhnlich im Zustand der Entfremdung lebt, welche ihn von der Liebe als der eigentlichen *conditio humana* abtrennt. Wie begründet Maturana also seine starke These?

Ausgangspunkt ist der Befund, dass alle höheren geistigen Funktionen des Menschen für ihre Entfaltung und Entwicklung die Einbettung in soziale Prozesse benötigen. Ohne Sozialisation bildet sich weder Sprache aus noch kann jenes Verhalten entstehen, was wir als typisch menschlich ansehen, wie Beispiele aus der Hospitalismus-Forschung auf eindrucksvolle Weise zeigen.[452] Die Bereitschaft zum Sozialen ist die Grundvoraussetzung für die Entstehung des menschlichen Geistes. Maturana betont, dass Liebe diejenige Grundemotion ist, welche die Handlungsbereitschaft zu gemeinschaftlichem Verhalten ausdrückt. Liebe lässt nicht nur den Anderen neben einem gelten, sondern ermöglicht erst ein öffnendes Miteinander, das gemeinsam eine Wirklichkeit entfalten lässt:

> »Liebe – ganz gewöhnliche schlichte Liebe, kein großes Ideal, keine Tugend, nichts dergleichen, bloß schlichte *Liebe*. Sie eröffnet den Handlungsspielraum, worin man andere neben sich gelten läßt. Wer so die Koexistenz des Anderen – gleichgültig in welcher Dimension des Miteinanders – als begründet anerkennt, der empfindet *Liebe*. Demgegenüber steckt *Aggression* die Handlungsdomäne ab, worin man anderen ihr Koexistenzrecht streitig macht.
>
> Somit ist Liebe einfach, alltäglich und sehr grundlegend, weil sie das Säugetier prägt. Historisch spielt sie eine wesentliche Rolle für die Sprachentstehung; doch wenn die Sprache einmal da ist, dann leiht sie sich der Liebe ebenso wie dem Hass.«[453]

Es fällt in diesem Kontext nicht schwer, die Liebe als das Momentum zu sehen, welches die soziale Kohäsion, die Bewegung der Koordination und Koppelung von Verhalten zur Koordination von Verhalten in Gang setzt. Denn nur in einem emotionalen Raum aus Vertrauen und Sicherheit werden die Zeichen des Anderen als Anlass genommen, empathisch dessen Perspektive einzunehmen und dieses Erleben als Impuls für das eigene Handeln aufzugreifen. Liebe koordiniert Verhalten, indem sie durch mitfühlendes Einleben berühren und bewegen und so dann auf den Anderen zugehen lässt. Liebe ist in diesem Sinne transzendent, weil sie gestattet, dass die Grenzen zwischen Ego und Alter in der Kommunikation verwischen, da die Referenz des eigenen Erlebens und einhergehend die Bereitschaft, sich berühren und beeinflussen zu lassen, jeweils im Anderen liegen.

Hiermit unterscheidet sich Liebe fundamental von Machtkommunikation, in der sich die Verhältnisse umgekehrt darstellen. In der Sphäre von Macht und Gewalt interessiert das Erleben des Anderen nicht, sondern nur das Verhalten, zu dem man ihn zwingen möchte.

Wenngleich der durch Empathie und Liebe getragene soziale Prozess die Quelle und der Ursprung menschlichen Selbst-Bewusstseins ist (und dies ist wörtlich zu nehmen, denn wer liebt und geliebt wird, fühlt sich seiner selbst bewusst),[454] kann sich der selbstbewusst gewordene Geist als virtuelles Selbst gleichsam von seinem Beziehungsursprung abkoppeln. Die Worte und Zeichen, welche sich ursprünglich einem gemeinschaftlich geteilten sozialen Prozess verdanken, können dann auch instrumentell genutzt werden. In letzterem Falle beginnt sich das Ich von seinem eigenen Ursprung zu entfremden, wobei im Beobachter ein abgekapseltes Zentrum autonomen Handelns entsteht, von dem aus potenziell jede Wirklichkeit, sei sie auch noch so borniert oder grausam, gestaltbar erscheint.

Ungeachtet dessen, welche kulturelle Wirklichkeit der Beobachter lebt, ist er erst durch die Erfahrung von Liebe zu dem geworden, was er ist: ein Mensch. Sein ganzes Erleben, Denken, Fühlen – seine ganze Kultur – entspringt der sozialen Epigenese. Um mit Ernst von Glasersfeld zu sprechen: Man braucht »die anderen, um sich ein Niveau der Wirklichkeit aufzubauen«, um sich eine »Wirklichkeit« der »Erlebniswelt«, um unser »Wissen« aufzubauen, »brauchen« wir die »anderen«.[455]

Liebe ist eine innere Haltung, eine *Fähigkeit*, da sie die Bereitschaft ausdrückt, sich auf den sozialen Prozess der doppelten Kontingenz einzulassen. Als solches lässt sie sich nicht auf einen Verhaltenskodex reduzieren, der die Form Ein-Liebender-hat-sich-folgendermaßen-zu-verhalten hat. Sie öffnet vielmehr den fühlenden Raum, in dem anderes (Unerwartetes) geschehen kann.

Der neurobiologische Konstruktivismus erlaubt es, die Pathologie zu beschreiben, die im Verlust der Liebe auftritt. Es handelt sich um eine Entfremdung, die immer dann entsteht, wenn wir uns im Handeln des Beobachtens in Diskrepanz zu der Beziehung befinden, die wir im Moment leben. Die Aufmerksamkeit des Bewusstseins verschiebt sich hierbei von der Gegenwart der Interaktion zu einem ideellen Konstrukt des Beobachters, der das Geschehen mit einem außerhalb der gelebten Praxis liegenden Zweck bzw. einer Absicht überlagert:

> »Diese Verlagerung der Aufmerksamkeit, weg von der Gegenwart hin zu dem Ergebnis dessen, was getan wird, ereignet sich auch im Verlauf der Interaktionen zwischen erwachsenen Menschen, wenn sie ihre Zwecke und Absichten in ihre Tätigkeiten einführen und ihre privaten Interessen über die Zusammenarbeit in der Erledigung einer gemeinsamen Aufgabe stellen. Wenn dieser Fall eintritt, dann wird einer der beiden Erwachsenen oder beide zusammen blind für den anderen, weil sie beginnen in emotionaler Unstimmigkeit zu handeln, die gewöhnlich als Mißverständnis im Beziehungsbereich gelebt wird.«[456]

Diese besagte Diskrepanz zeigt sich also immer dann, wenn der Mensch in seiner Umweltbeziehung anders handelt, als es die innere emotionale Handlungsbereitschaft, die aus seiner geistigen Handlung der ideellen Unterscheidung eines Zweckes oder Sinnes hervorgeht, implizieren würde. Er beginnt somit inkongruent zu handeln. Es tritt eine Spaltung zwischen Leben und Erleben auf. Das ideelle Subjekt trennt sich vom Erlebensstrom und empfindet sich als unstimmig und uneins mit einer Welt, die folglich als eine äußere, feindliche und zu beherrschende Welt erscheint. Indem hiermit einhergehend das Handlungspotenzial als einzig wirkliche Basis der menschlichen Reproduktion aus der menschlichen Beziehung abgezogen wird, entsteht eine Entfremdung, die tiefes Leid und emotionale Einsamkeit mit sich bringt:

> »Wenn diese emotionale Unstimmigkeit zur Lebensweise wird, die das Zusammenleben erwachsener Menschen bestimmt, dann führt die Zunahme der körperlichen Nichtübereinstimmung zwischen diesen Menschen, die durch die emotionale Nichtübereinstimmung erzeugt wird, zu einer zunehmenden Reduktion ihrer Bereiche gegenseitiger Annahme in konsensuellen Koordinationen von Handlungen und Emotionen, und tiefes Leid und emotionale Einsamkeit entstehen durch die Erfahrung immer wiederkehrender gegenseitiger Ablehnung. Dieses Leid kann nur geheilt werden durch das Leben in gegenseitiger Annahme, das sich so lange nicht ereignen kann, bis diese Erwachsenen gelernt haben, sich so zu verhalten, wie sie sich verhielten, als sie im Spiel mit ihren Müttern heranwuchsen.«[457]

Die Auflösung der emotionalen Entfremdung findet dann statt, wenn der Erlebende vollkommen in seinem Erleben versunken ist. Hier verschwindet jene ideelle Abspaltung, welche die Inkongruenzen erzeugt, die Handeln und Erleben als zwei getrennte Sphären erscheinen lassen. Erlebt wird dies beispielsweise immer dann, wenn wir in spielerischer Leichtigkeit in unser Tun versunken sind.[458]

Sobald wir in einer biologischen Welt, die in ihrem schöpferischen Spiel der Entfaltung einer Wirklichkeit grundsätzlich zweckfrei ist, Zwecken oder Bedeutungen anhaften, die außerhalb unseres gelebten Beziehungsgeflechts liegen, fallen wir aus der spielerischen Entfaltung unseres In-Beziehung-Seins heraus.

Die buddhistische Auffassung, dass der von Verblendung und Illusion gereinigte Geist natürlicherweise in den Qualitäten Liebe, Mitgefühl und Mitfreude schwingt, findet in Maturanas *Biologie des Erkennens* durchaus ihre Entsprechung. Auch hier eröffnet sich eine reflexive Dimension, mit der es möglich wird, sich dem eigenen Beziehungsursprung wieder zuzuwenden:

> »Verantwortlich zu handeln ist eine spirituelle Erfahrung, denn es ereignet sich im Bewußtsein des umfassenden Bereiches der Koexistenz und der Lebensbezüge, in denen alles menschliche Leben notwendigerweise eingebunden ist, und ein verantwortlicher freier Akt,

auch wenn er schmerzlich ist, ist nie eine Quelle des Leidens. Unter den geschilderten Umständen beruht unsere Möglichkeit, den grundlegenden emotionalen Widerspruch, den wir moderne westliche Menschen leben, zu überwinden und dem Leiden, das er mit sich bringt, auf freie und verantwortliche Weise zu entgehen, auf der Fähigkeit zu verstehen, daß der Ursprung dieses Widerspruchs kultureller und nicht biologischer Natur ist.«[459]

Was heißt es aber, in einem kulturellen Widerspruch zu leben, und was bedeutet dies für das Verständnis des buddhistischen Weges der Befreiung? Erhellen wir diese Frage im abschließenden Kapitel dieses Buches.

Kommunikation

Eine Rose ist eine Rose ist eine Rose.
Gertrude Stein

Diese Transzendenz ist nicht die Teilhabe an einem dritten Bezugspunkt, sei es an einer Person, an einer Wahrheit, an einem Werk, an einem Beruf. Es ist eine Kollektivität, die keine Gemeinschaft ist. Es ist das Von-Angesicht-zu-Angesicht ohne Vermittelndes, und es ist uns im Eros gegeben, in dem in der Nähe des anderen uneingeschränkt die Distanz aufrecht erhalten wird, im Eros, dessen Leidenschaftlichkeit von dieser Nähe und dieser Dualität zugleich gebildet wird. Was man als Misslingen der Kommunikation in der Liebe ausgibt, stellt gerade die Positivität des Verhältnisses dar; diese Abwesenheit des anderen ist gerade seine Anwesenheit als des anderen.
Emmanuel Lévinas[460]

Menschen sind sprechende Tiere. Aus den vorangehenden Ausführungen folgt jedoch, dass unser In-der-Sprache-Sein nicht so verstanden werden darf, dass voneinander unabhängige Akteure über das Medium Sprache untereinander Informationen austauschen. Vielmehr ist auch das Sprechen als ein Phänomen zu sehen, das auf neuro-sozio-psychischen Koppelungen und Resonanzen beruht. Für den Menschen als Symbolwesen erscheint die Koppelung von Verhalten vor allem in einer Koproduktion von Psyche und Gesellschaft, die darauf beruht, dass symbolische Signifikationen körperliche Reaktionen auslösen, also gefühlt, erlebt und damit im wahrsten Sinne des Wortes inkorporiert werden. Sprache ist damit zugleich als eine körperliche wie auch soziale Praxis zu verstehen, die sich performativ – eben durch ihren Vollzug – hervorbringt und in die beteiligten Leiber einschreibt.[461]

Fassen wir also zusammen: Ein von seiner sozialen, semantischen und kulturellen Einbettung isolierbares Selbst lässt sich nirgendwo finden.

Was übrig bleibt, ist eine konditionierte Koproduktion von Körper, Psyche und Kommunikation. Aus den hiermit verbundenen semantischen, sensomotorischen und psychischen Flüssen flaggt gleichsam das uns vertraute Ich als eine Blase aus,[462] als ein Sprachspiel (das allerdings gefühlt wird und damit existenzielle Bedeutsamkeit erlangt), das wir aufgrund unserer kulturellen Prägung so und nicht anders zu spielen gewohnt sind.[463] Die *cultural neurosciences* zeigen im Einklang mit den Ergebnissen der Wissenssoziologie auf,[464] dass die jeweiligen Formen und Weisen der Attribution – und damit auch das hieraus resultierende Erleben – wiederum selbst als kulturell formatiert zu sehen sind.

In diesem Sinne ist auch die moderne Ideologie des Selbst – sie stellt eine Ideologie dar, weil sie zu kontrafaktisch zu all dem steht, was wir aus wissenschaftlicher Perspektive über das Selbst wissen – als Resultat einer spezifischen kulturellen Semantik anzusehen. Wir glauben in unserem Kulturkreis an das Selbst, weil uns dies durch unsere Kultur eingeredet wird.

Unsere Kultur erscheint damit als das eigentliche Zentrum des Unbewussten, denn sie steht für all die Formen, welche die Semantiken unserer Gesellschaft uns zur Verfügung stellen und die im gemeinschaftlichen Miteinander zur unhintergehbar prägenden Instanz werden. Habituell verinnerlicht erscheinen diese als vorreflexives Wissen, das unbewusst in unserer Empfindungswelt und den hieraus erwachsenen Handlungsimpulsen zum Ausdruck kommt. So beschreibt es auch Peter Fuchs im folgenden ausführlichen Zitat:

> »Wenn man sich darauf verständigt, geht es darum, daß diese Ballung, diese Zusammenfassung möglich ist, weil das Bewußtsein in seiner Autopoiesis *extim* verfährt, so daß die Strategien der Attribution (Zitationsfundus, den das System im Blick auf die Konstitution des Beobachters hat), nicht von ihm stammen, sondern durch und durch sozial konditioniert sind. Der Beobachter hat keine bewußtseinsinterne Residenz, und wenn man diesen Umstand bezeichnen will, bietet sich der Term des Unbewußten an. Er markiert eine Differenz, die durch Extimität ausgedrückt ist.«[465]

Die eigentliche Blindheit – oder Unwissenheit – gegenüber unserer Lebenswirklichkeit besteht damit im Verkennen der kulturellen Natur unseres Bewusstseins. Worte sowie das Denken und Handeln, welches sich hieraus formt, erscheinen nicht als das, was sie einmal waren, nämlich soziale Prozesse zur Koordination von Verhalten, sondern sie treten nun als unser Selbst auf – oder um mit Bohm zu sprechen: Sie haben

> »für uns nicht die Bedeutung von Programmen«, sondern sie bedeuten für uns etwas »sehr viel Grundlegenderes. Sie bedeuten *uns*.«[466]

Hiermit gelangen wir vor dem Hintergrund des oben Gesagten zum kulturellen Ursprung menschlichen Leidens. Dieses beruht darauf, im Reich der Sprache zu leben und den hiermit vermittelten symbolischen Zeichenprozessen ausgeliefert zu sein. Worte und Gedanken können ermächtigen, aber eben auch verletzen.[467] Wenn unsere Konzepte und unser Denken nicht mit unserer Lebensweise übereinstimmen, entstehen all die Agonien der menschlichen Dramen, in denen das Leiden an sich selbst und das Leiden an der Welt kaum mehr auseinanderzuhalten sind.

Die Semantiken des menschlichen Denkens – dies sollte deutlich geworden sein – gehören nicht dem Menschen selbst, sondern sind der Kultur entliehen, in die er eingebettet ist. Erst das In-der-Sprache-Sein lässt all die Neurosen, an denen Menschen leiden, als diskrepante Lagerungen entstehen. Diese beruhen darauf, dass die kulturell geprägten Selbstkonzepte nicht mit den Beziehungen, die das persönliche Leben konstituieren, im Einklang stehen. Das Ich als Idee eines unabhängigen Selbst stellt aus dieser Perspektive nichts anderes dar als eine Blase, die zerplatzt, sobald der Strom der Beziehungen versiegt, welche die Illusion des Selbst nähren. Der Mythos der Moderne besteht in der großen Erzählung vom autonomen Selbst, das der Schmied seines eigenen Glückes und folglich für sein Versagen und seine Leistungen selbst verantwortlich zu machen sei.

Wie aber herausgearbeitet wurde, ist der Beobachter keine Entität. Er ist bestenfalls ein *Unjekt*, ein Artefakt, ein imaginäres Konstrukt, das aus der konditionierten Koproduktion kommunikativer psychophysiologischer Prozesse ausflaggt. Eine Wiederholung des Gesagten aus buddhistischer Sicht:

> »Bloß Leiden gibt es, doch kein Leidender ist da.
> Bloß Taten gibt es, doch kein Täter findet sich.
> Erlösung gibt es, doch nicht den erlösten Mann.
> Den Pfad gibt es, doch keinen Wand'rer sieht man da.«[468]

Hieraus folgt die wichtige Konsequenz, dass man sich nicht selbst befreien kann. Wie auch, wenn es kein Ich gibt? Der Weg der Befreiung stellt sich vielmehr als ein kommunikativer Prozess dar.

Aus dieser Perspektive wird der Sinn der buddhistischen Zuflucht verständlich, der dreifachen Zuflucht *(tisarana)* zur Lehre *(dhammaṃ saraṇaṃ gacchāmi)*, zur Gemeinschaft der Praktizierenden *(sanghaṃ saraṇaṃ gacchāmi)* und zur Idee der befreienden Verwirklichung *(Buddhaṃ saraṇaṃ gacchāmi)*.

Erst im Wechsel der Perspektive von Egozentrik auf Alterität – bzw. von *Ich* auf *Kommunikation* – wird es möglich, der Beziehungsnatur des Selbst gewahr zu werden. Dies geschieht, indem das, was geschieht, *bewusst* geschieht, und zwar dadurch, dass Kommunikation Bewusstheit reflexiv werden lässt. *Es* geschieht damit auf subtilere Weise, in einer intelligenteren Form, welche das mit der konditionierten Koproduktion einhergehende Beziehungsgeflecht in einer heilsameren, ganzheitlichen Weise sich aktualisieren lässt. So wird das Leben natürlicher und freier empfunden. Es ist weniger durch die neurotischen Gedanken eines ideellen Selbst belastet, das die Quelle seines Ursprungs längst vergessen hat. Die durch die buddhistische Zuflucht angeleitete Beziehung zur Welt lässt vom egozentrischen Selbstbezug abstrahieren und lenkt stattdessen die Aufmerksamkeit auf die Beziehungsnatur des eigenen Lebensvollzugs.

Buddhistische Lehren als Kommunikation

Auch die buddhistischen Lehren sind damit vor allem eins: *Kommunikation*. Sie stellen aber eine besondere Form der Kommunikation dar, denn sie implizieren eine Bedeutung, welche die Negation von Bedeutung einschließt. Sie stellen eine kulturelle Form dar, welche kulturelle Prägungen als *essenzlos* markiert. Sie kommunizieren eine bestimmte Haltung, nämlich den »Sinn des Lebens« darin zu sehen, »zu einer Weltsicht zu gelangen, in der die Frage nach dem Sinn verschwindet«.[469]

Die Kommunikation der Befreiung ist hiermit ihrer Natur nach *paradox* angelegt, denn sie bedeutet die Auflösung von Bedeutung, wobei das Bedeutende (nämlich die Bedeutungslosigkeit sinnlichen Erlebens) nicht als ein abstraktes gedankliches Spiel zu verstehen ist. Sondern es ist wiederum selbst in eine existenzielle Praxis eingewoben, denn die buddhistischen Lehren lassen sich nur dann ernsthaft praktizieren, wenn sie für den Adepten eine hohe, das heißt gefühlte Bedeutung haben. Die buddhistischen Lehren machen also nur Sinn, wenn sie erfahren und gelebt werden.

Wir ziehen Peter Fuchs zurate, um die zuvor zum Ausdruck gekommenen paradoxen Lagerungen etwas genauer anzuschauen. Zunächst ist festzustellen, dass die buddhistischen Lehren ihrerseits auf eine Paradoxie antworten. Sie setzen an der Subjekt-Objekt-Paradoxie an, als jener eigentümlichen Emergenz eines virtuellen Selbst, das zugleich ist und nicht ist und mit dem absurden Anspruch einhergeht, ein anderes Leben zu leben als das, was es lebt. Hieraus entsteht Leiden. Die buddhistischen Lehren liefern dazu eine Antwort (und im Sinne der vier edlen Wahrheiten eigentlich nur hierauf), indem sie »eine Kommunikationstechnik« anbieten, welche »die Kommunikation auf der Basis ihrer eigenen Funktionsgrundlagen ad absurdum führt«.[470]

Anders als man zunächst denken könnte, sind die buddhistischen Lehren – dies wird allein schon anhand des umfangreichen Textkorpus von Buddhas Reden offensichtlich – vor allem mit der »Kommunikation und nicht mit dem Schweigen« beschäftigt.[471] Die Suspension von Sinn erscheint hier also wiederum in sinnhafte Arrangements eingewoben, wodurch für den Adepten der buddhistischen Lehren die Frage des »richtigen Nichtverstehens« virulent wird.[472] Denn letztlich geht es darum, zu *verstehen*, dass es *nichts* zu verstehen gibt, die Sinnsuche also sinnlos ist *und* dass genau dies als *in Ordnung* erlebt, gefühlt und damit verstanden wird.

All das kulminiert mit *nibbāna* in einer soteriologischen Vision, mit der immanent Transzendenz beansprucht wird, die also »unterstellt, daß es ein immanentes Pedant der Transzendenz gibt«, sozusagen »Unort und Unzeit in Raum und Zeit«.[473] Auch über *nibbāna* wird offensichtlich etwas in den buddhistischen Lehren mitgeteilt, wobei zugleich kommuniziert wird, dass sich über die Erleuchtung nichts sagen lässt: »Man erhält eine Information, die besagt, daß sie an der Stelle einer eigentlichen (aber unmöglichen Information) steht: Sie informiert darüber, daß nicht informiert werden kann. Zugleich wird die Nichtmarginalität dieser Information via Mitteilung demonstriert«,[474] denn sie wird schließlich von einer signifikanten Persönlichkeit mitgeteilt, ist also insbesondere in der Lehrer-Schüler-Interaktion unhintergehbar und erhält hiermit eine fühlbare Qualität – eine *Beziehungsqualität*.

Es wird deutlich, dass entgegen der Selbstbeschreibung der buddhistischen Systeme als primär meditations- und erfahrungsorientiert sowohl die institutionelle Einbettung ihrer Praxen als auch die Kommunikation eine wichtige und in ihrer Dynamik kaum zu unterschätzende Rolle spielen.

Erleuchtung in diesseitiger gemeinschaftlicher Praxis

Wir versuchen abschließend die kommunikative Struktur der buddhistischen Lehren anhand eines bereits zuvor angeführten und im Kontext von Unterweisungen oft zitierten Dhammapada-Verses etwas ausführlicher herauszuarbeiten.

> »Wenn immer er die Daseinsgruppen
> Entstehen und Vergehen erwägt,
> erfüllt Verzückung ihn und Glück,
> so er das Todlose erkennt.«[475]

Mit diesem Vers wird zunächst eine kausale Beziehung impliziert. Die Verbindung *wenn immer* weist auf eine Bedingung für die Erfüllung der Kausalbeziehung hin. Die Daseinsgruppen stellen die Totalität dessen dar, was Menschsein ausmacht: die Kombination von Körperlichkeit, Bewusstsein, kognitiven Fähigkeiten, Gefühl und angehäuften Reaktionsmustern. Die *Daseinsgruppen* stehen als Objekt grammatikalisch dem *Er* als Praktizierendem gegenüber. Hierdurch wird ein Spannungsfeld eröffnet zwischen dem aus *Daseinsgruppen* zusammengesetzten *Er* und den ihm gegenüberstehenden Daseinsgruppen. Es wird eine Dichotomie der Daseinsgruppen in Subjekt und Objekt deutlich.

Zum einen ergibt sich also sinnlogisch die Möglichkeit der *Selbstbetrachtung*. Das Subjekt macht sich selbst zum Objekt, wenngleich die syllogistische Identität zwischen Er und den Daseinsgruppen weiterhin fortbesteht. Die Daseinsgruppen stellen mengentheoretisch die Menge (das Allgemeine) dar, während Er für ein spezifisches Element steht, das heißt für eine spezifische Kombination von Daseinsgruppen. Das spezifische Er hat somit als Objekt das *unpersönliche* Allgemeine.

Im *Entstehen und Vergehen* wird eine Eigenschaft der *Daseinsgruppen* benannt. Sie erscheinen als ein fließendes Phänomen, das aufscheint und wieder entschwindet, wie eine Kerzenflamme, die aufleuchtet und wieder verlischt. Die Eigenschaft des Entstehens und Vergehens kann *erwogen* werden. *Erwägen* ist eine aktive geistige Tätigkeit, die etwa mit Durchdenken, Ins-Auge-Fassen oder Kontemplieren beschrieben werden kann. Auf jeden Fall verlangt das Erwägen die aktive Verlagerung des Wahrnehmungsfokus.

Im buddhistischen Lehrkontext bleibt es hier nicht bei einer philosophischen Überlegung. Es handelt sich stattdessen um eine *Praxis*, die *gemeinsam mit anderen* als *Übung* vollzogen wird.[476] Die geforderte Aufmerksamkeitsverschiebung, mit der die sinnlichen Prozesse zugleich wahrgenommen wie auch abstrahierend auf Distanz gehalten werden, ist damit sowohl *kollektiver* als auch *kultureller Natur*. Erst hierdurch kann sie zu einer habitualisierten Praxis werden, die für den Praktizierenden Bedeutung gewinnt.

Wenn der Übende das Benannte tut, also die allgemeine Eigenschaft der Daseinsgruppen, ihre veränderliche Natur kontempliert, dann kann er sich des Erfolges gewiss sein, denn es erfüllen ihn *Verzückung* und Glück. Dieses Glück ist kein abstraktes Glück, sondern ein *persönliches* Glück, das *ihn* erfüllt, das erfahrbar ist und von dem Praktizierende oftmals in Dankbarkeit sagen, dass es sich um das wertvollste Geschenk handele, das man Menschen geben könne, und dass sie erst hierdurch die Kunst des Lebens verstünden.

Sinnlogisch stellt sich nun die Frage nach der Ursache des Glücksempfindens. Das Erscheinen einer bestimmten Daseinsgruppe kann nicht als Erklärung in Betracht gezogen werden, da einerseits auch unangenehme Daseinsgruppen ins Bewusstsein treten können und andererseits erwünschte Daseinsgruppen vergehen können. Das Vergehen einer bestimmten Daseinsgruppe kann ebenfalls nicht die Ursache des Glücks darstellen, da – sofern man masochistische Motive außer Acht lässt – neben dem Unerwünschten auch Geliebtes und Begehrtes entschwindet. Das empfundene Glück kann also nicht in den *spezifischen Inhalten* der Daseinsgruppen gründen, sondern allein in der vollzogenen *Verlagerung* der Aufmerksamkeit selber. Erst indem sich diese auf die abstrakte Form des Prozesses selber richtet, kann die Aufgabe der Kontemplation erfüllt werden. Wenn dies geschieht – so das Versprechen – steigen Verzückung und Glück auf.

Das *Todlose* benennt schließlich den Bereich jenseits des *Entstehens und Vergehens*. Dennoch ist das Todlose von *jemandem* zu erkennen. Das Todlose als das Abstrakteste, da per se unsinnlich, zeigt sich im Gegenüber eines Subjektes, das als ein Konkretes sterblich und vergänglich ist. Hier entsteht ein scheinbares Paradoxon. Wie kann jemand, der sich in und nur in einer sinnlichen Welt erleben kann, etwas erleben, was nicht im sinnlichen Bereich erfahrbar ist? Sinnlogisch löst sich dieses Paradoxon im Vollzug einer Handlung auf. Die Spannung zwischen dem konkreten, vergänglichen und relativen *je-*

mand und dem verallgemeinerten Sein des *Todlosen* wird damit in den ständig zu vollziehenden Prozess des sich selbst Gegenüberstellens überführt. Nur jemand als konkrete Person kann die Arbeit leisten, sich in seiner verallgemeinerten *todlosen* Form zu erkennen und das Glück dieser Erkenntnis zu genießen.

All dies kann jedoch nur durch die autonome Handlung eines Subjekts geschehen, das sich seinerseits wiederum einer Kultur verdankt, deren Beziehungsgeflecht eben dieses Subjekt in seiner autonomen Form hervorgebracht hat. Im beschriebenen Beispiel sind es die verkörperten buddhistischen Lehren, die im Praktizierenden zu einer lebendigen Kultur geworden sind.

Hierdurch vermittelt sich das zunächst abstrakte Todlose in einer konkreten Lebenspraxis, die in der unmittelbaren Auseinandersetzung mit sich selbst, also in der unmittelbaren Auseinandersetzung mit dem eigenen Erleben geleistet werden muss. In der Vissuddhi-Magga heißt es entsprechend:

> »(1) Sich in Eigenes versenkt habend, sich über Eigenes erheben;
> (2) Sich in Eigenes versenkt habend, sich über Fremdes erheben;
> (3) Sich in Fremdes versenkt habend, sich über Fremdes erheben;
> (4) Sich in Fremdes versenkt habend, sich über Eigenes erheben;
> (5) Sich in Körperliches versenkt habend, sich über Körperliches erheben;
> (6) Sich in Körperliches versenkt habend, sich über Unkörperliches erheben;
> (7) Sich in Unkörperliches versenkt habend, sich über Unkörperliches erheben;
> (8) Sich in Unkörperliches versenkt habend, sich über Körperliches erheben;
> (9) Sich mit einem Male über alle Daseinsgruppen erheben;
> (10) Sich in die Vergänglichkeit versenkt habend, sich über das Vergängliche erheben;
> (11) Sich in das Elend versenkt habend, sich über das Elende und Unpersönliche erheben;
> (12) Sich in das Elend versenkt habend, sich über das Elende, Vergängliche und Unpersönliche erheben;
> (13) Sich in die Unpersönlichkeit versenkt habend, sich über das Unpersönliche, Vergängliche und Elende erheben.«[477]

Die Erleuchtung als die verallgemeinerte und universelle Form dieses Erkennens ist zwar prinzipiell immer da – so wie das universelle Gesetz der bedingten Entstehung immer da ist. Als definitives Glück der

Befreiung zeigt sie sich jedoch nur in der ständig zu vollziehenden Erfahrung eines *praktizierenden Subjektes*, das sich im Weg der Befreiung sich selbst gegenüberstellt und sich im *Von-sich-selbst-Abstrahieren* von den Begrenzungen seines Selbst, also von seinen Konditionierungen zu befreien sucht.

Die vollkommene Erleuchtung als das endgültige Eingehen in das Todlose zeigt sich dabei in einer eigentümlichen Dichotomie. Auf der einen Seite bleibt sie für das Subjekt als Ich-Bewusstsein unerreichbar und ist in der Absolutheit der unsinnlichen und nicht erfahrbaren Perspektive per se irreal (*nibbāna* kann keine sinnliche Erfahrung sein, denn jegliches sinnliche Erleben gehört in die Sphäre der bedingten Entstehung).[478] Auf der anderen Seite stellt die Erleuchtung das spirituelle Ziel einer Gemeinschaft von Praktizierenden dar, die im erfahrbaren Handlungsvollzug zunehmend Gewissheit über die Wahrheit des Weges und des hiermit einhergehenden Ziels erlangen. Denn in rekursiver Selbstbestätigung wird schließlich das erlebt, was gelehrt wurde: Es gibt nichts zu erreichen. Alles ist schon immer dagewesen – und dies wird *gefühlt*.[479]

Die Praxis der Abstraktion von sich selbst führt immanent – also im empfundenen alltäglichen Leben – zur Loslösung vom egozentrischen Selbstbezug und damit zur Minderung des Leidens an sich selbst. Der Schleier hinsichtlich der Natur des Selbst fällt. Das Geheimnis des Todes verliert langsam seinen Schrecken und kann als Geschenk angenommen werden, da die Vergegenwärtigung der Vergänglichkeit zum Anlass wird, die Fixierung auf die eigenen Hoffnungen und Ängste als Fiktion und Illusion zu begreifen. Die damit einhergehenden Empfindungen der Befreiung und das hiermit verbundene (große) Glück sind wirklich erfahrbar, jedoch nur in Beziehung, das heißt im kommunikativen Kontext einer Praxisgemeinschaft. Diese verkörpert den Weg und reichert ihn mit denjenigen Empfindungen und Bedeutungen an, welche das Durchschneiden der alten Zwänge in Form gelebter Selbstabstraktion wirklich werden lassen.

»Welten ohne Grund zu bauen« und »Nachhausekommen im Sein ohne Sinn« – dies kann nur gemeinsam geschehen!

Epilog

›Meine Herren, vor Ihnen steht Harry Haller, angeklagt und schuldig befunden des mutwilligen Mißbrauchs unsres magischen Theaters. Haller hat nicht nur die hohe Kunst beleidigt, indem er unseren schönen Bildersaal mit der so genannten Wirklichkeit verwechselt hat, er hat sich außerdem unsres Theaters humorloserweise als einer Selbstmordmechanik zu bedienen die Absicht gezeigt. Wir verurteilen infolgedessen den Haller zur Strafe des ewigen Lebens und zum zwölfstündigen Entzug der Eintrittsbewilligung in unser Theater. Auch kann dem Angeklagten die Strafe einmaligen Ausgelachtwerdens nicht erlassen werden.
Meine Herren, stimmen Sie an: Eins – zwei – drei!‹
Und auf drei stimmten sämtliche Anwesende mit tadellosem Einsatz ein Gelächter an, ein Gelächter im höhern Chor, ein furchtbares, für Menschen kaum erträgliches Gelächter des Jenseits.
Als ich wieder zu mir kam, saß Mozart neben mir wie zuvor, klopfte mir auf die Schulter und sagte: ›Sie haben Ihr Urteil gehört. Sie werden sich also daran gewöhnen müssen, der Radiomusik des Lebens weiter zuzuhören. Es wird Ihnen gut tun. Sie sind so ungewöhnlich schwach begabt, lieber dummer Kerl, aber so allmählich werden Sie doch begriffen haben, was von Ihnen verlangt wird. Sie sollen lachen lernen, das wird von Ihnen verlangt. Sie sollen den Humor des Lebens, den Galgenhumor des Lebens erfassen.‹

Hermann Hesse[480]

Seit mehr als 20 Jahren beschäftige ich mich – mal intensiver mal weniger engagiert – mit buddhistischer Erkenntnispraxis. Ebenso lange bin ich der westlichen Wissenschaft in Studium und Forschungspraxis verpflichtet, zunächst als Biologe, dann als Anthropologe und schließlich als Soziologe. In den letzten zehn Jahren liefen beide Pfade mehr oder weniger unverbunden nebeneinander her. Mein akademischer Werdegang hatte inhaltlich kaum etwas mit meiner buddhistisch inspirierten Erkenntniswelt zu tun und die in meinen Büchern und Artikeln entwickelten Gedanken und Reflexionsfiguren hatten nur wenig Bezug zu dem, was ich im Rahmen meiner Meditationsübungen praktizierte. Dieses Buch stellt das Bemühen dar, diese beiden Welten zusammenzubringen. Wie jeder Versuch, darüber zu schreiben, was einem wirklich wichtig ist, kann solch ein Bemühen scheitern und zumindest bei dem einen oder anderen Leser auf Befremden oder

Unverständnis stoßen. Es entstehen Missverständnisse, da unweigerlich auch unbeabsichtigte Assoziationen geweckt werden. So mag das Buch dem einen zu trocken, zu reserviert, dem anderen zu emotional aufgeladen erscheinen. Mancher hätte gerne mehr Emphase, andere wiederum vermissen analytische Distanz.

Dies sind letztlich Geschmacksfragen, die nicht zur Zufriedenstellung aller beantwortet werden können. Zudem birgt die Schriftform ihr eigenes Risiko. Als Kommunikation unter Abwesenden hat der Autor keine Kontrolle darüber, in welchem Kontext und in welchem Geisteszustand das Geschriebene aufgenommen und verarbeitet wird. Während im unmittelbaren Gespräch, in der Interaktion, wahrgenommen werden kann, was der Andere gerade macht, und man sich in seinem Sprechen und seiner Rede an das Erleben und Verhalten des Gegenübers anpassen kann, kommuniziert ein Buch ins Ungewisse hinein.

Das Einzige, was dem Schreibenden bleibt, ist Warnschilder aufzustellen für die aus seiner Sicht gefährlichsten Missverständnisse, wohl wissend, dass sich auch durch noch so gut gewählte Worte diese nicht vermeiden lassen.

1. *Warnschild – Religion:* Die vorangehenden Ausführungen haben nicht die Absicht, irgendjemanden zum Buddhismus zu bekehren. Wenn die Grundthese stimmt, dass unsere menschliche Wirklichkeit durch unsere gemeinsame ethische Praxis hervorgebracht wird, ist es vollkommen irrelevant, ob ich mich als Buddhist, Christ oder Atheist, als Gläubigen oder als Agnostiker bezeichne. Entscheidend bleibt allein die Form, in welcher ich mich und andere reflexiv in meiner Lebenspraxis hervorbringe. Wie dies geschieht, ist eine Frage, die aus der Perspektive der Kognitionswissenschaften – oder einfach nur mithilfe eines gesunden Menschenverstandes – ebenso gut untersucht werden kann wie mit den Mitteln der buddhistischen Psychologie. Sofern wir aber von den buddhistischen Lehren als einem psychologischen Erkenntnissystem sprechen, heißt dies, dass wir ihre Sätze einer empirischen Überprüfbarkeit unterziehen müssen. Mit dem Philosophen Tugendhat gilt,[481] dass es mit der heute geforderten intellektuellen Redlichkeit nicht mehr vereinbar ist, einem religiösen Dogma das Wort zu reden. Dies steht jedoch nicht im Widerspruch zu einer Haltung, die jene mystische Erfahrungsdimension anerkennen lässt, welche auf der Transzendenz der dem Menschen typischen Egozentrik beruht. Für Tugendhat verfolgen Mystik und Religion entgegengesetzte Wege.

Letztere arbeitet mit Illusion und Fiktion, Erstere demgegenüber mit der Auflösung der psychischen Prozesse, welche das Leiden hervorbringen, das auf Illusion und Fiktion beruht.[482]

2. *Warnschild – Esoterik:* Hiermit kommen wir zum zweiten Missverständnis, nämlich zu der Auffassung, dass konstruktivistisches und buddhistisches Gedankengut auf irgendeinem höheren esoterischen Wissen beruht bzw. dort hinführen würde. Dieser Irrtum ist der Überzeugung geschuldet, dass mit Begriffen wie Erleuchtung, Einsicht, überweltlichem Wissen, Spiritualität oder Liebe eine transzendentale, die normale Wirklichkeit überschreitende Sphäre verbunden ist. Wir treffen auf die Hoffnung, dass hinter den Erscheinungen eine dem Normalbewusstsein verborgene Sphäre einer anderen, besseren Welt vorzufinden sei. Die buddhistischen Lehren sind jedoch darauf angelegt, auch diese Erwartung als traumhafte Fiktion zu entlarven. Wenn wir mit Wittgenstein feststellen »Die Welt ist alles, was der Fall ist«, so lässt sich mit Luhmann auf die Fragen »Was ist der Fall?« und »Was steckt dahinter?« nur antworten: »Gar nichts!«[483]

3. *Warnschild Nihilismus:* Eine dritte, falsche Lesart der vorangehenden Ausführungen – dies muss hier abschließend nochmals erwähnt werden – besteht in der Haltung, die vermeintliche Sinnlosigkeit der eigenen Existenz in einer Weise zu verdinglichen, nach der es egal ist, was man tut und wie man lebt. Wir landen hier gewissermaßen bei einer Variante eines aufklärten philosophischen Nihilismus, der einen zwar wissen lässt, dass unsere Existenz ein Leben mit dem Tode ist, der hieraus aber mit Heidegger die Nichtigkeit unseres Seins ableitet. Aus dieser Perspektive kann und will das Nachhausekommen in Welten ohne Grund nicht gelingen, denn die wichtigste Bedingung unseres Menschseins – das Mit-und-im-Anderen-Sein – wird hier getilgt. Übrig bleibt allein jene zynische (selbst)zerstörerische Haltung, welche das Ich – die Projektion – mit der Wirklichkeit verwechseln lässt.

Die drei benannten Warnschilder entsprechen in der Topografie der buddhistischen Psychologie den subtileren Formen der drei Wurzelgifte Unwissenheit, Gier und Hass. Das Anhängen an religiösen Riten und Dogmen geht unweigerlich mit Ignoranz einher, denn es generiert einen Schleier aus Glaubenssystemen und Konzepten, die den Menschen von derjenigen Wirklichkeit abtrennen, die er lebt. Im religiösen Fanatismus wird das Glaubenskonzept gar zum Anlass, im Namen der Religion anderen Menschen Unrecht und tiefes Leid zuzufügen. Ob das Elend, was hiermit einhergeht, im Namen des

Buddhismus, des Islam, des Christentums oder sonstiger Dogmen legitimiert wird, ist dabei belanglos.[484]

Der Glaube an Esoterik steht in engem Zusammenhang mit dem Wunsch nach einer besseren, befriedigenderen und lustvolleren Welt. Esoterik beruht damit auf einer subtilen Form von Gier, welche die Verhältnisse im Hier und Jetzt mit der Farbe der erträumten Wunschvorstellung übertünchen lässt, um auf diese Weise die Realität durch die projizierten Hoffnungen zu verzerren. Im Extremfall generiert die magische Aufladung der eigenen Handlung vollkommene Blindheit gegenüber den Konsequenzen des eigenen Verhaltens. Solchermaßen verblendet mag man gar glauben, dass man durch Meditation oder die Rezitation von Gebeten vor Tod, Krankheit oder deren Übertragung geschützt ist. Auch hier ist es vollkommen belanglos, ob man sich dabei im Schutzfeld eines Heiligen oder gar eines Buddhas verortet. Es liegt in der Natur solcher Wünsche und Hoffnungen, dass sie an der Wirklichkeit scheitern müssen.[485]

Der Nihilismus schließlich ist mit einer subtilen Form von Hass assoziiert. Er geht mit einer Verachtung des Lebens einher, die mit einer vertrackten Form der Selbstüberhöhung in Zusammenhang steht. In seiner Extremform mündet der Nihilismus in den Drang zur (selbstmörderischen) Zerstörung als dem letzten Versuch, sich über die Prozesse und Gestaltungen des Lebens zu erheben.

Der buddhistische Erkenntnisweg ist und bleibt ein subtiler Pfad. Ignoranz und Weisheit, rechtes Streben und Gier, Anwendung von unheilsamen Faktoren und Abneigung liegen naturgemäß nahe beisammen. In einer Welt, in der es nichts zu erreichen gilt, offenbaren sich allerdings auch im menschlichen Reich der Illusion, des Traums und der Verzweiflung immer wieder Momente der Einsicht. Auf Missverständnisse folgt die Gnade des Verstehens und sie lässt einen laut darüber lachen, an was für einen Unsinn man die ganze Zeit geglaubt und woran man gehangen hat.

»Die Lage ist hoffnungslos, aber nicht ernst.« Der österreichische Volksmund drückt in Umkehrung des alten preußischen Sprichwortes in einem Satz aus, worum es in diesem Buch letztlich geht.

Anmerkungen

1 Wittgenstein (1990, Proposition 6.521).
2 Varela, Thompson u. Rosch (1992, S. 344).
3 Im Anklang an Sloterdijk (2009).
4 Siehe Derridas »Gift of Death« (2008).
5 Camus (2013, S. 70).
6 *Pāli* ist eine altindische Verkehrssprache, die mit dem *Sanskrit* verwandt ist. Die Quellentexte des ursprünglichen Buddhismus wurden im 1. Jh. v. Chr. in Ceylon auf getrockneten Palmblättern niedergeschrieben. Die kanonische Sammlung enthält drei Körbe *(tipiṭika)*: die Sammlung der Mönchs- und Ordensregeln *(vinaya piṭika)*, die Sammlung der Lehrreden *(sutta piṭika)* und das später dazugekommene scholastische Werk *(abhidhamma piṭika)*.
7 Siehe auch Schumann (1994b).
8 Jantsch (1982, S. 19).
9 Aus religionswissenschaftlicher Perspektive ist es nicht ganz einfach, die richtige Bezeichnung für den frühen Buddhismus zu finden. Der von späteren Schulen verwendete Begriff *hīnayāna* (Übersetzung: kleines Fahrzeug) stellt eine Abwertung dar. Allerdings kann der *Theravāda*-Buddhismus (der Pāli-Begriff Theravāda bedeutet wörtlich: Schule der Älteren) auch nicht eins zu eins mit dem Frühbuddhismus gleichgesetzt werden, da er sich in seiner kanonisierten Form als eine Schule unter anderen darstellt. Faure (1998) plädiert deshalb dafür, den umfassenderen Begriff *nikāya* (*Pāli:* Buch) für den ursprünglichen Buddhismus zu verwenden.
10 Der Grundgedanke des *neurobiologischen Konstruktivismus*, dass der kognitive Prozess unseres Erlebens die Welt, die wir erleben, konstruiert, ist in der abendländischen Ideengeschichte nicht neu. Giambattista Vico, Immanuel Kant, Ludwig Wittgenstein, Erwin Schrödinger und viele andere große Denker haben ähnliche Gedanken formuliert. Das Neue am neurobiologischen Konstruktivismus ist jedoch seine biologische Fundierung. Der Beobachter als biologisches Wesen erzeugt seine Welt, einschließlich seines Erlebens als Beobachter, in seiner biologischen Selbstorganisation.
11 Der Quantenphysiker und Nobelpreisträger Murray Gell-Mann entwickelt mit der *consistent history theory* gar die These, dass jeder Organismus in einem anderen Set von Weltgeschichten lebt: »Angenommen, die Quantenmechanik des Universums erlaube, mathematisch gesehen, mehrere mögliche maximal quasiklassische Bereiche, die wirklich nichtäquivalent seien. Nehmen wir ferner an, komplexe adaptive Systeme entwickeln sich eigentlich, um eine bestimmte Grobkörnigkeit dieser maximal quasiklassischen Bereiche zu nutzen. Dann würde jeder Bereich eine Reihe alternativer grobkörniger Geschichten des Universums liefern, und Informationssammlungs- und verarbeitungssysteme (IGUSe) würden in jedem einzelnen Fall die Ergebnisse der verschiedenen probabilistischen Verzweigungen am Baum möglicher Geschichten registrieren, der in den beiden Fällen ein recht unterschiedliches Aussehen hätte!

Bestünde zwischen den ansonsten unterschiedlichen quasiklassischen Bereichen ein bestimmter Grad an Übereinstimmung in den verfolgten Phänomenen, dann könnten die beiden IGUSe einander gewahr werden und sogar in gewissem Umfang miteinander kommunizieren. Doch ein Großteil dessen, was ein IGUS verfolgt, könnte das andere IGUS nicht direkt wahrnehmen. Nur mithilfe einer quantenmechanischen Berechnung oder Messung könnte ein IGUS das gesamte Spektrum der vom anderen wahrgenommenen Phänomene erfassen.

Könnte ein Beobachter, der einen Bereich benutzt, wirklich erkennen, dass andere Bereiche – mit ihren eigenen Mengen sich verzweigender Geschichten und ihren eigenen Beobachtern – als alternative Beschreibungen der möglichen Geschichten des Universums verfügbar sind? Dieser faszinierende Fragenkomplex ist von Science-Fiction-Autoren aufgeworfen worden (die manchmal im Anschluss an den russischen Theoretiker Starobinsky den Ausdruck *Koboldwelten* verwenden), doch erst jetzt schenken ihm die Spezialisten auf dem Gebiet der Quantenmechanik die gebührende Beachtung« (Gell-Mann 1994, S. 244 f., Hervorhebung im Original).

12 Thomas u. Thomas (1928, S. 572).

13 Siehe hierzu Berger u. Luckmann (2003).

14 Siehe etwa Fuchs, P. (2010).

15 Insbesondere in poststrukturalistischen philosophischen Denkrichtungen finden sich ebenfalls Prozessphilosophien, die sich mit buddhistischem Denken in Beziehung setzen lassen. Man denke hier an Michel Foucault, Jacques Derrida oder Josef Mitterer. Mit Nassehi (2008) ließe sich auch Edmund Husserl als Prozessphilosoph lesen.

16 Siehe etwa Fuchs (2001; 2010). Thomas Metzinger (2004) kommt aus der Perspektive der analytischen Philosophie zu einem ähnlichen Schluss.

17 Siehe auch Maturana und Varela (1985).

18 So bei Dawkins (1998).

19 Glanville (1988, S. 178).

20 Ebd.

21 Der Biologe und Epistemologe Gregory Bateson bezeichnet solch eine Tiefenstruktur als »das Muster, das die Muster verbindet« (Bateson 1987, S. 19 f.).

22 Siehe vor allem Varela, Rosch und Thomson (1991).

23 Vgl. Varela (1996).

24 Siehe Petitot, Varela und Pachoud (1999).

25 Siehe Husserl (2000); vgl. Schnell (2002).

26 Edwart Conze gibt in »Eine kurze Geschichte des Buddhismus« (1984) und »Buddhistisches Denken« (1983) eine gute Einführung in die Entwicklung des Buddhismus. Des Weiteren siehe auch Schumann (1994a) sowie Faure (1998).

27 *Pāli* ist eine altindische Verkehrssprache, die mit dem *Sanskrit* verwandt ist. Die Quellentexte des ursprünglichen Buddhismus wurden im 1. Jh. v. Chr. in Ceylon auf getrockneten Palmblättern niedergeschrieben. Die kanonische Sammlung enthält drei Körbe *(tipiṭika):* Die Sammlung der Mönchs- und Ordensregeln *(vinaya piṭika)*, die Sammlung der Lehrreden *(sutta piṭika)* und das später dazugekommene scholastische Werk *(abhidhamma piṭika)*.

28 Der religionswissenschaftliche Begriff *Hagiografie* bezeichnet die retrospektive Zeichnung heiliger Persönlichkeiten und betont damit den konstruktiven und aktiven Aspekt der hiermit geleisteten Darstellungen.

29 Innerhalb der unterschiedlichen buddhistischen Traditionen bestehen jedoch erhebliche Unterschiede, was unter der Konzeption des Nicht-Selbst und der befreienden Grenzerfahrung der Erleuchtung eigentlich zu verstehen ist.

30 Das *Herz-Sutra*, der wohl bekannteste *Mahāyāna*-Text, bezieht sich auf die Aggregate des Geistes *(khandha)* und die vier edlen Wahrheiten, beides frühbuddhistische Lehren. Die tibetischen Mandalas, Schaubilder buddhistischer Weisheit, bauen ebenfalls auf der *Khandha*-Lehre auf; siehe auch Govinda (1994).

31 Siehe zu einer Kulturgeschichte der Begegnung des Westens mit dem Buddhismus etwa Batchelor (2011).

32 Vgl. Seager (1999) und Williams und Quech (1999).

33 Vgl. Numrich (2003).

34 Vgl. McMahan (2004).

35 Baumann (2001).

36 Sharf (1995).

37 Ebd.
38 Vgl. Coleman (2002).
39 Allerdings besteht, wie Sharf (1995) aufgezeigt hat, in den unterschiedlichen Schulen keineswegs Klarheit bzw. ein einheitliches Verständnis darüber, worin diese Erfahrung besteht.
40 Vgl. Baumann (1997) und McMahan (2008).
41 Luckmann (1991).
42 Vgl. Cadge (2007), Coleman (2002) und McKenzie (2011).
43 Gleichzeitig dringen buddhistische Denkfiguren in die westliche Populärkultur ein; sei es in Form von Hollywoodfilmen und Pop-Avantgardisten (Seager 1999, S. 33 ff.), Massenveranstaltungen mit dem Dalai Lama, der Integration von meditativen Praktiken in therapeutische Settings (Baer 2006; Kabat-Zinn 2003; Weiss u. Harrer 2010) oder einfach nur durch die Attraktivität der Buddhafigur als Werbeträger. Der Buddhismus erscheint heute vielen Menschen im Vergleich zum Christentum und zum Islam als die sympathischere Religion (siehe Maher, Knox and Decuzzi 2008 sowie für Deutschland George et al. 1996) und gewinnt an gesellschaftlichem Einfluss. Wuthnow und Cadge (2004) schätzen auf Basis einer empirischen Untersuchung, dass jeder achte Amerikaner bereits Kontakt mit dem Buddhismus hatte oder von ihm beeinflusst wurde.
44 Auch Heinz von Foerster (1994a, S. 368) weist auf diesen Umstand hin: »[Ich] möchte hier die Aufmerksamkeit auf den selbstreferentiellen Charakter dieser Begriffe lenken, und dies soll ein Warnsignal für jene sein, die sich vielleicht daran erinnern, daß Selbstreferenz für die Wurzel aller Paradoxien gehalten wird. Es gibt jedoch von Paradoxien freie stabile Lösungen für selbstreferentielle Ausdrücke, wenn die rekursive Natur des Problems erkannt wird.«
45 Allerdings ist die Unterscheidung zwischen *höherer* und *tieferer* Ebene eine Unterscheidung, die von einem Beobachter getroffen, also gewissermaßen an eine Aussage oder einen Gegenstand herangetragen wird. Ohne eine diesbezügliche beobachtende Unterscheidung gibt es keine logischen Ebenen. Dies war auch der Grund, weshalb Ludwig Wittgenstein von der Typenlehre Bertrand Russels nicht viel hielst.
46 Von Glasersfeld (1990, S. 121).
47 Von Foerster (1994a, S. 368).
48 Auch die Quantentheorie stellt eine Eigentheorie dar, da sich auch hier das Problem stellt, dass der Beobachtungsprozess durch die Theorie selbst zu beschreiben ist, was dann zu Paradoxien und den bekannten Deutungsproblemen führt; vgl. Vogd (2013).
49 Streng genommen gilt diese objektivistische Position für die Physik seit Heisenberg nicht mehr. Die Quantenmechanik stellt deshalb den Wendepunkt in Richtung einer nichtklassischen Physik dar; vgl. Vogd (2013).
50 Minsky (1990).
51 Crick bekam gemeinsam mit Watson den Nobelpreis für die Entschlüsselung der Struktur der DANN; siehe Crick (1994).
52 Die Ontologie (griechisch ὄν, *seiend*, als Partizip Präsens zu εἶναι, *sein*, und λόγος, *Lehre, Wort*) ist die Lehre vom Sein.
53 Vgl. Rorty (1987).
54 »Wer objektives Sein denkt, der unterwirft unweigerlich seinen Reflexionsprozess dem Prinzip der Identität, des verbotenen Widerspruchs und jenem dritten Prinzip, das verbietet, daß die Reflexion über das Thema ›Sein‹ hinausgeht. Das Tertium non datur impliziert, daß auf dem Boden einer zweiwertigen Logik die Reflexion sich selbst als Sein verstehen muß. D. h., sie ist immer diejenige positive Bestimmung, die das ihr gegenüberstehende Ding nicht ist. Sie kann nichts ›Drit-

tes‹ sein. Das Dritte existiert nicht, weil es aus dem Gesamtthema des Denkens herausfällt. Dieses Thema ist ›Sein‹ und nicht ›Nichts‹« (Günther 1978, S. 152 f.).

55 Ort (2007, S. 33).

56 »Die Platonisch-Aristotelische Tradition unseres Denkens ist deshalb so exklusiv seins-thematisch, weil sie selbst dort, wo sie sich ausdrücklich nicht mehr in metaphysischen Kategorien bewegt, nichtsdestoweniger ausschließlich auf das dem Denken entgegenstehende dinghafte Objekt gerichtet ist und Subjektivität ebenfalls nur als in sich beschlossenes Etwas, d. h. ›objektiv‹ begreifen kann. Subjektivität, Geist, Sinn wird in dieser Logik entweder nur a-thematisch mitgeführt oder fremd-thematisch verstanden. D. h., es wird unter einer logischen Fundamentalkategorie begriffen, die dem Wesen der Subjektivität völlig fremd ist. Die Fundamentalkategorie ist: objektive Identität. Aber das ist gerade das Wesen der Subjektivität, daß sie nicht mit ihrem Gegenstand identisch ist. Sie reflektiert die Identität nur als das Wesen des anderen, das ihr in den in sich selbst beschlossenen Dingen gegenübertritt« (Günther 1978, S. 141 f.).

57 Schrödinger (1959, S. 39).

58 Siehe etwa Detlefsen u. Dahlke (1979) sowie Detlefsen (1988).

59 Siehe insbesondere Popper und Eccles (1991).

60 Siehe Eccles (1994) sowie Beck und Eccles (1991).

61 Allerdings zeigt die moderne Ausarbeitung der Quantentheorie immer mehr auf, dass sich die Beziehung zwischen Beobachtung und Beobachtetem nicht mehr in klassischer Weise fassen lässt. Der Beobachtungsvorgang wird zum Teil des Experimentes, denn er ist nun selbst quantentheoretisch zu beschreiben. Unweigerlich begegnen wir jenen Zirkularitäten, die durch die Annahmen einer zweiwertigen Logik doch vermieden werden sollten; siehe ausführlich Vogd (2013).

62 Wittgenstein (1990, Präposition 6.4312).

63 Maturana u. Varela (1987, S. 36).

64 Ebd. (S. 32).

65 Esposito (1993, S. 105).

66 Durch die Axiomatik der klassischen Logik, den Satz der Identität, den Satz vom ausgeschlossenen Widerspruch und den Satz des ausgeschlossenen Dritten lässt sich eine Umtauschrelation zwischen *sein* und *nichtsein* etablieren, in der beide Positionen durch die Differenz zu der je anderen bestimmt sind. Einzig die Negation als kognitive Operation bildet sich dabei selbst ab (siehe Günther 1963, S. 26).

67 Siehe zu einer anschaulicheren Einführung in die Idee der Polykontexturalität Vogd (2010, Kapitel 1) sowie Ort (2007).

68 Im Hinblick auf die Frage nach der Natur des Ich-Bewusstseins stoßen wir hier auf die schon bei Fichte aufscheinende Einsicht, dass dieses nur als Einheit in der Differenz zu fassen ist: »Das Ich soll sich selbst gleich, und dennoch sich selbst entgegengesetzt sein. Aber es ist sich gleich in Absicht des Bewußtseins, das Bewußtsein ist einig: aber in diesem Bewußtsein ist gesetzt das absolute Ich, als unteilbar; das Ich hingegen, welchem das Nicht-Ich entgege gesetzt wird, als teilbar. Mithin ist das Ich, insofern ihm ein Nicht-Ich entgege gesetzt wird, selbst entgegengesetzt dem absoluten Ich« (Fichte 1997, S. 30).

69 »Ein System ist dann *heterarchisch*, wenn mindestens zwei verschiedene Subsysteme auf zwei verschiedene Weisen miteinander verbunden sind«(Klagenfurt 2001, S. 139).

70 »Zwei logischen Werten aus einer vorgegebenen Kontextur wird der sogenannte Rejektionswert zugeordnet, der in einer anderen Kontextur positioniert ist. Man kann diesen Rejektionswert als Verwerfung der intrakontextuellen Operation verstehen« (Klagenfurt 2001, S. 142).

71 »Heterarchische Systeme sind dem Grad ihrer Komplexität entsprechend nicht bloß mit *einem* Negationsoperator ausgerüstet, sondern mit *mehreren*. Daher sind

sie multinegationale Systeme, die in der Lage sind, (a) eine vielseitige System-Umgebungs-Relationalität zu konstituieren und (b) Umgebung nicht nur außerhalb des Systems, sondern auch innerhalb des Systems zu bilden« (Klagenfurt 2001, S. 141 f., Hervorhebung im Original).

72 Kaehr (1993, S. 171 f.).

73 Ebd.

74 Gödel (1931); siehe auch Hofstadter (1979).

75 Luhmann (1998b, S. 499).

76 So Quine (1969).

77 Maturana und Varela (1987, S. 34).

78 Die hier vorgestellte Perspektive ähnelt der pragmatistischen Position von William James, der entsprechend die Wissenschaft vor allem eine Praxis darstellt, die Fragen beantworten lässt, indem in systematischer Weise Axiome aufgestellt und behauptet sowie auch wieder in Frage gestellt werden, und all dies geschieht im Kontext des »Willens zur Wahrheit« (vgl. Diaz-Bone u. Schubert 1996).
Die *science studies* zeigen darüber hinaus, dass Experimentalsysteme eine wichtige Rolle in der Organisation von Erkenntnisprozessen spielen, weil durch den Versuchsaufbau oder das Forschungsdesign bestimmte Erkenntnisobjekte in der Schwebe des Unscharfen und Uneindeutigen gelassen werden, während andere Bedingungen stabil gehalten werden (vgl. Rheinberger 2006).

79 Entsprechend lässt sich *theoría* hier wieder im Sinne der ursprünglichen griechischen Bedeutung als Anschauung, als Einsicht oder gar als Wahrnehmung des Schönen begreifen.

80 Glanville (1988, S. 119).

81 Siehe Pias (2003/2004).

82 Bateson (1992, S. 582).

83 Von Foerster (1994a, S. 357).

84 Dazu Heinz von Foerster: »Nicht-triviale Maschinen sind jedoch völlig andere Geschöpfe [als triviale Maschinen]. Ihre Input-Output-Beziehung ist nicht invariant, sondern durch die vorausgegangenen Operationen der Maschine determiniert. Mit anderen Worten, die in der Vergangenheit durchlaufenen Schritte bestimmen das gegenwärtige Verhalten der Maschine. Obwohl auch diese Maschinen deterministische Systeme sind, sind einige davon prinzipiell und andere aus praktischen Gründen unvorhersagbar« (von Foerster 1994a, S. 358).

85 Maturana u. Varela (1987, S. 185).

86 Die Kybernetik entwickelte mathematische Formalisierungen zur Beschreibung von Eigenlösungen. Hier ein einfaches Beispiel:
Nehmen wir als Operation die kombinierte Funktion der Berechnung von Cosinus und Tangens: $F(x) = \tan(\cos(x))$.

Füttern wir das Ergebnis dieser Berechnung nun wiederholt in die Funktion ein, zeigt sich nach etwa 20 Rekursionen ein interessantes Phänomen, nämlich Bistabilität. Wir finden zwei stabile Werte: Das System pendelt immer zwischen den beiden Werten 1,557 und 0,014. Wir stoßen hier also auf zwei Eigenwerte, die sich gegenseitig bedingen:

$\tan(\cos(1{,}557)) = 0{,}014$

$\tan(\cos(0{,}014)) = 1{,}557$

In der von Benoît Mandelbrot begründeten *fraktalen Geometrie* wird in der Regel über Computersimulationen nach Eigenlösungen (*Attraktoren*) rekursiver Systeme gesucht. Mittlerweile sind die oftmals sehr ästhetischen grafischen Darstellungen, insbesondere des Apfelmännchens, im Zusammenhang mit der Chaos-Forschung bekannt geworden. Wenngleich diese Computerbilder Artefakte des Simulationsprogramms darstellen, zeigen sie doch, dass die Lösungen dynamischer Systeme vielfältige und komplexe Strukturen hervorbringen können (vgl. Takens u. Broer 2011).

87 Serres (2005, S. 105).

88 »Die Organisation des Lebendigen ist jene Art der zirkulären Organisation, in der die *Bestandteile*, die sie bestimmen, eben diejenigen sind, deren Synthese oder Erhaltung die zirkuläre Organisation selbst garantiert. Daher ist das Produkt des Funktionierens der Bestandteile genau die funktionierende Organisation, die diese Teile produziert« (Maturana 1985b, S. 35, Hervorhebung im Original).

89 In Hinblick auf ihre Operationen und Struktur macht die Unterscheidung von innen und außen sehr wohl einen Unterschied.

90 Weber (2003, S. 33).

91 Siehe hierzu etwa Popper und Eccles (1991), auf die schon zuvor im Zusammenhang mit der *dualistischen These* verwiesen wurde.

92 Der Begriff *dissipative Struktur* birgt in sich eine Doppelsinnigkeit von Unordnung und Struktur. Dissipation bedeutet die Überführung höherer Energieformen in Wärme unter der Zunahme der Entropie, was hier jedoch nicht zur Auflösung, sondern zur Entstehung von Strukturen führt. Die Zunahme von Entropie wird allgemein mit einer Zunahme von Unordnung verbunden. Dissipative Strukturen nähren sich also durch den Fluss der Entropie. Sie erscheinen spontan aus einem chaotischen Materie-Energie-Fluss. Eine gute Einführung in diese Thematik findet sich bei Prigogine u. Strengers (1990).

93 Field u. Burger (1985) entwickelten ein Modell mit sechs Reaktionsgleichungen, dem entsprechend selbst komplexere Verhaltensweisen einer Reaktion, wie zum Beispiel *chaotisches Verhalten* in Flow-Experimenten, zufriedenstellend erklärt werden können.

94 Siehe grundlegend Prigogine (1979).

95 Videogramm aus http://www.youtube.com/watch?v=bH6bRt4XJcw (zuletzt gesehen am 29.04.2013).

96 Maturana u. Varela (1987, S. 52 .3).

97 Ebd. (S. 56).

98 Siehe Maturana (1985a, S. 170 ff.).

99 Jantsch (1982, S. 77).

100 »Deshalb bleibt ein Organismus lebendig, solange seine Struktur – wie auch immer deren Veränderungen aussehen mögen – die autopoietische Organisation verwirklicht; und der Organismus stirbt, wenn die autopoietische Organisation über seine strukturellen Veränderungen hinweg nicht erhalten bleibt« (Maturana 1991, S. 290).

101 Ebd. (S. 291).

102 Siehe auch Jantsch (1982, S. 184 ff.).

103 Sofern man mit Günther die Entstehung von Leben mit der Bildung von Systemen gleichsetzt, entsteht Leben nicht aus einer Welt von Unordnung, wie Schrödinger in seiner berühmten Abhandlung »Was ist Leben« angenommen hatte (Schrödinger 1946). Vielmehr kann Leben entsprechend von Foersters Order-from-Noise-Prinzip erst in einem (logischen) Raum entstehen, der zugleich Ordnung und Unordnung enthält:

»The noise is something which is capable of instigating a process that absorbs lower forms of order and thereby converts a corresponding degree of disorder into a system of higher order. In other words: it is a synthesis of the order-from-order and the order-from-disorder ideas. Having discarded Schrödinge''s simple order-from-order concept we obtain now two basic principles: Schrödinger: order-from-disorder, von Foerster: order-from- (order-plus-disorder).

In both cases the logical equivalent of disorder is a distribution of logical terms. But what is distributed is different. Schrödinger's principle refers to the distribution of individual values; von Foerster's concept refers to the distribution of value-systems. In the first case the internal structure of the logical system which suffers the distribution is changed: a theory of formal certainties is transformed into a theory of probabilities. In the second case nothing of this sort happens: The distribution does not concern the elements which constitute a given system but the system itself as an inviolate entity. This gives us two entirely different meanings of distribution and consequently of disorder. Von Foerster's distinction of disorder and noise is a profound one and opens up much deeper perspectives than his unassuming demonstration with the magnetized cubes suggests at first sight. Of course everything depends now on the question whether we will be able to define a logical operator that would represent a distribution not of values but of closed value-systems. It will not be necessary to discuss value-distribution« (Günther 1976).

104 Günther (1976), hier zitiert nach Ort (2007, S. 83).

105 Bateson macht den Unterschied an folgendem Beispiel deutlich: Wenn man einen Stein tritt, weiß man, was passiert, er fliegt entsprechend der Newtonschen Gesetze durch den Raum. Tritt man einen Hund, hat man es demgegenüber mit einem unberechenbaren Eigenverhalten zu tun, vgl. Todesco (2007).

106 Eine in diesem Sinne verstandene Kybernetik führt zu einem Symmetriebruch in der Zeit. Die Zukunft ist nicht mehr als die kausale Verlängerung der in der Vergangenheit angelegten Bewegungen zu sehen, sondern sie erscheint nun prinzipiell offen und kann dementsprechend in verschiedenen Strukturvarianten einrasten (vgl. diesbezüglich Prigogine 1979).

107 Zitiert nach Climenhaga (2009, S. 50).

108 An dieser Stelle geht es nicht um die Legitimation eines jeden Verhaltens, also um extremen Relativismus im moralischen Sinne, sondern um die Beschreibung der Prozesse strukturdeterminierten Erkennens.

109 Zum ersten Mal wurde dieser Ansatz 1970 von Maturana in dem Aufsatz »Biology of cognition« dargestellt (in deutscher Übersetzung: Biologie der Kognition, Maturana 1985a).

110 Bösel (1987, S. 299).

111 Pöppel (1985, S. 67).

112 Pöppel (1985, S. 69).

113 Von Foerster (1994b, S. 39).

114 Eine ausführliche Darstellung der retinalen Verarbeitung findet sich beispielsweise in Eckert (1986, S. 263 ff.).

115 Singer (1992, S. 54).

116 Siehe hierzu auch Bösel (1987, S. 355 ff.).

117 Singer (1992, S. 55).

118 Siehe auch Kalil (1990).

119 Singer (1992, S. 58).

120 Nach Singer (1992, S. 59) ist »Die Besonderheit dieses Rezeptormechanismus [...], daß der mit dem Rezeptor verbundene Membrankanal nur dann für Ionen – und in diesem Fall interessanterweise für Calciumionen – durchlässig wird, wenn durch die präsynaptische Aktivierung Transmitter freigesetzt werden *und* gleichzeitig die nachgeschaltete Zelle hinreichend stark aktiviert ist. [...] Der Mechanismus funktioniert also wie ein molekularer Koinzidenzdetektor, der die zeitgleiche Korrelation prä- und postsynaptischer Aktivität bewertet und für den Fall einer positiven Korrelation ein Signal erzeugt, welches die betreffenden Synapsen verstärkt beziehungsweise stabilisiert.« (Hervorhebungen im Original.) Siehe zur Geschichte der Aufklärung der molekularen Mechanismen des Gedächtnisses Kandel (2006).

121 Hierzu Maturana: »Die [...] Analyse des Nervensystems zeigte, daß die in ihm durch jede Interaktion verursachten Zustände neuronaler Aktivität die in der

Interaktion gegebenen Relationen verkörpern und nicht Repräsentationen der Nische oder der Umwelt, wie der Beobachter sie beschreiben würde. Diese Analyse zeigte weiterhin, daß solche Verkörperungen, funktional gesehen, Veränderungen der Reaktivität des Nervensystems als eines in sich geschlossenen Systems auf die modulierenden Einflüsse weiterer Interaktionen darstellen.

Was der Beobachter ›Erinnerung‹ und ›Gedächtnis‹ nennt, kann folglich kein Prozeß sein, durch welchen der Organismus jede neue Erfahrung mit einer gespeicherten Repräsentation der Nische konfrontiert, bevor er seine Entscheidung trifft, sondern muß Ausdruck eines modifizierten Systems sein, das bereit ist, ein für seinen gegenwärtigen Aktivitätszustand relevantes neues Verhalten zu synthetisieren« (Maturana 1985a, S. 52).

122 Singer (1992, S. 52), Hervorhebungen im Original.

123 »Dies ist vor allem so, weil es keinen Effekt, keine Wirkung des Nervensystems (Bewegung, innere Sekretion) gibt, die nicht einen direkten Einfluß auf eine sensorische Oberfläche hat« (Varela 1985, S. 301).

124 Von Foerster (1994a, S. 276).

125 Held und Hein (1963).

126 Varela (1985, S. 304 f.), Hervorhebung im Original.

127 Maturana (1985b, S. 21).

128 Metzinger (1998, S. 342).

129 Ebd.

130 Metzinger (1998).

131 Lakoff (1971).

132 Bateson u. Bateson (1993, S. 46 f.).

133 Metzinger darüber hinaus: »Wenn die elementaren Einheiten intellektueller Operationen wirklich niemals Aussagen sind, wenn es niemals möglich ist, nur eine einzige Überzeugung hinzuzugewinnen oder aufzugeben, wenn es tatsächlich keinen Bereich unserer kognitiven Sphäre gibt, der nach dem Muster des logischen Schließens modelliert werden kann, dann entsteht eine neue Variante des Sollen-Können-Problems: Es wird schwer, die Logik noch als normative Theorie der Rationalität aufzufassen. Außerdem müßten auf anthropologischer Ebene völlig neue Überlegungen darüber angestellt werden, welche Art von Konsistenz oder Kohärenz es eigentlich genau ist, die wir immer gemeint haben, wenn wir vom Menschen als *animal rationale* gesprochen haben. Wenn wir Systeme sind, die propositionale Modularität in Wirklichkeit höchstens approximieren könten, dann kann es auf jeden Fall nicht die Kohärenz zwischen Gedanken und Überzeugungen gewesen sein« (Metzinger 1998, S. 346). Hervorhebungen im Original.

134 Vgl. Damasio (1994; 1996).

135 Apologie 21a–22a aus Platon (1973).

136 Von Glasersfeld (1990).

137 Zitat aus Watzlawick (1985, S. 14).

138 Siehe auch Watzlawick (1990).

139 Watzlawick u. Kreuzer (1988, S. 52).

140 Watzlawick (1991, S. 36).

141 Gläs (1982).

142 Akerlof u. Krankton (2010, S. 38). Siehe zur Originalstudie: Hoff u. Pandey (2006).

143 Siehe etwa Zimbardo (2008) mit dem Stanford Prison Experiment und das Milgram-Experiment (Milgram 1982).

144 Siehe hierzu beispielsweise die Schilderung des Entführungsopfers Jan Philipp Reemtsma zu seinem Erleben im Keller (Reemtsma 1998).

145 Vgl. Cosmelli u. Thompson (2010). Mit Blick auf die Untersuchungen zur Lokalisation des Bewusstseins führt dies zu einer paradoxen Situation: Je mehr man den neuronalen Korrelaten des Bewusstseins auf die Spur zu kommen scheint,

desto mehr Zweifel erscheinen, ob es den Ort des Bewusstseins überhaupt geben kann; vgl. Noë u. Thompson (2004).

146 Laing (1986, S. 24).

147 Provine (1992; 2000).

148 Dabei zeigt sich zunehmend, dass nicht nur Menschen zu sozialen Aktivitäten wie dem Lachen fähig sind. Jaak Panksepp konnte in seinen Experimenten mit Ratten feststellen, dass die Tiere im Spiel und anderen affektiv positiv besetzten Interaktionen hochfrequente Piepslaute ausstoßen. Diese Artikulationen können noch verstärkt werden, indem die Ratten an bestimmten Stellen, zum Beispiel am Hals, gekitzelt werden. Auf der Basis neurologischer Untersuchungen konnte Panksepp eine Feedbackschleife entdecken, die von ihm als Lachschaltung *(laughter circuitry)* bezeichnet wurde. Morphologisch ähnelt diese den neuronalen Prozessen, die beim Menschen mit dem Lachen assoziiert werden (siehe Panksepp 2007a; 2007b). Auch bei Affen lassen sich Lautartikulationen beobachten, die Parallelen zum menschlichen Lachen zeigen. Meyer et al. (2007) kommen mit Blick auf die mittlerweile durchaus umfangreiche Literatur zu diesem Thema zu dem Schluss, dass bei diesen affektiv aufgeladenen rhythmischen Figuren die gleichen kortikalen und subkortikalen Areale involviert sind wie beim Menschen. Außerdem scheinen homologe emotionale Reaktionen hervorgerufen zu werden. Entsprechend sei zu vermuten, dass diese Prozesse auch in sozialer Hinsicht eine ähnliche Funktion erfüllen, nämlich eine positiv besetzte und fröhliche Atmosphäre zu evozieren.

149 Bateson (1992, S. 156 ff.) spricht in seinen ethnologischen Studien in Hinblick auf die wechselseitige Dynamik von Schismogenese.

150 Der emotionale Status kann darüber hinaus durch den Neurotransmitter Serotonin beeinflusst werden, der die hiermit verbunden Aktivitätsniveaus moduliert. Bekannt geworden sind hier insbesondere die Studien von Michael Raleigh et al. (1983), in denen das dominante Männchen einer Affengruppe durch Gabe von Serotonin dazu gebracht wurde, seinen Posten aufzugeben, während ein zuvor untergeordneter Affe durch einen Serotoninhemmer dazu motiviert werden konnte, erneut um die Gruppenführung zu kämpfen.

151 Vgl. hierzu aus einer evolutionären Perspektive Pillmann (2001).

152 Siehe Eisenberger, Liebermanns u. Williams (2003) sowie Panksepp (2003).

153 Eisenberger et. al sehen hier auch Konsequenzen für die medizinische Schmerztherapie, die nicht nur am Schmerz selber, sondern an sozialen Stressoren anzusetzen habe: »Finally, an overlap in the neural system's underlying pain distress and social distress also suggests alternative ways to treat and manage chronic pain conditions. For example, rather than treating pain symptoms directly, it may be possible to alleviate physical pain symptoms, in part, by treating the social stressors that may go along with them. Further studies are needed to test these hypotheses and to further explore the ways in which pain distress and social distress processes overlap or diverge« (Eisenberger et al. 2006, S. 138).

154 So werden beispielsweise Schmerzerfahrungen eines anderen nur in der affektiven, nicht jedoch hinsichtlich der sensorischen Komponente des Leids gespiegelt (Singer et al. 2004b). Auch zeigt sich, dass nicht jeder Mensch, der einem gegenübertritt in gleicher Weise gespiegelt wird. Wenn der andere aus moralischen Gründen abgelehnt oder als fremd attribuiert wird, werden seine Gefühle in der Regel in geringerem Ausmaße bzw. überhaupt nicht übernommen (Singer et al. 2004a; 2006). Zudem scheinen genetisch bedingte und durch Sozialisation vergrößerbare Unterschiede zu bestehen, inwieweit ein Organismus zu Empathie fähig, also in der Lage ist, die Gefühlszustände anderer zu spiegeln. Siehe zur Einführung in die Konzeption der Spiegelneuronen mit einem Rekurs auf Herbert Mead: Bayram u. Zaboura (2006).

155 Keysers u. Gazzola (2006, S. 383).

156 Bei Keysers und Gazzola lautet die Argumentation folgendermaßen: »We propose that these circuits, shared between the first (I do, I feel) and third person perspective (seeing her do, seeing her feel) translate the vision and sound of what other people do and feel into the language of the observers own actions and feelings. This translation could help understand the actions and feelings of others by providing intuitive insights into their inner life. We propose a mechanism for the development of shared circuits on the basis of Hebbian learning, and underline that shared circuits could integrate with more cognitive functions during social cognitions« (Keysers u. Gazzola 2006, S. 383). »[I]deal Hebbian learning conditions are met: what fires together wires together [...] The same Hebbian argument can be applied to the case of sensations and emotions. While seeing ourselves being touched, somatosensory activations overlap in time with visual descriptions of an object moving towards and touching our body. After Hebbian association the sight of someone else being touched can trigger somatosensory activations« (Keysers a. Gazzola 2006, S. 396).

157 Vgl. Gazzola, Asiz-Zadeh u. Keysers (2006).

158 Hierzu ausführlicher Rizzolatti und Sinigaglia: »Es sind ihre visuomotorischen Eigenschaften, welche die Spiegelneurone in die Lage versetzen, die *visuelle Information* mit dem *motorischen Wissen* des Beobachters zu koordinieren. Was die Aktivierung der Spiegelneurone als motorische Neurone während einer Handlung auszeichnet, ist nicht nur die Tatsache, daß sie deren Typus, deren Ausführungsformen und -zeiten kodieren, sondern auch, daß sie ihre Durchführung kontrollieren. Nun gibt es keinen Kontrollvorgang, der nicht einen Mechanismus der Antizipation enthielte und der folglich nicht einen Zusammenhang zwischen einer bestimmten neuralen Aktivität und deren eventuellen Auswirkungen herstellen würde. Im spezifischen Fall der Areale F5 und PF-PFG erzeugt die *Bestätigung* dieser Auswirkungen ein *motorisches Grundwissen* über die von den einzelnen Neuronen kodierte Bedeutung, ein Wissen, das *sowohl* bei der Ausführung der Handlung *als auch* bei der Beobachtung dieser Handlung, wenn sie von anderen ausgeführt wird, genutzt werden kann. Die Aktivierung desselben neuralen Musters verrät somit, daß das Verstehen der Handlungen anderer Beobachter dasselbe motorische Wissen voraussetzt, das die Ausführung der eigenen Handlungen reguliert« (Rizzolatti u. Sinigaglia 2008, S. 109, Hervorhebungen im Original).

159 Interessant ist an dieser Stelle der Verweis auf bestimmte Erkrankungen aus dem schizophrenen Formenkreis. Erkrankte lassen sich mitunter zwar von einer Reihe sozialer Zustände affizieren, können diese aber nicht mehr mit dem Index *selbst* und *fremd* bearbeiten. Somit kann der Akteur keine Grenzen mehr ziehen zwischen Fremd- und Selbstkontrolle, wie es zum Beispiel über imperative Stimmen möglich wäre. In der Konsequenz verschwimmt sein Personkonzept. Siehe hierzu die Beispiele von Thomas Fuchs: »Die sozialen Beziehungen können für den Schizophrenen deshalb so prekär werden, weil die Unterscheidung von Selbst- und Fremdwahrnehmung auf dem Spiel steht. Denn wenn ich mich in den Anderen hineinversetze, ohne dieser Bewegung selbst innezusein – es fehlt ihre Selbstbezüglichkeit –, dann werde ich plötzlich selbst der Andere. Ich kann die ›als ob‹-Perspektive des Überstiegs nicht mehr durchhalten und verliere mich selbst. So kommt es zu den bedrohlichsten Passivierungserlebnissen in der Schizophrenie, die Patienten so schildern: ›Wenn ich andere sehe oder sprechen höre, so kann es geschehen, dass ich ebenso spreche und mich bewege – und Angst habe, dass ich die anderen bin‹ [...] In die gleiche Richtung weist das sogenannte Spiegelzeichen in beginnenden Psychosen, bei dem die Kranken sich im Spiegel nicht mehr eindeutig identifizieren können [...]: ›Wenn ich in den Spiegel sehe, weiß ich nicht mehr, ob ich hier mich dort im Spiegel sehe, oder ich dort im Spie-

gel mich hier sehe. Sehe ich einen anderen im Spiegel, so vermag ich ihn nicht mehr von mir zu unterscheiden. In einem noch schlechteren Befinden geht auch der Unterschied zwischen mir selbst und einem wirklichen anderen verloren ... Ich weiß nicht mehr, ob sich das Innere nach außen kehrt oder das Äußere nach innen. Ob es nicht zwei Ichs gibt?‹« (Fuchs, T. 2002, S. 244 f.).

160 In Kohler et al. (2002, S. 846) heißt es: »Many object-related actions can be recognized by their sound. We found neurons in monkey premotor cortex that discharge when the animal performs a specific action and when it hears the related sound. Most of the neurons also discharge when the monkey observes the same action. These audiovisual mirror neurons code actions independently of whether these actions are performed, heard, or seen. This discovery in the monkey homolog of Broca's area might shed light on the origin of language: audiovisual mirror neurons code abstract contents – the meaning of actions – and have the auditory access typical of human language to these contents.«

161 Luhmann (1993a, S. 348).

162 Luhmann (1993a, S. 166).

163 Weiter mit Luhmann: »Alle Reproduktion und alle Strukturbildung setzt damit eine Kombination von Ordnung und Unordnung voraus: Strukturierte eigene und unfaßbare fremde, geregelte und freie Komplexität. Der Aufbau sozialer Systeme (und ebenso Aufbau psychischer Systeme) folgt dem *order from noise principle* (von Foerster). Soziale Systeme entstehen auf Grund der Geräusche, die psychische Systeme erzeugen, bei ihren Versuchen zu kommunizieren« (Luhmann 1993a, S. 292, Hervorhebung im Original).

164 Siehe hierzu ausführlich Nassehi (2003).

165 Um Mitglied eines sozialen Systems, einer Gesellschaft zu sein, genügt es, dasjenige Verhalten zu zeigen, durch das die Mitgliedschaft in der entsprechenden Gesellschaft definiert ist. Nun ist diese Definition abhängig von den Erwartungen der Mitglieder. Die Mitglieder bestimmen also selbst die Selektionskriterien ihres Verhaltens. Verändertes Verhalten einzelner Mitglieder verändert die Struktur der Erwartungen der Gesellschaft. So kann ein Individuum immer durch *unerwartet* positives oder negatives Verhalten die Struktur der an ihn gestellten sozialen Erwartungen verändern, so dass sich hierdurch seine Rolle im System – in welche Richtung auch immer – verändert. Allerdings werden Veränderungen in den Rollenerwartungen vom sozialen System gespeichert. Im Sinne eines »deontischen Kontoführens« (Brandom 2000) sind veränderte Rollenerwartungen aufgrund der Gedächtnisleistung des sozialen Systems gleichsam im wörtlichen Sinne zu verantworten.

166 Watzlawick, Beavin u. Jackson (1990, S. 58 f.).

167 Um hier mit Ort (2007, S. 145) zu sprechen: »[Kein] ›Ich‹ reflektiert ein ›Du‹ einfach *nur* als ein Objekt. Wie ich bereits angedeutet habe, gesteht es dem ›Du‹ autologisch Subjektivität zu, obwohl das ›Du‹ dem ›Ich‹ so fremd bleibt, wie jedes andere Objekt. Da die Reflexion des ›Du‹ also kein einfaches ›Sein‹ reflektiert, sondern ›Reflexion‹, kann sie diese nur als ›leeren Akt‹ reflektieren, das heißt als Wille oder als Handlung.«

168 Richard Rorty hat hierzu ein schönes Gedankenexperiment auf der Grundlage der Annahme von menschenähnlichen, jedoch über kein phänomenologisches Bewusstsein verfügenden Zwitterwesen auf einem anderen Planeten vorgelegt (Rorty 1987, S. 85 ff.).

169 So Metzinger (1998).

170 Günther (1978, S. 191 ff.).

171 »›Wahr‹ ist *deshalb* kein einfacher logischer Wert mehr, weil das Wahre in der Ich-Du-Relation eine andere logische Struktur zeigt als in der Ich-Es oder Du-Es Beziehung. In der klassischen Logik etabliert die Negation eine Existenzdifferenz

zwischen Sein und Nichtsein. Es ist evident, daß der Unterschied zwischen ›Ich‹ und ›Du‹ nicht als Existenz-, sondern als Reflexionsdifferenz gedacht werden muß« (Günther, hier zitiert nach Ort 2007, S. 95 f., Hervorhebung im Original).

172 Günther beschreibt die Öffnung der Reflexionsverhältnisse folgendermaßen: »An dieser Stelle greift die Kybernetik mit ihrer Theorie der selbstreflektierenden Systeme ein und stellt fest, daß reflexionstheoretisch betrachtet ein Umtauschverhältnis nicht nur eine Alternativsituation zwischen zwei Werten repräsentiert, die zur Parteinahme für das eine oder das andere Verhältnisglied verlocken, sondern daß sich noch eine zweite, tiefer fundierte (trans-klassische) Alternative anbietet: man kann nämlich das Alternativverhältnis von zwei Werten akzeptieren oder als Ganzes verwerfen« (Günther 1963, S. 148 f.).

173 Im Sinne von neuen Freiheitsgraden, die sich aus den Unbestimmtheiten komplexer Reflexionsbeziehungen ergeben.

174 Maturana u. Varela (1987, S. 224).

175 »Als sprachlich bezeichnen wir ein ontogenetisches kommunikatives Verhalten (d. h. ein Verhalten, das in der ontogenetischen Strukturkoppelung von Organismen entsteht), welches ein Beobachter *semantisch* beschreiben kann« (Maturana u. Varela 1987, S. 224, Hervorhebung im Original).

175 Ebd. (S. 32).

177 Ebd. (S. 226).

178 Maturana u. Varela (1987, S. 227).

179 Siehe hierzu auch Herrmann, Krämer u. Kuch (2007).

180 Der Soziologe Pierre Bourdieu spricht in diesem Zusammenhang von *illusio* (Bourdieu 1997).

181 Weber (2003, S. 120).

182 Wolf (2007, S. 101).

183 Noch einmal mit den Worten Maturanas (1991, S. 296): »Daraus ergibt sich auf der einen Seite die Erzeugung einer Welt von Handlungen und Objekten, die Existenz und Bedeutung nur im sozialen Bereich haben, in dem sie entstanden sind, und auf der anderen Seite die Ausbildung der Selbstbeobachtung, die uns dazu führt, in der Selbstreflexion uns selber und die Umgebungen unserer selbst als Objekte voneinander zu unterscheiden, und die das Selbstbewusstsein als ein Phänomen hervorbringt, das ebenfalls nur im sozialen Bereich existiert und nur dort seinen Sinn hat.«

184 So formuliert es Singer im Original (2002, S. 73): »Mir scheint hingegen, daß die Ich-Erfahrung bzw. die subjektiven Konnotationen von Bewußtsein kulturelle Konstrukte sind, soziale Zuschreibungen, die dem Dialog zwischen Gehirnen erwuchsen und deshalb aus der Betrachtung einzelner Gehirne nicht erklärbar sind. Die Hypothese, die ich diskutieren möchte, ist, daß die Erfahrung, ein autonomes, subjektives Ich zu sein, auf Konstrukten beruht, die im Laufe unserer kulturellen Evolution entwickelt wurden. Selbstkonzepte hätten dann den ontologischen Status einer sozialen Realität. In die Welt kämen diese, wie die sie ermöglichenden Kulturen erst, nachdem die Evolution Gehirne hervorgebracht hatte, die zwei Eigenschaften aufwiesen: erstens, ein inneres Auge zu haben, also über die Möglichkeit zu verfügen, Protokoll zu führen über hirninterne Prozesse, diese in Metarepräsentationen zu fassen und deren Inhalt über Gestik, Mimik und Sprache anderen Gehirnen mitzuteilen; und, zweitens, die Fähigkeit, mentale Modelle von den Zuständen der je anderen Gehirne zu erstellen, eine ›theory of mind‹ aufzubauen, wie die Angelsachsen sagen. Diese Fähigkeit ist dem Menschen vorbehalten und fehlt dem Tier. Allenfalls Schimpansen haben eine wenn auch sehr begrenzte Möglichkeit, sich vorzustellen, was in anderen vorgeht, wenn er bestimmten Situationen ausgesetzt ist.«

185 So Wittgensteins berühmter letzter Satz aus seinem »Tractatus« (Wittgenstein 1990).

186 Maturana (1991, S. 253).
187 Mit Luhmann (1993a, S. 367) gesprochen: »Psychische und soziale Systeme [können] in der selbstreferentiellen Geschlossenheit ihrer Reproduktion nicht aufeinander zurückgeführt werden. Beide verwenden ein je unterschiedliches Medium ihrer Reproduktion: Bewußtsein bzw. Kommunikation. Nur unter dieser Voraussetzung läßt sich der jeweilige Reproduktionszusammenhang begreifen als ein kontinuierliches Geschehen, das sich selbst zur Einheit bringt. Es gibt, anders gesagt, kein autopoietisches Supersystem, das beide als Einheit integrieren könnte: Kein Bewußtsein geht in Kommunikation auf und keine Kommunikation in einem Bewußtsein.«
188 Gadamer (1972, S. 167).
189 Das Problem der von Jürgen Habermas konstatierten Agonie von System und Lebenswelt besteht darin, dass auch hier wieder eine Unterscheidung zwischen innen und außen vorausgesetzt werden muss, die erst durch den Gebrauch dieser Unterscheidung konstituiert wird. Demgegenüber lässt sich einwenden, dass Akteure gerade in ihrer lebensweltlichen Praxis mitunter diejenigen Systeme reproduzieren, die ihnen auf einer anderen Ebene als Agonie erscheinen mögen. Die Spaltung von System und Lebenswelt gehört damit selbst zu der Semantik, die eben diese besondere Systemik reproduziert, in der die Beschreibung dieser Spaltung ausflaggt. Was dann noch übrig bleibt, ist die Gleichzeitigkeit der verschiedensten Referenzen (bzw. Kopräsenz unterschiedlicher, divergierender Reflexionen) in einer Praxis. Wenn dem so wäre, dann würde dieses Gegensatzpaar als analytische Kategorie keinen Sinn mehr ergeben, sondern nur noch als eine deskriptive Kategorie einer Selbstbeschreibung der Verhältnisse dienen. Die Lebenswelt selbst wäre in diesem Fall genau genommen nichts anderes als die *Wirklichkeit* in ihrer polykontexturalen Einfaltung, in der unterschiedliche Wahrnehmungen und Beobachtungsrelationen in ein dynamisches Arrangement treten.
190 Dies gilt mit Günther nicht nur für den Menschen, sondern für alle Lebensformen. Siehe insbesondere seinen Aufsatz »Life as Polycontexturality« (Günther 1979).
191 Bateson (1987, S. 159 f.), Hervorhebung im Original.
192 Ausführlicher zum »Innen-Sprechen« siehe P. Fuchs (2010, S. 91 ff.).
193 Bateson (1987, S. 161).
194 Vgl. zu den unterschiedlichen Zeiten der neuronalen Verarbeitung Pöppel (1985).
195 Singer (2002, S. 111).
196 Hierzu auch Gerald Edelman: »Neue Wahrnehmungskategorien werden reentrant mit Gedächtnissystemen verkoppelt, ehe sie selbst Teil eines nun veränderten Gedächtnissystems werden. Anhand des Gedächtnisses kategorisierte Wahrnehmungen werden also rekursiv genutzt, um das Gedächtnis selbst zu modifizieren. Diese Wechselwirkungen laufen, so nimmt man an, innerhalb von Zehntelsekunden bis Sekunden ab, also innerhalb der Zeitspanne, die William James ›Scheingegenwart‹ nennt. Ich bezeichne sie als ›erinnerte Gegenwart‹, um zu unterstreichen, dass aus der Interaktion zwischen Gedächtnis und aktueller Wahrnehmung das Bewusstsein entspringt.

Was für Folgen hatte es, dass die Evolution eine dynamische Koppelung zwischen Werte-Kategorien-Gedächtnis und Wahrnehmungsgedächtnis herstellte? Es bildete sich die Fähigkeit heraus, eine komplexe Szene zu konstruieren und zwischen Bestandteilen dieser Szene Unterscheidungen zu treffen« (Edelman 2004, S. 63 f.).
197 Varela (1999).
198 Hieraus folgt auch – dies haben insbesondere Diego Cosmelli und Evan Thompson (2010) herausgearbeitet –, dass ein von seinem Körper, seiner Umwelt und den sich hieraus ergebenden sensomotorischen Input-Output-Schleifen isoliertes

Gehirn nicht mehr in der Lage ist, ein kohärentes Muster auszubilden, da nun all die strukturierten Reize fehlen, mit denen das Nervensystem in Resonanz treten könnte, um seine Eigenzustände zu stabilisieren.

199 Die Ausführungen sind zum großen Teil angelehnt an Vogd (2010).

200 Vgl. Gazzaniga (1989).

201 Maturana u. Varela (1987, S. 248 f.).

202 Gazzaniga (1989, S. 89 f.).

203 Maturana u. Varela (1987, S. 249 f.).

204 Hier gilt das Schützsche Diktum »Jeder Handlung geht der Entwurf voraus« (Schütz u. Luckmann 2003, S. 465).

205 An dieser Stelle zeigen sich Parallelen zur metatheoretischen Konzeption der Objektiven Hermeneutik von Oevermann, denn auch hier liegt der Sinn des Interaktionszusammenhangs als soziologischer Sinn kausal vor dem subjektiv gemeinten Sinn (vgl. Oevermann 1986).

206 Hierzu Metzinger: »Wir selbst sind Systeme, die nicht in der Lage sind, ihr eigenes subsymbolisches Selbstmodell *als* Selbstmodell zu erkennen. Deshalb operieren wir unter den Bedingungen eines ›naiv-realistischen Selbstmissverständnisses‹: Wir erleben uns selbst, als wären wir in direktem und unmittelbarem epistemologischen Kontakt mit uns selbst. *De facto* sind wir selbst also Systeme, die sich selbst ständig mit dem von ihnen selbst erzeugten subsymbolischen Selbstmodell ›verwechseln‹. Indem wir dies tun, generieren wir eine stabile und kohärente ›Ich-Illusion‹, die wir auf der Ebene des bewußten Erlebens nicht transzendieren können. Und genau das ist es, was es bedeutet, eine nicht-begriffliche Erste-Person-Perspektive zu besitzen, einen präreflexiven, phänomenalen Standpunkt, der allen späteren Formen begrifflich vermitteltem und reflexivem Selbstbewußtsein zugrunde liegt, allen späteren Formen von sozialer Kognition und Ich-Du-Beziehungen. Der Kern der Subjektivität des Mentalen liegt also in diesem Akt der ›Selbstverwechselung‹: Ein *Mangel* an Information, ein *Mangel* an epistemischer Transparenz führt zur Entstehung eines phänomenalen Selbst. Dies ist vielleicht die wichtigste Einsicht über den menschlichen Geist, die man mit den Mitteln der Kognitionswissenschaft und mit Blick auf die philosophische Anthropologie formulieren kann« (Metzinger 1998, S. 361, Hervorhebungen im Original).

207 Siehe Varela (1999) sowie die anschließenden Ausführunges.

208 Gazzaniga (1989, S. 88).

209 Maturana u. Varela (1987, S. 249).

210 Vgl. Husserl (1913).

211 Mehr als drei Jahrzehnte lang beschäftigte er sich mit dem Problem der Zeitkonstitution und verwarf dabei unterschiedliche Resultate bzw. fing seine Studien immer wieder von Neuem unter einem anderen Gesichtspunkt an.

212 »Die Sache scheint zunächst sehr einfach: wir hören die Melodie, d. h. wir nehmen sie wahr, denn Hören ist ja Wahrnehmen. Indessen, der erste Ton erklingt, dann kommt der zweite, dann der dritte usw. Müssen wir nicht sagen: wenn der zweite Ton erklingt, so höre ich ihn, aber ich höre den ersten nicht mehr usw.? Ich höre also in Wahrheit nicht die Melodie, sondern nur den einzelnen gegenwärtigen Ton. Daß das abgelaufene Stück der Melodie für mich gegenständlich ist, verdanke ich – so wird man geneigt sein zu sagen – der Erinnerung; und daß ich, bei dem jeweiligen Ton angekommen, nicht voraussetze, daß das alles sei, verdanke ich der vorblickenden Erwartung. Bei dieser Erklärung können wir uns aber nicht beruhigen, denn alles Besagte überträgt sich auch auf den einzelnen Ton. Jeder Ton hat selbst eine zeitliche Extension, beim Anschlagen höre ich ihn als jetzt, beim Forttönen hat er aber ein immer neues Jetzt, und das jeweilig vorausgehende wandelt sich in ein Vergangen. Also höre ich jeweils nur die aktuelle Phase des Tones, und die Objektivität des ganzen dauernden Tones konstituiert sich in einem Aktkontinuum, das zu einem Teil Erinnerung, zu einem kleinsten, punktuellen

Teil Wahrnehmung und zu einem weiteren Teil Erwartung ist« (Husserl 1966, S. 23).

213 Husserl (1913).

214 Schnell (2002, S. 113 f.).

215 Die Protention, die Erwartung des Zukünftigen erscheint hier in Bezug auf diejenigen Referenzen, auf die sich der Bewusstseinsprozess beziehen kann, als ein Rückwärtsschauen. Das System hat sozusagen nur sich selbst, die eigenen von ihm produzierten Zustände zur Verfügung. Luhmann schließt in seiner Konzeption von Bewusstseinssystemen genau an diese Figur an: »Wenn diese Unterscheidung von Gedanke und Beobachtung (die ihrerseits schon ein neuer Gedanke ist) zutrifft, prozediert das Bewußtsein voran, indem es zurückblickt. Es operiert gleichsam mit dem Rücken zur Zukunft, nicht proflexiv, sondern reflexiv. Es bewegt sich gegen die Zeit in die Vergangenheit, sieht sich dabei selbst ständig von hinten und an der Stelle, wo es schon gewesen ist; und deshalb kann nur seine Vergangenheit ihm mit gespeicherten Zielen und Erwartungen dazu verhelfen, an sich selbst vorbei die Zukunft zu erraten. Es verfolgt in sich selbst kein Ziel, sondern bemerkt, was ihm passiert ist. Es wird auf sich selbst aufmerksam. Es schlägt nicht Ziele, wie Haken in die Zukunft (die ja noch gar nicht gegeben ist), sondern bemerkt seine Vorhaben in der Erinnerung. Es verfährt nicht antizipativ, sondern rekursiv, entdeckt aber dann im Rückblick gespeicherte Zukunftserwartungen« (Luhmann 1995, S. 63).

216 »Das vergangene Ereignis, die vergangene Zeitstrecke bzw. die künftige phänomenale Zeit und ›der‹ Zeitinhalt mit den Gegebenheitsmodi Vergangenheit und Zukunft können sich aber nur konstituieren im Urprozeß, indem die aus den beiden Zweigen gebaute Strecke sich stetig modifiziert, und nicht nur das, ›sie modifiziert sich‹ in einer Weise, daß nicht nur der Prozess abläuft, sondern seiner selbst als Prozeß bewusst wird, also selbst als eine zweite ›Zeit‹ mit Zeitinhalt konstituiert. Die phänomenale Zeit, die transzendentale erster Stufe, ist nur möglich durch eine innerste, transzendentale Zeit zweiter Stufe und in einem letzten transzendentalen Ereignis, dem endlosen Prozeß selbst, der für sich selbst Bewußtsein vom Prozeß ist. Und wesensmäßig kann nur in einem Urprozeß ein Prozeß bewusst werden, ein Momentanbewußtsein ist nur möglich als Moment eines Prozesses« (Husserl 2001, S. 29).

217 Man könnte es mit Wittgenstein von der anderen Seite her so formulieren: »Wenn man unter Ewigkeit nicht unendliche Zeitdauer, sondern Unzeitlichkeit versteht, dann lebt der ewig, der in der Gegenwart lebt« (Wittgenstein 1990, Präposition 6.4311).

218 Siehe in diesem Sinne zum Beispiel den Metaphysikvorwurf von Derrida (1979).

219 Nassehi (2008, S. 6).

220 Siehe Pöppel (1985).

221 Siehe Pöppel (1993, S. 58 ff.); vgl. auch John Eccles (Popper u. Eccles 1991, S. 439).

222 Libet et al. (1979). Nur wenn man Libets Untersuchungen dualistisch interpretiert, stellen die Handlungsimpulse des Körpers und die Bewusstseinsempfindung des Handlungsimpulses etwas kategorial Verschiedenes dar. Davon abgesehen sagen die Ergebnisse nicht mehr aus, als dass Willensimpulse verkörperte Phänomene sind.

223 Siehe zur aufschlussreichen Darstellung und Interpretation diesbezüglicher neurologischer Störungen beispielsweise Metzinger (1999, S. 137 ff.) oder Ramachandran (2005).

224 Eccles Argumentation lautet so: »Die Antedatierung ist dem selbstbewussten Geist zuzurechnen als Kompensation für die langsame Entwicklung der schwachen neuronalen Raum-Zeit-Muster bis zur Schwelle der bewussten Erkennung. Auf diese Weise mögen alle erlebten Ereignisse eine Zeitkorrektur erfahren, so dass

die Wahrnehmungen einen mit den anfänglichen Stimuli korrespondierenden zeitlichen Verlauf haben werden, ob sie stark oder schwach sind. Wir nehmen an, dass Libet eine zeitliche Anpassung entdeckt hat, die dem selbstbewussten Geist zuzurechnen ist« (Popper u. Eccles 1991, S. 439).

225 Metzinger (1998, S. 347).

226 Vgl. Rodriguez et al. (1999) und Varela (1999).

227 Varela (1999, S. 273).

228 Um mit diesen rekursiven Verhältnissen rechnen zu können, hat Varela den Formkalkül von Spencer Brown, der auf dem Wiedereintritt *(reentry)* der Form in die Form beruht, zu einem praktikablen Instrument erweitert; siehe Varela (1979).

229 Siehe hierzu auch van Gelder (1999).

230 »Phenomenologically, I have stressed the full interdependence of both intentionalities, the inseparability of the static and the genetic analyses, and the mutual determination of instinctive and cognitive constitution of self. In parallel, the trajectories and the landscape of their phase space are a unity in a complex nonlinear system. Correspondingly, we have examined the many aspects under which determinism, the trajectories, regions in phase space, and adaptive geometrical landscapes are complementary. I consider these mutual interdependencies and their role in the constitution of temporality the most immediate insight that naturalization can provide« (Varela 1999, S. 305).

231 Siehe Cosmelli und Thompson (2010).

232 Jeglicher Versuch, das Bewusstsein zu lokalisieren, verwechselt die Ebene der formalen und der funktionalen Passung und sitzt hiermit einem Missverständnis auf (vgl. Noë u. Thompson 2004).

233 Hierzu Varela im Wortlaut: » (1) the ongoing coupling of the cognitive agent, a permanent coping that is fundamentally mediated by sensorimotor activities; and (2) the autonomous activities of the agent whose identity is based on emerging, endogenous configurations (or self organizing patterns of neuronal activity. Enaction implies that sensorimotor coupling modulates, but does not determine, an ongoing endogenous activity, that it configures into meaningful world items in an unceasing flow. [...] Enaction is naturally framed in the tools derived from dynamical systems, in stark contrast to the cognitivist tradition that finds its natural expression in syntactic information processing models« (Varela 1999, S. 272).

234 Insbesondere die Arbeitsgruppe um Damasio hat auf die Bedeutung der Körperprojektionen für den kognitiven Prozess hingewiesen (vgl. Damasio 1994; Damasio 1996).

235 »Emotional tonality is, by its very action, a major boundary and initial condition of neurodynamics« (Varela 1999, S. 301).

236 Pöppel (1993, S. 58 f.).

237 Ein erkenntnistheoretisches Missverständnis über die Natur der subjektiven Zeit ist oftmals in New-Age-Kreisen anzutreffen. In Trance- und Hypnoseseminaren reisen die Teilnehmer in die Zukunft oder Vergangenheit, vielleicht sogar in frühere Leben und verkennen dabei, dass die vermeintliche Zukunft oder Vergangenheit nur eine Imagination, ein über symbolische Prozesse vermitteltes Konstrukt im Hier und Jetzt darstellt.

238 Ciompi (1988, S. 216).

239 Siehe auch Jean Piaget (1994).

240 Pöppel (1985, S. 63).

241 Luhmann (1993a, S. 374).

242 Dazu Günther: »For the classic tradition there is a complete break between Life and Death. It is theoretically, although not practically, possible to fix the moment of Death as the time when the Soul departs from the body. From the poly-contextural aspect of a living body this is on principle impossible, because Death means only a gradual decrease of the discontexturality of Matter.

We are beginning to learn that the discontexturality of a human body, e. g., is enormous; the numbers of contextures that are involved are superastronomical. And since the phenomenon of discontexturality also involves the relation of an organic system to its environment it is quite legitimate to say that something may be alive relative to one environment and dead relative to another – an assumption that would be absurd if we defined Death as the departure of a unit Soul from inert matter it had previously animated but has ceased to inhabit« (Günther 1979, S. 283 ff.).

243 Spätestens mit der Entwicklung der Quantenphysik, so Günther (1976, S. 324 f.), funktioniert eine zweiwertige Logik nicht mehr, die nur eine einwertige Ontologie kennt. Nur zwischen Sein und Nicht-Sein, nur zwischen wahr und falsch unterscheiden zu können, reicht in einem Universum nicht mehr aus, in dem sowohl *p* als auch ~*p* (nicht *p*) gilt. Dies wird durch den merkwürdigen, durch die Quantentheorie gedeckten Befund deutlich, dass das Quantenteilchen im Doppelspaltexperiment sowohl durch den einen wie auch den anderen Spalt zu gehen scheint, was dann zum Beispiel zur Paradoxie von Schrödingers Katze führt: Die Katze ist tot und ~tot (Schrödinger 1935).

244 Weiter Spencer-Brown: »When we die the self-boundary eventually disappears. Before it did so, we described a huge value to what we called ›inside‹ of ourselves, and comparatively little value to what we called ›outside‹. The death experiences thus ultimately cause the loss of selective blindness to see both sides of every distinction equally« (Spencer-Brown 2005, S. 192).

245 Lévinas (1984, S. 43).

246 Glanville (1988, S. 167).

247 An dieser Stelle geht es noch nicht um den interessanten Befund der *cultural neuroscience,* nach dem Konzepte oder Worte wie *Ich* oder *Mutter* je nach kulturellem Kontext in Hinblick auf die neuronalen Reaktionen etwas anderes implizieren (siehe etwa Han und Northoff 2008), sondern es geht allein um die Tatsache, dass Zeichen nur im Kontext eines Systems, das diese als Information erkennt, von Bedeutung sind.

248 Han u. Northoff (2008; 2009).

249 Streng genommen ist die Einheit der Differenz als System zu sehen, da das System nicht außerhalb von Weltvollzug steht, sondern Weltvollzug *ist.*

250 Neben neuronaler Kognition lässt sich beispielsweise auch von immunologischer Kognition sprechen, da hier aus Netzwerken von Interaktionen Selbst/Fremd-Unterscheidungen aufgebaut und aufrechterhalten werden. In einem weiteren Sinne könnte man sagen, dass auch Zellverbände oder gar Netzwerke aus Genen und Molekülen des Zellmilieus Differenzen aufbauen, an denen sie sich dann ausrichten; vgl. Weber (2003).

251 Maturana u. Varela (1987, S. 32).

252 Siehe hierzu die schöne Schilderung in Weber (2008, S. 28 ff.).

253 Siehe zu diesem Zeitkonzept aus der Perspektive der Theorie dissipativer Strukturen Prigogine (1979) sowie für die Quantentheorie von Weizsäcker (1994).

254 Fuchs (2010, S. 302).

255 Oder um es in der Metaphorik des Schreibens zu formulieren: Die Einschreibungen der Welt interagieren hier gleichsam mit sich selbst, um auf diese Weise einen *Index* zu generieren, der auf einen Autor verweist.

256 Fuchs, P. u. Hoegl (2011).

257 Fuchs, P. (2010, S. 23 f.).

258 Auch hier gilt: »Die Schlüsseldifferenz ist mithin die Differenz von Identität und Differenz. Das gilt nicht minder für die Gegenseite der Fremdreferenz, durch die der Einbezug des Nicht(System)-Identischen geleistet wird, kommunikativ (thematisch) oder intentional – in der Weise einer ›Phänomenologie‹, die im System und mit den Operationen des Systems die Erscheinung der Umwelt aufspannt, durch

die das ›Selbst‹ des Systems (seine ›Nicht-Umweltigkeit‹) miterrechnet wird.» Genau in diesem Sinn ist die Umwelt »das Korrelat aller im System benutzten Fremdreferenzen und ist phänomenal als Horizont gegeben« (Fuchs 2010, S. 38).

259 »Es geht nicht um die vorgefertigten Kom-Ponenten, um Versatzstücke, um das Zusammenbauen einer Art ›Ding‹, sondern genau darum, daß die Operation der Beobachtung im Netzwerk formgleicher Operationen erst als ereignishafte Einheit (im Nachtrag und Anschluß) erzeugt wird« (Fuchs 2010, S. 42).

260 Fuchs, P. (2010, S. 25 f.).

261 Das »Innen-Sprechen« scheint »funktional begleitet [zu sein] von einem multisensorischen Ensemble neuronaler Aktivitätsmuster, die via Propriorezeptoren spür- und dann auch meßbar sind. Es sind die gleichen Aktivitätsmuster, die benötigt werden, um nach ›draußen‹ zu sprechen, allerdings in motorisch ›abgespeckter‹, allusiver Form. Das ›tatsächliche‹ Sprechen, das Verlauten wird suspendiert zugunsten einer ›dynamischen‹ Topologie oder, wenn man das ›Schreiben‹ hinzuzieht: zugunsten einer somatisierten Topographie, einer, wie man vielleicht sagen könnte, Verräumlichung oder einer Extension, in der auch andere Sinnesmodalitäten eingebettet sind« (Fuchs, P. 2010, S. 95 f.).

262 Ebd. (S. 304), Hervorhebungen im Original. An anderer Stelle mit noch deutlicheren Worten: »Das Bewußtsein ist in dieser Hinsicht: absolut isoliert. Es kann, um eine Formulierung von Gotthard Günther zu variieren, den ›vollen Text der Wirklichkeit nicht lesen‹. Oder: Es kann nur lesen, was es lesen kann. Gleichwohl ist es nicht ›weltarm‹. Seine unmittelbare psychische Umwelt ist ihm zwar operativ nicht zugänglich, aber es ist in ihr ›eingerichtet‹. Die psychische Operativität dieser Umwelt erzeugt auf neuronaler Grundlage eine externalisierte Welt. Sie kreiert die fungierenden Ontologien, in die das Bewußtsein eingelassen ist wie ein Ding unter anderen Dingen. Jene unerreichbare Operativität wird durch die Projektion von Welt ersetzt, in der es Innen und Außen gibt und Innen Moment ebendieser Welt ist, also selbst eine Externität, eine Ek-sistenz, eine Ek-stase« (Fuchs, P. 2010, S. 130).

263 Ebd. (S. 81).

264 Peter Fuchs drückt dies elaborierter aus: »Die Funktion des Systems SELBST haben wir jedenfalls gedeutet als Lösung des Problems, wie das psychische System sich im Kontakt mit Kommunikation auf eine (Wieder Erkennbarkeit reduzieren und wie es damit als zurechnungsfähige, adressable Einheit fungieren kann. [...] Mit anderen Worten: Das System SELBST historisiert das psychische System – im Blick auf seine ›Gewordenheit‹ und im Blick auf das, was es hätte werden können und noch werden oder nicht-mehr-werden könnte. Es erzeugt Selektionsprofile, die referabel sind und sich einpassen lassen in den Formenkanon der Selbsterzählung« (Fuchs, P. 2010, S. 84 f.).

265 Fuchs, P. (2010, S. 107).

266 Fuchs, P. (2010, S. 167).

267 Freud (1930).

268 Peter Fuchs schließt hier bewusst an Begrifflichkeiten der Quantentheorie an: »Diese Figur ist ›verwandt‹ mit der Heisenbergschen Unschärferelation, wenn man auf die Formulierung umstellt, daß man entweder das psychische System beobachtet und dann das soziale System nicht mehr sieht oder das soziale System beobachtet und dann nicht gleichzeitig das psychische System in Blick nehmen kann. [...] Der Versuch, es dennoch zu tun, führt in ›Verschmierungen‹: Keines der beobachtbaren Systeme läßt sich in einem ›reinen Zustand‹ (selbst) beobachten, sie sind ›verschränkt‹. Das bedeutet auch, daß man nur ›uneigentliche Mischungen‹ (improper Mixtures) vor sich hat, wenn man die eine oder andere Systemreferenz ansteuert, oder, wie ich formulieren würde: Simplexe« (Fuchs, P. 2010, S. 235 f.).

269 Fuchs, P. (2010, S. 252 f.), Hervorhebung im Original.
270 Siehe zur Kommunikation des »Zweitlosen« aus dieser Perspektive Fuchs, P. (1997a).
271 Weber (2003, S. 135 f.).
272 Fuchs, P. (1997a).
273 Ebd. (S. 46).
274 Ebd. (S. 51).
275 Ebd. (S. 54).
276 Ebd. (S. 56).
277 Lévinas (1984, S. 25 f.).
278 Han (2002, S. 32), Hervorhebungen im Original.
279 Sanskrit: *Karma*. *Kamma* ist ein Schlüsselbegriff in der buddhistischen Lehre. Die tieferen Bedeutungsschichten von *kamma* können nur in Verbindung mit der Lehre von der bedingten Entstehung *(paticca samuppāda)* verstanden werden. Nach Rhys-Davids und Stede (1992) ist die ursprüngliche Bedeutung dieses Wortes: either building or weaving.
280 Die älteste systematische Darstellung des buddhistischen Lehrsystems der *Theravāda*-Tradition, die *Visuddhi-Magga* des Buddhaghosa, ist ebenfalls in die drei Bereiche *sīla*, *samādhi* und *paññā* gegliedert (Buddhaghosa 1993).
281 Siehe zur Auseinandersetzung mit diesen Positionen die *Sāmaññaphala-Sutta* (Khema 1999). Schon hier kommen die in den *Mahāyāna*-Schriften häufiger behandelten mehrwertigen logischen Reflexions- und Negationsverhältnisse zum Ausdruck, entsprechend denen es falsch ist, zu sagen, dass etwas ist (bzw. die Seele ist), dass etwas nicht ist, dass etwas sowohl ist als auch nicht ist bzw. dass etwas weder ist noch nicht ist.
282 Wir begegnen also auch hier Wittgensteins Einsicht: Die »Annahme einer unabhängigen Seele leistet gar nicht das, was man mit ihr erreichen wollte« (Wittgenstein 1990, Präposition 6.4312).
283 Milandapañha (1985, S. 81).
284 Milandapañha (1985, S. 82).
285 In der buddhistischen Scholastik entwickelten sich unterschiedliche Auffassungen darüber, wie das Verhältnis von materiellen Elementen und geistigen Flüssen zu verstehen ist bzw. ob eine der Ebenen als grundlegender anzusehen sei als die andere oder ob sich alles aus einem bedingten, holistischen Beziehungsgeflecht ergebe. Im tibetischen Buddhismus, in einigen Mahāyana-Schulen wie auch in den Schriften des *Abhidhamma* (die in Hinblick auf die Textart eigentlich nicht so recht dem frühen Buddhismus zuzurechnen sind) gewinnen die hiermit verbundenen philosophischen Fragen mehr an Bedeutung. Grund dafür ist, dass hier ausgefeilte kosmologische Systeme entwickelt werden, die mehr epistemische und philosophische Vorfestlegung verlangen als der frühe Buddhismus, der philosophischen Spekulationen generell recht ablehnend gegenübersteht.
286 Rhys-Davids und Stede (1992) geben im Pāli English Dictionary auch folgende Übersetzungsmöglichkeiten von saññā an: sense, perception, discernment, recognition, assimilation of sensations, awareness.
287 Nyanatiloka schreibt im buddhistischen Wörterbuch: »Sankhāra bezeichnet sowohl die Tätigkeit des Gestaltens als auch den passiven Zustand des Gestaltetseins, das Gestaltete, das Gebilde« (Nyanatiloka 1989a, S. 200).
288 Goenka, Vipassana-Newsletter (1/1992).
289 Nyanatiloka (1989a, S. 108).
290 Saṃyuttankāya XII, 53, zitiert nach Nyanatiloka (1989a, S. 109).
291 Nyanatiloka (1989a, S. 106 f.).
292 Visuddhi-Magga XVIII (Buddhaghosa 1993, S. 711).

293 Die sechs Grundlagen *(āyatana)* bezeichnen die Sinnesorgane mit ihren verschiedenen Sinnesobjekten. Die sechste Grundlage ist das geistige Bewusstsein mit seinen geistigen Inhalten, wie zum Beispiel Gedanken.
294 Paṭicca samuppāda Sutta, Saṃyuttankāya XII, 1, zitiert nach Nyanatiloka (1981, S. 206).
295 Visuddhi-Magga VIII, zitiert nach Govinda (1992, S. 167). Siehe auch Buddhaghosa (1993, S. 278 f.).
296 Govinda (1992, S. 139).
297 Der Pāli-Begriff *tanhā* wird oft auch mit Durst, Anhaften oder Gier übersetzt.
298 Angutarra-Nikāya IX, 23 (1984, Bd. 4, S. 214), übersetzt von Nyanatiloka.
299 Siehe hierzu auch Visuddhi-Magga (Buddhaghosa 1993, S. 152 ff.).
300 Der Pāli-Begriff *attā* wird in zweifacher Weise verwendet: Zum einen kann *attā* als Seele im Sinne von animistischen Theorien verstanden werden. Zum anderen kann *attā* mit *selbst* im Sinne von allein für sich bzw. einer abgetrennten Einheit übersetzt werden. Mit der Negation durch die Vorsilbe *an* bedeutet *anattā* sowohl die Verneinung einer individuellen Seele als auch die Negation der Vorstellung eines isolierten Wesens oder einer Selbst-Einheit. Vgl. auch die Diskussion in Rhys-Davids und Stede (1992).
301 Govinda (1992, S. 170).
302 Buddhistisches Wörterbuch (Nyanatiloka 1989a, S. 241).
303 Wir teilen hier nicht die übliche Rhetorik tibetischer Lehren, entsprechend der im Frühbuddhismus kein vollständiges Verständnis der Leerheit der Phänomene (insbesondere der Elemente) vorhanden ist. Vielmehr sehen wir die hier aufscheinende dogmatische Differenz als ein Artefakt philosophischer Reflexionen des *Mahayanā*, in der bestimmte Positionen überzeichnet werden, um dann den eigenen Standpunkt klarer herausstellen zu können. Vielen Lehrern des *Theravāda* hingegen ist ein Allzuviel an philosophischer Spitzfindigkeit eher fremd. An dieser Stelle verweisen wir auf das *Herz-Sūtra*, den wichtigsten und wohl auch schönsten Text des *Mahayanā*: *»Form ist nicht verschieden von Leere, Leere ist nicht verschieden von Form. Form ist Leere. Leere ist Form. Das Gleiche gilt für Empfindung, Wahrnehmung, Unterscheidung und Bewusstsein.«*
304 Rhys-Davids und Stede (1992) schreiben im Pāli English Dictionary: »There is no word in English covering the same ground as dukkha does in Pāli. Our modern words are too specialised, too limited, and usually too strong. Succa and dukkha are ease and dis-ease (but we are usually using disease in another sense); or wealth and ilth from well & ill; or wellbeing and ill-ness (but illness means something else in English). We are forced, therefore in translations to use half synonyms, no one of which is exact. Dukkha is equally mental & physical. Pain is too predominantly physical, sorrow too exclusively mental, but in some connections they have to be used in default of any more rendering. Discomfort, suffering, ill, and trouble can occasionally be used in certain connections. Misery, distress, agony, affliction and woe are never right. They are all much too strong & are only mental.«
305 Dīghanikāya 22, zitiert nach Nyanatiloka (1981, S. 15).
306 Ebd.
307 Innerhalb der Abhidhamma-Scholastik ist *samādhi*, neben *vedenā* (Gefühl), *saññā* (Wahrnehmung), *cetenā* (Wille), *phassa* (Bewusstseinseindruck), *manasikara* (Aufmerken) und *jīvita* (Vitalität), einer der sieben mit allem Bewusstsein untrennbar verbundenen Geistesfaktoren.
308 Angutarra-Nikāya VI, 63, übersetzt von Nyanatiloka (Angutarra-Nikāya 1984, S. 241).
309 Aus buddhistischer Sicht ist nicht jeder meditative Weg heilbringend. Praktiken der schwarzen Magie können Zustände höchster Sammlung, geistiger Macht und

Ekstase hervorbringen, sind jedoch kammisch unheilsam, da sie negative, das heißt leidbringende Gestaltungen *(sankhāra)* hervorbringen.

310 Je nach Schulrichtung gibt es verschiedene Methoden der Atemkonzentration. Die beschriebene Stilrichtung ist typisch für die burmesische *U-Ba-Khin*-Schule, wie sie auch von Goenka und seinen Assistenzlehrern gelehrt wird. Siehe zur Einführung Hart (2006).

311 Siehe auch Nyanaponika (1988).

312 Ekelobjekte zur Betrachtung sind beispielsweise ein unansehnlicher Körper oder ein verwesender Leichnam.

313 Zur ausführlichen Schilderung der acht Vertiefungen siehe Nyanatiloka (1989a, S. 92 f).

314 In der buddhistischen Literatur werden mit den unkörperlichen Vertiefungen in der Regel die unkörperlichen Götterebenen des hinduistischen Pantheons assoziiert. Eine besondere Pointe der buddhistischen Lehren besteht, wie bereits gesagt, darin, dass die Götter und selbst das höchste göttliche Wesen *(brahmā)* als vergänglich und sterblich zu betrachten sind.

315 Rhys-Davids und Stede (1992) geben im Pāli English Dictionary folgende Übersetzungsmöglichkeiten an: inward vision, insight, intuition, introspection.

316 Hierzu Ajahn Chah in Kantowsky (1993, S. 101): »Am gefährlichsten für den Meditierenden sind die Vertiefungen *(Jhana)*, das *Samadhi* mit tiefer und dauerhafter Beruhigung. Diese Art des *Samadhi* gibt großen Frieden; und wo Frieden ist, da ist Glücksgefühl; und wo ein Glücksgefühl ist, steigen Anhaftungen und Begehren nach einem solchen Gefühl auf. Der Meditierende will nichts anderes mehr kontemplieren, er möchte nur noch in diesem angenehmen Gefühl sich ergehen. [...] Wir bleiben einfach fixiert auf das Wohlgefühl. Das ist eine große Gefahr für den Meditierenden. [...] Ihr mögt nun fragen, wo denn nun der tatsächliche Nutzen des Samadhi liegen mag, wie Weisheit daraus entstehen kann? [...] Es gibt zwei Arten des Friedens – eine grobe und eine bereinigte Form. Der Frieden des *Samadhi* ist immer noch die grobe Form! Wenn der Geist befriedet ist, dann steigt Glücksgefühl auf. Der Geist nimmt dieses Glücksgefühl dann als Frieden. Doch Glück und Unglück entstehen und vergehen. Es gibt also keinen Ausweg aus dem *Samsara*, solange wir diesen Zuständen verhaftet sind. Der Friede, der aus Weisheit aufsteigt, ist kein solches Glücksgefühl, sondern erkennt die wahre Natur von Glück und Unglück. Es gibt dann keine Verhaftungen mehr an diese Zuständlichkeiten, der Geist hat sich darüber erhoben. Das ist das wahre Ziel aller buddhistischen Praxis!«

317 In vielen *Theravāda*-Schulen wird der Schwerpunkt der Achtsamkeit auf die Beobachtung der Empfindungen gelegt. Im Prinzip können 6 verschiedene Arten von Empfindungen beobachtet werden: (1) durch Seheindruck, (2) durch Höreindruck, (3) durch Riecheindruck, (4) durch Schmeckeindruck, (5) durch Körpereindruck und (6) durch Geisteindruck (bzw. Denken) entstandene Empfindung.

318 Dīgha-Nikāya 22, zitiert nach der Übersetzung von Neumann (1996).

319 Rhys-Davids und Stede (1992) übersetzen im Pāli English Dictionary *sampajañña* folgendermaßen: attention, consideration, discrimination, comprehension, circumspection.

320 Dhammapada 277, zitiert nach Goenka (1991, S. 91).

321 Dhammapada 373/374, zitiert nach Visuddhi-Magga (Buddhaghosa 1993, S. 761).

322 Nyanatiloka (1989a, S. 34).

323 Govinda (1992, S. 119 f.).

324 Wahrheit darf im buddhistischen Sinne nicht als etwas Absolutes, als ein Ding verstanden werden, sondern offenbart sich im Prozess des Werdens. Eine ausführliche Diskussion der erkenntnistheoretischen Aspekte findet in den folgenden Kapiteln statt.

325 Sutta Nipāta 173/174, übersetzt von Nyanaponika (1985, S. 63).
326 Pāli English Dictionary (Rhys-Davids a. Stede, 1992): »Sīla: 1. nature, character, habit, behaviour [...] 2. moral practice, good character, Buddhist ethics, code of morality.«
327 Siehe zur Tugendethik des Buddhismus im Vergleich zur Prinzipienethik westlicher philosophischer Diskurse Whitehill (1994).
328 Hierzu Nyanatiloka (1981, S. 72): »Als Sittlichkeit (sīla) in buddhistischem Sinne gilt die sich in rechtem Tun und rechter Rede äußernde Willens- und Geistesverfassung und nicht etwa die bloßen körperlichen und sprachlichen Äußerungen, die lediglich als physische Vorgänge und nicht als der eigentliche sittliche Akt zu betrachten sind. Sittlichkeit in buddhistischem Sinne ist auch nicht, wie es nach manchen Formulierungen der Texte (z. B. Abstehen vom Töten, Stehlen usw.) den Anschein hat, etwas Negatives und besteht nicht etwa in der bloßen Abwesenheit übler Taten oder Worte. Sie ist vielmehr das jedesmal klar bewußte und gewollte Sichzurückhalten davon, auf Grund der gleichzeitig aufsteigenden edlen Willens- und Geistesverfassung. Die Sittlichkeit des achtfachen Pfades gilt als die eigentliche oder natürliche Sittlichkeit (pakati-sīla) im Gegensatz zu der in äußeren Vorschriften bestehenden, sogenannten vorgeschriebenen Sittlichkeit (paññati-sīla).«
329 Angutarra-Nikāya X, 1, übersetzt von Nyanatiloka (1984, S. 9).
330 Govinda (1992, S. 156).
331 *Ekaggatā* wird in der Regel synonym mit dem Begriff *samādhi* verwendet.
332 Eine ausführliche Darstellung der im Abhidhamma benannten 52 Faktoren des heilsamen Bewusstseins findet sich in Govinda (1992).
333 Ihren Ausdruck finden die heilsamen Bewußtseinsfaktoren in den *zehn Aspekten der Sittlichkeit* (*dasa-sīla*). Der edle Mensch enthält sich demnach dem Töten (*pānātipātā veramanī*) und Stehlen (*adinna adānā*), dem Ehebruch (*kāmesu micchācarā*), Lügen (*musāvādā*) und Verleumdung (*pisuna-vācāya*), dem Tratsch (*pharusavācāya*) wie nutzlosem Geschwätz (*samphappalāpā*), der Habsucht (*abhijjhāya*), dem Übelwollen (*byāpādā*) und der Ketzerei (*micchadiṭṭhiyā*).
334 Angutarra-Nikāya A IV, 198, übersetzt von Nyanatiloka (1984, Bd. 2, S. 177).
335 Goenka (1991, S. 20 f.).
336 Sutta Nipāta 798, übersetzt von Nyanaponika (1985, S. 176).
337 Govinda (1992, S. 187).
338 Ebd. (S. 91).
339 Angutarra-Nikāya A X, 121, übersetzt von Nyanatiloka (1984, Bd. 5, S. 111).
340 Govinda (1992, S. 1), Hervorhebungen im Original.
341 Alexander (1981, S. 104 f.).
342 Bateson (1987, S. 19 f.).
343 Siehe zum postmodernen, multiplen Selbst Gergen (1990).
344 Bateson (1992, S. 589).
345 Nochmals: eine Relation – beispielsweise ¼ – hat nichts Dinghaftes.
346 Bateson (1992, S. 590).
347 Maturana (1985b, S. 26).
348 Siehe hierzu ausführlich Bateson (1992, S. 362–399).
349 Von Glasersfeld in Watzlawick (1985, S. 17).
350 Luhmann (1993a, S. 376).
351 Celan (2003).
352 Foucault (1999, S. 384).
353 Fuchs, P. (2010, S. 81).
354 »Wahrnehmung als ein persistierendes (zeitfreies) Hausen im ›Jetzt‹ könnte kaum in die Form eines Systems gebracht werden, das Elemente, die sich unterscheiden (die es unterscheidet), produziert und Relationen über Relationierungen dieser

Elemente errechnen kann. Zum Aufbau von Struktur, Wiedererkennbarkeit, Irritabilität ist Zeit unverzichtbar. Deshalb kann man nicht annehmen, daß Wahrnehmung in jedem Zeitpunkt ›ursprünglich‹, jederzeit ein Original, eine permanente Novität sei. Denn wenn es so wäre, müßte Wahrnehmung als eine spezifische ›Insuffizienz‹ begriffen werden. Die Welt, die durch Wahrnehmung entstünde, wäre weder bestimmt noch unbestimmt, sie wäre nicht ›eingebettet‹ in Geschichtlichkeit und Erinnerung. Sie könnte über nichts *informieren*. Und das bedeutet: Wahrnehmung – genommen als Gegenwartserzeugung – zwingt Formen der *Präsenzvernichtung* heran, Formen der Eliminierung von Gegenwartsüberflutung« (Fuchs 2005, S. 32 f.).

355 Fuchs, P. (2005, S. 33 f.).
356 Fuchs (2005, S. 63 f.).
357 Fuchs (2005, S. 137 f.).
358 Ebd. (S. 137 f.).
359 Singer (2002, S. 73).
360 Zwang in dem Sinne, dass man sich mit dem, was man tut, nicht identifiziert und entsprechend eigentlich anders sein möchte. Autonomie insofern, als man sich das Dilemma und die gewählte Praxis selbst zurechnet.
361 Fuchs, P. (2005, S. 137 f.).
362 Fuchs, P. (2005, S. 142 f.).
363 Nyanatiloka (1989a, S. 136).
364 Govinda (1992, S. 185).
365 Ebd. (S. 176).
366 Govinda (1992, S. 109), Hervorhebungen im Original.
367 Visuddhi-Magga XIX (Buddhaghosa 2003, S. 719 f.).
368 Nyanatiloka (1989a, S. 136).
369 Nyanatiloka (1989a, S. 136).
370 Saṃyutta Nikāya XII, 17, zitiert nach Nyanatiloka (1981, S. 196), Hervorhebung im Original.
371 Govinda (1992) bezeichnet das Ich-Selbst als ideelles Vakuum. Mit diesem Begriff drückt er den Doppelcharakter der Ich-Selbst-Vorstellung aus. Einerseits ist sie ideell, sie existiert nur im Bereich der Ideen und ist an sich substanzlos. Andererseits hat die Idee vom Ich-Selbst eine Wirkung. Sie bewirkt die Ausrichtung von Handlungen auf diese Idee hin.
372 Udāna I, zitiert nach Goenka (1991, S. 103).
373 Govinda (1992, S. 119 f.).
374 Wolf (2007, S. 110).
375 Udāna I, zitiert nach Goenka (1991, S. 103).
376 Ferry (1997, S. 32).
377 So Dawkins (1998).
378 Flusser (1992, S. 1167).
379 Luhmann (1998a, S. 426).
380 Flusser (1992, S. 1168).
381 Maturana u. Varela (1985, S. 190).
382 Luhmann (1998a, S. 427).
383 Wuketis (1992).
384 Glanville (1988, S. 178).
385 Bateson (1987, S. 159).
386 Varela, Thompson u. Rosch (1992, S. 325).
387 Watzlawick u. Kreuzer (1988, S. 48).
388 Wittgenstein (1990, Proposition 6.521).
389 Siehe zu den 10 Fesseln *(saṁyojana)* ausführlicher Nyanatiloka (1989a, S. 199 f.).
390 Govinda (1992, S. 104).

391 Govinda (1992, S. 104).
392 Rahula (1983, S. 80).
393 Trungpa (1973, S. 23).
394 Trungpa (1973, S. 203).
395 Dhammapada 197–200, zitiert nach Govinda (1992, S. 76).
396 Weber (2008, S. 61 f.).
397 Hier ist darauf hinzuweisen, dass der Pāli-Begriff *vedanā* eher als Empfindung im Sinne von *feeling* oder ›sensation‹ zu verstehen ist denn im Sinne von ›emotion‹ als einem komplexen Gefühlsausdruck.
398 Angutarra-Nikāya III, 62 (1984).
399 Ebd.
400 Elster (1990).
401 Hier ist nochmals darauf hinzuweisen, dass der Pāli Begriff *vedanā* tendenziell mehr als Empfindung im Sinne von ›feeling‹, ›sensation‹ zu verstehen ist, als im Sinne von ›emotion‹ als einem komplexen Gefühlsausdruck.
402 Saṃyutta Nikaya, Vedanā-Saṃyutta 36.1, nach einer Übersetzung von Neumann (1996).
403 Saṃyutta Nikaya, Vedanā-Saṃyutta 36.2, nach einer Übersetzung von Neumann (1996).
404 Saṃyutta Nikaya, Vedanā-Saṃyutta 36.29, nach einer Übersetzung von Neumann (1996).
405 Bohm (1988, S. 132).
406 Ebd. (S. 133).
407 Bohm (1988, S. 117).
408 Die folgenden Ausführungen sind teilweise dem vierten Kapitel von Vogd (2010) entlehnt.
409 Damasio (1994).
410 Allerdings gibt es, wie Rainer Bösel aufzeigt, sehr wohl einen Zusammenhang zwischen Emotionen und Körperempfindungen: »Die Intensität von Emotionen variiert mit der Menge afferent rückgemeldeter Körperveränderungen. Patienten mit Rückenmarksverletzungen erhalten geringere Rückmeldungen über periphere Prozesse. Die Menge an Körperempfindungen hängt davon ab, in welchem Rückenmarksabschnitt die aufsteigenden Bahnen unterbrochen sind. Man hat derartige Patienten aufgefordert, emotionale Erlebnisse mit ähnlichen Situationen vor ihrer Verletzung zu vergleichen. Die größten Unterschiede wurden von Patienten mit Verletzungen in oberen Rückenmarksabschnitten berichtet. Bei diesen sind nur wenige viszeral-aufsteigende Bahnen intakt. Sie erleben die Situation zwar als emotional, sie berichten z. B. von Angst, aber sie empfinden die Emotion nur ›als ob‹, sie ›fühlen‹ die Emotion nicht (sie spüren keine Spannung). Bei gesunden Personen korreliert die Intensität der empfundenen Erregung mit der Intensität einiger Stoffwechselprozesse. [Bösel verweist auf Untersuchungen über die emotionsabhängigen Veränderungen von Adrenalinspiegel, Hautleitfähigkeit und Herzschlagrate; Anmerkung des Autors]« (Bösel 1987, S. 150).
411 Damasio (1996).
412 Maturana (1994a, S. 170).
413 Fuchs, P. (2005, S. 137 f.).
414 Siehe hierzu etwa die jüngeren Arbeiten des Nobelpreisträgers Eric Kandel, der sich durch die Psychoanalyse zu entsprechenden Forschungen anregen ließ (Kandel 2006).
415 Hieran schließen moderne Suchttheorien an, mit denen deutlich wird, dass weniger die Substanz oder das mit der Sucht einhergehende Verhalten (bei substanzlosen Süchten) das Problem darstellt, sondern vielmehr die als existenziell gerahmte Bedeutung, welche dem Suchtverhalten zugewiesen wird. Sucht entsteht also im Geist. Vgl. Robinson u. Berridge (1993).

416 So zeigen Untersuchungen über das Verlernen von Ängsten auf, dass das Umlernen nicht auf Basis der Extinktion (Auslöschung) der Gefühlsreaktion stattfindet, sondern durch die Modulation des präfontalen Kortex, in dem Kontextinformationen differenziert und mit alternativer Bedeutung versehen werden können (LeDoux 1994).
417 Aus phänomenologischer Perspektive ist hier die Frage einer Selbstheit, die nicht durch Denken oder andere Bewusstseinsinhalte formatiert ist, von Interesse. Siehe zur Einführung Zahavi (2008) bzw. zur weiterführenden Diskussion Siderits, Thompson u. Zahavi (2011).
418 So Sharp (2011).
419 Es gibt aber einige Hinweise, wie meditative Vertiefungserfahrungen beschrieben werden können (siehe schon Brown 1977), bei denen vor allem deutlich wird, dass Trance, Imagination und Achtsamkeitsmeditation mit verschiedenen neuronalen und psychologischen Zuständen einhergehen (siehe Brown et al. 1983).
420 Lévinas (1984, S. 58).
421 Günther (1975, S. 61 f.).
422 Majjhima Nikāya 26, zitiert nach Govinda (1990, S. 11).
423 Majjhima Nikāya 140, zitiert nach Govinda (1992, S. 145).
424 Udana VIII, 3, zitiert nach Nyanatiloka (1989b, S. 136).
425 Besonders im tibetischen Buddhismus finden sich recht poetische Beschreibungen des Unbedingten. Siehe als Beispiel die Worte von Dudjom Rinpoche (Sogyal Rinpoche 1993, S. 70):

»Kein Wort kann es beschreiben,
kein Beispiel kann es verdeutlichen.
Samsara macht es nicht schlechter,
Nirvana macht es nicht besser.
Es wurde niemals geboren,
es hat niemals aufgehört.
Es wurde niemals befreit,
es war niemals verblendet.
Es hat niemals existiert,
es war niemals nicht-existent.
Es hat keinerlei Grenzen,
es fällt in keine Kategorie.«

426 Watzlawick u. Kreuzer (1988, S. 48).
427 Wittgenstein (1990, Proposition 6.4312).
428 Wittgenstein (1990, Proposition 6.4311).
429 Wittgenstein (1990, Proposition 6.44).
430 Wittgenstein (1989, S. 18).
431 Heidegger (1926). Siehe zur Nähe zwischen Heideggers Philosophie und dem Buddhismus Hempel (1992), aber auch zu grundlegenden Unterschieden Han (2002).
432 So Taylor (2009).
433 Allerdings ist hier mit Han darauf hinzuweisen, dass die »buddhistische Leere« gewissermaßen »leerer als die Leere Heideggers« ist, denn»ihr wohnt eine »*Sammlung ohne Innerlichkeit*, eine *Stimmung ohne Stimme*« inne, was sie im Gegensatz zu Heideggers Philosophie »freundlich« macht, weil man nicht *jemand* zu sein braucht (Han 2002, S. 61, Hervorhebungen im Original).
434 Zitiert nach Esposito (2011, S. 134).
435 Sutta Nipāta 843, übersetzt von Nyanaponika (1985, S. 182).
436 Pāli English Dictionary (Rhys-Davids a. Stede 1992): »Dhamma: connotation: -- doctrine, right, or righteousness, condition, phenomenon. [...] Applications and

Meaning. -- 1. Psychologically; ›mentality‹ as the constitutive element of cognition & of its substratum, the world of phenomena. [...] 2. Ratio -- ethically -- (a) objective: ›rationality‹, anything that is as it should be according to its reason & logicality (as expressed under No. 1 a), i. e. right property, sound condition, norm, propriety, constitution as conforming to No. 1 in universal application i. e. Natural or Cosmic Law. [Es folgt eine ausführliche Diskussion der Quellen und Verwendungsweise; Anmerkung des Autors]«

437 Angutarra-Nikāya III, 134, zitiert nach Govinda (1992, S. 82).

438 Entsprechend heißt es in der Rede des Buddhas an die *Kālāmer*: »Geht Kālāmer nicht nach dem Hörensagen, nicht nach Überlieferungen, nicht nach Tagesmeinungen, nicht nach der Autorität heiliger Schriften, nicht nach bloßen Vernunftgründen und logischen Schlüssen, nicht nach erdachten Theorien und bevorzugten Meinungen, nicht nach dem Eindruck persönlicher Vorzüge, nicht nach der Autorität eines Meisters! Wenn ihr aber, Kālāmer, selber erkennt: ›Diese Dinge sind heilsam, sind untadelig [...] und wenn ausgeführt und unternommen, führen sie zu Segen und Wohl‹, dann, oh Kālāmer, möget ihr sie euch zu eigen machen« (Angutarra-Nikāya 1984, III, 66).

439 Dīgha-Nikāya 16, zitiert nach Goenka (1991, S. 101).

440 Maturana (1985b, S. 29).

441 Bateson u. Bateson (1993, S. 210 ff.).

442 Bateson u. Bateson (1993, S. 203 ff.).

443 Ebd. (S. 203, Hervorhebungen vom Autor).

444 Vgl. von Schlippe u. Schweitzer (2012).

445 Varela, Thompson u. Rosch (1992b, S. 344).

446 Lévinas (1984, S. 59).

447 Kantowsky (1993, S. 232).

448 Hierzu auch Buddhas Gleichnis vom Bambusrohrakrobaten: »Vor langer Zeit lebte einmal ein Bambusrohr-Akrobat. Das Bambusrohr aufrichtend, wandte er sich an seine Gehilfin Medakathalika: ›Komm, liebe Medakathalika, erklettere das Bambusrohr und stelle dich auf meine Schultern!‹ – ›Ja, Meister‹, erwiderte die Gehilfin und tat wie der Meister geheißen. Da sprach der Akrobat zu seiner Gehilfin: ›Du, liebe Medakathalika, schütze mich, und ich werde dich schützen. So übereinander wachend, einander schützend, werden wir unsere Kunst zeigen, unseren Gewinn ernten und wohlbehalten vom Bambusrohr heruntersteigen.‹ Auf diese Worte, ihr Mönche, sprach, Medakathalika, die Gehilfin zum Meister: ›Nicht so, Meister, schütze dich selbst, und auch ich werde mich selbst schützen. So selbstbewacht, selbstbeschützt werden wir unsere Kunst zeigen, unseren Gewinn ernten und wohlbehalten vom Bambusrohr heruntersteigen.‹ [...] ›Das ist hierbei der rechte Weg‹, sagte der Erhabene und sprach weiter wie folgt: [...] ›Sich selber schützend, schützt man den anderen; den anderen schützend, schützt man sich selbst.‹« Saṃyutta Nikaya XLVII, 19, zitiert nach Nyanaponika (1980, S. 26).

449 Govinda (1992, S. 48).

450 Ebd. (S. 122).

451 Ebd. (S. 153).

452 Siehe auch Zimmer (1989).

453 Maturana (1994b, S. 122).

454 »Unsere Fähigkeit zum sozialen Zusammenleben entsteht in uns nur in einer Epigenese der Liebe, in der wir heranwachsen in der operationalen Validierung unserer Selbstannahme, in der Annahme des anderen durch die Intimität körperlicher Begegnungen in totalem gegenseitigem Vertrauen. Wir menschlichen Wesen haben die Fähigkeit, in Liebe zu leben, um physiologisch und geistig gesund zu bleiben. Natürlich können wir auch Gleichgültigkeit, Mißtrauen und Haß lernen, aber wenn das geschieht und zentral wird in unserer Lebensweise, dann hört unser Leben auf, sozial zu sein, denn soziales Leben ist konstitutiv ein Bereich des

Zusammenlebens, der auf Liebe gegründet ist« (Maturana u. Verden-Zöller 1994, S. 96).

455 Von Glasersfeld (1990, 126 f.).

456 Maturana u. Verden-Zöller (1994, S. 107).

457 Ebd. (S. 108).

458 »Alles Verhalten, das außerhalb der Bereiche von Zwecken und Absichten gelebt wird, ereignet sich als gültig in sich selbst, und alles Verhalten, das außerhalb der Bereiche von Zwecken und Absichten gelebt wird, wird im Spiel gelebt. Nur wir Menschen können nichtspielerisches Verhalten leben« (Maturana u. Verden-Zöller 1994, S. 104 f.).

459 Maturana u. Verden-Zöller (1994, S. 84).

460 Lévinas (1984, S. 64 f.).

461 Dies ist – um es nochmals zu sagen – auch der Grund, warum Worte wehtun können.

462 Die semantische Annäherung an den ökonomischen Begriff der Spekulationsblase ist hier gewollt.

463 Der Philosoph Thomas Metzinger (1999) spricht in diesem Zusammenhang von einem naiv-realistischen Selbstmissverständnis, da wir aus epistemischen Gründen die Täuschung in Bezug auf unser Selbst nicht ohne weiteres durchschauen können.

464 Man denke hier etwa an Karl Mannheims Seinsverbundenheit des Wissens (1980).

465 Fuchs, P. (2005, S. 137 f.).

466 Bohm (1988, S. 133).

467 Siehe hierzu aus einer sozialphilosophischen Sicht Herrmann, Krämer u. Kuch (2007).

468 Zitiert nach Nyanatiloka (1989a, S. 136).

469 Ferry (1997, S. 32).

470 Fuchs, P. (1997a).

471 Fuchs, P. (1997b, S. 83).

472 Fuchs, P. (1997a, S. 64).

473 Fuchs, P. (1997b, S. 77).

474 Ebd. (S. 87).

475 Dhammapada 71/74, zitiert nach Goenka (1991, S. 91).

476 Der Begriff des Übens ist hier durchaus im Sinne von Sloterdijk (2009) zu verstehen.

477 Buddhaghosa (2003, S. 790).

478 Nach den Lehren des *Theravāda*-Buddhismus erreicht selbst ein Buddha das endgültige *nibbāna* erst nach seinem Tod (siehe auch Nyanatiloka 1989a, S. 135).

479 In gleichem Sinne versteht auch Tugendhat die mystische Praxis als eine gefühlte Wirklichkeit, die auf der Loslösung von den eigenen egozentrischen Willensimpulsen beruht. »Wo Mystik in dem vorhin angesprochenen Gefühl des Einswerdens besteht, beruht dieses Gefühl auf dem Bedürfnis, sich vom Isoliertsein des menschlichen Selbstseins und von der eigentümlichen Weise, wie Menschen sich wichtig nehmen und um sich besorgt sind, auch wenn sie sich um anderes kümmern, zu befreien. Mit anderen Worten: Mystik besteht darin, die eigene *Egozentrizität* zu transzendieren oder zu relativieren, eine Egozentrizität, die andere Tiere, die nicht ›ich‹ sagen, nicht haben. Will man die Motive der Mystik verstehen, muß man die besonderen Probleme verstehen, die ›ich‹-Sager mit ihrer Egozentrik haben« (Tugendhat 2006, S. 7 f.).

480 Hesse (1974, S. 275 f.).

481 Tugendhat (2007).

482 »Um diesen leidvollen Zustand zu lindern, sind in der Geschichte der Menschheit zwei Wege beschritten worden, eben der der Religion und der der Mystik, und

beide implizieren eine unterschiedliche, ja entgegengesetzte Deutung im Verhältnis zum numinosen Universum, in dem die Menschen sich vorfinden. Der Weg zur Mystik wird darin bestehen, daß man das Gewicht, das die eigenen Wünsche für einen haben, relativiert oder geradezu leugnet, also eine *Transformation des Selbstverständnisses*. Der Weg der Religion hingegen besteht darin, daß man die Wünsche läßt, wie sie sind, und statt dessen eine *Transformation der Welt* mittels einer Wunschprojektion vornimmt: die Macht, die die Menschen umgibt, wird zu diskreten Wesen verdichtet, von deren Wirken man sich vorstellen kann, daß das eigene Glück oder Unglück abhängt, und die als von uns beeinflußbar angesehen werden. Ein solches Beeinflussen ist auch durch Riten und Magie denkbar, aber es ist naheliegend, sich diese machtvollen Wesen personalisiert vorzustellen, so daß man sich zu ihnen auf analoge Weise verhalten kann, wie zu mächtigen Mitmenschen: bittend, dankend, ihre Macht anerkennend und sich ihnen gegenüber für verantwortlich ansehend« (Tugendhat 2006, S. 122).

483 Luhmann (1993b, S. 259).

484 Auch wenn der Buddhismus im Westen das Image der friedlicheren Religion hat, so gibt es in der Religionsethnologie zahllose Beispiele, in denen auch die buddhistischen Lehren zu einem Glaubenssystem mutiert sind, das Anlass zu Mord und Todschlag bot (siehe etwa das Themenheft »Buddhismus und Gewalt« der Zeitschrift für Religionswissenschaft 2003, Heft 3/2).

485 Ein besonders tragischer Fall zeigte sich mit Osel Hita Torres, besser bekannt als Ösel Tenzin Rinpoche, dem Nachfolger von Chögyam Trungpa Rinpoche als Leiter des Naropa-Instituts, Boulder, Colorado, heute Naropa University. Der an AIDS Erkrankte war offen der festen Überzeugung, dass die Erkrankung beim Geschlechtsverkehr nicht übertragen werde, da er durch tibetische Mantren und die hiermit assoziierten Schutzgeister geschützt sei (vgl. Coleman 2002, S. 139 ff.).

Abkürzungen der Pāli-Quellen

A	Anguttaranikāya
D	Dīghanikāya
Dhp	Dhammapada
M	Majjhimanikāya
Miph	Milindapañha (des Nāgasena)
PTS	Pāli Text Society, London
S	Saṃyuttanikāya
Snip	Suttanipāta

Personenregister

Literatur

Akerlof, G. A. u. R. E. Krankton (2010): Identity Economics. Warum wir ganz anders ticken, als die meisten Ökonomen denken. München (Hanser).

Alexander, C. (1981): Kunst und Design für das 21. Jahrhundert. In: H. Gsöllpointner, A. Hareiter u. L. Ortner (Hrsg.): Design ist unsichtbar. Wien (Löcker), S. 101–114.

Also sprach der Erhabene. Eine Auswahl aus den Reden Gotamo Buddhos. Übersetzt von Neumann, K. E. Zürich (Diogenes), 1986.

Angutarra-Nikāya (1922): Die Lehrreden des Buddha aus der Angereihten Sammlung. Neue Gesamtausgabe in 5 Bänden. Übersetzt von Nyanatiloka. Freiburg (Aurum), 4. Aufl. 1984).

Baer, R. A. (2006): Mindfullness training as a clinical intercention: A conceptional and empirical review. *Clinical Psychology: Science and Practice 10* (2): 125–143.

Batchelor, S. (2011): The awakening of the west. The encounter of buddhism in the west. Williamsville (Echo Point Books).

Bateson, G. (1987): Geist und Natur: Eine notwendige Einheit. Frankfurt a. M. (Suhrkamp).

Bateson, G. (1992): Ökologie des Geistes: Anthropologische, psychologische, biologische und epistemologische Perspektiven. Frankfurt a. M. (Suhrkamp).

Bateson, G. u. M. C. Bateson (1993): Wo Engel zögern. Unterwegs zu einer Epistemologie des Heiligen. Frankfurt a. M. (Suhrkamp).

Baumann, M. (1997): Culture Contact and Valuation: Early German Buddhists and the Creation of a »Buddhism in Protestant Shape«. *Numen 44* (3): 270–295.

Baumann, M. (2001): Global Buddhism: Developmental Periods, Regional Histories, and a New Analytical Perspective. *Journal of Global Buddhism* 2: 1–43.

Bayram, N. u. N. Zaboura (2006): Sichern Spiegelneuronen die Intersubjektivität? In: J. Reichertz u. N. Zaboura (Hrsg.): Akteur Gehirn – oder das vermeintliche Ende des handelnden Subjekts. Wiesbaden (VS), S. 173–187.

Beck, F. a. J. Eccles (1991): Quantum aspects of brain activity and the role of consciousness. *Procceedings of the National Academy of Sciences of the United States of America 89* (23): 11357–11361.

Berger, L. P. u. T. Luckmann (2003): Die gesellschaftliche Konstruktion der Wirklichkeit. Eine Theorie der Wissenssoziologie. Frankfurt a. M. (Fischer).

Bohm, D. (1988): Die verborgene Ordnung des Lebens. Grafing (Aquamarin).

Bösel, R. (1987): Physiologische Psychologie. Berlin/New York (De Gruyter).

Bourdieu, P. (1997): Sozialer Sinn. Kritik der theoretischen Vernunft. Frankfurt a. M. (Suhrkamp).

Brandom, R. B. (2000): Expressive Vernunft. Frankfurt a. M. (Suhrkamp).

Brown, D. et al. (1983): Phenomenological differences among self hypnosis, mindfulness meditation, and imaging. *Imagination, Cognition and Personality 2* (4): 291–309.

Brown, D. (1977): A Model for the Levels of Concentrative Meditation. *The International Journal of Clinical and Experimental Hypnosis XXV* (4): 236–273.

Buddhaghosa, V.-M. d. (1993): Der Weg zur Reinheit. Übersetzt von Nyanatiloka. Konstanz (Christiani).

Buddhaghosa, V.-M. d. (2003): Visuddhi-Magga des Buddhaghosa: Der Weg zur Reinheit. Übersetzt von Nyanatiloka. Konstanz (Christiani).

Cadge, W. (2007): Reflection on Habits, Buddhism in America, and Religious Individualism. *Sociology of Religion 68* (2): 201–205.

Camus, A. (2013): Der Mythos des Sisyphos. Reinbek (Rowohlt).

Celan, P. (2003): Die Niemandsrose. Sprachgitter. Frankfurt a. M. (Fischer).

Ciompi, L. (1988): Außenwelt – Innenwelt. Die Entstehung von Zeit, Raum und psychischen Strukturen. Göttingen (Vandenhoeck & Ruprecht).

Climenhaga, R. (2009): Pina Bausch. London (Routledge).

Coleman, J. W. (2002): The New Buddhism: The Western Transformation of an Ancient Tradition. Oxford (Oxford University).

Conze, E. (1983): Buddhistisches Denken. Frankfurt a. M. (Suhrkamp).

Conze, E. (1984): Eine kurze Geschichte des Buddhismus. Frankfurt a. M. (Insel).

Cosmelli, D. a. E. Thompson (2010): Embodiment or Envatment? Reflections on the Bodily Basis for Consciousness. In: J. Steward, O. Gapenne u. E. di Paolo (eds.): Enaction: Towards a New Paradigm for Cognitive Science. Cambridge MA (MIT), pp. 361–386.

Crick, F. (1994): Was die Seele wirklich ist: Die naturwissenschaftliche Erforschung des Bewußtseins. München (Artemis & Winkler).

Damasio, A. R. (1994): Descartes' Irrtum: Fühlen, Denken und das menschliche Gehirn. Berlin (List), 5. Aufl. 2007.

Damasio, A. R. (1996): Neurobiology of decision-making. Berlin / Heidelberg / New York (Springer).

Dawkins, R. (1998): Das egoistische Gen. Reinbek (Rowohlt).

Derrida, J. (1979): Die Stimme und das Phänomen. Ein Essay über das Problem des Zeichens in der Philosophie Husserls. Frankfurt a. M. (Suhrkamp).

Derrida, J. (2008): The Gift of Death & Literature in Secret. Chicago/London (The University of Chicago), 2nd edition.

Detlefsen, T. (1988): Schicksal als Chance. München (Bertelsmann).

Detlefsen, T. u. R. Dahlke (1979): Krankheit als Weg. München (Bertelsmann).
Dhammapada, Sayings of the Buddha. Translated by Piyadasso Thera. Kandy, Sri Lanka (Buddhist Publication Society), 1974.
Diaz-Bone, R. u. K. Schubert (1996): William James zur Einführung. Hamburg (Junius).
Eccles, J. C. (1994): Der Dualismus von »Ich« und Gehirn. In: J. Fedrowitz, D. Matejovski u. G. Kaiser (Hrsg.): Neuroworlds. Frankfurt a. M. (Campus), S. 208–222.
Eckert, R. (1986): Tierphysiologie. Stuttgart (Thieme).
Edelman, G. M. (2004): Das Licht des Geistes. Wie Bewusstsein entsteht. Düsseldorf/Zürich (Patmos).
Eisenberger, N. I., M. D. Liebermann a. K. D. Williams (2003): Does rejection hurt? An FMRI study of social exclusion. *Science 302* (10): 290–292.
Eisenberger, N. I. et al. (2006): An experimental study of shared sensitivity to physical pain and social rejection. *Pain* 126: 132–138.
Elster, J. (1990): Aktive und passive Negation. In: P. Watzlawick (Hrsg.): Die erfundene Wirklichkeit. Wie wissen wir, was wir zu wissen glauben? Beiträge zum Konstruktivismus. München/Zürich (Piper), S. 163–191.
Esposito, E. (1993): Ein zweiwertiger nicht-selbständiger Kalkül. In: D. Baecker (Hrsg.): Kalkül der Form. Frankfurt a. M. (Suhrkamp), S. 96–111.
Esposito, E. (2011): Kann Kontingenz formalisiert werden? *Soziale Systeme* 17 (1): 120–137.
Faure, B. (1998): Buddhismus. Bergisch Gladbach (BLT/Lübbe).
Ferry, L. (1997): Von der Göttlichkeit des Menschen oder Der Sinn des Lebens. Wien (Zsolnay).
Fichte, G. J. (1997): Grundlage der gesamten Wissenschaftslehre. Hamburg (Meiner).
Field, R. J. u. M. Burger (1985): Oscillations and Traveling Waves in Chemical Systems. New York (Wiley).
Flusser, V. (1992): Mit dem Zufall gegen den Zufall spielen. *Universitas* 12: 1164–1169.
Foerster, H. v. (1994a): Wissen und Gewissen: Versuch einer Brücke. Frankfurt a. M. (Suhrkamp).
Foerster, H. v. (1994b): Wissenschaft des Unwißbaren. In: J. Fedrowitz, D. Matejovski u. G. Kaiser (Hrsg.): Neuroworlds. Frankfurt a. M. (Campus), S. 33–59.
Foucault, M. (1999): Die Ordnung der Dinge. Frankfurt a. M. (Suhrkamp).
Freud, S. (1930): Das Unbehagen in der Kultur: und andere kulturtheoretische Schriften. Frankfurt a. M. (Fischer), 10. Aufl. 2007.
Fuchs, P. (1997a): Vom Zweitlosen: Paradoxe Kommunikation im Zen-Buddhismus. In: N. Luhmann u. P. Fuchs (Hrsg.): Reden und Schweigen. Frankfurt a. M. (Suhrkamp), S. 46–69.

Fuchs, P. (1997b): Von der Beobachtung des Unbeobachtbaren: Ist Mystik ein Fall von Inkommunikabilität? In: N. Luhmann u. P. Fuchs (Hrsg.): Reden und Schweigen. Frankfurt a. M. (Suhrkamp), S. 70–100.
Fuchs, P. (2001): Die Metapher des Systems. Studien zu der allgemein leitenden Frage, wie sich der Tänzer vom Tanz unterscheiden lasse. Weilerswist (Velbrück Wissenschaft).
Fuchs, P. (2005): Die Psyche. Studien zur Innenwelt der Außenwelt. Weilerswist (Velbrück Wissenschaft).
Fuchs, P. (2008): Die Modernität der Mystik und die Modernität der Theorie. Anmerkungen zu einer überaus seltsamen Affinität. In: I. Berensmeyer (Hrsg.): Mystik und Medien. München (Wilhelm Fink), S. 55–76.
Fuchs, P. (2010): Das System des Selbst. Weilerswist (Velbrück Wissenschaft).
Fuchs, P. u. F. Hoegl (2011): Die Schrift der Form. Peter Fuchs und Franz Hoegl über George Spencer Browns Laws of the Form. In: B. H. Pörsken (Hrsg.): Schlüsselwerke des Konstruktivismus. Wiesbaden (VS), S. 175–207.
Fuchs, T. (2002): Der Begriff der Person in der Psychiatrie. *Der Nervenarzt* 73: 239–246.
Gadamer, H.-G. (1972): Wahrheit und Methode. Frankfurt a. M. / New York (Campus).
Gautama Buddha, Die vier edlen Wahrheiten – Texte des ursprünglichen Buddhismus. Übersetzt von Mylius, K. München (dtv), 1985.
Gazzaniga, M. S. (1989): Das erkennende Gehirn. Entdeckungen in den Netzwerken des Geistes. Paderborn (Junfermann).
Gazzola, V., L. Aziz-Zadeh a. C. Keysers (2006): Empathy and the Somatotopic Auditory Mirrow System in Humans. *Current Biology* 16: 1824–1829.
Gelder, T. van (1999): Wooden Iron? Husserlian Phenomenology Meets Cognitive Science. In: J. Petitot, F. J. Varela a. B. Pachoud (eds.): Naturalizing Phenomenology: Issues in Contemporary Phenomenology and Cognitive Science. Stanford CA (Stanford University), S. 245–265.
Gell-Mann, M. (1994): Das Quark und der Jaguar. München/Zürich (Piper).
George, K. et al. (1996): Das Bild des Islam und des Buddhismus. Eine empirische Untersuchung. *Zeitschrift für Religionswissenschaft* 4 (1): 55–82.
Gergen, K. J. (1990). Die Konstruktion des Selbst im Zeitalter der Postmoderne. *Psychologische Rundschau* 41: 191–199.
Glanville, R. (1988): Objekte. Berlin (Merve).
Gläs, K. (1982): Astrologie: Wissenschaft oder Wahnsystem. *Psychologie Heute* 82 (9): 21–28.
Glasersfeld, E. v. (1990): Zuerst muß man zu zweit sein. *Systeme, Zeitschrift der österreichischen Arbeitsgemeinschaft für systemische Therapie* 4 (2): 119–135.
Gödel, K. (1931): Über formal unentscheidbare Sätze der Principica Mathematica und verwandter Systeme. *Monatshefte für Mathematik und Physik* 38: 173–198.

Goenka, S. N. (1991): Die Zusammenfassung der Diskurse. Seligenstadt (Vipassana-Vereinigung e.V.).

Goenka, S. N. (1992): Vipassana-Newsletter (1/1992). Seligenstadt (Vipassana-Vereinigung e.V.).

Govinda, Lama A. (1990): Buddhistische Reflexionen. Frankfurt a. M. (Fischer).

Govinda, Lama A. (1992): Die Dynamik des Geistes – Die psychologische Haltung der frühbuddhistischen Philosophie und ihre systematische Darstellung nach der Tradition des Abhidhamma. Bern/München/Wien (Scherz).

Govinda, Lama A. (1994): Grundlagen tibetischer Mystik. Bern/München/Wien (Scherz).

Günther, G. (1963): Das Bewußtsein der Maschinen. Baden-Baden (Agis).

Günther, G. (1975): Selbstdarstellung im Spiegel Amerikas. In: L. J. Pongratz (Hrsg.): Philosophie in Selbstdarstellungen. Band II. Hamburg (Meiner), S. 1–76.

Günther, G. (1976): Cybernetic Ontology and Tranjunctional Operations. In: ders. (Hrsg.): Beiträge zur Grundlegung einer operationsfähigen Dialektik. Band 1. Hamburg (Meiner), S. 249–328.

Günther, G. (1978): Idee und Grundriß einer nicht-Aristotelischen Logik: die Idee und ihre philosophischen Voraussetzungen. Hamburg (Meiner).

Günther, G. (1979): Life as Polycontexturality. In: ders. (Hrsg.): Beiträge zur Grundlegung einer operationsfähigen Dialektik. Band 2. Hamburg (Meiner), S. 283–306.

Han, B.-C. (2002): Philosophie des Zen-Buddhismus. Reclam (Stuttgart).

Han, S. a. G. Northoff (2008): Culture-sensitive neural substrates of human cognition: a transcultural neuroimaging approach. *Nature Reviews Neuroscience* 9: 646–654.

Han, S. a. G. Northoff (2009): Understanding the self: a cultural neuroscience approach. In: J. Chiao (ed.): Progress in Brain Research. Volume 178. *Cultural Neuroscience. Cultural Influences on Brain Function.* Amsterdam/Boston et al. (Elsevier), pp. 203–212.

Hart, W. (2006): Die Kunst des Lebens. Vipassana-Meditation nach S. N. Goenka. München (dtv).

Heidegger, M. (1927): Sein und Zeit. Tübingen (Niemeyer), 19. Aufl. (2006).

Held, R. a. A. Hein (1963): Movement-produced stimulation in the development of visually guided behavior. *Journal of Comparative and Physiological Psychology* 56: 872–876.

Hempel, H.-P. (1992): Heidegger und Zen. Frankfurt a. M. (Beltz Athenäum).

Herrmann, S. K., S. Krämer u. H. H. Kuch (2007): Verletzende Worte. Die Grammatik sprachlicher Mißachtung. Bielefeld (transkript).

Hesse, H. (1974): Der Steppenwolf. Frankfurt a. M. (Suhrkamp).

Hoff, K. a. P. Pandey (2006): Discrimination, Social Identity, and Durable Inequalities. In: *American Economic Review 96* (2): 206–211.
Hofstadter, D. R. (1979): Gödel, Escher, Bach: an eternal golden braid. Hassocks (Harvester).
Husserl, E. (1913): Ideen zu einer reinen Phänomenologie und phänomenologischen Philosophie. Buch 1. Allgemeine Einführung in die reine Phänomenologie. Halle a. d. S. (Niemeyer).
Husserl, E. (1966): Zur Phänomenologie des inneren Zeitbewußtseins (1983–1917). Husserliana X. Den Haag (Martinius Nijhoff).
Husserl, E. (2000): Vorlesungen zur Phänomenologie des inneren Zeitbewusstseins. Tübingen (Niemeyer).
Husserl, E. (2001): Die Bernauer Manuskripte über das Zeitbewußtsein. Husserliana XXXIII. Dordrecht/Boston/London (Kluwer Academic).
Jantsch, E. (1982): Die Selbstorganisation des Universums. München (dtv).
Kabat-Zinn (2003): Mindfulness-Based Intervention in Context: Past, Present, and Future. In: *Clinical Psychology: Science and Practise 10* (2): 144–156.
Kaehr, R. (1993): Disseminatorik: Zur Logik der ›Second Order Cybernetics‹. Von den ›Laws of Form‹ zur Logik der Reflexionsform. In: D. Baecker (Hrsg.): Kalkül der Form. Frankfurt a. M. (Suhrkamp), S. 152–196.
Kalil, R. E. (1990): Nervenverknüpfung im jungen Gehirn. *Spektrum der Wissenschaft 1990* (2): 94–102.
Kandel, E. (2006): Auf der Suche nach dem Gedächtnis. Die Entstehung einer neuen Wissenschaft des Geistes. München (Siedler).
Kantowsky, D. (1993): Buddhismus. Braunschweig (Aurum).
Keysers, C. a. V. Gazzola (2006): Towards a unifying neural theory of social cognition. *Progress in Brain Research* 156: 383–406.
Khema, A. (1999): Die Früchte des spirituellen Lebens. Samaññaphala Sutta. Bern/München/Wien (Barth).
Klagenfurt, K. (2001): Technologische Zivilisation und transklassische Logik. Eine Einführung in die Technikphilosophie Gotthard Günthers. Frankfurt a. M. (Suhrkamp).
Kohler, E. et al. (2002): Hearing sounds, understanding actions: action representation in mirror neurons. *Science* 297: 846–848.
Laing, R. D. (1986 [1972]): Knoten. Reinbek (Rowohlt).
Lakoff, G. (1971): Linguistik und natürliche Logik. Frankfurt a. M. (Athenäum).
LeDoux, J. (1994): Das Gedächtnis für Angst. *Spektrum der Wissenschaft* 8: 76–83.
Lévinas, E. (1984): Die Zeit und der Andere. Hamburg (Meiner).
Libet, B. et al. (1979): Subjective referral of the timing for a conscious experience: A functional role for the somatosensory specific projection system in man. *Brain* 102: 191–222.

Luckmann, T. (1991): Die unsichtbare Religion. Frankfurt a. M. (Suhrkamp).

Luhmann, N. (1993a): Soziale Systeme. Grundriß einer allgemeinen Theorie. Frankfurt a. M. (Suhrkamp).

Luhmann, N. (1993b): »Was ist der Fall?« und »Was steckt dahinter?«. Die zwei Soziologien und die Gesellschaftstheorie. *Zeitschrift für Soziologie* 22 (4): 245–260.

Luhmann, N. (1995): Die Autopoiesis des Bewußtseins. In: N. Luhmann (Hrsg.): Die Soziologie und der Mensch. Opladen (Westdeutscher), S. 55–112.

Luhmann, N. (1998a): Die Gesellschaft der Gesellschaft. Frankfurt a. M. (Suhrkamp).

Luhmann, N. (1998b): Die Wissenschaft der Gesellschaft. Frankfurt a. M. (Suhrkamp).

Maher, D., D. Knox a. A. DeCuzzi (2008): College Student Attitudes Toward Buddhism and Islam. In: *Journal of College & Character* 10 (2): 1–23.

Majjhima-Nikāya. Die Reden Gotamo Buddhos aus der Mittleren Sammlung. Übers. von Neumann, K. E. München (Piper), 1922.

Mannheim, K. (1980): Strukturen des Denkens. Frankfurt a. M. (Suhrkamp).

Maturana, H. R. (1985a): Biologie der Kognition. In: H. R. Maturana (Hrsg.): Erkennen: Die Organisation und Verkörperung von Wirklichkeit. Braunschweig/Wiesbaden (Vieweg), S. 32–80.

Maturana, H. R. (1985b): Erkennen: Die Organisation und Verkörperung von Wirklichkeit. Braunschweig/Wiesbaden (Vieweg).

Maturana, H. R. (1991): Biologie der Sozialität. In: S. J. Schmidt (Hrsg.): Der Diskurs des Radikalen Konstruktivismus. Frankfurt a. M. (Suhrkamp), S. 287–302.

Maturana, H. R. (1994a): Neurophilosophie. In: J. Fedrowitz, D. Matejovski u. G. Kaiser (Hrsg.): Neuroworld. Frankfurt a. M. (Campus), S. 152–174.

Maturana, H. R. (1994b): Was ist Erkennen? München/Zürich (Piper).

Maturana, H. R. u. F. J. Varela (1985): Autopoietische Systeme: eine Bestimmung der lebendigen Organisation. In: H. R. Maturana (Hrsg.): Erkennen: Die Organisation und Verkörperung von Wirklichkeit. Braunschweig/Wiesbaden (Vieweg), S. 170–234.

Maturana, H. R. u. F. J. Varela (1987): Der Baum der Erkenntnis: Die biologischen Wurzeln des menschlichen Erkennens. Bern/München (Bertelsmann).

Maturana, H. R. u. G. Verden-Zöller (1994): Liebe und Spiel: Die vergessenen Grundlagen des Menschseins. Heidelberg (Carl-Auer).

McKenzie, J. S. (2011): Keeping It Real!: Constructing and Maintaining Traditional Authenticity in a Tibetan Buddhist Organisation in Scotland. *Sociological Research Online* 16 (3): 7.

McMahan, D. L. (2004): Modernity and the Early Discourse of Scientific Buddhism. *Journal of the American Academy of Religion* 72 (4): 897–933.

McMahan, D. L. (2008): The Making of Buddhist Modernism. London (Oxford University).
Meditations-Sutras des Maháyána-Buddhismus. Oberhain (Iris), 1973.
Metzinger, T. (1998): Anthropologie und Kognitionswissenschaft. In: P. Gold u. A. K. Engel (Hrsg.): Der Mensch in der Perspektive der Kognitionswissenschaft. Frankfurt a. M. (Suhrkamp), S. 326–372.
Metzinger, T. (1999): Subjekt und Selbstmodell. Paderborn (Mentis).
Metzinger, T. (2004): Being No One. The Self-Model Theory of Subjectivity. Cambridge MA (MIT).
Meyer, M. et al. (2007): How the brain laughs. Comparative evidence from behavioral, electrophysiological and neuroimaging studies in human and monkey. *Behavioural Brain Research 182* (2): 245–260.
Milandapañha (1985): Die Fragen des Königs Milinda. Übersetzt von Nyanatiloka. Interlaken (Asata).
Milgram, S. (1982): Das Milgram Experiment. Zur Gehorsamsbereitschaft gegenüber Autorität. Reinbek (Rowohlt).
Minsky, M. (1990): Mentopolis. Stuttgart (Klett-Cotta).
Nassehi, A. (2003): Geschlossenheit und Offenheit: Studien zur Theorie der modernen Gesellschaft. Frankfurt a. M. (Suhrkamp).
Nassehi, A. (2008): Phänomenologie und Systemtheorie. In: J. Raab et al. (Hrsg.): Phänomenologie und Soziologie. Positionen, Problemfelder, Analysen. Wiesbaden (VS), S. 163–174.
Neumann, K. E. (1996): Die Reden des Buddha. Längere Sammlung. Stammbach (Beyerlein u. Steinschulte).
Noë, A. u. E. Thompson (2004): Are There Neural Correlates of Consciousness? *Journal of Consciousness Studies 11* (1): 3–28.
Numrich, P. D. (2003): Two Buddhisms Further Considered. *Contemporary Buddhism 4* (1): 55–78.
Nyanaponika (1980): Der einzige Weg. Konstanz (Christiani).
Nyanaponika (1988): Die fünf Hemmungen und ihre Überwindung durch buddhistische Geistesschulung. Bodhi Blätter. Eine Schriftenreihe aus dem Haus der Besinnung. Dicken (Schweiz).
Nyanatiloka (1981): Der Weg zur Erlösung. Konstanz (Christiani).
Nyanatiloka (1989a): Buddhistisches Wörterbuch. Konstanz (Christiani).
Nyanatiloka (1989b): Das Wort des Buddha. Konstanz (Christiani).
Oevermann, U. (1986): Kontroversen über sinnverstehende Soziologie. Einige wiederkehrende Probleme und Missverständnisse in der Rezeption der »objektiven Hermeneutik«. In: S. Aufenanger u. M. Lenssen (Hrsg.): Handlung und Sinnstruktur: Bedeutung und Anwendung der objektiven Hermeneutik. München (Kindt), S. 19–83.
Ort, N. (2007): Reflexionslogische Semiotik. Zu einer nicht-klassischen und reflexionslogisch erweiterten Semiotik im Ausgang von Gotthard Günther und Charles S. Peirce. Weilerswist (Velbrück).

Panksepp, J. (2003): Feeling the pain of social loss. *Science 302* (10): 237–239.

Panksepp, J. (2007a): Neuroevolutionary sources of laughter and social joy: modeling primal human laughter in laboratory rats. *Behavioural Brain Research 182* (2): 231–244.

Panksepp, J. (2007b): Psychology. Beyond a joke: from animal laughter to human joy? *Science* 308: 62–63.

Petitot, J., F. J. Varela u. B. Pachoud (1999): Naturalizing Phenomenology: Issues in Contemporary Phenomenology and Cognitive Science. Standford (Stanford University).

Piaget, J. (1994): Die Bildung des Zeitbegriffes beim Kinde. Frankfurt a. M. (Suhrkamp).

Pias, C. H. (2003/2004): Cybernetics/Kybernetik: The Macy-Conferences 1946–1953. Band 1: Protokolle; Band 2: Essays und Dokumente. Zürich/Berlin (Diaphanes).

Pillmann, F. (2001): Sozialer Rang und Depression – ein Beispiel »evolutionärer Psychopathologie«. *Fortschritte der Neurologie – Psychiatrie* 69: 268–277.

Platon (1973): Apologia Socratis. Darmstadt (WBG), 5. Aufl. 2005.

Pöppel, E. (1985): Grenzen des Bewußtseins: Über Wirklichkeit und Welterfahrung. Stuttgart (DVA).

Pöppel, E. (1993): Das Drei-Sekunden-Bewußtsein. *Psychologie Heute 1993* (10): 58–63.

Popper, K. u. J. C. Eccles (1991): Das Ich und sein Gehirn. München/Zürich (Piper).

Prigogine, I. (1979): Vom Sein zum Werden. München/Zürich (Piper).

Prigogine, I. u. I. Strengers (1990): Dialog mit der Natur. München/Zürich (Piper).

Provine, R. R. (1992): Contagious laughter: Laughter is a sufficient stimulus for laughs and smiles. *Bulletin of the Psychosomic Society* 30: 1–4.

Provine, R. R. (2000): Laughter: A Scientific Investigation. New York (Penguin).

Quine, W. V. O. (1969): Ontological Relativity and Other Essays. New York (Columbia University).

Rahula, W. (1983): Was der Buddha lehrt. Bern (Origo).

Raleigh, M. H. et al. (1983): Social and Environmental Influences on Blood Serotonin Concentrations in Monkeys. *Archives of General Psychiatry 41* (4): 405–410.

Ramachandran, V. (2005): Eine kurze Reise durch Geist und Gehirn. Reinbek (Rowohlt).

Reemtsma, J. P. (1998): Im Keller. Reinbek (Rowohlt).

Rheinberger, H.-J. (2006): Experimentalsysteme und epistemische Dinge. Frankfurt a. M. (Suhrkamp).

Rhys-Davids, T. W. a. W. Stede (1992): Pāli English Dictionary. Oxford (Pāli Text Society).

Rizzolatti, G. u. C. Sinigaglia (2008): Empathie und Spiegelneuronen. Die biologische Basis des Mitgefühls. Frankfurt a. M. (Suhrkamp).

Robinson, T. E. u. K.C. Berridge (1993): The neural basis of drug craving: an incentive-sensitization theory of addiction. *Brain Research Reviews 18* (3): 247–291.

Rodriguez, E. et al. (1999): Perception's shadow: long-distance synchronization of human brain activity. *Nature* 397: 430–433.

Rorty, R. (1987): Der Spiegel der Natur. Eine Kritik der Philosophie. Frankfurt a. M. (Suhrkamp).

Schlippe, A. v. u. J. Schweitzer (2012): Lehrbuch der systemischen Therapie und Beratung I. Göttingen (Vandenhoeck & Ruprecht).

Schnell, A. (2002): Das Problem der Zeit bei Husserl. Eine Untersuchung über die husserlschen Zeitdiagramme. *Husserl Studies* 18: 89–122.

Schrödinger, E. (1935): Die gegenwärtige Situation in der Quantenmechanik. *Die Naturwissenschaften 23* (48): 807–812, 823–828, 844–849.

Schrödinger, E. (1946): Was ist Leben? Die lebende Zelle mit den Augen eines Physikers betrachtet. Bern (Francke).

Schrödinger, E. (1959): Geist und Materie. Zürich (Diogenes).

Schumann, H. W. (1994a): Buddhismus: Stifter, Schulen und Systeme. München (Diederichs).

Schumann, H. W. (1994b): Der historische Buddha. Leben und Lehre des Gotama. München (Diederichs).

Schütz, A. u. T. Luckmann (2003): Strukturen der Lebenswelt. Konstanz (UVK).

Seager, R. H. (1999): Buddhism in America. New York (Columbia University).

Serres, M. (2005): Atlas. Berlin (Merve).

Sharf, R. H. (1995): Buddhist Modernism and the Rhetoric of Meditative Experience. *Numen 42* (3): 228–283.

Sharp, P. (2011): Buddhist Enlightenment and the Destruction of Attractor Networks. A Neuroscientific Speculation on the Buddhist Path from Everyday Consciousness to Buddha-Awakening. *Journal of Consciousness Studies 18* (3–4): 137–169.

Siderits, M., E. Thompson a. D. Zahavi (2011): Self, No Self? Perspectives from Analytical, Phenomenological, and Indian Traditions. Oxford (Oxford University).

Singer, T. et al. (2004a): Brain Responses to the Acquired Moral Status of Faces. 41: 653–662.

Singer, T. et al. (2004b): Empathy for Pain Involves the Affective but not the Sensory Components of Pain. *Science* 303: 1157–1162.

Singer, T. et al. (2006): Emphatic neural responses are modulated by the perceived fairness of others. *Nature* 439: 466–469.

Singer, W. (1992): Hirnentwicklung und Umwelt. In: ders. (Hrsg.): *Gehirn und Kognition*. Sonderausgabe. Heidelberg (Spektrum der Wissenschaft), S. 50–65.

Singer, W. (2002): Der Beobachter im Gehirn. Essays zur Hirnforschung. Frankfurt a. M. (Suhrkamp).

Sloterdijk, P. (2009): Du mußt dein Leben ändern: Über Anthropotechnik. Frankfurt a. M. (Suhrkamp).

Sogyal Rinpoche (1993): Das Tibetische Buch vom Leben und Sterben. Bern/München/Wien (Scherz).

Spencer-Brown, G. (2005): Gesetze der Form. Lübeck (Bohmeier).

Sutta Nipāta (1985). Übersetzt von Nyanaponika. Konstanz (Christiani), 2. Aufl. 1977.

Takens, F. a. H. Broer (2011): Dynamical systems and chaos. New York (Springer).

Taylor, C. (2009): Ein säkulares Zeitalter. Frankfurt a. M. (Suhrkamp).

Thomas, W. I. a. D. S. Thomas (1928): The child in America: behavior problems and programs. New York (Knopf).

Todesco, R. (2007): How G. Bateson informs dogs. *Kybernetes 36* (7/8): 1089–1097.

Trungpa, C. (1973): Den spirituellen Materialismus durchschneiden. Boston (Shambala).

Tugendhat, E. (2006): Egozentrik und Mystik. Eine anthropologische Studie. München (Beck).

Tugendhat, E. (2007): Anthropologie statt Metaphysik. München (Beck).

Varela, F. J. (1979): The Extended Calculus of Indications interpreted as a three-valued logic. *Notre Dame Journal of Formal Logic 20* (1): 141–146.

Varela, F. J. (1985): Der Kreative Zirkel. In: P. Watzlawick (Hrsg.): Die Erfundene Wirklichkeit. München/Zürich (Piper), S. 294–309.

Varela, F. J. (1996): Neurophenology: A methodological remedy for the hard problem. *Journal Consciousness Studies* 3: 330–350.

Varela, F. J. (1999): The Specious Present: A Neurophenomenology of Time Consciousness. In: J. Petitot, F. J. Varela a. B. Pachoud (eds.): Naturalizing Phenomenology: Issues in Contemporary Phenomenology and Cognitive Science. Stanford CA (Stanford University), pp. 266–314.

Varela, F. J., E. Thompson u. E. Rosch (1991): The embodied mind. Cognitive science and human experience. Cambridge MA (MIT).

Varela, F. J., E. Thompson u. E. Rosch (1992): Der Mittlere Weg der Erkenntnis: Die Beziehung von Ich und Welt in der Kognitionswissenschaft – Der Brückenschlag zwischen Wissenschaftlicher Literatur und menschlicher Erfahrung. Bern/München/Wien (Scherz).

Vogd, W. (2010): Gehirn und Gesellschaft. Weilerswist (Velbrück).

Vogd, W. (2013): Von der Physik zur Metaphysik – eine soziologische Rekonstruktion des Deutungsproblems der Quantentheorie. Weilerswist (Velbrück).

Watzlawick, P. (1985): Die erfundene Wirklichkeit: Wie wissen wir, was wir zu wissen glauben? Beiträge zum Konstruktivismus. München/Zürich (Piper).

Watzlawick, P. (1990): Wie wirklich ist die Wirklichkeit. Wahn, Täuschung und Verstehen. München (Piper).
Watzlawick, P. (1991): Anleitung zum Unglücklichsein. München (Pieper).
Watzlawick, P., J. H. Beavin u. D. D. Jackson (1990): Menschliche Kommunikation. Formen, Störungen, Paradoxien. Bern/Stuttgart/Toronto (Huber).
Watzlawick, P. u. F. Kreuzer (1988): Die Unsicherheit unserer Wirklichkeit. München/Zürich (Piper).
Weber, A. (2003): Natur als Bedeutung. Versuch einer semiotischen Theorie des Lebendigen. Würzburg (Königshausen & Neumann).
Weber, A. (2008): Alles fühlt. Mensch, Natur und die Revolution der Lebenswissenschaften. Berlin (Berlin Taschenbuch).
Weiss, H. u. M. Harrer (2010): Achtsamkeit in der Psychotherapie. Verändern durch »Nicht-Verändern-Wollen« – ein Paradigmenwechsel. *Psychotherapeutenjournal 2010* (1): 14–24.
Weizsäcker, C. F. v. (1994): Der Aufbau der Physik. München (dtv).
Whitehill, J. (1994): Buddhist ethics in western context: The »virtues« approach. *Journal of Buddhist Ethics* 1: 2–22.
Williams, D. R. a. C. S. E. Queen (1999): American Buddhism. Methods and Findings in Recent Scholarship. Richmond (Curzon).
Wittgenstein, L. (1989): Vortrag über Ethik und andere kleine Schriften. Frankfurt a. M. (Suhrkamp).
Wittgenstein, L. (1990): Tractatus logico philosophicus; Philosophische Untersuchungen. Leipzig (Reclam).
Wolf, C. (2007): Kein Ort. Nirgends. Frankfurt a. M. (Suhrkamp).
Wuketis, F. M. (1992): Evolution durch Zufall. *Universitas* 12: 1145–1163.
Wuthnow, R. a. W. Cadge (2004): Buddhist and Buddhism in the United States. The Scope of Influence. *Journal of the Scientific Study of Religion 43* (3): 363–380.
Zahavi, D. (2008): Subjectivity and Selfhood. Investigating the First-Person Perspective. Cambridge MA (MIT).
Zimbardo, P. G. (2008): Der Luzifer-Effekt: Die Macht der Umstände und die Psychologie des Bösen. Heidelberg (Spektrum Akademischer Verlag).
Zimmer, D. E. (1989): Experimente des Lebens. Zürich (Haffmanns).

Über den Autor

Werner Vogd, Dr., Professor für Soziologie an der Fakultät für Kulturreflexion der Universität Witten/Herdecke. Schwerpunkte: Systemtheorie und rekonstrutive Sozialforschung, Organisation und Entscheidungsprozesse, Naturwissenschaftliche Denkformen, Religionssoziologie, insbesondere Buddhismus. Aktuell: DFG-Projekt »Buddhismus im Westen«.

Kontakt: werner.vogt@uni-wh.de